应用型本科财务管理、会计学专业精品系列教材

成本会计学

主　编　刘金彬　曹明才
副主编　周　庆　杨　昕　程皖川
参　编　张翼飞　彭亚群　苏银春

北京理工大学出版社
BEIJING INSTITUTE OF TECHNOLOGY PRESS

内容简介

本书根据我国最新会计法律制度并结合企业成本核算与管理实务编写。本书共6篇14章，主要内容包括成本会计基本理论、成本核算的基本原理、成本构成要素费用的核算方法、综合生产费用的核算方法、生产费用在完工产品和在产品之间分配的核算方法、产品成本计算方法概述、产品成本计算的基本方法、产品成本计算的辅助方法、其他行业成本核算方法、成本管理方法、成本信息编报、成本信息分析、成本会计前沿、成本核算实训等。

本书具有选用内容定位准确、突出应用性、时效性强、体系完善等特色。

本书可以作为应用型大学和普通高等院校会计学、财务管理、审计学等经管类专业教学用书，也可以作为企业从事成本核算与成本管理等实务工作人员用书及自学者的学习用书。

版权专有　侵权必究

图书在版编目（CIP）数据

成本会计学/刘金彬，曹明才主编．—北京：北京理工大学出版社，2018.8（2023.8重印）

ISBN 978-7-5682-6120-3

Ⅰ.①成… Ⅱ.①刘… ②曹… Ⅲ.①成本会计－高等学校－教材 Ⅳ.①F234.2

中国版本图书馆 CIP 数据核字（2018）第 189621 号

出版发行 / 北京理工大学出版社有限责任公司	
社　　址 / 北京市海淀区中关村南大街5号	
邮　　编 / 100081	
电　　话 /（010）68914775（总编室）	
（010）82562903（教材售后服务热线）	
（010）68944723（其他图书服务热线）	
网　　址 / http://www.bitpress.com.cn	
经　　销 / 全国各地新华书店	
印　　刷 / 北京紫瑞利印刷有限公司	
开　　本 / 787毫米×1092毫米　1/16	责任编辑 / 刘永兵
印　　张 / 18.5	文案编辑 / 赵　轩
字　　数 / 499千字	责任校对 / 黄拾三
版　　次 / 2018年8月第1版　2023年8月第4次印刷	责任印制 / 李志强
定　　价 / 52.00元	

图书出现印装质量问题，请拨打售后服务热线，本社负责调换

前 言

"成本会计学"是一门兼具理论性与实践性，偏重应用性的学科。编写或选用一本既具有一定理论深度，能够比较全面、系统地介绍成本会计学科的基本理论，及时反映本学科发展的最新动态和研究成果，又能紧密对接成本核算与成本管理实践，系统介绍成本核算的基本原理与基本程序及基本方法、成本管理的先进理念与方法、成本信息的编报与分析方法，并将成本核算基本原理、基本程序、基本方法与成本核算实践应用紧密联系在一起的教材，是"成本会计学"课程授课教师的殷切期盼。为更好地服务于应用型大学培养高素质应用型财会专业人才的需求，我们集多年教学与从业经验，并紧密结合成本会计学科最新发展动态与研究成果及成本核算与成本管理实践，编写了本书。本书的特点主要表现在以下几个方面：

第一，内容定位准确。本书内容定位于对"成本核算与成本管理的基本原理、基本程序与基本方法及其应用"的成本会计理论与实践应用进行介绍，内容包括成本会计基本理论、成本核算原理与方法、成本管理方法、成本信息编报与分析方法、成本会计前沿与成本核算实训。

第二，对象定位正确。本书是针对应用型大学、普通高等院校培养高素质、应用型会计学、财务管理、审计学等经管类本科专业人才编写，因此，本书在知识的广度与深度、方法及其应用的难度上有所控制，对一些前沿领域，如资本成本会计、环境成本会计仅做简要介绍。写入本书的是已经形成较一致的观点，并与我国的成本核算与成本管理实务紧密结合的内容，是学生今后从事职业实践工作必须掌握的知识和方法。

第三，内容突出应用性。本书编写人员多为"双师型"教师，具有丰富的职业实践经验，并以工业企业成本核算与成本管理实际经济业务为案例，注重成本会计理论与实务的结合，在基本会计理论的指导下，突出成本核算与成本管理基本理论、基本方法与基本技能的应用，以及成本核算与成本管理专业技能和实践能力的培养。

第四，内容时效性强。一方面，本书以国内外最新的成本核算与成本管理理论研究成果、成功的实践经验（案例）为指导；另一方面，本书根据我国最新发布的企业会计准则和会计法律制度编写，规范企业成本核算与成本管理的方法与程序。

第五，内容实用性与规范性相结合。本书紧密对接我国成本核算与成本管理职业实践，满足学生为用而学，学以致用的需要，突出教学内容的实用性。同时，本书对接我国会计法律制度和会计改革，反映我国成本会计实务操作规范，突出教学内容的规范性。

第六，内容具有系统性。本书内容与基础会计、中级财务会计相衔接，构成完整而系统的会计核算体系。同时，本书提供的成本会计基本理论、成本核算基本原理、成本核算基本方法与成本管理方法形成了完整的成本会计体系，突出了理论与实务、知识与方法及其应用的系统性。

第七，内容体系完善。本书按照成本理论篇、成本核算篇、成本管理篇、成本信息篇、成本前沿篇和成本实训篇构建内容体系，按学生学习成本核算与成本管理所需基础理论知识、基本方法与基本技能储备及其前后衔接与运用的规律进行介绍。再将每一篇根据其内在的知识体系细分成章、节，为使用本书的师生提供完整、新颖的体系结构。同时，每章均提供了供教师和学生参考的学习目标、章前导读等内容，期望有助于教学效果的进一步提升。

本书既可以作为应用型大学和普通高等院校会计学、财务管理、审计学等经管类专业教学用书，也可以作为企业从事成本核算与成本管理等实务工作人员用书及自学者的学习用书。

本书由成都大学刘金彬教授（会计师）、曹明才副教授（注册会计师）担任主编。各章编写人员如下：第一、二、十三、十四章由刘金彬编写；第三、五章由曹明才编写；第四、八章由周庆编写；第六章由程皖川和张翼飞共同编写；第七章由曹明才和程皖川共同编写；第九、十章由杨昕编写；第十一章由刘金彬和苏银春共同编写；第十二章由刘金彬和彭亚群共同编写。全书最后由刘金彬总纂、修改和定稿。

本书在编写过程中参考了许多专家、学者的研究成果，在出版过程中得到了北京理工大学出版社陈鹏编辑和赵凤莲女士的大力支持，在此一并表示感谢。

由于编者水平有限，加之时间仓促，书中难免有不妥之处，恳请各位读者批评指正。

编 者

目 录

第一篇 成本理论篇

第一章 成本会计基本理论 ……………………………………………………… (1)

第一节 成本的内涵与经济实质 ………………………………………………… (2)
 一、成本的内涵 …………………………………………………………… (2)
 二、成本的经济实质 ……………………………………………………… (3)
 三、支出、费用与产品成本之间的关系 ………………………………… (4)

第二节 成本的作用及降低途径 ………………………………………………… (5)
 一、成本的作用 …………………………………………………………… (5)
 二、降低产品成本的意义和途径 ………………………………………… (7)

第三节 成本会计的产生与发展 ………………………………………………… (8)
 一、早期成本会计阶段 …………………………………………………… (8)
 二、近代成本会计阶段 …………………………………………………… (9)
 三、现代成本会计阶段 …………………………………………………… (9)

第四节 成本会计的职能和任务 ………………………………………………… (10)
 一、成本会计的职能 ……………………………………………………… (10)
 二、成本会计的任务 ……………………………………………………… (12)

第五节 成本会计的对象 ………………………………………………………… (13)

第六节 成本会计工作的组织 …………………………………………………… (14)
 一、成本会计工作组织的原则 …………………………………………… (14)
 二、成本会计机构 ………………………………………………………… (15)
 三、成本会计人员 ………………………………………………………… (16)
 四、成本会计制度 ………………………………………………………… (16)

第二篇　成本核算篇

第二章　成本核算的基本原理 ……………………………………………………(18)

第一节　成本核算的内容与意义 ……………………………………………(19)
　　一、成本核算的内容 ……………………………………………………(19)
　　二、成本核算的意义 ……………………………………………………(19)

第二节　成本核算的基本要求与基本原则 …………………………………(19)
　　一、成本核算的基本要求 ………………………………………………(19)
　　二、成本核算的基本原则 ………………………………………………(23)

第三节　成本费用的分类 ……………………………………………………(24)
　　一、费用按经济内容分类 ………………………………………………(24)
　　二、费用按经济用途分类 ………………………………………………(25)
　　三、费用的其他分类 ……………………………………………………(26)

第四节　成本核算的基本程序和主要账户 …………………………………(27)
　　一、产品成本核算的基本程序 …………………………………………(27)
　　二、成本核算应该设置的主要账户 ……………………………………(28)

第三章　成本构成要素费用的核算方法 ………………………………………(30)

第一节　材料费用的核算 ……………………………………………………(30)
　　一、材料费用的归集 ……………………………………………………(30)
　　二、材料费用的分配 ……………………………………………………(32)

第二节　外购动力费用的核算 ………………………………………………(34)
　　一、外购动力费用的归集 ………………………………………………(34)
　　二、外购动力费用的分配 ………………………………………………(34)
　　三、外购动力费用的账务处理 …………………………………………(35)

第三节　人工费用的核算 ……………………………………………………(35)
　　一、人工费用的构成 ……………………………………………………(35)
　　二、人工费用的计算 ……………………………………………………(36)
　　三、人工费用的分配 ……………………………………………………(39)
　　四、人工费用的账务处理 ………………………………………………(40)

第四节　折旧费用的核算 ……………………………………………………(41)
　　一、折旧费用的计算 ……………………………………………………(41)
　　二、折旧费用的归集和分配 ……………………………………………(41)

第五节　其他费用的核算 ……………………………………………………(42)

第四章　综合生产费用的核算方法 ……………………………………（43）

第一节　辅助生产费用的核算 ………………………………………（43）
一、辅助生产费用的归集 …………………………………………（44）
二、辅助生产费用的分配 …………………………………………（44）

第二节　制造费用的核算 ……………………………………………（50）
一、制造费用的归集 ………………………………………………（50）
二、制造费用的分配 ………………………………………………（51）

第三节　生产损失的核算 ……………………………………………（53）
一、废品损失的核算 ………………………………………………（53）
二、停工损失的核算 ………………………………………………（56）

第五章　生产费用在完工产品和在产品之间分配的核算方法 ………（57）

第一节　在产品数量的核算 …………………………………………（58）
一、在产品数量核算概述 …………………………………………（58）
二、在产品收发结存的日常核算 …………………………………（58）
三、在产品清查的核算 ……………………………………………（59）

第二节　生产费用在完工产品和在产品之间的分配方法 …………（60）
一、不计算在产品成本法 …………………………………………（60）
二、在产品成本按年初固定数计算法 ……………………………（60）
三、在产品按所消耗直接材料费用计算法 ………………………（61）
四、在产品按完工产品成本计算法 ………………………………（61）
五、约当产量法 ……………………………………………………（61）
六、在产品按定额成本计算法 ……………………………………（65）
七、定额比例法 ……………………………………………………（66）

第三节　完工产品成本的结转 ………………………………………（67）

第六章　产品成本计算方法概述 ………………………………………（69）

第一节　生产特点和成本管理要求对产品成本计算的影响 ………（69）
一、生产类型的分类及其特点 ……………………………………（70）
二、生产特点和成本管理要求对成本计算的影响 ………………（71）

第二节　产品成本计算的基本方法与辅助方法 ……………………（72）
一、产品成本计算的基本方法 ……………………………………（73）
二、产品成本计算的辅助方法 ……………………………………（73）

第三节　产品成本计算方法的合理选用 ……………………………（74）
一、产品成本计算方法与企业生产特点和管理要求的关系 ……（74）
二、多种产品成本计算方法的结合应用 …………………………（75）

第七章 产品成本计算的基本方法 ……………………………………… (77)

第一节 产品成本计算的品种法 ……………………………………… (77)
一、品种法概述 …………………………………………………… (77)
二、品种法的计算程序 …………………………………………… (78)
三、品种法应用实例 ……………………………………………… (79)

第二节 产品成本计算的分批法 ……………………………………… (84)
一、分批法概述 …………………………………………………… (84)
二、分批法的计算程序 …………………………………………… (85)
三、分批法应用实例 ……………………………………………… (86)
四、简化分批法 …………………………………………………… (87)

第三节 产品成本计算的分步法 ……………………………………… (90)
一、分步法概述 …………………………………………………… (90)
二、逐步结转分步法 ……………………………………………… (91)
三、平行结转分步法 ……………………………………………… (99)

第八章 产品成本计算的辅助方法 ……………………………………… (103)

第一节 产品成本计算的分类法 ……………………………………… (103)
一、分类法的概念及适用范围 …………………………………… (103)
二、分类法的特点 ………………………………………………… (104)
三、分类法的成本计算程序 ……………………………………… (104)
四、类内产品成本的计算 ………………………………………… (105)
五、同类产品成本的计算 ………………………………………… (105)
六、联产品成本的计算 …………………………………………… (107)
七、副产品成本的计算 …………………………………………… (108)
八、等级产品成本的计算 ………………………………………… (109)

第二节 产品成本计算的定额法 ……………………………………… (110)
一、定额法概述 …………………………………………………… (110)
二、定额法的计算程序 …………………………………………… (110)
三、定额法举例 …………………………………………………… (117)
四、定额法的优缺点及适用条件 ………………………………… (118)

第九章 其他行业成本核算方法 ………………………………………… (120)

第一节 商品流通企业的成本核算 …………………………………… (120)
一、商品流通企业及其成本核算的特点 ………………………… (120)
二、商品流通企业的成本核算方法 ……………………………… (123)
三、批发企业的成本核算 ………………………………………… (124)

四、零售企业的成本核算 ……………………………………………… (126)
第二节　建筑施工企业成本核算 ………………………………………… (129)
　　一、建筑施工企业生产经营的特点 ……………………………………… (129)
　　二、工程成本项目 ………………………………………………………… (129)
　　三、工程成本的计算对象 ………………………………………………… (130)
　　四、工程成本核算的会计账户 …………………………………………… (131)
　　五、工程成本核算程序 …………………………………………………… (132)
　　六、施工企业工程成本核算的方法 ……………………………………… (133)
第三节　物流企业的成本核算 …………………………………………… (140)
　　一、物流企业核算的特点 ………………………………………………… (140)
　　二、运输成本的核算 ……………………………………………………… (141)
　　三、包装成本的核算 ……………………………………………………… (144)
　　四、仓储成本的核算 ……………………………………………………… (145)
　　五、装卸搬运成本 ………………………………………………………… (146)
　　六、配送成本的核算 ……………………………………………………… (147)
第四节　农业企业的成本核算 …………………………………………… (148)
　　一、农业企业的特点 ……………………………………………………… (148)
　　二、生物资产与农产品 …………………………………………………… (148)
　　三、农业企业的成本核算方法 …………………………………………… (148)

第三篇　成本管理篇

第十章　成本管理方法 ……………………………………………… (152)
第一节　作业成本法 ……………………………………………………… (153)
　　一、作业成本法与作业成本管理概述 …………………………………… (153)
　　二、作业成本法的原理 …………………………………………………… (156)
　　三、作业成本法的计算 …………………………………………………… (159)
　　四、作业成本法与传统成本法的联系和区别 …………………………… (164)
　　五、对作业成本法的评价 ………………………………………………… (165)
　　六、作业成本管理 ………………………………………………………… (165)
第二节　标准成本法 ……………………………………………………… (167)
　　一、标准成本概述 ………………………………………………………… (167)
　　二、成本差异的计算与分析 ……………………………………………… (168)
　　三、成本差异账务处理 …………………………………………………… (171)
第三节　变动成本法 ……………………………………………………… (173)
　　一、变动成本法概述 ……………………………………………………… (173)

二、变动成本法的理论依据 ··· (174)
　　三、变动成本法的特点 ··· (175)
　　四、采用变动成本计算法的理由 ·· (176)
　　五、变动成本法与完全成本法的比较 ··· (177)
　　六、变动成本法的优缺点 ··· (180)

第四篇　成本信息篇

第十一章　成本信息编报 ··· (182)

第一节　成本信息编报概述 ··· (182)
　　一、成本信息编报的概念 ··· (182)
　　二、成本信息编报的意义 ··· (183)
　　三、成本报表的含义与种类 ··· (183)
　　四、成本报表的特点 ·· (184)
　　五、成本报表的编报要求和依据 ·· (185)

第二节　全部商品产品成本表 ··· (186)
　　一、全部商品产品成本表的概念和作用 ··· (186)
　　二、全部商品产品成本表的结构和内容 ··· (187)
　　三、全部商品产品成本表的编制方法 ··· (189)

第三节　主要产品单位成本表 ··· (191)
　　一、主要产品单位成本表的概念和作用 ··· (191)
　　二、主要产品单位成本表的结构和内容 ··· (191)
　　三、主要产品单位成本表的编制方法 ··· (192)

第四节　制造费用明细表 ·· (192)
　　一、制造费用明细表的概念和作用 ·· (192)
　　二、制造费用明细表的结构和内容 ·· (193)
　　三、制造费用明细表的编制方法 ·· (193)

第五节　期间费用明细表 ·· (194)
　　一、期间费用明细表的概念和作用 ·· (194)
　　二、期间费用明细表的结构和内容 ·· (194)
　　三、期间费用明细表的编制方法 ·· (195)

第六节　其他成本报表 ·· (195)
　　一、其他成本报表的特点 ··· (195)
　　二、其他几种常见的成本报表 ··· (196)

第十二章　成本信息分析 ··· (202)

第一节　成本信息分析概述 ··· (203)

一、成本信息分析的内涵、任务与作用……………………………………(203)
　　二、影响产品成本的因素……………………………………………………(204)
　　三、成本信息分析的原则与评价标准………………………………………(205)
第二节　成本信息分析的基本程序与方法………………………………………(207)
　　一、成本信息分析的基本程序………………………………………………(207)
　　二、成本信息分析的基本方法………………………………………………(208)
　　三、成本分析报告……………………………………………………………(212)
第三节　全部商品产品成本分析…………………………………………………(213)
　　一、按产品类别分析全部商品产品成本计划的完成情况…………………(214)
　　二、按成本项目分析全部商品产品成本计划的完成情况…………………(215)
　　三、全部商品产品成本计划完成情况分析应注意的影响因素……………(215)
第四节　可比产品成本分析………………………………………………………(216)
　　一、可比产品成本降低任务及其完成情况的计算…………………………(217)
　　二、影响可比产品成本降低任务完成情况的因素…………………………(217)
　　三、可比产品成本降低任务完成情况的分析方法…………………………(220)
第五节　产品单位成本分析………………………………………………………(222)
　　一、产品单位成本分析的意义………………………………………………(222)
　　二、产品单位成本计划完成情况分析………………………………………(223)
　　三、产品单位成本各主要项目分析…………………………………………(223)
第六节　各项费用报表的分析……………………………………………………(226)
　　一、各项费用报表分析程序与评价标准……………………………………(226)
　　二、各项费用报表的分析方法………………………………………………(227)
第七节　成本效益分析……………………………………………………………(227)
　　一、产值成本率分析…………………………………………………………(228)
　　二、主营业务成本费用率分析………………………………………………(229)
　　三、成本费用利润率分析……………………………………………………(232)
　　四、质量成本效益与环境成本效益分析……………………………………(233)
第八节　技术经济指标变动对产品成本影响的意义和分析……………………(234)
　　一、技术经济指标变动对产品成本影响分析的意义………………………(234)
　　二、技术经济指标变动对产品成本影响的分析……………………………(235)

第五篇　成本前沿篇

第十三章　成本会计前沿…………………………………………………………(239)

第一节　资本成本会计……………………………………………………………(239)
　　一、资本成本会计的理论基础………………………………………………(239)

二、资本成本会计的产生 ………………………………………………………… (240)
　　三、资本成本的会计核算 ………………………………………………………… (241)
　　四、构建资本成本会计的意义 …………………………………………………… (244)
第二节　质量成本会计 ……………………………………………………………………… (244)
　　一、质量成本会计概述 …………………………………………………………… (244)
　　二、质量成本的内容 ……………………………………………………………… (247)
　　三、质量成本核算与控制 ………………………………………………………… (248)
第三节　环境成本会计 ……………………………………………………………………… (249)
　　一、环境成本的概念与内容 ……………………………………………………… (250)
　　二、环境成本会计的特殊核算原则 ……………………………………………… (251)
　　三、环境成本的会计核算方法 …………………………………………………… (252)
　　四、环境成本信息的披露 ………………………………………………………… (254)
第四节　资源消耗成本会计 ………………………………………………………………… (255)
　　一、资源消耗成本会计的概念 …………………………………………………… (255)
　　二、资源消耗成本会计的核算 …………………………………………………… (256)
　　三、资源消耗成本信息的报告与考核 …………………………………………… (258)
　　四、资源消耗成本会计的评价 …………………………………………………… (259)
第五节　人力资源成本会计 ………………………………………………………………… (259)
　　一、人力资源成本会计的概念 …………………………………………………… (259)
　　二、人力资源成本的分类 ………………………………………………………… (260)
　　三、人力资源成本会计的形成和发展 …………………………………………… (261)
　　四、人力资源成本会计账户体系及核算内容 …………………………………… (262)
　　五、人力资源成本会计信息的报告 ……………………………………………… (263)
第六节　互联网环境下的成本管理 ………………………………………………………… (263)
　　一、互联网对成本管理的影响 …………………………………………………… (264)
　　二、互联网条件下的成本管理新趋势 …………………………………………… (265)
　　三、互联网条件下成本管理的风险分析 ………………………………………… (267)

第六篇　成本实训篇

第十四章　成本核算实训 ………………………………………………………………… (270)

　　一、公司简介 ……………………………………………………………………… (270)
　　二、初始业务资料 ………………………………………………………………… (270)
　　三、2014 年 12 月业务资料 ……………………………………………………… (272)
　　四、实训要求 ……………………………………………………………………… (277)

参考文献 ……………………………………………………………………………………… (284)

第一篇　成本理论篇

第一章　成本会计基本理论

★学习目标

1. 了解成本会计的产生与发展、成本会计与管理会计及财务会计的关系。
2. 理解成本的概念，支出、费用与产品成本之间的关系，成本会计的概念。
3. 熟悉成本会计的任务与工作组织。
4. 理解并掌握成本的经济实质、分类及作用，成本会计的对象与职能。

★课前导读

易好学、张莉莉、米兴华三位 CD 大学校友共同出资 60 万元于 2016 年 7 月毕业时合办了一家中小型加工厂，生产并销售各类学校纪念品。2016 年 7 月，支付下半年经营用房租金 12 万元（经营管理与生产用房各占 50%），公司开办费 0.5 万元，生产设备购置费 40 万元（设备可使用 10 年），原材料采购费用 10 万元。从 2016 年 7 月起，每月支付职工工资 5 万元（其中纪念品加工工人工资 3 万元），公司管理部门办公等费用 1 万元。2016 年 7—12 月因加工纪念品领用原材料共 8 万元，销售全部纪念品并获得销售收入 60 万元，支付交通违规罚款 0.1 万元。在年终总结大会上，三人对公司当年生产经营情况的结论存在较大分歧：

易好学认为，开业至今，收入 61.5 万元，支出 95.6 万元，辛辛苦苦奋斗半年，不仅没有赚到钱，反而还亏了 34.1 万元。因此，创业是失败的，为避免亏损将剩余的投资款全部吞噬掉，应及时终止公司经营活动。

张莉莉认为，开业至今，取得产品销售收入 60 万元，发生费用 50.5 万元，产品生产成本 34 万元，经过半年奋斗，实现盈利 26 万元，弥补公司期间费用和损失后，实现盈利 9.4 万元。

米兴华认为，开业至今，取得销售收入虽然只有 60 万元，发生支出 95.6 万元，但扣除购买设备支出 40 万元（设备仍然在并能正常使用，不能算作费用），实际发生生产经营费用只有 45.6 万元，并有银行存款利息收入 1.5 万元。因此，公司 2016 年实现利润 15.9 万元。

三人为公司当年是否盈利及盈亏金额发生激烈争执，谁都说服不了谁。你认为该公司 2016

年是盈利还是亏损？盈亏的具体金额是多少？为什么？

应该如何区分企业的支出、费用和成本？区分成本与费用在企业生产经营管理工作中是否重要？

第一节 成本的内涵与经济实质

一、成本的内涵

成本作为一个价值范畴，在社会主义市场经济中是客观存在的。加强成本管理，努力降低成本，无论对提高企业经济效益，还是对提高整个国民经济的宏观经济效益，都是极为重要的。而要做好成本管理工作就必须先从理论上充分认识成本的内涵。

成本的内涵有广义与狭义之分。

（一）广义的成本

广义的成本泛指所有耗费。关于广义的成本有很多种表述，其中比较有代表性的定义如下：

美国会计学会（AAA）所属的成本概念与标准委员会1951年对成本的定义为："成本是指为了实现特定目的而发生或应发生的可以用货币度量的价值牺牲。"

美国注册会计师协会（AICPA）1957年发布的《第4号会计名词公报》对成本的定义为："成本是指为获取资产或劳务而支付的现金或以货币衡量的转移其他资产、发行股票、提供劳务、承诺债务的数额。"

美国财务会计准则委员会1980年发布的《第3号财务会计概念公告》对成本的定义为："成本是指经济活动中发生的价值牺牲，即为了消费、储蓄、交换、生产等所放弃的资源。"

《日本成本计算标准》中将成本定义为："成本的实质是经营者为获得一定的经营成果而消耗的物质资料和劳务的价值。"

中国成本协会（CCA）发布的CCA2101：2005《成本管理体系术语》中对成本定义为："为过程增值和结果有效已付出或应付出的资源代价。"

上述定义是对成本非常宽泛、广义的界定，泛指为达到一定目的而发生的资源耗费，甚至包括了投资活动。

（二）狭义的成本

狭义的成本专指对象化的耗费，也就是分配到成本计算对象上的耗费。

成本计算对象是分配成本的客体。例如，计算产品成本时，需要将资源耗费分配给不同的产品，这时产品就是成本计算对象。产品是人们最熟悉也最为常见的成本计算对象，但是成本计算对象绝不仅仅局限于产品。成本计算对象可以是你关心的、希望知道其成本数据的任何事物，如顾客、部门、项目、作业等。当你想知道为不同顾客发生的资源耗费时，就需要将成本分配给不同的顾客，这时顾客就成了成本计算对象。当你想知道不同部门的资源耗费时，就需要将成本分配到不同的部门，这时部门就成了成本计算对象。当你想知道不同项目所耗费的资源时，就需要将成本分配给不同的项目，这时项目就成了成本计算对象。当你想知道不同作业的资源耗费时，就需要将成本分配给不同的作业，这时作业就成了成本计算对象。通俗地讲，你想知道谁的成本，谁就可以成为成本计算对象。

成本计算对象是一个非常简单却十分重要的概念。随着成本计算对象的不断丰富，成本会计的应用领域也越来越宽。当人们只将产品作为成本计算对象时,只能计算出产品成本,成本信息是有限的,依据成本信息只能进行产品盈利性分析等有限的管理活动。当人们将顾客、部门、项目和作业等作为成本计算对象时,可以得到不同顾客、部门、项目和作业等的成本,这些丰富的成本信息可以为多种管理提供支持,如顾客盈利性分析、部门业绩评价、项目评估、流程设计等。本书重点讲述产品成本的核算,因此涉及的成本计算对象主要是产品。

本书涉及的范围除产品成本外,还包括期间费用,但不涵盖投资活动。因此,本书所涉及的成本介于上述狭义的成本和广义的成本之间。

二、成本的经济实质

(一)成本的经济实质概念

成本的经济实质,亦称为成本的经济内涵。成本是商品经济的产物,是会计理论中一个非常重要的经济概念。成本是企业为生产一定种类、一定数量的产品所支出的各种生产费用之和。马克思曾在《资本论》中对商品成本的经济内涵(理论成本)进行了科学的论述。马克思政治经济学中对商品成本的阐述如下。

马克思指出,按照资本主义方式生产的每一个商品的价值(W),用公式来表示是 $W = C + V + M$,如果从这个商品价值中减去剩余价值 M,那么,在商品价值中剩下的就只是一个在生产要素上耗费的资本价值($C+V$)的等价物或补偿价值,只是补偿商品是资本家自身耗费的部分。对资本家来说,这就是商品的成本价格。马克思在这里称为商品的"成本价格"的那部分商品价值,指的就是商品成本。

社会主义市场经济与资本主义市场经济有着本质的区别,但二者都是商品经济。在社会主义市场经济中,企业作为自主经营、自负盈亏的商品生产者和经营者,其基本的经营目标就是向社会提供商品,满足社会的一定需要,同时要以商品的销售收入抵偿自己在商品的生产经营中所支出的各种耗费,并取得盈利。只有这样,才能使企业以至整个社会得以发展。因此,商品价值、成本、利润等经济范畴,在社会主义市场经济中仍然有其存在的客观必要性,只是它们所体现的社会经济关系与资本主义市场经济中的有所不同。

在社会主义市场经济中,商品的价值仍然由三部分组成:①已耗费的生产资料转移的价值(C);②劳动者为自己劳动所创造的价值(V);③劳动者为社会劳动所创造的价值(M)。从理论上讲,上述前两部分,即 $C+V$,是商品价值中的补偿部分,它是商品成本的经济实质,即成本的经济内涵。

综上所述,可将成本的经济实质概括为:在生产经营过程中所耗费的生产资料转移的价值和劳动者为自己劳动所创造的价值的货币表现,也就是企业在生产经营中所耗费的资金总和。

(二)成本开支范围与成本经济实质

1. 成本开支范围

成本开支范围的规定是财务制度的重要组成部分,直接涉及企业生产经营的劳动耗费补偿和利润。对成本开支范围的界定,对于加强成本管理,正确评价企业经济效益,保证企业生产和再生产等具有重要意义。综合有关财务制度的规定,成本开支范围包括:①为制造产品消耗的原材料、辅助材料、外购半成品及燃料等费用;②为制造产品而耗用的动力费;③支付给生产人员的职工薪酬;④生产性固定资产折旧费、周转材料摊销费用;⑤因生产原因发生的废品损失,以及季节性和修理期间的停工损失;⑥为组织和管理生产单位的生产而支付的办公费、取暖费、水电费、差旅费,以及运输费、保险费、设计制图费、试验检验费和劳动保护费等。

2. 成本开支范围与成本经济实质的背离

马克思关于商品成本经济实质的论述是从经济学视角（理论上）对成本内涵的高度概括。这一理论是指导人们进行成本会计研究的指南，是实际工作中制定成本开支范围、考虑劳动耗费的价值补偿尺度的重要理论依据。但是，在商品产品的生产过程中客观存在一部分为商品产品的生产而发生的耗费却不属于成本的经济实质的生产耗费，如商品产品生产过程在合理范围内存在的废品损失和停工损失等。同时，因社会经济现象的复杂性和维持企业简单再生产的需要，企业在生产经营过程中还客观存在一些不属于成本经济实质内容的生产耗费。因此，成本经济实质（经济内涵）与生产商品产品的实际耗费之间存在一定程度的差异。这些差异主要表现在以下三个方面：

（1）在实际工作中，成本开支范围包括了不属于成本经济实质的社会劳动耗费。为了促使企业加强经济核算，减少生产损失，对于劳动者为社会劳动所创造的某些价值，如财产保险费等，是企业实际发生的劳动耗费。为维持企业简单再生产的持续进行，这些耗费应当获得补偿。因此，在实际工作中，劳动者为社会劳动创造的价值部分，也计入了成本。

（2）在实际工作中，成本开支范围包括了部分不属于成本经济实质的损失性支出。在企业生产经营过程中客观存在一些不形成产品价值的损失性支出，如工业企业的废品损失、季节性和修理期间的停工损失等。对企业的生产经营来说，这些损失性支出是客观发生的耗费。为维持企业简单再生产的持续进行，这些耗费应当获得补偿。因此，企业生产经营过程中发生的部分损失性支出，也计入成本。

（3）成本经济实质是企业生产经营过程中所发生的全部耗费的"全部成本"概念。上述成本经济实质（理论成本）是企业生产经营过程中所发生的全部耗费，是"全部成本"概念。在实际工作中，是将其全部对象化，从而计算产品的全部成本，还是将其按一定的标准分类，部分计入产品成本，部分计入期间费用（也称期间成本），则取决于成本核算制度。如按照我国现行会计制度的规定，工业企业应采用制造成本法计算产品成本，从而企业生产经营中所发生的全部耗费就相应地分为产品制造（生产）成本和期间费用两大部分。在这里，产品制造成本是指为制造产品而发生的各种费用总和，包括直接材料费用、直接人工费用和全部制造费用。期间费用则包括管理费用、销售费用和财务费用。在制造成本法下，期间费用不是计入产品成本，而是直接计入当期损益。

可见，在实际工作中的成本开支范围与成本经济实质（理论成本包括的内容）是有一定差异的。就从上述的财产保险费、废品损失、停工损失等支出来说，从实质上看，并不形成产品价值，因为它不是产品的生产性耗费，而是劳动者为社会劳动所创造的价值或纯粹的损耗，其性质并不属于成本的范围。但是考虑到经济核算的要求，将其计入成本，可促使企业减少生产损失。当然，对于成本实际开支范围与内涵的背离，必须严格限制，否则成本的计算就失去了理论依据。因此，在实际工作中，成本开支范围是由国家通过有关法规制度加以界定的。在企业生产经营过程中所发生的劳动耗费的详细分类将在第二章中阐述。

三、支出、费用与产品成本之间的关系

如前文所述，"成本是一种耗费"，因此成本与费用有密切关系，费用又与支出有密切关系。因此，要深刻理解成本计算的对象，就必须对支出、费用、成本之间的关系有明确的认识。下面以工业生产企业为例，介绍支出、费用与成本之间的关系。

（一）支出

支出是指企业在经济活动中发生的一切开支与耗费。一般而言，企业的支出可分为资本性支出、收益性支出、所得税支出、营业外支出和利润分配支出五大类。其中，资本性支出是指该支出的发生不仅与本期收入有关，也与其他会计期间的收入有关，而且主要是为以后各期的收入取得而

发生的支出。如购置固定资产、无形资产等长期资产发生的支出。收益性支出是指一项支出的发生仅与本期收益的取得有关的支出。如企业为生产经营而发生的材料、工资等支出。所得税支出是指企业在取得经营所得与其他所得的情况下，按照国家税法规定向政府缴纳的所得税税金支出。营业外支出是指与企业的生产经营业务没有直接联系的支出，如企业支付的罚款、发生的非常损失等。营业外支出尽管与企业生产经营活动没有直接联系，但其与收入的取得还是有关系的，因而它也被作为当期损益的扣除要素。利润分配支出是指在利润分配环节发生的支出，如股利支付等。

（二）费用及费用与支出的关系

费用是指企业在获取收入的过程中，对企业资产的耗费。企业在生产经营活动过程中，为获取营业收入需提供商品或劳务，会发生各种耗费，如原材料和人工耗费等。这些耗费为企业开展生产经营活动而发生。费用按其与产品生产的关系，可以分为生产费用和期间费用两类。生产费用是指产品生产过程中发生的物化劳动和活劳动的货币表现，如生产产品过程耗用的材料费、人工费、设备折旧费等。生产费用与产品生产存在直接关系。费用是企业支出的构成部分。在企业支出中，凡是同企业的生产经营有关的部分，即可表现或转化为费用，否则不能列为费用。如对外投资支出与营业外支出等，因其与企业生产经营活动没有直接的关系而不能视为费用。

（三）生产费用与产品成本的关系

产品成本是指企业为生产一定种类、数量的产品而发生的各项生产费用的总和，即产品成本是对象化的生产费用。生产费用与产品成本是两个既有联系又有区别的概念。

1. 生产费用与产品成本的联系

生产费用与产品成本的联系主要表现为：①生产费用是产品成本的基础，产品成本是对象化的生产费用；②费用、生产费用是某一期间的费用——与一定的期间相关；③产品成本则是对象化的生产费用——为生产一定种类、一定数量的产品所发生的生产费用。

2. 生产费用与产品成本的区别

生产费用与产品成本的区别主要表现为：①内容不同。生产费用包括完工产品与在产品的生产费用，产品成本只包括完工产品的生产费用。②计算期不同。生产费用按会计期间核算，产品成本的计算期与生产周期相联系。③对象不同。生产费用是费用按经济用途分类的结果，产品成本的计算对象是产品。④计算依据不同。生产费用的计算是以直接费用、间接费用为依据确定的，产品成本是以一定的成本计算对象为依据。⑤账户和原始凭证不同。生产费用以生产过程中取得的各种原始凭证作为归集、核算依据，核算账户为"生产成本"，产品成本以成本计算单或成本汇总表及产品入库单作为归集、核算依据，其账户是"库存商品"。⑥总额不同。一定时期内，生产费用总额不等于产品成本总额，产品成本是生产费用总额的一部分，不包括在产品所耗用部分。⑦作用不同。根据费用指标分析各项费用的比重，有助于了解费用的结构及其变化，加强费用管理。产品成本指标，一是反映物化劳动与活劳动的耗费，二是反映资金耗费的补偿，三是有助于检查成本和利润计划，四是表明企业的工作质量。

第二节 成本的作用及降低途径

一、成本的作用

成本经济实质决定了其在市场经济条件下，在经济管理中具有非常重要的作用，对此，管理大师彼得·德鲁克曾说过:"在企业内部,只有成本。"可见,成本对企业的经营管理具有极其重要的作用。成本的作用主要表现在以下五个方面:

(一) 成本是补偿企业生产经营耗费的尺度

为了保证企业简单再生产的持续进行,企业在生产经营过程中发生的各种耗费必须获得补偿。企业生产经营过程中发生耗费是用销售收入来补偿的。企业应当从销售收入中补偿生产经营耗费的额度,是由成本作为衡量尺度的。企业在取得销售收入后,必须把相当于成本的数额划分出来,用以补偿生产经营中的资金耗费。否则,企业简单再生产就不能按原有的规模持续进行。同时,成本也是划分生产经营耗费和企业利润的依据,涉及企业利益与国家税收之间的分配问题,是正确处理企业与国家之间分配关系的基础。因此,成本起着衡量生产经营耗费尺度的作用,对企业维持简单再生产和正确处理企业与国家之间的分配关系具有重要作用。

(二) 成本是制定产品价格的一项重要因素

在商品经济中,产品价格是产品价值的货币表现。无论是国家还是企业,在制定产品价格时都应遵循价值规律基本要求。但在现阶段,人们还不能直接计算产品的价值,只能通过计算成本来间接地、相对地反映产品的价值。因此,成本就成了制定产品价格的重要因素。

当然,产品的定价是一项复杂的工作,要考虑的因素很多,如国家的价格政策及其他经济政策、各种产品的比价关系、产品在市场上的供求关系及市场竞争的态势等,所以成本只是制定产品价格的一项重要因素。

(三) 成本是综合反映企业工作质量的重要指标

成本是一个综合性很强的经济指标,企业经营管理中各方面工作的业绩都可以直接或间接地在产品成本上反映出来。例如,产品功能与外观设计的科学性、生产组织管理的合理性、固定资产的利用效率、能源资源的耗费水平与效率、劳动生产率的高低、产品质量的稳定性以及供、产、销各环节的工作是否协调等,都可以通过成本直接或间接地反映出来。因此,成本是综合反映企业工作质量的重要指标。企业可以通过优化产品设计、加强生产组织管理和对成本的计划、控制、分析与考核等来加强经济核算,完善管理,进而降低成本,提高经济效益。

(四) 成本是企业进行生产经营决策的重要依据

降低成本,提高经济效益,是企业经营管理追求的主要目标。而企业成本水平的高低涉及企业生产经营管理的方方面面。更由于成本具有的"锁入效应",企业需要从源头加强成本的控制和管理。因此,企业必须进行科学的生产经营决策。

如前文所述,成本是综合反映企业工作质量的重要指标,因此,企业进行生产经营决策需要考虑的因素很多。但如前文所述,成本的高低直接影响企业的盈利水平,所以成本是企业进行生产经营决策必须考虑的主要因素之一。企业的很多决策都需要用到不同的成本数据,如企业是否生产及生产何种新产品的决策、亏损产品是否停产的决策、自制还是外购的决策、特殊订单决策、产品组合决策、最优生产批量决策、生产工艺决策、赶工决策以及供应商选择决策等。

(五) 成本是企业产品参与国际市场竞争的重要指标

随着经济全球化的深入发展,我国企业的产品参与国际市场竞争将更加普遍。在"互联网+"时代及物联网时代,商品供给更加丰富,在激烈的国际市场竞争中,产品成本的高低将在更大程度上成为决定企业竞争能力、市场话语权的关键。尤其是在国际市场反倾销调查中,产品成本的构成、计算方法及其水平高低已成为最终裁决的重要依据和评价标准。因此,无论是企业产品参与国际市场竞争,还是利用反倾销调查规则保护自身合法权益,成本都是不可或缺的重要指标。

二、降低产品成本的意义和途径

（一）降低产品成本的意义

企业不断加强成本管理，降低产品成本，对提升企业成本管理水平与经济效益具有非常重要的作用，主要表现在以下几个方面：

1. 提高企业经济效益

成本是企业销售收入补偿产品在生产过程中发生的各种生产耗费的标准额度，销售收入弥补产品成本之后的剩余部分成为企业利润的主要来源。在企业生产经营耗费水平一定的情况下，企业产品成本的高低，直接决定着企业营业利润和经济效益的高低。因此，降低产品成本可以提高企业盈利水平和经济效益。

2. 节约人力与物力的消耗

如前文所述，产品成本是企业在生产经营过程中发生的各种耗费，包括产品在生产过程中发生的物化劳动消耗和活劳动消耗。降低产品生产过程中对固定资产、原材料等物化劳动的消耗和对劳动者劳动时间的消耗，可以达到降低产品成本的目的。反之亦然，可以通过降低产品成本水平，实现对产品生产过程中人力与物力的消耗，尤其是对不可再生资源消耗的降低，有利于企业和全社会低碳、绿色发展。

3. 企业提升市场竞争力的基础

如前文所述，成本是企业制定产品价格的重要因素。因此，降低产品成本，就为企业降低产品市场价格提供了价值基础。尤其是在反不正当竞争和反倾销规制下，企业想要在激烈的市场竞争中获得最具战斗力的竞争优势，提升产品市场竞争力，降低产品成本是基础。

4. 帮助企业实现可持续发展

如前文所述，企业可以通过降低产品成本，提升市场竞争力，获得市场竞争优势，进而扩大市场份额。因此，在市场容量一定的情况下，企业可以通过降低产品成本，扩大生产经营规模，抢占市场份额并取得规模效应，进一步降低产品成本，提高盈利能力和盈利水平，实现良性循环，进而实现可持续发展。

（二）降低产品成本的途径

纵观企业生产经营过程及其对物化劳动与活劳动的消耗及产品成本的构成，企业可实现降低产品成本的途径有很多。概括地讲，降低产品成本的途径主要有以下几种：

1. 加强人员培训，提高劳动生产率

通过加强对生产部门人员技能培训，可以提高产品生产人员技术水平与劳动熟练程度，降低单位产品活劳动消耗水平，提高劳动生产率。如通过对生产部门人员的技能培训，可以节约单位产品的生产时间，实现对单位产品人工费用的节约与部分变动制造费用的节约。

2. 优化产品设计，降低对能源资源的消耗

有资料表明，制造业产品75%以上的成本在研发阶段已经确定。因此，可以通过加强企业产品的价值管理，优化产品功能与外观设计，剔除不必要的功能，优化产品外观形态，在降低原材料消耗的同时，降低产品的加工难度，节约对能源资源的消耗，进而实现产品成本的降低。

3. 加强过程管理，杜绝浪费，降低损失

可以通过编制成本计划、制定成本标准或消耗定额及绩效考核，加强产品成本事前、事中、事后的控制，实现对产品生产全过程的管理，杜绝不必要的能源资源浪费，严格控制并降低废品

损失与停工损失，进而实现降低产品成本的目标。

4. 加强采购与生产组织管理

企业通过加强对能源资源的采购管理与生产组织管理，可以达到降低产品成本的目标。一方面，企业可以通过建立经济批量采购模型，优化企业生产经营必需的能源资源的采购管理，降低能源资源的采购成本与仓储管理成本；另一方面，企业可以通过建立产品生产经济批量模型，加强生产组织管理，降低产品生产组织与管理成本。

5. 引入流程再造与高新技术，降低耗费水平

通过引入流程再造和采用高新技术，企业可以实现降低产品成本的目标。一方面，企业通过引入流程再造，整合、优化加工工艺，可以提高产品加工效率，降低对能源资源的消耗；另一方面，通过采用高新技术，企业可以提高能源资源利用效率，降低单位产品对原材料与燃料、动力等能源资源的消耗。

6. 完善价值链管理

企业可从加强战略成本管理角度出发，通过对上下游企业的兼并重组，组建企业集团，优化集团各组成部分的职能分工，完善企业价值链管理，实现能源资源供给与产品销售成本的降低。

第三节 成本会计的产生与发展

成本会计作为会计学科的一个分支学科，随着社会经济的发展和管理水平的提高而逐步形成并不断发展。在不同的发展阶段，成本会计理论与方法及其应用实践也有所不同。关于成本会计的产生时间及发展阶段的划分问题，人们存在不同的认识。多数人认为，19 世纪之前已经出现的生产费用记录和成本计算方法只是成本会计的萌芽。成本会计的产生与确立应当在工业革命以后，是机器代替人的手工劳动的产物。成本会计的产生与发展先后经历了早期成本会计、近代成本会计、现代成本会计三个阶段。

一、早期成本会计阶段

关于成本会计的原始萌芽，人们认为，最早可以追溯到原始社会末期的第二次社会大分工。手工业者对物物交换的衡量，是以生产或获得交换物所付出劳动为标准的，这是对交换物品成本的最原始核算。但作为一门会计学科的成本会计，其萌芽时间则要晚得多。有关史料显示，早在 16 世纪的欧洲就出现了成本会计的萌芽。当时大多数手工工场都采用自己独创的成本计量方法来控制和降低成本消耗量，成本计量主要借助统计方法来实现，成本记录大多是在会计账户之外进行的。成本会计作为一个完整的理论与方法体系，形成于工业革命之后。到了 19 世纪，随着英国工业革命的完成，机器化生产代替了手工劳动，工场制代替了手工工场，企业规模不断扩张，需要大量资金购买昂贵的生产设备，致使折旧费用大幅增长，加之生产工艺的日益复杂以及产品品种日趋多样化，使得间接费用的分配成为企业成本计算的一大难题。同时，由于企业间竞争日益加剧，企业管理中需要提供比较准确的成本数据。为了满足有关各方对成本信息资料的需求和企业管理上的需要，重视成本、提高成本的准确性已成为必然趋势。成本计算由统计核算逐步纳入复式账簿系统，成本核算与会计核算逐步结合起来，成本记录与会计记录开始一体化，从而形成了真正意义上的成本会计。早期成本会计阶段也是成本会计的创立和确立阶段，时间是 1880—1920 年。

二、近代成本会计阶段

近代成本会计阶段亦称为标准成本会计阶段，时间在20世纪20年代至40年代。在该阶段，资本主义工业革命的完成，使企业有了自由、迅速发展的社会条件和物质技术条件。同时，由于工人运动的兴起，资本家再也不能像以往那样无限制地延长工人的劳动时间、提高工人的劳动强度了。另外，企业外部环境日趋复杂多变，竞争也越来越激烈，单纯的事后核算型成本会计已满足不了企业管理和社会的需要。在这种双重压力下，成本会计得以不断发展。受泰勒制科学管理思想的影响，会计上的"标准成本会计制度"应运而生，并逐步从理论实验阶段转入实施阶段，从而为生产过程成本控制提供了条件。

随着标准成本会计制度的推广运用，企业产品成本的计算方法和管理方法都有了明显突破，成本会计不仅事后计算成本，还向事中、事前发展。这种全方位的管理扩展了成本会计的职能。成本会计从此进入了黄金发展阶段，即近代成本会计阶段。在这一时期，除了工厂广泛采用标准成本会计制度外，成本计算的应用范围已扩大到农业、交通运输业等多个行业，成本计算不再仅仅是工商业的问题。此外，工厂在采用标准成本制度的同时，还广泛采用编制预算的方法对间接费用和期间费用进行控制。

三、现代成本会计阶段

现代成本会计阶段，时间在20世纪40年代中期以后。"二战"后，随着电子计算机技术等高新科学技术的迅猛发展并被广泛应用于工业生产，企业生产规模和生产效率得到了惊人的提高，社会资本开始高度集中，跨国公司日渐增多，社会物质产品生产逐渐从战时的供不应求发展到普遍的供过于求，生产经营日趋多元化，市场竞争加剧。在这种新形势下，强调生产管理和以提高生产效率为目的的泰勒制科学管理方法已不能满足企业生产经营管理的需要。同时，"行为科学""数量管理""决策学派""权变学派"等各种新的管理理论和方法不断涌现，为成本会计的发展提供了理论和工具上的帮助，使成本会计在内涵和外延上都得到了很大的发展。成本会计从注重日常成本计算、控制、分析发展到重视成本预测、规划、决策，将提供经营决策所需的成本信息作为成本会计的首要任务，强调成本会计参与企业经营决策的重要性。为了满足决策分析的需要，人们采用了一种有别于对外财务报告所使用的成本计算法即变动成本法。在变动成本法的基础上，提出了量本利分析、生产决策分析、存货决策分析、长短期投资决策等一系列成本会计参与决策分析的模型和理论，将成本会计发展到一个崭新水平。

在现代成本会计阶段，成本会计的职能被大大拓展，强调成本会计预测、规划、决策、控制职能的发挥。大量数学方法被引入成本会计领域，运用预测理论和方法，建立起一定的数量模型，对成本未来的发展趋势做出科学测算；运用决策理论和方法，根据成本数据，按照最优化决策的要求，研究各种方案的可行性，选择最优方案。同时，为了加强产品设计阶段的成本控制，提出了价值工程分析法；为了加强企业内部经济责任制，将成本与企业内部激励机制相结合，适应日益扩大的生产规模和分权制的要求，推行责任成本核算和管理，使成本控制更为有效；为了适应20世纪80年代以后在信息技术革命基础上发展起来的零库存、多品种、小批量的弹性制造系统，提出了"实时生产系统"（JIT）和"全面质量管理"等一些新理念，重新认识传统成本计算方法在间接制造费用分配方面的缺陷，开始研究在信息化社会生产技术、生产组织管理对成本会计的影响，提出了作业成本法（ABC）这一新的成本计算与管理制度并运用于实践。

社会在进步，环境在变化，经济社会发展对成本会计的要求在不断提高。成本会计将随着企业生产经营环境的变化和管理要求的提高，在相关学科理论与方法的支持下，不断发展完善。

第四节 成本会计的职能和任务

一、成本会计的职能

(一) 成本会计的基本职能

成本会计的职能,是指成本会计在经济管理中所具有的内在功能。成本会计作为会计学科的一个重要分支,同会计一样,具有核算(反映)和监督(控制)两项基本职能。但从成本会计产生和发展的历史来看,随着生产过程的日趋复杂,生产、经营管理对成本会计不断提出新的要求,成本会计核算(反映)和监督(控制)的内涵也在不断发展。下面分别说明成本会计基本职能的内容。

1. 核算(反映)职能

核算(反映)职能是成本会计的首要职能。成本会计的核算(反映)职能,就是从价值补偿的角度出发,反映在生产经营过程中各种费用的支出,以及生产经营业务成本和期间费用等的形成情况,为经营管理提供各种成本信息的功能。就成本会计核算(反映)职能的最基本方面来说,是以已经发生的各种费用为依据,为经营管理提供真实的、可验证的成本信息,从而使成本分析、考核等工作建立在有客观依据的基础上。随着社会生产的不断发展,企业经营规模的不断扩大,经济活动情况的日趋复杂化,在成本管理上就需要加强计划性和预见性。因此,对成本会计提出了更高的要求,需要通过成本会计为经营管理提供更多的信息,即除了提供能反映成本现状的核算资料外,还要提供有关预测未来经济活动的成本信息资料,以便企业管理者做出正确的决策和采取相应的措施,达到预期的目的。由此可见,成本会计的核算(反映)职能,从事后核算(反映)发展到了分析预测未来,只有这样才能满足经营管理的需要,才能更好地发挥其在经营管理中的作用。

应当指出的是,反映过去同预测未来是密切联系的。要进行成本预测,首先必须了解能够反映成本水平现状和未来的各项指标以及它们之间的内在联系,这样才能据以分析未来的成本状况,以及为实现预期的成本管理目标应具备的条件和应采取的措施。因此,核算(反映)实际发生的生产经营耗费,提供实际的成本资料,是成本会计提供成本信息的基础。

2. 监督(控制)职能

成本会计的监督(控制)职能,是指按照一定目的和要求,通过控制、调节、指导和考核等,监督各项生产经营耗费的合理性、合法性和有效性,以达到预期成本管理目标的功能。

在社会主义市场经济中,任何企业为了达到自己的预期的经营目标,不仅要制订计划、分配资源和组织计划的实施,而且必须进行有效的监督(控制),以使各项经济活动符合有关规定的要求。成本会计的监督(控制)是会计监督(控制)的重要内容,是对经济活动进行监督(控制)的一个重要方面。

成本会计的监督(控制),包括事前、事中和事后监督(控制)。首先,成本会计应从经济管理对降低成本、提高经济效益的要求出发,对企业未来经济活动的计划或方案进行审查,并提出合理化建议,从而发挥对经济活动的指导作用;在核算(反映)各种生产经营耗费的同时,进行事前监督(控制),即以国家的有关政策、制度和企业的计划、预算及规定等为依据,对有关经济活动的合理性、合法性和有效性进行审查,限制或制止违反政策、制度和计划、预算等的经济活动,支持和促进增产节约、增收节支的经济活动,以实现提高经济效益的目的。其次,成本会计要通过成本信息的反馈，进行事中、事后的监督（控制），也就是通过对所提供的成本信息资料的检查分析，控制和考核有关经济活动，及时从中总结经验，发现问题，提出建议，促使有关方面采取措施，调整经济活动，使其按照规定的要求和预期的目标进行。

成本会计的核算（反映）和监督（控制）两大职能是辩证统一、相辅相成的。没有正确、及时的核算（反映），监督（控制）就失去了存在的基础，就无法在成本管理中发挥制约、控制、指导和考核的作用；而只有进行有效的监督（控制），才能使成本会计为管理提供真实可靠的信息资料，使得核算（反映）职能得以充分发挥。可见，只有把核算（反映）和监督（控制）两大基本职能有机地结合起来，才能更为有效地发挥成本会计在管理中的作用。

（二）成本会计职能的拓展

从成本会计产生和发展的历史来看，随着生产过程的日趋复杂，生产、经营管理对成本会计不断提出新的更高的要求，推动成本会计的具体内容也在不断扩展。成本会计的职能，随着社会经济发展和管理水平的提高也在不断拓展。目前，成本会计的职能已从核算（反映）和监督（控制）两大基本职能拓展为成本核算、成本预测、成本决策、成本计划、成本控制、成本分析和成本考核七大职能。其中，成本核算、成本预测与成本分析三项职能是由成本会计的核算（反映）基本职能拓展而来的，其余四项则是由监督（控制）基本职能拓展而来的。

1. 成本核算

成本核算是对企业在生产经营过程中所发生的各项费用，按照一定的成本计算对象进行归集和分配，以确定各成本计算对象的总成本和单位成本。成本核算是成本会计工作的核心，它既是对产品实际生产耗费的反映，也是对生产费用实际支出的控制过程。成本核算应当符合成本开支范围等成本会计制度，满足企业成本管理要求。

2. 成本预测

成本预测是根据企业生产经营状况、历史成本资料、预计变动程度及可能采取的各种措施，运用一定的专门方法，对未来的产品成本或费用耗费水平及其变动趋势做出科学估计的一种方法。通过成本预测，帮助企业管理人员了解成本发展的前景，提高控制成本的自觉性，更加有效地开展成本决策、成本计划、成本控制工作，确保成本管理的科学性。

3. 成本决策

成本决策是指在成本预测的基础上，运用一定的方法，对成本预测中的若干方案进行最优选择，确定目标成本及实施步骤的过程。开展成本决策，是编制成本计划的前提，更是降低成本，进行成本控制、提高经济效益的重要途径。成本决策一般是对若干个成本预测方案进行比较分析后择优决定的。

4. 成本计划

成本计划是根据成本决策所确定的目标成本，具体规定在一定期间内企业为完成生产任务所必需的生产费用定额，确定各种产品的成本水平，并提出保证成本计划顺利完成所应采取的各项措施。科学的成本计划，可以使员工明确降低成本的目标和挖掘成本的潜力，是实现成本管理目标的关键。

5. 成本控制

成本控制是指在生产经营过程中，企业根据成本计划对各项实际发生或将要发生的成本、费用进行审核、控制，将产品成本或费用尽量限制在计划水平以内，防止超支、浪费和损失的发生，以保证成本计划的有效执行，实现最优成本的行为。

6. 成本分析

成本分析是根据成本核算资料，运用一系列的技术方法，将实际成本与目标成本、计划成本、上年实际成本等进行比较,以揭示影响产品成本水平变动的各种因素及其对产品成本的影响程度。通过成本分析,可以全面、深入地了解企业成本变动的规律,为开展成本业绩考核和后期的成本预测、成本计划和成本控制等提供有用的信息。

7. 成本考核

成本考核是以各成本责任中心为对象,在开展成本分析的基础上,定期考核其完成成本计划等业绩指标的情况,并与奖惩制度等经济责任制紧密结合,以调动各责任中心完成目标成本的积极性。

二、成本会计的任务

成本会计的任务是成本会计职能的具体化,也是人们期望成本会计应达到的目的和对成本会计的要求。具体来说,成本会计的任务主要有以下几个方面:

(一)进行成本预测,参与经营决策,编制成本计划,为企业进行成本管理提供基本依据

在社会主义市场经济中,企业应在遵守国家的有关政策、法令和制度的前提下,按照市场经济规律的要求,正确地组织自己的生产经营活动。为此,企业必须在经营管理中加强预见性和计划性。也就是说,面对市场,企业应在分析过去的基础上,科学地预测未来,周密地对自身的各项经济活动实行计划管理。就企业的成本管理工作来说,它是一项综合性很强、涉及面很广的管理工作,仅靠财会部门和成本会计是难以完成的。但成本会计作为一项综合性很强的价值管理工作,应充分发挥自己的优势,在成本的计划管理中发挥主导作用。为了使企业成本管理工作有计划地进行和对费用开支有效地进行控制,成本会计工作应在企业各有关方面的配合下,根据历史成本资料、市场调查情况以及其他有关方面(如生产、技术、财务等)的资料,采用科学的方法来预测成本水平及其发展趋势,拟定各种降低成本的方案,从而进行成本决策,选出最优方案,确定成本目标;然后根据成本目标编制成本计划,制定成本费用的控制标准以及降低成本应采取的主要措施,以作为对成本实行计划管理、建立成本管理责任制、开展经济核算和控制费用支出的基础。

(二)严格审核和控制各项费用支出,努力节约开支,不断降低成本

企业作为自主经营、自负盈亏的商品生产者和经营者,应贯彻增产节约的原则,加强经济核算,不断提高自身的经济效益。这是社会主义市场经济对企业的客观要求,在这方面成本会计担负着极为重要的任务。为此,成本会计必须以国家有关成本费用开支范围和开支标准,以及企业的有关计划、预算、规定、定额等为依据,严格控制各项费用的开支,监督企业内部各单位严格按照计划、预算和规定办事,并积极探求节约开支、降低成本的途径和方法,以促使企业经济效益的不断提高。

(三)及时、正确地进行成本核算,为企业的经营管理提供有用的信息

按照国家有关法规、制度的要求和企业经营管理的需要,及时、正确地进行成本核算,提供真实有用的成本信息,是成本会计的基本任务。这是因为成本核算所提供的信息,不仅是企业正确地进行存货计价、正确地确定利润和制定产品价格的依据,同时也是企业进行成本管理的基本依据。在成本管理中,对各项费用的监督与控制主要是在成本核算过程中,利用有关核算资料进行的;成本预测、决策、计划、考核、分析等也是以成本核算所提供的成本信息为基本依据的。

(四)考核成本计划的完成情况,开展成本分析

在企业的经营管理中,成本是一个极为重要的经济指标,可以综合反映企业以及企业内部有关单位的工作业绩。因此,成本会计必须按照成本计划等的要求,进行成本考核,肯定成绩,找出差距,鼓励先进,鞭策后进。成本是综合性很强的指标,其计划的完成情况是诸多因素共同

作用的结果。因此，在成本管理工作中，还必须认真全面地开展成本分析工作。通过成本分析，揭示影响成本升降的各种因素及其影响程度，以便正确评价企业以及企业内部各有关单位在成本管理工作中的业绩和揭示企业成本管理工作中的问题，从而促使成本管理工作的改善，提高企业的经济效益。

综上所述，成本会计的任务包括成本的预测、决策、计划、控制、核算、考核和分析。其中，进行成本核算，提供真实、有用的核算资料，是成本会计的基本任务和中心环节。鉴于此，本书的主要内容是：以生产经营环节最为全面、典型的工业企业为例，全面、系统地阐述成本核算的基本原理和各种成本计算方法（品种法、分批法、分步法、分类法、定额法和标准成本法），以及成本报表的编制与成本分析。考虑到各行业由于生产经营业务的不同而带来的成本核算上的差异，本书简要介绍农业企业、物流企业和建筑施工企业的成本核算。

同时，为了使学习者对成本会计的新发展有所了解，本书将对作业成本、质量成本和环境成本等进行概括性的介绍。

第五节　成本会计的对象

成本会计的对象是指成本会计反映和监督的内容。明确成本会计的对象，对于确定成本会计任务，研究和运用成本会计方法，更好地发挥成本会计作用，有着重要的意义。

本书第一节对成本的含义进行了说明。从理论上讲，成本所包括的内容也就是成本会计应该反映和监督的内容。但为了更加详细、具体地了解成本会计的对象，还必须结合企业的具体生产经营过程和现行企业会计制度的有关规定加以说明。下面以工业企业为例，说明成本会计应反映和监督的内容。

工业企业的基本生产经营活动是生产和销售工业产品。在产品的直接生产过程中，即从原材料投入生产到产成品制成的产品制造过程中，一方面制造出产品来，另一方面要发生各种各样的生产耗费。在这一过程中的生产耗费，概括地讲，包括劳动资料与劳动对象等物化劳动耗费和活劳动耗费两大部分。其中房屋、机器设备等作为固定资产的劳动资料，在生产过程中长期发挥作用直至报废而不改变其实物形态，但其价值则随着固定资产的磨损，通过计提折旧的方式，逐渐地、部分地转移到所制造的产品中，构成产品生产成本的一部分。原材料等劳动对象，在生产过程中或者被消耗掉，或者改变其实物形态，其价值也随之一次性转移到新产品中，也构成产品生产成本的一部分。生产过程是劳动者借助劳动工具对劳动对象进行加工、制造产品的过程，只有通过劳动者对劳动对象的加工，才能改变原有劳动对象的使用价值，并且创造出新的价值。其中，劳动者为自己劳动所创造的那部分价值，则以工资形式支付给劳动者，用于个人消费，因此这部分工资也构成产品生产成本的一部分。具体来说，在产品的制造过程中发生的各种生产耗费，主要包括原材料及主要材料、辅助材料、燃料等的支出，生产单位（如分厂、车间）固定资产的折旧，直接生产人员及生产单位管理人员的薪酬以及其他一些货币性支出等。所有这些支出，构成了企业在产品制造过程中的全部生产费用。而为生产一定种类、一定数量产品而发生的各种生产费用支出的总和则构成了产品的生产成本。上述产品在制造过程中各种生产费用的支出和产品生产成本的形成，是成本会计应反映和监督的主要内容。

在产品的销售过程中，企业为销售产品也会发生各种各样的费用支出。例如，应由企业负担的运输费、装卸费、包装费、保险费、展览费、差旅费、广告费，以及为销售本企业商品而专设销售机构的职工薪酬、类似工资性质的费用、业务费等。所有这些为销售本企业产品而发生的费用，构成了企业的销售费用。销售费用也是企业在生产经营过程中所发生的一项重要费用，它的支出及归集过程，也应该成为成本会计所反映和监督的内容。

企业的行政管理部门为组织和管理生产经营活动，也会发生各种各样的费用，例如，企业行政管理部门人员的薪酬、固定资产折旧、工会经费、业务招待费等。这些费用统称为管理费用。企业的管理费用，也是企业在生产经营过程中所发生的一项重要费用，其支出及归集过程，也应该成为成本会计所反映和监督的内容。

此外，企业为筹集生产经营所需资金也会发生一些费用，如利息净支出、汇兑净损失、金融机构的手续费等。这些费用统称为财务费用。财务费用也是企业在生产经营过程中发生的费用，它的支出及归集过程也应该属于成本会计反映和监督的内容。

上述销售费用、管理费用、财务费用，与产品生产没有直接联系，而是按发生的期间进行归集，直接计入当期损益，因此，它们构成了企业的期间费用。

综上所述，按照现行企业会计准则和相关会计制度的有关规定，可以把工业企业成本会计的对象概括为：工业企业在生产经营过程中发生的产品生产成本和期间费用。

商品流通企业、交通运输企业、施工企业、农业企业等其他行业企业的生产经营过程虽然各有其特点，但按照现行企业会计准则和相关会计制度的有关规定，从总体上看，它们在生产经营过程中所发生的各种费用，同样是部分形成了企业的生产经营业务成本，部分作为期间费用直接计入当期损益。因此，从现行企业会计准则和相关会计制度的有关规定出发，可以把它们成本会计的对象概括为：企业在生产经营过程中发生的生产经营业务成本和期间费用。

以上按照现行企业会计准则和相关会计制度的有关规定，对成本会计对象进行了概括性阐述。成本会计不仅应该按照现行企业会计准则和相关会计制度的有关规定为企业正确确定利润和进行成本管理提供可靠的生产经营业务成本和期间费用信息，而且应该从企业内部经营管理的需要出发，提供多方面的成本信息。例如，为了进行短期生产经营的预测和决策，应计算变动成本、固定成本、机会成本和差别成本等；为了加强企业内部的成本控制和考核，应计算可控成本和不可控成本；为了进一步提高成本信息的决策相关性，还可以计算作业成本，等等。上述按照现行企业会计准则和相关会计制度的有关规定所计算的成本（包括生产经营业务成本和期间费用），称为财务成本；为企业内部经营管理的需要所计算的成本，称为管理成本。因此，成本会计的对象，总括地说应该包括各行业企业的财务成本和管理成本。

第六节　成本会计工作的组织

为了充分发挥成本会计的职能作用，圆满完成成本会计的任务，企业必须科学地组织成本会计工作。成本会计工作的组织，主要包括设置成本会计机构，配备必要的成本会计人员，制定科学、合理的成本会计制度等。

一、成本会计工作组织的原则

一般来说，企业应根据本单位生产经营的特点、生产规模的大小和成本管理的要求等具体情况来组织成本会计工作。具体来说，必须遵循以下几项主要原则：

（一）成本会计工作必须与技术相结合

成本是一项综合性的经济指标，它受多种因素的影响。其中，产品的设计、加工工艺等技术是否先进、在经济上是否合理，对产品成本的高低有着决定性的影响。在传统的成本会计工作中，会计部门更加注重产品加工中的耗费，而对产品的设计、加工工艺、质量、性能等与产品成本之间的联系则考虑较少，甚至有的成本会计人员不懂基本的技术问题；相反，工程技术人员考虑产品的技术方面的问题较多，而对产品的成本则考虑较少。这种成本会计工作与技术工作的脱节，使得企业在降低产品成本方面受到很大限制，成本会计工作也往往仅限于事后核算，起到提供成本核算资料的作用。因此，为了在提高产品质量的同时不断地降低成本，提高企业经济效益，在成本会计工作的组织上应贯彻与技术相结合的原则。不仅要求工程技术人员要懂得相关的成本知识，树立成本意识，成本会计人员也必须改变传统的知识结构，具备与正确进行成本预测、参与经营决策相适应的生产技术方面的知识。只有这样，才能在成本管理上实现经济与技术的结合，才能使成本会计工作真正发挥其应有的作用。

（二）成本会计工作必须与经济责任制相结合

为了降低成本，实行在成本管理上的经济责任制是一条重要的途径。由于成本会计工作是一项综合性的价值管理工作，涉及面广、信息变化较快，因此，企业应摆脱传统上只注重成本会计事后核算作用的片面性，充分发挥成本会计的优势，将其与成本管理上的经济责任制有机地结合起来，这样可以使成本管理工作收到更好的效果。例如，在实行成本分级归口管理的情况下，应使成本会计工作处于中心地位，由其具体负责组织成本指标的制定、分解与落实，日常的监督检查，成本信息的反馈、调节，以及成本责任的考核、分析、奖惩等工作。又如，为了配合成本分级归口管理，不仅要搞好厂一级的成本会计工作，而且应该完善各车间的成本会计工作，使之能进行车间成本的核算与分析，并指导和监督班组的日常成本管理工作，从而使成本会计工作渗透企业生产经营过程中的各环节，更好地发挥其在成本管理经济责任制中的作用。

（三）成本会计工作必须建立在广泛的职工群众基础之上

不断挖掘潜力，努力降低成本，是成本会计的根本性目标。但各种耗费是在生产经营的各个环节中发生的，成本的高低取决于各部门、车间、班组和职工的工作质量。同时，各级、各部门的职工群众最熟悉生产经营情况，最了解哪里有浪费现象，哪里有节约的潜力。因此，要加强成本管理，实现降低成本的目标，不能仅靠几个专业人员，必须充分调动广大职工群众在成本管理上的积极性和创造性。为此，成本会计人员还必须做好成本管理方面的宣传工作，经常深入实际了解生产经营过程中的具体情况，与广大职工群众建立起经常性的联系；吸收广大职工群众参加成本管理工作，增强广大职业群众的成本意识和参与意识，以便互通信息，掌握第一手资料，从而把成本会计工作建立在广泛的职工群众基础之上。

二、成本会计机构

企业的成本会计机构，是在企业中直接从事成本会计工作的机构。一般而言，大中型企业应在专设的会计部门单独设置成本会计机构，专门从事成本会计工作；在规模较小、会计人员不多的企业，可以在会计部门指定专人负责成本会计工作。另外，企业的有关职能部门和生产车间，也应该根据工作需要设置成本会计组或者配备专职或兼职的成本会计人员。

成本会计机构内部，可以按成本会计所担负的各项任务分工，也可以按成本会计的对象分工，在分工的基础上建立岗位责任制，使每一个成本会计人员都明确自己的职责，每一项成本会计工作都有人负责。

企业内部各级成本会计机构之间的组织分工，有集中工作和分散工作两种基本方式。

集中工作方式，是指企业的成本会计工作主要由厂部成本会计机构集中进行，车间等其他单位的成本会计机构或人员只负责原始记录和原始凭证的填制，并对它们进行初步的审核、整理和汇总，为厂部成本会计机构的工作进一步提供基础资料。这种工作方式的优点是：便于厂部成本会计机构及时掌握整个企业与成本有关的全面信息；便于集中使用计算机进行成本数据处理；还可以减少成本会计机构的层次和成本会计人员的数量。但这种工作方式不便于直接从事生产经营活动的各单位和职工及时掌握本单位的成本信息，从而不便于及时控制成本和推行责任成本制。

分散工作方式，是指成本会计工作中的计划、控制、核算和分析由车间等其他单位的成本会计机构或人员分别进行。成本考核工作由上一级成本会计机构对下一级成本会计机构逐级进行。厂部成本会计机构除对全厂成本进行综合的计划、控制、汇总核算以及分析和考核外，还应负责对各下级成本会计机构或人员进行业务上的指导和监督。成本的预测和决策工作一般仍由厂部成本会计机构集中进行。分散工作方式的优缺点与集中工作方式正好相反。

一般而言，大中型企业由于规模较大，组织结构复杂，会计人员数量较多，为了调动各级、各部门控制成本费用、提高经济效益的积极性，应采用分散工作方式；小型企业为了提高成本会计工作的效率和降低成本管理的费用，可采用集中工作方式。

三、成本会计人员

在成本会计机构中，配备适当的思想品德优秀、精通业务的成本会计人员是做好成本会计工作的关键。就思想品德而言，要求成本会计人员应具备脚踏实地、实事求是、敢于坚持原则的作风和高度敬业的精神；就业务素质而言，要求成本会计人员不仅要具备较为全面的会计知识，而且要掌握一定的生产技术和经营管理方面的知识。

为了充分调动和保护会计人员的工作积极性，国家在有关的会计法规中对会计人员的职责、权限、任免、奖惩以及会计人员的技术职称等，都做了明确的规定。这些规定对于成本会计人员也是完全适用的。

成本会计机构和成本会计人员应在企业总会计师和会计主管人员的领导下，忠实地履行自己的职责，认真完成成本会计的各项任务，并从降低成本、提高企业经济效益的角度出发，参与制定企业的生产经营决策。为此，成本会计人员应经常深入生产经营的各环节，结合实际情况，向有关人员和职工宣传、解释国家的有关方针、政策和制度，以及企业在成本管理方面的计划和目标等，并督促他们贯彻执行；深入了解生产经营的实际情况，关注成本管理中存在的问题并提出改进成本管理的意见和建议，当好企业负责人的参谋。

根据成本会计人员的职责，应赋予他们相应的权限。这些权限主要包括：成本会计人员有权要求企业有关单位和人员认真执行成本计划，严格遵守国家的有关法规、制度和财经纪律；有权参与制定企业生产经营计划和各项定额，参加与成本管理有关的生产经营管理会议；有权督促检查企业各单位对成本计划和有关法规、制度、财经纪律的执行情况。

成本会计工作是一项涉及面很广、综合性很强的管理工作，尤其是随着市场经济体制的不断发展和完善、科学技术的不断进步，按照市场经济的要求，靠技术进步降低成本，增强企业的竞争能力，提高企业的经济效益，已经成为成本会计工作的重要内容。为此，成本会计人员必须刻苦钻研业务，认真学习有关的业务知识和业务技术，不断充实和更新自己的专业知识，提高自己的素质，以适应新形势的要求。

四、成本会计制度

成本会计制度是成本会计工作的规范，是会计法规和制度的重要组成部分。企业应遵循国家有关法律、法规和制度,如《中华人民共和国会计法》《企业会计准则》等有关规定,并适应企业生产经营的特点和管理的要求,制定企业内部成本会计制度,作为企业进行成本会计工作具体和直接的依据。

各行业企业由于生产经营的特点和管理的要求不同,所制定的成本会计制度有所不同。就工业企业来说,成本会计制度一般应包括:①关于成本预测和决策的制度;②关于成本定额的制度和成本计划编制的制度;③关于成本控制的制度;④关于成本核算规定和流程的制度。其包括成本计算对象和成本计算方法的确定;成本项目设置;各项费用分配和归集的程序和方法;完工产品和在产品之间的费用分配方法等;⑤关于责任成本的制度;⑥关于企业内部结算价格和内部结算办法的制度;⑦关于成本报表的制度;⑧其他有关成本会计的制度。成本会计制度是开展成本会计工作的依据和行为规范,其是否科学、合理直接影响成本会计工作的成效。因此,制定成本会计制度,是一项复杂而细致的工作。在成本会计制度的制定过程中,有关人员不仅应熟悉国家有关法规、制度的规定,而且应深入基层做广泛、深入的调查研究工作,在反复试点、具备充分依据的基础上进行成本会计制度的制定工作。成本会计制度一经确定,就应认真贯彻执行。但随着时间的推移,实际情况往往会发生变化,若出现新的情况,应根据情况变化,对成本会计制度进行修订和完善,以保证成本会计制度的科学性和先进性。

第二篇　成本核算篇

第二章

成本核算的基本原理

★学习目标

1. 了解费用的各种分类在成本核算和成本管理中的作用。
2. 理解成本核算的要求。
3. 掌握费用按各种标准的分类以及这些分类之间的区别和联系、产品成本项目；掌握企业成本核算的一般程序、需要设置的主要会计科目及其用途和结构、明细账的设置口径、账页格式和登记方法。

★章前导读

小吴本科毕业后，应聘到一家新成立的工业企业负责成本会计工作。小吴入职后，根据工作需要，对企业生产经营情况进行了调研。然而，让小吴感到困惑的是，该企业并没有建立她在校期间从课堂上学到的成本会计制度，没有材料收发与产成品入库及出库等成本核算所需要的原始凭证，为保密更没有员工工资发放表……

该如何核算企业在生产经营活动中发生的各项耗费？如何计算产成品成本？……小吴很困惑。请你帮助小吴理清思路：①成本核算的内容有哪些？②企业和成本会计人员在开展成本核算时应遵循哪些原则，满足哪些要求？③企业和成本会计人员在开展成本核算前应做好哪些准备工作？④成本核算的程序或工作步骤是什么？⑤开展成本核算应设置哪些账簿？

按照社会分工，工业企业是在社会再生产过程中专门从事工业产品（包括工业性劳务，下同）生产与销售的企业。其基本任务是利用各种生产设备，通过生产工人的劳动，将劳动对象加工成具有一定使用价值的工业产品，并通过产品销售满足其他工业生产和人民生活消费等方面的需要，并实现对生产经营过程中发生的劳动耗费进行价值补偿，实现盈利和发展。工业企业生产经营活动及其成本核算非常具有代表性，因此，本书除非特别说明，均以工业企业生产经营情况为背景。

第一节　成本核算的内容与意义

一、成本核算的内容

企业成本核算的内容概括地说，就是生产费用的发生和产品成本的形成，包括生产费用的汇总核算和产品成本的计算两个方面（或生产费用、产品销售费用、管理费用和财务费用四个方面）的内容。企业对生产经营过程中发生的各项费用，应按照成本开支范围、费用开支标准和企业的计划定额严格控制和审核费用，分析这些费用是否应该发生；对已经发生的费用，要分清哪些费用应计入产品成本，哪些费用不应计入产品成本；对于应计入产品成本的费用，要测定和记录所积累的成本资料，按照一定的程序进行归集，以汇总所发生的费用总数；对已归集的应计入产品成本的生产费用，要按照受益原则，采用一定的方法，在各个期间、各个成本计算对象之间进行分配，进一步确定为生产某种产品所发生的费用总和。会计期末，企业要根据费用的特点，采用一定的分配方法，在完工产品和期末在产品之间进行分配，以计算出完工产品的总成本和单位成本。

二、成本核算的意义

（一）提高企业成本管理水平

企业进行成本核算，可以通过成本管理方法，加强对各种成本费用支出的审核和控制，来增强节约意识，在保证产品质量和不影响企业正常生产经营管理的情况下，尽量降低产品成本，减少其他费用支出，分析和考核企业成本计划、成本预算的执行和完成情况，分析原因，采取措施，进一步挖掘降低产品成本的潜力，提高企业成本管理水平。

（二）为企业经营管理决策提供帮助

企业进行成本核算，可以向企业管理当局及时提供产品单位成本和总成本资料，一方面对分析和考核产品成本计划执行情况，进一步挖掘降低产品成本的潜力，为企业管理当局进行成本预测提供决策依据；另一方面还可以为企业管理当局依据本量利分析法延伸进行成本和利润预测提供数据，成本核算人员甚至还可直接参与有关的生产技术与经营管理决策。

（三）为企业核算与分配利润提供帮助

企业进行成本核算，可以正确、及时地提供有关业务成本费用耗费情况，为企业进行损益核算打下基础，帮助企业正确计算利润、净利润等指标，进而帮助企业及时足额上缴税金、向投资者分配利润等，为企业正确处理与国家、与其他企业之间的关系打下基础。

综上所述，企业成本核算，是成本会计和生产经营管理的重要组成部分。做好成本核算工作，对提升企业成本管理水平，降低成本费用，增加企业利润，提高企业预测与决策的准确性与科学性及经营管理水平，正确处理企业与国家和其他投资者之间的关系，具有重要意义。

第二节　成本核算的基本要求与基本原则

一、成本核算的基本要求

成本核算不仅是成本会计的基本任务，同时也是企业经营管理的重要组成部分。因此，为充分发挥成本核算的作用,加强成本核算工作,改善企业成本管理,挖掘企业降低成本的潜力,不断降低产品成本,提高经济效益,企业在成本核算工作中应遵循以下基本要求:

(一) 核算要与管理相结合,根据管理的要求进行

企业管理的主要目的就是降低成本和费用,提高经济效益。因此,成本核算与管理相结合,就是要根据企业管理要求组织成本核算,核算要服务于管理,服从于管理,具体应做到:

(1) 成本核算不局限于对生产费用的事后核算和监督,企业应根据管理的要求,根据国家有关的法规和制度,以及企业的成本计划和相应的消耗定额,对企业的各项费用进行事前的审核和控制。对于不合法、不合理、不利于提高经济效益的超支,企业要及时制止,对当时已经无法制止的,要追究责任,采取措施,防止以后再发生。

(2) 企业要对生产费用的发生情况进行日常的核算和监督,及时纠正脱离计划或定额的偏差,确保成本目标的实现。

(3) 企业要正确及时地进行成本核算,为经营管理和经营决策提供必要的成本信息。为此,企业应分清主次、区别对待,按照细而有用、简而有理的原则选用既简便又合理的成本计算方法,正确计算产品成本。计算产品成本要防止为算而算,搞烦琐哲学,脱离成本管理和生产经营管理实际需要的做法;所核算的成本与所取得的效益相比较,必须是合算的。但成本会计核算也要防止片面追求简化,以致不能为管理提供所需数据的做法。

(二) 正确划分各种费用界限

为了正确区分生产费用和经营管理费用,正确地计算产品实际成本和企业损益,会计人员必须正确划分以下五个方面的费用界限:

1. 正确划分生产经营管理费用与非生产经营管理费用的界限

企业的经济活动是多方面的,除了生产经营活动以外,还有其他方面的经济活动,因而费用的用途也是多方面的,并非都应计入生产经营管理费用。例如,企业购置和建造固定资产、购买无形资产以及进行对外投资,这些经济活动都不是企业日常的生产经营活动,其支出都属于资本性支出,不应计入生产经营管理费用。又如,企业的固定资产盘亏损失,由于自然灾害等原因而发生的非常损失,以及由于非正常原因发生的停工损失等,都不是因日常的生产经营活动而发生的,也不应该计入生产经营管理费用。同理,乱计和少计生产经营管理费用,都会使成本费用不实,不利于企业成本管理。乱计生产经营管理费用,会减少企业利润和国家财政收入;少计生产经营管理费用,则会虚增利润、超额分配,使企业的生产经营管理费用得不到应有的补偿,影响企业再生产的顺利进行。因此,每一个企业都应正确划分生产经营管理费用和非生产经营管理费用的界限,遵守国家关于成本费用开支范围的规定,防止乱计和少计生产经营管理费用的错误做法。

2. 正确划分生产成本与期间费用的界限

对于企业所发生的生产经营管理费用,并不是全部计入产品成本,而只是将生产费用计入产品成本,其余的经营管理费用则计入期间费用。产品成本要在产品完工并销售以后才计入企业的损益,但当月投入生产的产品不一定当月完工、销售,当月完工、销售的产品也不一定是当月投入生产的(或当月开始提供的)。因此,本月发生的费用往往不是计入当月损益、从当月利润中扣除的主营业务成本。但是,企业发生的经营管理费用则作为期间费用处理,不计入产品成本,而直接计入当月损益,从当月利润中扣除。因此,为了正确地计算产品成本和期间费用,以及正确地计算企业各个月份的损益,会计人员还应将生产经营管理费正确地划分为生产成本(或劳务成本)和期间费用,也就是划分为成本和费用。用于产品生产的原材料费用、生产工人

的工资费用、制造费用等，应该计入生产成本；由于产品销售、组织和管理生产经营活动及筹集生产经营资金所发生的费用，应该计入期间费用，并归集为销售费用、管理费用和财务费用，直接计入当月损益，从当月利润中扣除。应防止混淆生产成本和期间费用的界限，也就是成本和费用的界限，将产品的某些成本计入期间费用，计入当月损益，或者将某些期间费用计入产品成本，借以调节各月产品成本和各月损益的错误做法。

3. 正确划分各个月份的费用界限

为了按月计算、分析和考核产品成本和期间费用，正确计算各月损益，会计人员还应将应计入产品成本的费用和作为期间费用处理的经营管理费用，在各个月份之间进行划分。为此，本月发生的成本费用都应在本月入账，不应将其一部分拖延到下月入账，也不应在月末以前提前结账，将本月成本、费用的一部分作为下月成本、费用处理。

4. 正确划分各种产品的费用界限

为了分析和考核各种产品的成本计划或成本定额的执行情况，会计人员应该分别计算各种产品的成本。因此，应该计入本月产品成本的费用还应在各种产品之间进行划分。属于某种产品单独发生，能够直接计入该种产品成本的费用，应该直接计入该种产品的成本；属于几种产品共同发生、不能直接计入某种产品成本的费用，则应采用适当的分配方法，将其分配计入这几种产品的成本。会计人员既要防止随意分配费用、不分产品地吃"大锅饭"的做法，又要特别注意防止在盈利产品与亏损产品、可比产品与不可比产品之间任意增减生产成本，采取以盈补亏的手法来掩盖超支，以及通过虚报产品成本来降低业绩的错误做法。

5. 正确划分完工产品与在产品的费用界限

会计人员在月末计算产品成本时，如果某种产品都已完工，这种产品的各项费用之和，就是这种产品的完工产品成本；如果某种产品都未完工，那么这种产品的各项费用之和，就是这种产品的月末在产品的成本；如果某种产品一部分已经完工，另一部分尚未完工，那么该产品的各项生产费用，还应采用适当的分配方法在完工产品与月末在产品之间进行分配，分别计算出完工产品成本和月末在产品成本。会计人员应该防止通过改变分配方法和在产品的计价标准来任意调节完工产品成本的错误做法。

以上五个方面费用界限的划分，都应贯彻受益原则，即何者受益何者负担费用，何时受益何时负担费用。负担费用的多少应与受益程度的大小成正比。这五个方面费用界限的划分过程，也是产品成本的计算过程。

需要强调的是，企业进行成本核算必须严格遵守有关成本开支范围的规定，认真执行有关成本开支计划。应该计入成本、费用的包括下列各项：①生产经营过程中实际消耗的原材料、辅助材料、备品配件、外购半成品、燃料、动力、包装物的原价和运输、装饰、整理等费用；②企业直接从事产品生产人员的薪酬；③固定资产折旧费、租赁费、修理费和低值易耗品的摊销费等；④其他为组织管理生产、经营活动而发生的制造费用、管理费用、财务费用和销售费用。其中，制造费用计入产品成本，管理费用、财务费用和销售费用作为期间费用而不计入产品成本。

企业发生下列费用，不应计入成本、费用：①购置和建造固定资产的支出，购入无形资产和其他资产的支出；②对外界的投资以及分配给投资者的利润；③被没收的财物损失以及违反法律支付的各项滞纳金、罚款以及赞助、捐赠支出；④公积金支出；⑤国家法律、法规规定以外的各种费用；⑥国家规定不得列入成本的其他支出。

综上所述，成本费用的开支范围是国家根据成本的客观经济内涵、国家的分配方针和企业实施独立核算的要求而规定的。在成本费用开支范围中明确规定哪些费用应计入成本，哪些费用不应计入成本，这样不但使产品成本能正确地反映企业生产消耗水平，还使各企业的成本开支口径实现一致。

（三）正确确定财产物资的计价和价值结转的方法

企业拥有的财产物资绝大部分是生产资料，它们的价值随着在生产经营过程中的耗用而转移到产品成本或期间费用中。因此，这些财产物资的计价和价值结转的方法，也会影响成本和费用，如固定资产原值计算法、折旧方法、折旧率的种类和高低，材料价值（成本）的组成内容，材料按实际成本进行核算时发出材料的单位成本的计算方法，材料按计划成本进行核算时材料成本差异率的种类（个别差异率、分类差异率、综合差异率、本月差异率、上月差异率），采用分类差异率时的材料类距的大小，固定资产与周转材料的划分标准，周转材料的摊销方法、摊销期限的长短和摊销率的高低等。为了正确计算成本和费用，这些财产物资的计价和价值结转方法都应既合理又简便。国家有统一规定的，应采用国家统一规定的方法。会计人员要防止任意改变财产物资计价和价值结转方法（如不按规定的方法和期限计算和调整材料成本差异），借以人为调节成本和费用的错误做法。

（四）做好各项基础工作

产品成本的计算过程就是对生产费用进行归集和分配的过程。各项生产费用的数据是否真实正确，影响着成本计算的正确性和企业盈亏的真实性。为保证企业的生产费用数据真实可靠，正确计算产品成本和期间费用，会计人员应做好以下各项基础工作。

1. 做好定额的制定和修订工作

产品的各项消耗定额，是企业在正常生产条件下对生产的数量、质量，以及人力、物力和财力等方面所规定的应达到的数量标准。定额是编制成本计划以及分析和考核成本水平的依据，也是审核和控制成本的标准。会计人员应根据企业当前的设备条件和技术水平，充分考虑员工的积极因素，制定和修订先进而可行的原材料、燃料、动力和工时等消耗定额，并据以审核各项耗费是否合理、是否节约，以控制耗费、降低成本和费用。制定和修订产量、质量定额，是搞好生产管理、成本管理和成本核算的前提。因此，企业应建立和健全定额管理制度，凡是能够制定定额的各种消耗，都应制定先进、合理、切实可行的消耗定额，并随着生产的发展、技术的进步、劳动生产率的提高，不断修订消耗定额，以充分发挥其应有的作用。企业的定额主要有产量定额、材料消耗定额、燃料和动力消耗定额、设备利用定额、劳动（工时）定额以及其他各项费用定额。

2. 建立和健全材料物资的计量、收发、领退和盘点制度

为了进行成本管理和成本核算，会计人员还必须对材料物资收发、领退和结存进行计量，建立和健全材料物资的计量、收发、领退和盘点制度。材料物资的收发、领退，在产品、产成品的内部转移和产成品的入库等，均应填制相应的凭证，经过一定的审批手续，并经过计量、验收和交接，以防止任意收发和转移。对库存的材料、半成品和产成品，以及车间的在产品和产成品，均应按照规定进行盘点、清查，防止丢失、积压、损坏、变质和被贪污、盗窃。这些工作也是进行生产管理、物资管理和资金管理所必需的。

3. 建立和健全原始记录

原始记录是反映生产经营活动的原始资料，是进行成本预测、编制成本计划、进行成本核算、分析消耗定额和成本计划执行情况的依据。如果只有计量而没有记录，会计核算就没有书面的凭证依据。为了进行成本的核算管理，会计人员对生产经营过程中工时和动力的耗费、在产品和半成品的内部转移以及产品质量的检验结果等均应真实记录。原始记录对于工资、设备动力、生产技术等方面的管理，以及有关的计划统计工作，也有重要意义。企业应该建立既符合各方面

管理需要，又符合成本核算要求，既科学易行，又讲求实效的原始记录制度，并且组织有关员工认真做好各种原始记录的登记、传递、审核和保管工作，以便正确及时地为成本核算和其他有关方面提供所需原始资料。

4. 做好企业内部计划价格的制定和修订工作

在计划管理基础较好的企业中，为了分清企业内部各单位的经济责任，方便分析和考核内部各单位成本计划的完成情况，会计人员还应对材料、半成品和各车间相互提供的劳务（如修理、运输等）制定内部计划价格，作为内部结算和考核的依据。内部计划价格应该尽可能接近实际并相对稳定，年度内一般不变动。在制定了内部计划价格的企业中，对于材料领用、半成品转移以及各车间、部门之间相互提供劳务，都应先按计划价格结算，月末再采用一定的方法计算和调整价格差异，并据以计算实际的成本、费用。按计划价格进行企业内部的往来核算，还可以简化和加速成本、费用的核算工作。

（五）适应生产特点和管理要求，采用适当的成本计算方法

产品成本是在生产过程中形成的，生产组织和工艺过程不同的产品，应该采用不同的成本计算方法。计算产品成本是为了加强成本管理，管理的要求不同，也会影响成本的计算方法。因此，企业只有按照自身的生产特点和成本管理要求，正确选择成本计算方法，才能正确及时地计算产品成本，为成本管理提供有用信息。有关企业应如何依据生产特点和管理要求，恰当选择适当的成本计算方法将在本书第六章详细介绍。

二、成本核算的基本原则

成本核算的基本原则是指企业在成本核算过程中应遵循的基本原则，是保证成本信息质量的基本会计技术要求。企业要提高成本核算的质量，除需要满足前述成本核算的基本要求外，还必须遵循成本核算的基本原则。成本核算的基本原则主要包括：

（一）分期核算原则

企业的生产经营活动连续不断地进行，为了及时准确地核算产品生产成本，企业必须将连续不断的生产经营期间划分为若干个相等的成本核算期间，按期计算产品生产成本。为降低成本核算成本，顺利进行各项成本核算工作，成本核算期间的划分必须与会计年度的划分相一致。在成本核算中，费用的归集与分配都是按月进行的，与会计报告期不一致。成本分期核算原则主要是分清当月发生和当月负担的成本费用的界限，从时间上确定各个成本计算期的费用和产品成本的界限，保证成本核算的正确性。

（二）合法性原则

合法性原则是指计入成本的费用必须符合相关政策法规和制度的规定，严格遵守成本开支范围的要求，正确划分生产经营性支出和非生产经营性支出。例如，企业购置和建造固定资产的支出、捐赠和赞助性质的支出等非生产经营性支出，不能列入成本开支。如果出现违反规定的开支，必须在纳税申报时予以调整，以保证成本指标的合法性。

（三）一致性原则

一致性原则是指成本核算所涉及的成本核算对象、成本项目、成本核算方法以及会计处理方法前后各期应当一致，保证前后各期成本信息的可比性，提高成本信息的利用程度。一致性原则的要求包括四方面内容：一是某项成本要素发生时，确认该要素水平的方法前后期应当一致，如发出材料的计价方法、固定资产计提折旧的方法等；二是在成本计算过程中所采用的费用分配方法前后应当一致，如不同会计期间的材料费用与制造费用的分配方法等应当保持一致；三

是同一种产品的成本核算方法前后各期应当一致,如品种法、分批法、分步法等,前期选定一种核算方法后,后期不得随意变更;四是成本核算对象、成本项目的确定前后期应当保持一致。

(四) 实际成本核算原则

企业进行成本核算时,可以采用不同的计价方法,如计划成本、定额成本、标准成本等,但在最终计算产品成本时,必须调整为实际成本。这是成本核算的基本原则。只有按实际成本核算,才能减少成本计算的随意性,才能使成本信息保持其客观性和可验证性。实际成本核算原则在应用上主要体现为两个方面的要求:一是各项成本费用发生时,按实际发生数确认;二是完工产品成本按实际成本计价结转。

(五) 受益原则

受益原则是指在成本核算中,凡是涉及费用分配时,都应该按照谁受益谁负担、谁多受益谁多承担的原则进行分配。在受益原则下,如果对多种产品共同受益的费用进行分配时,应注意分配标准选择的科学性和合理性。

(六) 重要性原则

重要性原则是指应将对成本核算有重要影响的内容作为重点,单独设立成本项目进行核算和反映,力求准确;而对次要的、在成本项目中所占比例很小的内容则从简核算,合并反映。如构成产品实体或主要成分的原材料、生产工人工资就直接计入产品成本"直接材料""直接人工"项目单独进行反映;对于一般性耗用的、数额不大的材料费用就计入"制造费用"或"管理费用",在综合项目中合并反映,从而使成本指标达到最佳的成本效益和经济效益。

重要性原则是对上述有关原则的补充。例如,按照权责发生制原则要求,凡是属于本期成本负担的费用,虽未支付也应作为应付费用计入本期成本,但如果数额较小,就可以在实际支付时直接计入当月成本。

第三节 成本费用的分类

企业在生产产品等日常经营活动中发生的各种耗费,既有物化劳动耗费,又有活劳动耗费,还有其他支出。日常经营活动耗费的性质和用途的多样性决定了费用的多样性。为了加强成本费用的核算与管理,正确计算产品成本和期间费用,需要对种类繁多的费用进行合理分类。费用可以按不同的标准分类,其中最基本的是按费用的经济内容和经济用途分类。

一、费用按经济内容分类

企业产品的生产经营过程,也是劳动对象、劳动手段和活劳动的耗费过程。因此,企业发生的各种费用按其经济内容(或性质)划分,主要有劳动对象方面的费用、劳动手段方面的费用和活劳动方面的费用三大类。前两方面为物化劳动耗费,即物质消耗;后一方面为活劳动耗费,即非物质消耗。这三类费用可以称为企业费用的三大要素。为了具体地反映企业各种费用的构成和水平,还应在此基础上,将企业费用进一步划分为以下八个费用要素:

(一) 外购材料

外购材料是指企业为进行生产经营而耗用的从外单位购进的原料及主要材料、半成品、辅助材料、包装物、修理用备件和低值易耗品等。

（二）外购燃料

外购燃料是指企业为进行生产经营而耗用的从外单位购进的各种固体、液体和气体燃料。

（三）外购动力

外购动力是指企业为进行生产经营而耗用的从外单位购进的各种动力，包括电力、热力和风力等。

（四）职工薪酬

职工薪酬是指企业为进行生产经营而发生的各种职工薪酬，具体包括：①职工工资、奖金、津贴和补贴；②职工福利费；③医疗保险费、养老保险费、失业保险费、工伤保险费和生育保险费等社会保险费；④住房公积金；⑤工会经费和职工教育经费；⑥非货币性福利；⑦因解除与职工的劳动关系给予的补偿；⑧其他与获得职工提供的服务相关的支出。

（五）折旧费

折旧费是指企业所拥有或控制的固定资产按照使用情况计提的折旧费用。

（六）利息费用

利息费用是指企业计入经营管理费用等的负债利息净支出（即利息支出减去利息收入后的余额）。

（七）税金

税金是指企业应计入成本费用的各种税金，如房产税、车船使用税、印花税、土地使用税等。

（八）其他费用

其他费用是指不属于以上各要素的费用，如邮电费、差旅费、租赁费、外部加工费等。

上述各要素称为费用要素。按照费用要素反映的费用，称为要素费用。费用按照经济内容分类具有重要作用，主要包括：①可以反映企业在一定时期内的生产经营中发生了哪些费用，数额各是多少，并据以分析各个时期各种费用占整个费用的比重，进而分析企业各个时期各种要素费用支出的水平，有利于考核费用计划的执行情况；②可以为企业核定储备资金定额、考核储备资金的周转速度、编制材料采购资金计划和劳动工资计划提供资料；③可以反映物质消耗和非物质消耗结构和水平，有助于统计工业净产值和国民收入。

但是，企业费用的这种分类不能反映各种费用的经济用途，因而不便于分析这些费用的支出是否节约、合理，不便于进行分析和控制。因此，还需要按其经济用途进行分类。

二、费用按经济用途分类

费用按经济用途分类，首先应将企业发生的费用划分为应计入产品成本的费用和不计入产品成本的费用两大类。对于应计入产品成本的费用继续划分为直接费用和间接费用。

计入产品成本的费用在生产过程中的用途也各不相同。有的间接用于产品生产，为了具体地反映计入产品成本的生产费用的各种用途，还应将计入产品成本的费用进一步划分为若干个项目，即产品生产成本项目，简称产品成本项目，即"成本项目"。根据生产特点和管理要求，我国企业一般应该设立以下三个成本项目：

（一）直接材料

直接材料是指企业在生产产品过程中所消耗的，直接用于产品生产，构成产品实体的原料及主要材料、外购半成品（外购件）、修理用备件（备品备件）、包装物、有助于产品形成的辅助材料以及其他直接材料费用。

（二）直接人工

直接人工是指企业直接从事产品生产制造的工人的薪酬费用，具体包括：①职工工资、奖金、津贴和补贴；②职工福利费；③医疗保险费、养老保险费、失业保险费、工伤保险费和生育保险费等社会保险费；④住房公积金；⑤工会经费和职工教育经费；⑥非货币性福利；⑦因解除与职工的劳动关系给予的补偿；⑧其他与获得职工提供的服务相关的支出。

（三）制造费用

制造费用是指企业在生产产品过程中所发生的各项间接费用，以及虽直接用于产品生产但不便于直接计入产品成本，因而没有专设成本项目的费用（如机器设备的折旧费）。包括工资及福利费、折旧费、办公费、水电费、机物料消耗、劳动保护费、季节性和修理期间的停工损失等，但不包括企业行政管理部门为组织和管理生产经营活动而发生的管理费用。

为了使生产成本项目能够反映企业的生产特点，满足成本管理的要求，制度允许企业根据自己的特点和管理的要求，对上述成本项目进行适当的调整。例如，如果直接用于产品生产的外购半成品成本比重大，企业可以将"外购半成品"单独列为一个成本项目。企业需要单独反映、控制和考核燃料及动力的消耗情况时，可专设"燃料及动力"成本项目，但为了简化核算，企业也可将工艺用燃料费用以及工艺用动力费用并入"直接材料"成本项目。又如，企业在生产过程中可能发生废品，如果废品损失在产品成本中的比重比较大，需要重点核算和管理，可以增设"废品损失"成本项目；如果没有废品，或者废品损失不大，企业就不必增设"废品损失"成本项目。

企业在规定或者调整成本项目时，应该考虑以下几个问题：①费用在管理上有无单独反映、控制和考核的要求；②费用在产品成本或劳务成本中比重的大小；③为某种费用专设成本项目所增加的核算工作量的大小。企业对管理上需要单独反映、控制和考核的费用，以及在产品成本中所占比重较大的费用，应单独设置成本项目；如果企业为简化核算，也可不必专设成本项目。

将计入产品成本的费用划分为若干成本项目，可以按照费用的用途考核各项费用定额或计划的执行情况，分析费用支出是否合理、节约。因此，产品成本不仅要分产品计算，而且要分成本项目计算，要计算各种产品的各个成本项目的成本。产品成本计算的过程就是各种要素费用按其经济用途划分、最后计入本月各种产品成本的过程，也是按成本项目反映完工产品和月末在产品的过程，也就是前面所述五个方面费用界限的划分过程。

工业企业的期间费用按照经济用途可分为销售费用、管理费用和财务费用。该部分内容已在《中级财务会计》中详细介绍，在此不再赘述。

三、费用的其他分类

（一）直接生产费用与间接生产费用

在构成产品成本的各项费用中，直接用于产品生产的费用，可以称为直接生产费用，如原料费用、主要材料费用、生产工人的工资和机器设备折旧费用等；间接用于产品生产的费用，可称为间接生产费用，如机物料消耗、辅助生产工人的工资和车间厂房折旧费用等。这是按其与工艺的关系进行分类。

（二）直接计入费用与间接计入费用

在构成产品成本的各项费用中，可以分清各项费用具体为哪种产品所耗用，能够直接计入某种产品成本费用，称为直接计入费用；不能分清各项费用为哪种产品所耗用，不能直接计入某种产品成本，而必须按照一定标准分配计入有关的各种产品成本的费用，可以称为间接计入（或分配计入）费用。这是费用按其计入产品成本方法进行的分类。

（三）费用按其与工艺的关系分类和按其计入产品成本方法分类的联系和区别

直接生产费用大多为直接计入费用，如原料、主要材料费用大多能够直接计入某种产品成本，间接生产费用大多为间接计入费用，如机物料消耗大多只能按照一定标准分配计入有关的各种产品成本。但也不都如此，如在只生产一种产品的企业或车间中，直接生产费用和间接生产费用都可以直接计入该种产品成本，都是直接计入费用。在这种情况下，该企业就没有间接计入费用。又如，在使用同一种原材料同时生产出几种产品的联产品生产（如石油提炼）企业中，直接生产费用和间接生产费用都不能直接计入某种产品成本，而是间接计入费用。在这种情况下，该企业就没有直接计入费用。

第四节　成本核算的基本程序和主要账户

一、产品成本核算的基本程序

产品成本核算的基本程序，是指对企业在生产经营过程中发生的各项费用，按照成本核算的要求，采用一定的方法，逐步进行归集和分配，最后计算出各种产品的生产成本的基本过程。根据前述的成本核算要求和费用的分类，可将成本核算的基本程序归纳如下：

（一）根据成本开支范围规定，审核生产费用支出

会计人员应根据成本开支范围规定，对各项费用支出进行严格审核，确定应计入产品成本的费用和不应计入产品成本的期间费用。

（二）要素费用的归集和分配

会计人员对生产中产品所耗用的材料，可以根据领料凭证编制材料费用分配表，对发生的人工费用，可根据产量通知单等产量工时记录凭证编制工资费用分配表等。凡是能直接计入成本计算对象的费用，应根据各要素费用分配表直接计入"基本生产成本""辅助生产成本"账户及有关明细账户；不能直接计入成本计算对象的费用，应先进行归集，再计入"制造费用"账户及其有关明细账户。

（三）辅助生产费用的归集和分配

会计人员对归集在"辅助生产成本"账户及其明细账户的费用，除将完工入库的自制工具等产品的成本转为存货成本外，还要按受益对象和所耗用的劳务数量，编制辅助生产费用分配表，据以登记"基本生产成本"等账户及有关明细账户。

（四）制造费用的归集和分配

各基本生产车间制造费用归集后，会计人员应分别针对不同车间，于月末编制制造费用分配表，将制造费用分配计入本车间产品成本，即计入"基本生产成本"账户及其明细账户。

（五）完工产品成本的确定和结转

经过以上的费用分配，各成本计算对象应负担的生产费用已全部计入有关的产品成本明细账。如果当月产品全部完工，所归集的生产费用即为完工产品成本；如果全部未完工，即为期末在产品成本；如果只有部分完工，则需要采用一定的方法将生产费用在完工产品与期末在产品之间进行分配，以确定本期的完工产品成本，并将完工验收入库的产成品成本从"基本生产成本"账户及其明细账户结转至"库存商品"账户及有关明细账户。

（六）已销售产品成本结转

已销售产品成本要从"库存商品"账户转到"主营业务成本"账户。

二、成本核算应该设置的主要账户

为了正确反映和核算产品生产过程中所发生的生产费用以及产品生产成本的形成情况，企业一般应设置以下主要账户：

（一）"基本生产成本"账户

"基本生产成本"账户是核算企业为完成主要生产目的而进行的产品生产所发生的各种生产费用。其借方登记企业为进行基本生产而发生的各种费用，如直接材料、直接人工等直接费用，以及通过设置"制造费用"账户归集的、在月末按一定标准分配后转入的间接费用；其贷方登记完工入库转出的产品生产成本；余额在借方，表示尚未加工完成的在产品成本。"基本生产成本"账户应按产品品种、批别、生产步骤等成本计算对象，设置产品成本明细分类账（或称基本生产明细账、产品成本计算单），在账户内再按产品成本项目分设专栏或专行。其格式见表2-1，成本核算账务处理的基本程序见图2-1。

如果企业生产的产品品种较多，为了按照产品成本项目（或者既按车间又按成本项目）汇总反映全部产品的总成本，还可设置"基本生产成本"二级账。

表2-1 产品成本明细账

车间名称：第一车间
产品名称：A产品
单位：元

20××年		摘 要	直接材料	直接人工	制造费用	合 计
月	日					
7	31	月初在产品成本	4 500	2 000	1 200	7 700
8	31	本月生产费用	25 000	12 000	8 000	45 000
8	31	生产费用合计	29 500	14 000	9 200	52 700
8	31	完工产品成本（100件）	20 000	8 000	5 000	33 000
8	31	单位成本	200	80	50	330
8	31	月末在产品成本	9 500	6 000	4 200	19 700

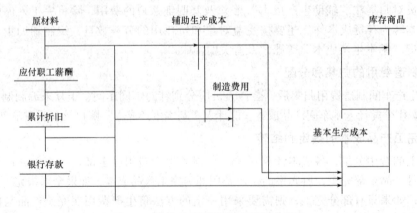

图2-1 成本核算账务处理的基本程序

（二）"辅助生产成本"账户

"辅助生产成本"账户是核算企业为基本生产服务而进行的产品生产和劳务供应所发生的各

项费用。该账户的借方登记为进行辅助生产而发生的各种费用；贷方登记完工入库产品的成本或分配转出的劳务成本；余额在借方，表示辅助生产在产品的成本。"辅助生产成本"账户应按辅助生产车间和生产的产品、劳务分设明细分类账，账中按辅助生产的成本项目或费用项目分设专栏或专项进行明细登记。如果辅助生产车间生产产品，则其成本核算程序与"基本生产成本"账户的核算程序基本相同。

（三）"制造费用"账户

"制造费用"账户是核算企业生产车间为生产产品和提供劳务而发生的各项间接费用。该账户属于成本类账户，包括车间管理人员的工资和福利费、折旧费、办公费、水电费、机物料消耗、低值易耗品摊销、劳动保护费、季节性和修理期间的停工损失等。其借方登记实际发生的制造费用；贷方登记分配转出的制造费用；除季节性生产企业外，月末该账户经过结转后一般应无余额。"制造费用"账户应按生产车间、部门设置明细分类账，账内按费用项目设立专栏进行明细登记。

（四）"废品损失"账户

需要单独核算废品损失的企业，应当设置"废品损失"账户。该账户的借方登记不可修复废品的生产成本和可修复废品的修复费用；贷方登记废品残料回收的价值、应收的赔款以及转出的废品净损失；该账户月末一般无余额。"废品损失"账户应按车间设置明细分类账，账内按产品品种分设专户，并按成本项目设置专栏或专项进行明细核算。

（五）"停工损失"账户

单独核算停工损失的企业，可以增设"停工损失"账户，在产品成本明细账中增设"停工损失"成本项目。"停工损失"账户是为了归集和分配停工损失而设立的，该账户的借方归集本月发生的停工损失，贷方分配结转停工损失，月末一般无余额。该账户应按车间设置明细账，在账内再按成本项目分设专栏或专项进行明细分类核算。

销售费用、管理费用和财务费用账户及其核算内容已在《中级财务会计》中详细介绍，在此不再赘述。

值得指出的是，在成本核算中，生产成本账户的设置可以有两种处理办法：一种是设置"生产成本"总分类账，其下分设"基本生产"和"辅助生产"两个二级账；另一种是直接把"生产成本"账户分为"基本生产成本"和"辅助生产成本"两个总分类账户进行核算。本书采用第二种处理办法。

第三章

成本构成要素费用的核算方法

★学习目标

1. 了解要素费用的具体内容。
2. 熟悉计时工资和计件工资计算、折旧费用的计算与分配及其他要素费用分配的方法。
3. 掌握材料费用、外购动力费用与人工费用的分配方法。

★章前导读

某沙发生产企业由一批工人同时生产布艺沙发和实木沙发两种产品,除两种沙发均需耗用木料之外,布艺沙发还需要钢材和布料,实木沙发还需要油漆。该企业为了准确核算两种产品销售毛利,分别需要归集各自的产品成本,包括生产中所耗用的各种原材料以及加工成本等,那么,应如何核算产品生产过程中的各项要素费用呢?

成本构成的要素费用是企业发生的各种生产经营费用,按经济内容可以划分为劳动对象方面的费用、劳动手段方面的费用和活劳动方面的费用三大类,具体包括材料费用、动力费用、人工费用、固定资产折旧费用和其他费用等。要素费用的核算是对企业在生产经营管理过程中发生的各项要素费用进行审核、控制并加以归集,然后按谁受益谁负担的原则在有关产品和部门之间进行分配的过程。

第一节 材料费用的核算

企业在生产经营过程中领用的材料,包括原料及主要材料、半成品、辅助材料、修理用备件、周转材料等。材料在生产经营过程中,会改变原有的实物形态,其价值也会转移到产品成本或者期间费用中,形成新产品的材料成本或各期间费用。为准确反映上述过程,需要对所发生的材料费用进行归集和分配。

一、材料费用的归集

材料费用的归集,是指将本期发生的材料费用采用一定的方法计算汇总得出本月发出材料实际成本的过程。材料费用的归集是进行材料费用分配的基础。

常用于记录材料消耗的原始凭证有领料单、限额领料单和领料登记表等。会计部门应对发料凭证所列材料种类、数量和用途进行审核，检查所领材料种类和用途是否符合规定，数量有无超过定额或标准。只有经过审核的发料凭证才能据以发料，并作为材料发出核算的原始凭证。"领料单""限额领料单""领料登记表"的一般格式分别见表3-1、表3-2、表3-3。

月末，对于企业生产所剩余料，应该编制退料单，并将材料退回仓库。对于下个月需要继续使用的材料，可以办理"假退料"手续，即同时填制本月的"退料单"和下月的"领料单"，交给材料仓库办理退料和领料手续，而材料实物保留在车间，并不实际退回仓库。

为了即时掌握材料的收发结存情况，企业应按材料的品种、规格设置材料明细账，根据材料收发的相关原始凭证登记材料入库及领用的数量和金额，并结合期初结存情况，计算登记期末结存材料的数量和金额。

材料收发结存的日常核算，可以按实际成本进行，也可以按计划成本进行。但在计划成本计价方式下，期末需要按材料成本差异率计算所发出材料的实际成本。

表3-1 领料单

领料单位：　　　用途：　　　20××年×月×日　　　发料仓库：

材料编号	材料类别	名称	规格	计量单位	数量		成本	
					请领	实发	单价	金额

发料人：　　　领料人：　　　领料单位负责人：　　　主管：

表3-2 限额领料单

领料部门：　　　　　　　　　　　　　　　　　　　　　第　号
用途：　　　　　　　20××年×月　　　　　　发料仓库：

材料编号	材料名称及规格	计量单位	计划投产量	单位消耗定额	领用限额	实发		
						数量	单价	金额

日期	领用			退料			限额结余数量
	数量	领料人	发料人	数量	退料人	收料人	

生产部门负责人：　　　供销部门负责人：　　　仓库管理人员：

表3-3 领料登记表

20××年×月

序号	领料部门	名称及规格	单位	数量	领用日期	领用人签字	备注

主管/经理：　　　　　　　　　　　　　　　　　　　　　库管员：

二、材料费用的分配

材料通常按照产品品种分别领用，其费用属于直接计入费用，可以根据领退料凭证直接计入各种产品成本；对于不能分产品领用的材料费用，即几种产品共同耗用的材料费用，则属于间接计入费用，应采用适当的分配方法在各种产品之间进行分配，然后计入相应的产品成本中。材料费用的分配就是指间接计入材料费用的分配。

（一）材料费用的分配方法

材料费用的分配标准很多，可以按产品的产量（含质量、体积等）分配，在定额耗用量比较准确的情况下，也可以按照产品的材料定额消耗量或者定额成本的比例进行分配。

1. 产品产量比例分配法

有些企业的材料消耗与产品产量成正比例，可以按照产品的产量比例对材料费用进行分配。其计算公式为：

$$材料费用分配率 = \frac{待分配材料费用总额}{各种产品产量总和}$$

$$某产品应负担的材料费用 = 该产品的产量 \times 材料费用分配率$$

【例3-1】 某企业生产甲、乙两种产品，本月共同消耗 A 材料 6 000 千克，A 材料单位成本 12 元。本月甲、乙两种产品产量分别为 300 件和 200 件。按产品产量比例分配法分配 A 材料费用。其分配过程如下：

$$本月 A 材料费用总额 = 6\,000 \times 12 = 72\,000（元）$$

$$材料费用分配率 = \frac{72\,000}{300 + 200} = 144（元/件）$$

$$甲产品应负担 A 材料费用 = 300 \times 144 = 43\,200（元）$$

$$乙产品应负担 A 材料费用 = 200 \times 144 = 28\,800（元）$$

2. 产品定额消耗量（费用）比例分配法

有些企业材料消耗定额比较准确，可以按产品的材料定额消耗量的比例对材料费用进行分配。其分配过程如下：

（1）计算各种产品材料定额消耗量：

$$某种产品材料定额消耗量 = 该产品实际产量 \times 单位产品材料定额消耗量$$

（2）计算单位产品的材料定额消耗量应分配的材料实际消耗量（即材料消耗量分配率）：

$$材料消耗量分配率 = \frac{材料实际消耗总量}{各种产品材料定额消耗量总和}$$

（3）计算各种产品应分配的材料实际消耗量：

$$某产品应分配的材料实际消耗量 = 该产品的材料定额消耗量 \times 材料消耗量分配率$$

（4）计算各种产品应分配的材料费用：

$$某产品应分配的材料费用 = 该产品应分配的材料实际消耗量 \times 材料单价$$

【例3-2】 某企业生产甲、乙两种产品，本月共同消耗 A 材料 4 840 千克，A 材料单位成本 10 元。本月甲、乙两种产品产量分别为 300 件和 200 件，单位产品 A 材料消耗定额分别为 8 千克和 10 千克。材料费用按定额消耗量比例分配。其分配过程如下：

（1）计算各种产品材料定额消耗量：

$$甲产品材料定额消耗量 = 300 \times 8 = 2\,400（千克）$$

$$乙产品材料定额消耗量 = 200 \times 10 = 2\,000（千克）$$

(2) 计算材料消耗量分配率：

$$材料消耗量分配率 = \frac{4\ 840}{2\ 400 + 2\ 000} = 1.1$$

(3) 计算各种产品应分配的材料实际消耗量：

甲产品应分配的材料实际消耗量 = 2 400 × 1.1 = 2 640（千克）

乙产品应分配的材料实际消耗量 = 2 000 × 1.1 = 2 200（千克）

(4) 计算各种产品应分配的材料费用：

甲产品应分配的材料费用 = 2 640 × 10 = 26 400（元）

乙产品应分配的材料费用 = 2 200 × 10 = 22 000（元）

上述分配过程所提供的资料，可以反映材料消耗定额的执行情况，为材料消耗定额执行情况的考核提供依据，但分配计算的工作量较大。为了简化分配工作，特别是在多种产品共同耗用多种材料的情况下，也可以采用按材料定额费用比例直接分配材料费用。也就是在上述第一步计算出各种产品材料定额消耗量的基础上，计算材料费用分配率，然后直接计算各种产品应分配的材料费用。上例分配过程如下：

应分配的材料费用 = 4 840 × 10 = 48 400（元）

甲产品定额费用 = 300 × 8 × 10 = 24 000（元）

乙产品定额费用 = 200 × 10 × 10 = 20 000（元）

$$材料费用分配率 = \frac{48\ 400}{24\ 000 + 20\ 000} = 1.1$$

甲产品应分配的材料费用 = 24 000 × 1.1 = 26 400（元）

乙产品应分配的材料费用 = 20 000 × 1.1 = 22 000（元）

（二）材料费用分配的账务处理

在实务中，各种材料费用的分配一般是通过编制"材料费用分配表"进行的。材料费用分配表是按照领用材料的车间、部门以及材料的类别，根据归类后的领退料凭证和其他有关资料编制的。"材料费用分配表"的格式及举例见表3-4。

表3-4 材料费用分配表

应借科目		直接计入金额/元	分配计入金额			费用合计/元
			定额消耗量/千克	分配率	分配金额/元	
基本生产成本	甲产品	85 000	2 400		26 400	111 400
	乙产品	64 000	2 000		22 000	86 000
	小计	149 000	4 400	1.1	48 400	197 400
辅助生产成本	供水车间	23 000				23 000
	供电车间	24 000				24 000
	小计	47 000				47 000
制造费用		8 000				8 000
管理费用		6 500				6 500
销售费用		3 500				3 500
合计		214 000				262 400

根据表 3-4 编制会计分录，据以登记有关总账及明细账。编制会计分录如下：
借：基本生产成本——甲产品　　　　　　　　　　　　　　　　111 400
　　　　　　　——乙产品　　　　　　　　　　　　　　　　　86 000
　　辅助生产成本——供水车间　　　　　　　　　　　　　　　23 000
　　　　　　　——供电车间　　　　　　　　　　　　　　　　24 000
　　制造费用　　　　　　　　　　　　　　　　　　　　　　　 8 000
　　管理费用　　　　　　　　　　　　　　　　　　　　　　　 6 500
　　销售费用　　　　　　　　　　　　　　　　　　　　　　　 3 500
　　贷：原材料　　　　　　　　　　　　　　　　　　　　　　262 400

上述材料费用是按实际成本进行核算分配的，如果材料费用是按计划成本进行核算，则上述计入生产成本和期间费用的材料费用是计划成本，在此基础上，还应该再分配材料成本差异额，计算出所耗用材料的实际成本。

第二节　外购动力费用的核算

一、外购动力费用的归集

外购动力费用是指企业从外单位购入电力、蒸汽、煤气等动力所支付的费用。外购动力费用是按照当月有关电力、蒸汽和煤气等的计量装置确认实际耗用量与合同或协议规定的单价的乘积计算的。当月发生的外购动力费用一般会在下月支付，计算外购动力费用是以计入本月的费用为标准，而不管款项是否已经支付，即按照权责发生制对外购动力费用进行核算。

外购动力费用可直接或间接用于产品生产，也可用于企业经营管理活动。企业计算出外购动力费用后，应按照不同用途归集计入相应的成本费用。

二、外购动力费用的分配

外购动力费用应按车间、部门和用途进行分配。在各动力使用车间、部门都安装有动力计量仪器、仪表的情况下，其动力耗用量可以根据计量仪器、仪表确定，并按动力费用单价计算费用；在各动力使用车间、部门没有分别安装动力计量仪器、仪表的情况下，可以根据实际情况选择恰当的分配标准进行分配，计算各车间、部门所耗用的外购动力费用。

一般生产车间不会按照生产的产品分别安装仪器、仪表，因此，需要选择适当的分配标准将生产工艺耗用的外购动力费用在各种产品之间进行分配。生产车间外购动力费用分配标准一般选择产品的生产工时比例、机器工时比例、定额耗电量比例等。其计算公式为：

$$\text{外购动力费用分配率} = \frac{\text{待分配外购动力费用总额}}{\text{各种产品分配标准总和}}$$

某产品应负担的外购动力费用 = 该产品的分配标准 × 外购动力费用分配率

【例 3-3】　某企业生产甲、乙两种产品，基本生产车间本月生产用电量共 25 000 千瓦时，单价 0.6 元/千瓦时。企业根据实际情况，选择机器工时作为电力费用分配标准。甲产品耗用机器工时 4 000 小时，乙产品耗用机器工时 2 000 小时。电力费用分配过程如下：

外购动力费用总额 = 25 000 × 0.6 = 15 000（元）

$$外购动力费用分配率 = \frac{15\ 000}{4\ 000 + 2\ 000} = 2.5（元/小时）$$

甲产品应负担的外购动力费用 = 4 000 × 2.5 = 10 000（元）

乙产品应负担的外购动力费用 = 2 000 × 2.5 = 5 000（元）

三、外购动力费用的账务处理

在实务中，外购动力费用分配一般是通过编制"外购动力费用分配表"进行的。对不同部门、用途的动力费用，应当计入不同的成本费用账户。如果企业在产品生产中耗用的燃料和动力费用在产品成本中所占比重较大，可单独设置"燃料及动力"成本项目，反之，可将其并入"直接材料"成本项目进行核算。"外购动力费用分配表"的格式及举例见表3-5。

表 3-5 外购动力费用分配表

应借科目		成本或费用项目	机器工时/小时	用电量/千瓦时	分配金额/元
基本生产成本	甲产品	燃料及动力	4 000		10 000
	乙产品	燃料及动力	2 000		5 000
	小计		6 000	25 000	15 000
辅助生产成本	供水车间	水费		9 000	5 400
	供电车间	电费		7 000	4 200
	小计			16 000	9 600
制造费用		水电费		2 000	1 200
管理费用		水电费		1 600	960
销售费用		水电费		1 000	600
合计				45 600	27 360

根据表3-5编制会计分录，据以登记有关总账及明细账。编制会计分录如下：

借：基本生产成本——甲产品　　　　　　　　　　　　　　　　10 000
　　　　　　　　——乙产品　　　　　　　　　　　　　　　　 5 000
　　辅助生产成本——供水车间　　　　　　　　　　　　　　　 5 400
　　　　　　　　——供电车间　　　　　　　　　　　　　　　 4 200
　　制造费用　　　　　　　　　　　　　　　　　　　　　　　 1 200
　　管理费用　　　　　　　　　　　　　　　　　　　　　　　　 960
　　销售费用　　　　　　　　　　　　　　　　　　　　　　　　 600
　　贷：应付账款（或银行存款）　　　　　　　　　　　　　　27 360

第三节　人工费用的核算

一、人工费用的构成

人工费用是指企业支付给职工的薪酬。职工薪酬是指企业为获得职工提供的服务或解除劳动关系而给予的各种形式的报酬或补偿。根据我国《〈企业会计准则第9号——职工薪酬〉应用指南》(2014)的规定，职工薪酬主要包括短期薪酬、离职后福利、辞退福利和其他长期职工福利。

1. 短期薪酬

短期薪酬是指企业预期在职工提供相关服务的年度报告期间结束后12个月内将全部予以支付的职工薪酬，因解除与职工的劳动关系给予的补偿除外。因解除与职工的劳动关系给予的补偿属于辞退福利的范畴。

短期薪酬主要包括：职工工资、奖金、津贴和补贴，职工福利费，医疗保险费、工伤保险费和生育保险费等社会保险费，住房公积金，工会经费和职工教育经费，短期带薪缺勤，短期利润分享计划，非货币性福利以及其他短期薪酬。

2. 离职后福利

离职后福利是指企业为获得职工提供的服务而在职工退休或与企业解除劳动关系后，提供的各种形式的报酬和福利，属于短期薪酬和辞退福利的除外。

3. 辞退福利

辞退福利是指企业在职工劳动合同到期之前解除与职工的劳动关系，或者为鼓励职工自愿接受裁减而给予职工的补偿。

4. 其他长期职工福利

其他长期职工福利是指除短期薪酬、离职后福利、辞退福利之外所有的职工薪酬，包括长期带薪缺勤、长期残疾福利、长期利润分享计划等。

二、人工费用的计算

(一) 工资费用的计算

职工工资是构成人工费用的基本内容，是计算和提取职工福利费、各种社会保险费、住房公积金以及工会经费和职工教育经费等的依据。企业职工工资的计算，主要采用计时工资和计件工资两种形式。

1. 计时工资的计算

计时工资是根据考勤记录登记的每一职工出勤或缺勤日数，按规定的工资标准计算的工资。考勤记录是登记和反映每一职工出勤情况的原始记录，它是计算职工计时工资的基本依据，也是企业进行劳动管理的重要依据。在考勤记录中应该登记企业内部每一单位、每一职工的出勤和缺勤的时间，并对这些时间进行归类汇总，考勤记录一般可采用考勤簿或考勤卡片的形式由专人进行负责；月末，考勤人员应将经过各车间、各部门负责人检查、签章后的考勤记录送交会计部门审核，即可以此作为计算每一职工工资的依据。

计时工资按其计算时间不同，有按月计算的月薪、按日计算的日薪或按小时计算的小时工资。企业固定职工的计时工资一般以月薪计算，临时职工的计时工资大多以日薪计算，也有按小时计算的。

采用月薪制的企业，无论各月日历天数多少，每一职工的各月标准工资都应相同。如果职工出全勤，则每月应付工资相同；如果发生缺勤情况，则需扣除缺勤工资。具体计算应付计时工资时，可以按月标准工资扣除缺勤期间工资，也可以按实际出勤天数计算。即可以按如下公式计算：

$$应付计时工资 = 月标准工资 - 应扣缺勤工资$$

$$应扣缺勤工资 = 缺勤日数 \times 日工资率 \times 缺勤扣款比例$$

或：应付计时工资 = 出勤天数 × 日工资率 + 应发缺勤工资

应发缺勤工资 = 缺勤日数 × 日工资率 ×（1 - 缺勤扣款比例）

由于各月日历天数不同，有的月份 30 天，有的月份 31 天，2 月份只有 28 天或者 29 天，所以同一职工各月的日工资率不完全相同。在实际工作中，为了简化工资的计算，日工资率一般按以下两种方法计算：

（1）每月按固定 30 天计算日工资率，即每月均按月标准工资除以 30 天得出日工资率。在这种方法下，由于节假日也算工资，因而出勤期间的节假日也按出勤日计算工资，缺勤期间的节假日也按缺勤日扣工资。

（2）每月按全年 365 天减去 104 个双休日和 11 个法定节假日，再除以 12 个月得出的月平均日数 20.83 计算日工资率，即每月均按月标准工资除以 20.83 得出日工资率。在这种方法下，出勤和缺勤天数的计算均不包括节假日。

综上所述，计时工资的计算有四种方法：①按 30 天计算日工资率，按缺勤日数扣月工资；②按 30 天计算日工资率，按出勤日数计算月工资；③按 20.83 天计算日工资率，按缺勤日数扣月工资；④按 20.83 天计算日工资率，按出勤日数计算月工资。

【例 3-4】 假定某企业某工人的月标准工资为 4 200 元。10 月份 31 天，病假 3 天，事假 4 天，周末休假 10 天（其中有 2 天处于事假期间），出勤 14 天。根据该工人的工龄，其病假工资按工资标准的 90% 计算。按上述四种方法分别计算该工人 10 月份的计时工资如下：

（1）按 30 天计算日工资率，按缺勤日数扣月工资：

$$日工资率 = 4\ 200 \div 30 = 140（元）$$

$$应扣缺勤病假工资 = 3 \times 140 \times（1 - 90\%）= 42（元）$$

$$应扣缺勤事假工资 =（4 + 2）\times 140 = 840（元）$$

$$应付计时工资 = 4\ 200 - 42 - 840 = 3\ 318（元）$$

（2）按 30 天计算日工资率，按出勤日数计算月工资：

$$应付出勤工资 =（14 + 10 - 2）\times 140 = 3\ 080（元）$$

$$应付病假工资 = 3 \times 140 \times 90\% = 378（元）$$

$$应付计时工资 = 3\ 080 + 378 = 3\ 458（元）$$

（3）按 20.83 天计算日工资率，按缺勤日数扣月工资：

$$日工资率 = 4\ 200 \div 20.83 = 201.63（元）$$

$$应扣缺勤病假工资 = 3 \times 201.63 \times（1 - 90\%）= 60.49（元）$$

$$应扣缺勤事假工资 = 4 \times 201.63 = 806.52（元）$$

$$应付计时工资 = 4\ 200 - 60.49 - 806.52 = 3\ 332.99（元）$$

（4）按 20.83 天计算日工资率，按出勤日数计算月工资：

$$应付出勤工资 = 14 \times 201.63 = 2\ 822.82（元）$$

$$应付病假工资 = 3 \times 201.63 \times 90\% = 544.40（元）$$

$$应付计时工资 = 2\ 822.82 + 544.40 = 3\ 367.22（元）$$

2. 计件工资的计算

计件工资是根据产量记录中登记的产量乘以规定的计件单价计算的工资。产量记录是登记和反映每个工人或集体（如班组）在出勤时间内完成的产品数量、质量和生产产品所用工时数量的原始记录。这里的产量包括合格品数量和料废品数量，计件单价一般是根据该产品的工时定额和完成该产品的工人的小时工资率计算确定的。产量记录不仅可以为计算计件工资费用提供依据，还可以为在各种产品之间分配与工时有关的费用提供合理的依据。

由于生产特点和劳动组织形式不同,产量记录的内容和格式也有所不同,但一般应包括产品名称、编号、生产车间名称、操作工人的姓名、所用机器设备的编号、收到加工材料的名称和数量、完成产品数量、废品数量、实用工时和定额工时等。会计部门应该对产量记录进行审核,经过审核过的产量记录即可作为计算计件工资的依据。

计件工资可以分为个人计件和集体计件两种形式。

(1)个人计件。同一工人在月内可能从事计件单价不同的多种产品生产,因而计件工资计算公式为:

$$应付计件工资 = \sum(每种产品产量 \times 该种产品的计件单价)$$

【例3-5】 某工人本月生产甲产品100件、乙产品150件,两种产品工时定额分别为30分钟和40分钟,该工人的小时工资标准为24元。该工人本月计件工资计算过程如下:

$$甲产品计件单价 = 24 \times \frac{30}{60} = 12(元/件)$$

$$乙产品计件单价 = 24 \times \frac{40}{60} = 16(元/件)$$

$$应付计件工资 = 12 \times 100 + 16 \times 150 = 3\,600(元)$$

为了简化计算,也可以根据每个工人完成的产品定额工时总数和工人所属等级的小时工资率来计算计件工资。

$$甲产品定额工时 = \frac{30}{60} \times 100 = 50(小时)$$

$$乙产品定额工时 = \frac{40}{60} \times 150 = 100(小时)$$

$$该工人本月完成定额工时总数 = 50 + 100 = 150(小时)$$

$$应付计件工资 = 24 \times 150 = 3\,600(元)$$

(2)集体计件。实行集体计件工资制,应先按集体(如班组)完成的产量和计件单价,计算出集体应得的计件工资总额,然后在集体内部各工人之间按照贡献大小进行分配。由于集体内部各工人的工资等级和工作时间不同,因此一般应以工资标准和工作时间的乘积为标准进行分配。

分配公式为:

$$计件工资分配率 = \frac{集体计件工资总额}{按工作时间计算的工资总和}$$

$$应付某工人计件工资 = 该工人按工作时间计算的工资 \times 计件工资分配率$$

【例3-6】 某生产小组由王亮、张明和李生三人组成,本月共生产甲产品390件,乙产品315件,两种产品计件单价分别为12元和16元。三人本月出勤天数分别为15天、18天和20天,三人的日工资分别为200元、150元和120元。三人本月计件工资计算过程如下:

$$小组计件工资总额 = 390 \times 12 + 315 \times 16 = 9\,720(元)$$

$$计件工资分配率 = \frac{9\,720}{200 \times 15 + 150 \times 18 + 120 \times 20} = 1.2$$

$$应付王亮计件工资 = 200 \times 15 \times 1.2 = 3\,600(元)$$

$$应付张明计件工资 = 150 \times 18 \times 1.2 = 3\,240(元)$$

$$应付李生计件工资 = 120 \times 20 \times 1.2 = 2\,880(元)$$

(二)其他人工费用的计算

企业人工费用包含内容较多,除了工资之外,一般还包括奖金、津贴和补贴、职工福利费、医疗保险费、工伤保险费和生育保险费等社会保险费，住房公积金，工会经费和职工教育经费，短期带薪缺勤，短期利润分享计划，非货币性福利以及离职后福利等。

奖金、津贴和补贴，短期带薪缺勤，短期利润分享计划，非货币性福利等一般由企业按有关规定计算确定。职工福利费由企业按照职工福利实际开支情况计入成本费用。医疗保险费、工伤保险费、生育保险费、养老保险费和失业保险费等社会保险费，住房公积金，以及工会经费和职工教育经费等，由企业依照国家规定按工资总额的一定比例从成本费用中提取。

下面以社会保险费的计算为例说明。

【例3-7】 某企业按照国家规定，依据工资总额分别按20%、8%、2%、0.75%和0.5%的比例计提养老保险费、医疗保险费、失业保险费、工伤保险费和生育保险费，据此编制某月"社会保险费计算表"，见表3-6。

表3-6 社会保险费计算表 单位：元

应借科目		工资总额	养老保险费	医疗保险费	失业保险费	工伤保险费	生育保险费
基本生产成本	甲产品	80 000	16 000	6 400	1 600	600	400
	乙产品	60 000	12 000	4 800	1 200	450	300
	小计	140 000	28 000	11 200	2 800	1 050	700
辅助生产成本	供水车间	40 000	8 000	3 200	800	300	200
	供电车间	20 000	4 000	1 600	400	150	100
	小计	60 000	12 000	4 800	1 200	450	300
制造费用		30 000	6 000	2 400	600	225	150
管理费用		20 000	4 000	1 600	400	150	100
销售费用		10 000	2 000	800	200	75	50
合计		260 000	52 000	20 800	5 200	1 950	1 300

三、人工费用的分配

采用计件工资形式支付的产品生产工人工资，一般可以直接根据工资结算凭证（产量记录）计入所生产产品的成本，不需要在各种成本核算对象之间进行分配。采用计时工资形式支付的产品生产工人工资，如果各生产工人只生产一种产品，也可以直接计入产品成本，不需要进行分配；如果同一工人同时生产多种产品，则需要按照一定标准，将工资总额在各成本核算对象之间进行分配。按工资总额的一定比例提取的社会保险费、住房公积金等其他职工薪酬，应和工资总额合并进行分配。

分配标准一般选择生产工时，但是，如果取得各种产品的实际工时数据比较困难，而各种产品的单件工时定额比较准确，也可以按产品的定额工时比例进行分配。其计算公式为：

$$人工费用分配率 = \frac{待分配人工费用}{各种产品生产工时总和}$$

某产品应负担的人工费用 = 该产品的生产工时 × 人工费用分配率

【例3-8】 某企业甲、乙产品由同一批工人生产，本月两种产品生产工人薪酬总额为150 000元，该企业按生产工时比例分配直接人工费用，甲、乙产品生产工时分别为4 000小时和2 000小时。

直接人工费用分配过程如下：

$$人工费用分配率 = \frac{150\,000}{4\,000 + 2\,000} = 25（元/小时）$$

$$甲产品应负担的人工费用 = 4\,000 \times 25 = 100\,000（元）$$

$$乙产品应负担的人工费用 = 2\,000 \times 25 = 50\,000（元）$$

四、人工费用的账务处理

企业不同部门和人员的薪酬，应分别计入产品成本和期间费用。直接进行产品生产的生产工人的职工薪酬，应计入"基本生产成本"账户及所属明细账户的"直接人工"成本项目；辅助生产车间（部门）的生产人员的职工薪酬，应计入"辅助生产成本"账户及所属明细账户的"直接人工"成本项目；车间管理人员和辅助人员的职工薪酬，应计入"制造费用"账户；管理部门人员的职工薪酬，应计入"管理费用"账户；专设销售机构人员的职工薪酬，应计入"销售费用"账户；基建工程人员的职工薪酬，应计入"在建工程"账户；技术研发人员的职工薪酬，应计入"研发支出"账户。

在实务中，企业职工薪酬的归集与分配一般是通过"职工薪酬计算表"进行的。某企业某月"职工薪酬计算表"举例见表3-7。

表3-7　职工薪酬计算表　　　　　　　　　　　　　　　　　　　　单位：元

应借科目		工资总额	社会保险费	住房公积金	职工福利费	工会经费	职工教育经费	合计
基本生产成本	甲产品	80 000	25 000	6 400	4 000	1 600	2 000	119 000
	乙产品	60 000	18 750	4 800	3 000	1 200	1 500	89 250
	小计	140 000	43 750	11 200	7 000	2 800	3 500	208 250
辅助生产成本	供水车间	40 000	12 500	3 200	2 000	800	1 000	59 500
	供电车间	20 000	6 250	1 600	1 000	400	500	29 750
	小计	60 000	18 750	4 800	3 000	1 200	1 500	89 250
制造费用		30 000	9 375	2 400	1 500	600	750	44 625
管理费用		20 000	6 250	1 600	1 000	400	500	29 750
销售费用		10 000	3 125	800	500	200	250	14 875
合计		260 000	81 250	20 800	13 000	5 200	6 500	386 750

根据表3-7编制会计分录，据以登记有关总账及明细账。编制会计分录如下：

　　借：基本生产成本——甲产品　　　　　　　　　　　　　　119 000
　　　　　　　　　　——乙产品　　　　　　　　　　　　　　 89 250
　　　　辅助生产成本——供水车间　　　　　　　　　　　　　 59 500
　　　　　　　　　　——供电车间　　　　　　　　　　　　　 29 750
　　　　制造费用　　　　　　　　　　　　　　　　　　　　　 44 625
　　　　管理费用　　　　　　　　　　　　　　　　　　　　　 29 750
　　　　销售费用　　　　　　　　　　　　　　　　　　　　　 14 875
　　　贷：应付职工薪酬　　　　　　　　　　　　　　　　　　386 750

第四节 折旧费用的核算

折旧是指在固定资产使用寿命内，按照确定的方法对应计折旧额进行系统分摊。固定资产在长期使用过程中保持实物形态不变，但其价值随着固定资产的损耗逐渐减少，这部分由于损耗而减少的价值就是固定资产折旧，它以折旧费用的方式计入产品成本或期间费用。

一、折旧费用的计算

企业可供采用的折旧方法包括年限平均法、工作量法、双倍余额递减法和年数总和法等。企业应根据企业及固定资产特点分别选择合适的折旧方法，一经确定，不得随意变更。

企业固定资产计提折旧的范围包括企业所有的固定资产，但已提足折旧仍继续使用的固定资产和单独计价入账的土地除外。固定资产提足折旧后，无论能否继续使用，均不再提取折旧，提前报废的固定资产，也不再补提折旧。所谓提足折旧，是指已经提足该项固定资产应提的折旧总额。应提的折旧总额为应当计提折旧的固定资产的原价扣除其预计净残值后的金额。已计提减值准备的固定资产，还应当扣除已计提的固定资产减值准备累计金额。

企业一般应按月提取折旧，当月增加的固定资产，当月不计提折旧，从下月起计提折旧；当月减少的固定资产，当月依旧计提折旧，从下月起不再计提折旧。

二、折旧费用的归集和分配

企业大部分折旧费用属于生产经营管理费用，机器设备折旧费用属于直接用于产品生产的费用，但由于企业某种产品生产往往使用多种机器设备，而同一机器设备也可能生产多种产品，故折旧费用属于分配比较复杂的间接计入费用。为了简化成本计算工作，没有设立专门的成本项目，而是将生产车间所有固定资产折旧费用合并计入"制造费用"账户，待期末再一起分配转入"生产成本"账户，将企业行政管理部门、销售部门折旧费用分别计入"管理费用""销售费用"账户，将用于出租固定资产等折旧费用计入"其他业务成本"等账户。同时，企业固定资产折旧费用总额，一并计入"累计折旧"账户贷方。在实务中，折旧费用分配一般是通过编制"折旧费用计算表"完成的。"折旧费用计算表"举例见表3-8。

表3-8 折旧费用计算表　　　　　　　　　　　　　　　单位：元

使用部门	固定资产类别	上月折旧额	上月增加固定资产		上月减少固定资产		本月折旧额
			原价	折旧额	原价	折旧额	
车间	厂房	200 000					200 000
	机器设备	360 000	80 000	2 500	40 000	1 000	361 500
	其他设备	10 000					10 000
	小计	570 000	80 000	2 500	40 000	1 000	571 500
厂部管理部门	房屋建筑	80 000					80 000
	设备	30 000					30 000
	小计	110 000					110 000
租出设备		20 000					20 000
合计		700 000	80 000	2 500	40 000	1 000	701 500

根据表 3-8 编制会计分录：
借：制造费用　　　　　　　　　　　　　　　　　　571 500
　　管理费用　　　　　　　　　　　　　　　　　　110 000
　　其他业务成本　　　　　　　　　　　　　　　　 20 000
　　贷：累计折旧　　　　　　　　　　　　　　　　　　　701 500

第五节　其他费用的核算

利息费用是企业筹集生产经营所需资金而发生的利息支出（扣除利息收入），不是产品成本的组成部分。符合资本化条件的利息费用应予以资本化，计入"制造费用""在建工程"等账户；不符合资本化条件的利息费用应该费用化，计入"财务费用"账户。

短期借款利息一般按季度支付，按权责发生制要求，可以分月计提，季末实际支付时冲减已计提的利息费用。如果利息费用金额较小，为简化核算，也可以不采用按月计提的方法，而在季末支付利息时一次性计入当月财务费用。

此外还包括差旅费、邮电费、租赁费、保险费、劳动保护费、运输费、交通费、办公费、业务招待费等，这些费用有的是产品成本的组成部分，有的则是期间费用的组成部分，即使是计入产品成本的费用，也没有单独设立成本项目。因此，在这些费用实际发生时，按照费用的发生地点和用途进行归集：属于车间、分厂等生产部门发生的，计入"制造费用"账户；属于行政管理部门发生的，计入"管理费用"账户；属于销售部门发生的，计入"销售费用"账户。

第四章

综合生产费用的核算方法

★学习目标

1. 了解制造费用的内容与生产损失的含义。
2. 明确企业辅助生产费用核算的内容。
3. 掌握辅助生产费用、制造费用的归集、分配方法及相应账务处理；掌握废品损失与停工损失的核算方法。

★章前导读

王小明在毕业招聘会上被斯莱特设备制造公司财务部选中。该公司有零件一车间、零件二车间、装配车间、质量检验车间、设备维护车间五个生产部门，其中，质量检验车间和设备维护车间是辅助生产部门，辅助生产部门为公司内其他部门提供劳务。公司财务部领导对王小明提出了以下问题：这两个辅助生产部门发生的生产费用应如何计入产品成本？公司采用直接分配法分配辅助生产费用是否合适？辅助生产费用的分配方法有哪些？

第一节　辅助生产费用的核算

按照生产职能不同，制造企业的产品生产分为基本生产和辅助生产。基本生产是指商品产品的生产；辅助生产是指为制造企业的基本生产、行政管理等部门服务而进行的产品生产和劳务供应。辅助生产车间可以分为两种类型：①只提供一种劳务或同一性质作业的辅助生产车间，如供电车间、供水车间、质检车间、机修车间、运输部门等。②生产多种产品的辅助生产车间，如模具车间，生产各种工具、模具、修理用备件等。辅助生产车间在进行产品生产和劳务供应过程中所发生的各种费用就是辅助生产费用。辅助生产车间提供的产品和劳务，有时也对外销售，但主要是为本企业服务。正确及时地核算辅助生产费用，对于产品成本的正确计算、成本费用的管理有着重要意义。

一、辅助生产费用的归集

为了归集和分配辅助生产费用,企业应设置"辅助生产成本"总账账户,分车间、按产品或劳务设置辅助生产成本明细账,明细账内再按规定的成本项目设置专栏,进行明细核算。辅助生产车间所发生的材料费用、人工费用等,在发生时已经通过前面章节要素费用的核算进行了归集,这里不再赘述。

对于辅助生产车间发生的制造费用,有两种归集方法:一种是在"制造费用"总账账户下,按辅助生产车间设置制造费用明细账,归集辅助生产车间发生的制造费用,月末再分配转入辅助生产成本总账及明细账。另一种方法是将辅助生产车间发生的制造费用直接计入辅助生产成本总账及明细账,不设置辅助生产车间的制造费用明细账。这种情况下,辅助生产成本明细账内应将成本项目与费用项目结合起来设置专栏。这种方法适用于辅助生产车间规模较小,产品或劳务单一,制造费用较少,辅助生产车间也不对外销售产品或提供劳务的情况。

二、辅助生产费用的分配

辅助生产费用的分配,就是将"辅助生产成本"总账及明细账上所归集的费用,采用一定的方法,在各受益部门之间进行分配。由于辅助生产车间所生产的产品和劳务的种类不相同,其分配结转的程序和方法也不相同。

对于生产工具、模具等辅助产品而发生的辅助生产费用,在产品完工入库时,其成本从"辅助生产成本"账户的贷方转出,转入"周转材料"或"原材料"等账户的借方。"辅助生产成本"账户期末借方余额就是期末尚未完工辅助产品的成本。这类辅助生产费用,其分配结转程序和方法,同商品产品生产成本的核算相似,后面章节会进行介绍,这里不再赘述。

对于提供水、电、修理、运输等劳务而发生的辅助生产费用,应按受益部门的耗用量,采用一定的方法,遵循谁受益谁分担的原则进行分配,并根据计算结果从"辅助生产成本"账户的贷方转出,转入"基本生产成本""制造费用""管理费用"等各受益对象的相关成本费用账户的借方。这类辅助生产费用的分配程序和方法,是本章学习的重点。

分配辅助生产费用的方法很多,主要有直接分配法、交互分配法、代数分配法、计划成本分配法及顺序分配法等。

(一)直接分配法

直接分配法,是指不考虑辅助生产车间之间相互提供劳务或产品的情况,将辅助生产费用直接分配给辅助生产车间以外的各受益产品、部门的一种费用分配方法。

【例4-1】 华威公司设有供电、机修两个辅助生产车间,本月发生辅助生产费用及提供的劳务量见表4-1(辅助生产车间的制造费用不通过"制造费用"科目核算)。

表4-1 辅助生产车间本月生产费用及提供劳务量汇总表
20××年××月

项 目	供电车间	机修车间
待分配辅助生产费用	17 440元	20 000元
劳务供应总数量	43 600千瓦时	800小时

第四章 综合生产费用的核算方法

续表

项目			供电车间	机修车间
受益部门耗用劳务数量		供电车间		200 小时
		机修车间	3 600 千瓦时	
	第一生产车间	A产品生产	34 000 千瓦时	
		车间管理	2 800 千瓦时	420 小时
	企业管理部门		3 200 千瓦时	180 小时

根据上述资料,分配计算如下:

供电车间电费分配率 = 17 440 ÷ (43 600 - 3 600) = 0.436(元/千瓦时)

机修车间修理费用分配率 = 20 000 ÷ (800 - 200) = 33.33(元/小时)

编制"辅助生产费用分配表",见表4-2。

表 4-2 辅助生产费用分配表(直接分配法)

20××年××月

项目		供电车间		机修车间		金额合计 /元
		供电量 /千瓦时	金额 /元	修理量 /小时	金额 /元	
待分配辅助生产费用			17 440		20 000	37 440
辅助生产车间以外的劳务耗用量		40 000		600		—
分配率(单位成本)			0.436		33.33	
受益对象	辅助生产车间	供电车间			200	
		机修车间	3 600		—	
	基本生产车间	A产品	34 000	14 824			14 824
		车间管理	2 800	1 220.8	420	13 998.6	15 219.4
	企业管理部门		3 200	1 395.2	180	6 001.4	7 396.6
	合计		43 600	17 440	800	20 000	37 440

根据表4-2"辅助生产费用分配表",编制辅助生产费用分配结转的会计分录如下:

借:基本生产成本——A产品　　　　　　　　　　　14 824
　　制造费用——第一生产车间　　　　　　　　　　15 219.4
　　管理费用　　　　　　　　　　　　　　　　　　7 396.6
　　贷:辅助生产成本——供电　　　　　　　　　　17 440
　　　　　　　　　　——机修　　　　　　　　　　20 000

采用直接分配法,剔除了辅助生产部门之间相互提供劳务量的数据,辅助生产费用只分配一次,计算简便。当各辅助生产部门之间相互提供劳务量的差异较大时,这种方法会影响分配结果的准确性。

(二)交互分配法

交互分配法是先根据各辅助生产部门相互提供劳务的数量和待分配的费用计算出分配率(单位成本),在各辅助生产部门之间进行一次交互分配;然后将各辅助生产部门交互分配后的实际费用(即交互分配前的费用加上交互分配转入的费用,减去交互分配转出的费用)按辅助生产部门以外的各受益对象耗用劳务的数量,在辅助生产部门以外的各受益对象之间进行分配,也称对外分配。采用交互分配法需要进行交互分配和对外分配两次分配计算,才能完成辅助生产费用的分配。

【例4-2】 根据例4-1提供的资料,采用交互分配法分配辅助生产费用。

交互分配:

$$供电车间交互分配率 = 17\,440 \div 43\,600 = 0.4(元/千瓦时)$$
$$机修车间交互分配率 = 20\,000 \div 800 = 25(元/小时)$$
$$供电车间应分配的修理费 = 25 \times 200 = 5\,000(元)$$
$$机修车间应分配的电费 = 0.4 \times 3\,600 = 1\,440(元)$$

对外分配:

$$供电车间交互分配后的实际费用 = 17\,440 + 5\,000 - 1\,440 = 21\,000(元)$$
$$机修车间交互分配后的实际费用 = 20\,000 + 1\,440 - 5\,000 = 16\,440(元)$$
$$供电车间对外分配率 = 21\,000 \div 40\,000 = 0.525(元/千瓦时)$$
$$机修车间对外分配率 = 16\,440 \div 600 = 27.4(元/小时)$$

编制"辅助生产费用分配表",见表4-3。

根据表4-3"辅助生产费用分配表",编制辅助生产费用分配结转的会计分录如下:

交互分配:

借:辅助生产成本——供电　　　　　　　　　　　　　　　5 000
　　贷:辅助生产成本——机修　　　　　　　　　　　　　　　5 000
借:辅助生产成本——机修　　　　　　　　　　　　　　　1 440
　　贷:辅助生产成本——供电　　　　　　　　　　　　　　　1 440

对外分配:

借:基本生产成本——A产品　　　　　　　　　　　　　　17 850
　　制造费用——第一生产车间　　　　　　　　　　　　　　12 978
　　管理费用　　　　　　　　　　　　　　　　　　　　　　6 612
　　贷:辅助生产成本——供电　　　　　　　　　　　　　　　21 000
　　　　　　　　　　——机修　　　　　　　　　　　　　　　16 440

采用交互分配法,考虑了辅助生产部门相互提供劳务的情况,与直接分配法比较,提高了分配结果的正确性。但由于需要进行两次分配(交互分配和对外分配),增加了分配计算的工作量。同时,交互分配的分配率是根据分配前的待分配费用计算的,不是该劳务的实际单位成本,因此,分配结果的准确性会受到一定的影响。

表4-3　辅助生产费用分配表(交互分配法)

20××年××月

项目	交互分配				对外分配				金额合计/元
	供电车间		机修车间		供电车间		机修车间		
	供电量/千瓦时	金额/元	修理量/小时	金额/元	供电量/千瓦时	金额/元	修理量/小时	金额/元	
待分配辅助生产费用		17 440		20 000		21 000		16 440	37 440

续表

项目		交互分配				对外分配				金额合计/元
		供电车间		机修车间		供电车间		机修车间		
		供电量/千瓦时	金额/元	修理量/小时	金额/元	供电量/千瓦时	金额/元	修理量/小时	金额/元	
辅助生产车间提供的劳务量		43 600		800		40 000		600		
分配率（单位成本）			0.4		25		0.525		27.4	
受益对象	辅助生产车间 供电车间			200	5 000					
	辅助生产车间 机修车间	3 600	1 440							
	基本生产车间 A产品					34 000	17 850			17 850
	基本生产车间 车间管理					2 800	1 470	420	11 508	12 978
	企业管理部门					3 200	1 680	180	4 932	6 612
合计		3 600	1 440	200	5 000	40 000	21 000	600	16 440	37 440

注：尾差计入管理费用。

（三）代数分配法

代数分配法是指按照数学中解多元一次方程组的方法，计算出各辅助生产劳务的单位成本，然后根据各受益对象耗用的劳务数量和单位成本计算分配辅助生产费用的一种方法。

在建立多元一次方程组时，每一个方程都是按下列公式建立：

某辅助车间提供的劳务量×该辅助劳务的单位成本＝该辅助车间直接发生的费用＋

该辅助车间耗用其他辅助劳务的数量×其他辅助劳务的单位成本

【例 4-3】 根据例 4-1 提供的资料，采用代数分配法分配辅助生产费用。

首先，设供电车间供电量的单位成本为 X 元/千瓦时，机修车间提供的修理劳务的单位成本为 Y 元/小时。根据资料设立二元一次方程组为：

$$43\,600X = 17\,440 + 200Y$$
$$800Y = 20\,000 + 3\,600X$$

解得：$X = 0.525\,5$　　$Y = 27.364\,8$

编制"辅助生产费用分配表"，见表 4-4。

根据表 4-4 编制辅助生产费用分配结转的会计分录如下：

借：辅助生产成本——机修　　　　　　　　　　　　　　　　1 891.80
　　基本生产成本——A 产品　　　　　　　　　　　　　　　17 867.00
　　制造费用——第一生产车间　　　　　　　　　　　　　　1 471.40
　　管理费用　　　　　　　　　　　　　　　　　　　　　　1 682.76
贷：辅助生产成本——供电　　　　　　　　　　　　　　　22 912.96

表 4-4 辅助生产费用分配表（代数分配法）
20××年××月

项目			供电车间		机修车间		金额合计/元
			供电量/千瓦时	金额/元	修理量/小时	金额/元	
待分配辅助生产费用				17 440		20 000	37 440
分配率（单位成本）				0.525 5		27.364 8	—
受益对象	辅助生产车间	供电车间			200	5 472.96	5 472.96
		机修车间	3 600	1 891.8			1 891.8
	基本生产车间	A产品	34 000	17 867			17 867
		车间管理	2 800	1 471.4	420	11 493.22	12 964.62
	企业管理部门		3 200	1 682.76	180	4 925.62	6 608.38
	合计		43 600	22 912.96	800	21 891.8	44 804.76

注：尾差计入管理费用。

借：辅助生产成本——供电　　　　　　　　　　　　　　　5 472.96
　　制造费用——第一生产车间　　　　　　　　　　　　　11 493.22
　　管理费用　　　　　　　　　　　　　　　　　　　　　4 925.62
　　贷：辅助生产成本——机修　　　　　　　　　　　　　21 891.80

采用代数分配法分配辅助生产费用，分配结果最正确。但在辅助生产车间较多的情况下，未知数较多，计算工作比较复杂，因此这种方法适合已经实现会计电算化的企业或辅助生产车间较少的企业。

（四）计划成本分配法

计划成本分配法是先按照辅助劳务的计划单位成本和各受益对象实际劳务耗用量进行分配；然后计算辅助车间实际发生的费用（待分配的费用加上按计划单位成本分配转入的其他辅助劳务费用）与按计划单位成本分配转出的费用之间的差异，即辅助生产劳务的成本差异；最后调整分配差异。为简化分配工作，辅助生产成本差异一般全部调整计入管理费用。

【例 4-4】 西星公司设有供水、运输两个辅助生产车间，本月发生辅助生产费用及提供的劳务量见表 4-5（辅助生产车间的制造费用通过"制造费用"账户核算）。

表 4-5 辅助车间本月生产费用及提供劳务量汇总表
20××年××月

项目		供水车间	运输车间
待分配辅助生产费用/元	"辅助生产成本"账户	30 000	24 000
	"制造费用"账户	4 800	3 500
	小计	34 800	27 500
劳务供应总数量		58 000 吨	25 000 千米

续表

项目		供水车间	运输车间
受益部门耗用劳务数量	供电车间		5 000 千米
	供水车间	8 000 吨	
	第一生产车间	40 000 吨	18 000 千米
	企业管理部门	10 000 吨	2 000 千米

假设供水的计划单位成本是 0.70 元/吨，运输的计划单位成本是 1.35 元/千米。采用计划成本分配法，编制辅助生产费用分配表（见表4-6）。

表4-6 辅助生产费用分配表（计划成本分配法）

20××年××月

项目			按计划成本分配				成本差异分配/元		金额合计/元
			供水车间		运输车间				
			供水量/吨	金额/元	运输量/千米	金额/元	供水	运输	
待分配辅助生产费用			34 800			27 500			
提供的劳务总量			58 000		25 000				
分配率			0.70（元/吨）		1.35（元/千米）				
受益对象	辅助生产车间	供水车间			5 000	6 750			6 750
		运输车间	8 000	5 600					5 600
	第一生产车间		40 000	28 000	18 000	24 300			52 300
	企业管理部门		10 000	7 000	2 000	2 700	950	-650	10 000
	合计		58 000	40 600	25 000	33 750	950	-650	74 650

表4-6中，成本差异的计算如下：

供电车间的成本差异 =（34 800 + 6 750）- 40 600 = 950（元）
供水车间的成本差异 =（27 500 + 5 600）- 33 750 = -650（元）

根据表4-6编制辅助生产费用分配结转的会计分录如下：

（1）按计划成本向各受益对象分配辅助生产费用：

借：制造费用——供水　　　　　　　　　　　　　　　　　　　　　　6 750
　　　　　　——运输　　　　　　　　　　　　　　　　　　　　　　5 600
　　　　　　——第一生产车间　　　　　　　　　　　　　　　　　　52 300
　　管理费用　　　　　　　　　　　　　　　　　　　　　　　　　　9 700
　　贷：辅助生产成本——供水　　　　　　　　　　　　　　　　　　40 600
　　　　　　　　　　——运输　　　　　　　　　　　　　　　　　　33 750

（2）结转辅助生产车间的制造费用：

借：辅助生产成本——供水　　　　　　　　　　　　　　　　　　　　11 550
　　　　　　　　——运输　　　　　　　　　　　　　　　　　　　　9 100

| | 贷：制造费用——供水 | 11 550 |
| | ——运输 | 9 100 |

（3）结转辅助生产成本差异：

	借：管理费用	300
	贷：辅助生产成本——供水	950
	——运输	650

采用计划成本分配法分配辅助生产费用，各种辅助生产费用只分配一次，而且劳务的计划单位成本是早已确定的，不必单独计算费用分配率，因而简化了计算工作；通过辅助生产成本差异的计算，还能反映和考核辅助生产成本计划的执行情况；各受益对象分入的劳务费用不受辅助生产成本差异的影响，因而便于分析和考核各受益单位的成本，有利于分清企业内部各单位的经济责任。只是采用这种分配方法时，要求辅助生产劳务的计划单位成本应比较准确，因此，它适合计划价格制定比较准确、基础工作较好的企业。

（五）顺序分配法

顺序分配法是按照受益多少的顺序，将辅助生产车间依次排序：受益少的排在前面，先将费用分配出去；受益多的排在后面，后分配费用。在分配费用时，先将排在前面的辅助生产车间发生的费用分配给排在后面的辅助生产车间和其他受益单位。后续辅助生产车间在分配费用时，只依次分配给排列在其后的辅助生产车间和其他受益部门，而不再分配给排列在其前的辅助生产车间。这种方法实际运用较少，这里不再赘述。

第二节　制造费用的核算

制造费用是指制造企业各生产车间为生产产品（或提供劳务）所发生的不能直接计入产品成本（或劳务成本）的间接生产费用，以及没有专设成本项目的直接生产费用。随着工业化生产的发展、技术水平的提高以及信息技术的运用，产品成本中直接材料和直接人工所占的比重逐渐减少，制造费用的比重逐渐增加。因此，正确核算制造费用，对于产品成本的正确计算以及加强成本管理和控制具有非常重要的意义。

一、制造费用的归集

制造费用的构成比较复杂，概括起来包括以下内容：

（1）直接用于产品生产，但未专设成本项目的费用。例如，生产用机器设备的折旧费等。

（2）间接用于产品生产的费用。例如，车间生产用机物料耗费、劳动保护费等。

（3）生产车间组织管理生产而发生的费用。例如，车间管理人员的职工薪酬，车间管理用照明费、办公费等。

制造费用的核算是通过"制造费用"账户进行归集和分配的。"制造费用"账户一般按车间（部门）设置明细账，账内按费用项目设置专栏，分别反映各车间（部门）各项制造费用的发生情况。若辅助生产车间制造费用发生较少，可以不设置辅助生产车间的制造费用账户，这种情况下，辅助生产车间发生的制造费用直接计入"辅助生产成本"账户。制造费用的费用项目一般包括机物料消耗、职工薪酬、折旧费、保险费、劳动保护费、设计制图费、实验检验费、办公费、水电费、租赁费等。

二、制造费用的分配

制造费用应该按照各车间分别进行分配。若生产车间只生产一种产品,则该车间发生的制造费用应直接计入这种产品的生产成本;若生产车间生产多种产品,则该车间发生的制造费用应按一定的方法分配计入这些产品的生产成本。制造费用分配的关键是选择恰当、合理的分配标准。

制造费用的分配方法有两大类:实际分配率法和计划分配率法。分配方法一经确定,不应随意变更。

(一)实际分配率法

实际分配率法是按照生产车间归集的本期制造费用实际发生额,按一定的分配标准分配计入产品成本的方法。分配标准可以是生产工人工时、生产工人工资、机器工时等。计算公式如下:

$$制造费用分配率 = \frac{制造费用总额}{车间各产品分配标准总额}$$

$$某种产品应分配的制造费用 = 该种产品的分配标准 \times 制造费用分配率$$

【例4-5】 迅捷公司基本生产第一车间生产甲、乙两种产品,按生产工时比例分配制造费用。甲产品生产工时为18 000小时,乙产品生产工时为6 000小时,第一生产车间"制造费用明细账"中归集的制造费用总额为84 000元。

$$制造费用分配率 = \frac{84\ 000}{18\ 000 + 6\ 000} = 3.5$$

甲产品应分配的制造费用 = 18 000 × 3.5 = 63 000(元)

乙产品应分配的制造费用 = 6 000 × 3.5 = 21 000(元)

编制"制造费用分配表",见表4-7。

根据表4-7,编制会计分录如下:

借:基本生产成本——甲产品　　　　　　　　　　　　　　　　　　　63 000
　　　　　　　　——乙产品　　　　　　　　　　　　　　　　　　　21 000
　贷:制造费用——第一生产车间　　　　　　　　　　　　　　　　　　84 000

表4-7　制造费用分配表

第一生产车间　　　　　　　　　　　　20××年××月

应借账户		生产工时/小时	分配率	分配金额/元
基本生产成本	甲产品	18 000	3.5	63 000
	乙产品	6 000	3.5	21 000
合计		24 000		84 000

采用实际分配率法,是按当月实际发生的制造费用数额进行分配,分配结转后"制造费用"账户月末没有余额。按生产工人工时比例分配制造费用是比较常见的一种方法,它能将劳动生产率的高低与产品负担费用的多少联系起来,分配结果比较合理。按生产工人工资比例分配制造费用,分配工作简便,适用于各种产品生产机械化程度大致相同的情况。按机器工时比例分配制造费用,适用于机械化程度较高的车间,并且要做好机器工时的记录工作。

(二)计划分配率法

计划分配率法是指按年度开始前预先制定的年度计划分配率分配以后各月制造费用的一种

方法。采用这种分配方法，不管各月实际发生多少制造费用，每月各种产品的制造费用都按年度计划分配率分配。年度计划分配率按生产车间分别制定，计算公式如下：

$$某车间年度计划分配率 = \frac{该车间年度制造费用计划总额}{该车间年度各种产品计划产量的定额工时总额}$$

某月某产品制造费用 = 该月该种产品实际产量的定额工时数 × 年度计划分配率

【例4-6】 普大公司的基本生产第一车间，2017年全年制造费用计划数为108 000元，全年各种产品的计划产量为：A产品2 000件，B产品1 800件，单件产品的工时定额为：A产品3小时，B产品2小时。1月份的实际产量为：A产品200件，B产品160件，该月实际发生的制造费用为9 200元。

(1) 计算年度计划分配率：

A产品年度计划产量的定额工时 = 2 000 × 3 = 6 000（小时）

B产品年度计划产量的定额工时 = 1 800 × 2 = 3 600（小时）

$$制造费用年度计划分配率 = \frac{108\ 000}{6\ 000 + 3\ 600} = 11.25$$

(2) 1月份各种产品应分配的制造费用：

A产品该月实际产量的定额工时 = 200 × 3 = 600（小时）

B产品该月实际产量的定额工时 = 160 × 2 = 320（小时）

A产品应分配制造费用 = 600 × 11.25 = 6 750（元）

B产品应分配制造费用 = 320 × 11.25 = 3 600（元）

第一车间本月应分配转出的制造费用 = 6 750 + 3 600 = 10 350（元）

根据上述分配结果，编制会计分录：

借：基本生产成本——A产品　　　　　　　　　　　　　　　　　6 750

　　　　　——B产品　　　　　　　　　　　　　　　　　　　　3 600

　　贷：制造费用——第一生产车间　　　　　　　　　　　　　10 350

采用年度计划分配率分配法时，每月实际发生的制造费用与分配转出的制造费用金额不等，因此，"制造费用"账户月末一般有余额，余额可能在借方，也可能在贷方。"制造费用"账户的年末余额，就是全年制造费用的实际发生额与计划分配额之间的差异。这个差异一般应在年末调整计入12月份的产品成本。年末调整差异时，编制如下会计分录：

实际发生额大于计划分配额的差异调整：

借：基本生产成本——A产品　　　　　　　　　　　　　　　　　×××

　　　　　——B产品　　　　　　　　　　　　　　　　　　　　×××

　　贷：制造费用——第一生产车间　　　　　　　　　　　　　　×××

实际发生额小于计划分配额的差异调整：

借：基本生产成本——A产品　　　　　　　　　　　　　　　　　×××

　　　　　——B产品　　　　　　　　　　　　　　　　　　　　×××

　　贷：制造费用——第一生产车间　　　　　　　　　　　　　　×××

年末差异调整后，"制造费用"总账及其明细账均无余额。

这种分配方法的核算工作比较简便，特别适用于季节性生产的车间，可以使企业旺季与淡季的制造费用比较均衡地计入产品生产成本，便于进行成本分析。但是，采用这种分配方法，制定计划成本应尽可能接近实际，否则，若年度制造费用计划数脱离实际数太大，就会影响成本计算的正确性。如果出现年度制造费用预算严重脱离实际状况，应及时调整计划分配率。

第三节　生产损失的核算

生产损失是指在产品生产过程中或由于生产原因而发生的各种损失，如由于生产不合格产品而发生的废品损失、由于机器设备发生故障停工而产生的停工损失等。这类损失与产品生产有直接关系，应该由生产的产品承担，计入产品的生产成本。非生产损失是指由于企业管理不善、不可抗力或其他非生产原因造成的损失，如坏账损失、库存材料盘亏毁损、投资损失、自然灾害造成的损失等。非生产损失与产品生产没有直接关系，不应计入产品的生产成本。成本核算中的生产损失主要指废品损失和停工损失。

一、废品损失的核算

废品是指因质量不符合规定的标准或技术条件，不能按原定用途使用，或需加工修复后才能使用的产成品、半成品、零部件等。废品分为可修复废品和不可修复废品。可修复废品是指在技术上可以修复，并且发生的修复费用在经济上合算的废品。可修复废品经过修复后可成为合格产品。不可修复废品是指在技术上不能修复，或者虽能修复，但发生的修复费用在经济上不合算的废品。

废品损失是指由于产生废品而发生的损失。其包括可修复废品的修复费用和不可修复废品的生产成本，扣除回收的废品残料价值和应收赔款后的净损失。需要说明的是，经过质检不需要返修，可以降价出售的不合格品，应与合格品同等计算成本，其降价损失体现为当期损益，不作为废品损失处理；产成品入库后，由于保管不善、运输不当等原因造成的废品损失，应计入管理费用，也不作为废品损失处理；实行产品包退、包修、包换的企业，产品出售以后发现废品而发生的一切损失，计入销售费用，不作为废品损失处理。

产品质检过程中，质检人员一旦发现废品，就应填制"废品通知单"，注明废品名称、数量、废品原因和责任人等。"废品通知单"是进行废品损失核算的原始凭证。

在单独核算废品损失的企业里，应设置"废品损失"总账，并按车间及产品品种设置"废品损失"明细账，并按成本项目设专栏进行明细核算。在"基本生产成本"明细账中，还应增设"废品损失"成本项目，以便单独反映废品损失在产品成本构成中的情况。"废品损失"账户借方登记可修复废品的修复费用和不可修复废品的实际生产成本；贷方登记废品残料回收的价值、应收过失人赔偿款以及计入当期产品成本的废品净损失。该账户月末一般无余额。

在不单独核算废品损失的企业里，不设置"废品损失"账户，在"基本生产成本"明细账中，也不设置"废品损失"成本项目。可修复废品发生的修复费用，直接记入"基本生产成本"账户的有关成本项目；不可修复废品只扣除产量，不结转成本；废品的残料价值和过失人赔款可直接冲减"基本生产成本"明细账中的"直接材料"和"直接人工"成本项目。在不单独核算废品损失的情况下，不便于了解废品损失对产品成本的影响，不利于废品损失的分析和控制。因此，简单生产的制造企业，以及管理上不需要单独考核废品损失的企业，为了简化核算，可以不单独核算废品损失。

（一）不可修复废品损失的核算

为了核算不可修复的废品损失，必须首先计算废品的生产成本。废品的生产成本是指产品生产过程中截至报废时为止所耗费的一切费用，扣除废品的残值和应收赔款后，应计入该种产品成本的废品净损失。由于不可修复废品的成本与合格品的成本是同时发生并归集在一起的，因此，需要采取一定的方法予以确定。通常有两种方法：一是按废品所耗实际费用计算；二是按废品所耗定额费用计算。

1. 按废品所耗实际费用计算

将废品报废以前与合格品归集在一起的各项费用,采用适当的分配方法,在合格品和废品之间进行分配,计算出废品的实际成本,并将其从"基本生产成本"账户的贷方转出,转入"废品损失"账户的借方。

【例4-7】 科迅公司第二生产车间本月生产甲产品1 000件。验收入库发现不可修复废品40件,合格品生产工时为19 200小时,废品生产工时为800小时。甲产品"基本生产成本"明细账中归集的生产费用为18 300元,其中直接材料费用8 000元(材料在生产开始时一次投入),直接人工费用5 500元,制造费用4 800元。废品残料回收价值为90元,应由李山赔偿100元。

编制"不可修复废品损失计算表",见表4-8。

表4-8 不可修复废品损失计算表

生产单位:第二生产车间　　　　　201×年××月　　　　　产品名称:甲　　　废品数量:40件

项目	数量/件	直接材料/元	生产工时/小时	直接人工费用/元	制造费用/元	合计/元
生产费用总额	1 000	8 000	20 000	5 500	4 800	18 300
分配率		8		0.275	0.24	
废品成本	40	320	800	220	192	732
减:残料		90				90
赔款				100		100
废品净损失		230		120	192	542

根据不可修复废品损失计算表,编制如下会计分录:

① 结转废品成本:

借:废品损失——甲产品——直接材料　　　　　　　　　　　320
　　　　　　　　——直接人工　　　　　　　　　　　　　　220
　　　　　　　　——制造费用　　　　　　　　　　　　　　192
　　贷:基本生产成本——甲产品——直接材料　　　　　　　320
　　　　　　　　　　　　——直接人工　　　　　　　　　　220
　　　　　　　　　　　　——制造费用　　　　　　　　　　192

② 回收残料入库,应收李山赔款:

借:原材料　　　　　　　　　　　　　　　　　　　　　　　90
　　其他应收款——李山　　　　　　　　　　　　　　　　　100
　　贷:废品损失——甲产品——直接材料　　　　　　　　　90
　　　　　　　　　　　——直接人工　　　　　　　　　　　100

③ 结转废品净损失(废品损失转入合格品的成本):

借:基本生产成本——甲产品——废品损失　　　　　　　　542
　　贷:废品损失——甲产品——直接材料　　　　　　　　230
　　　　　　　　　　　——直接人工　　　　　　　　　　120
　　　　　　　　　　　——制造费用　　　　　　　　　　192

上例中,如果科迅公司不单独核算废品损失,其会计分录编制如下:

借：原材料   90
　　其他应收款——李山   100
　　贷：基本生产成本——甲产品——直接材料   90
　　　　　　　　　　　　　　　——直接人工   100

2. 按废品所耗定额费用计算

在消耗定额和费用定额比较健全稳定的制造企业，也可以按废品的定额成本计算不可修复废品的生产成本。即按废品的实际数量和各项消耗定额、费用定额计算不可修复废品的定额成本，再扣除残料回收价值、过失人赔款等，计算出废品损失。这种方法计算废品成本没有考虑废品实际发生的费用。

【例4-8】　沿用例4-7的资料，如果甲产品直接材料费用定额为7.8元/件，单件产品定额工时为18小时，人工费用定额为0.32元/小时，制造费用定额为0.25元/小时。按定额费用计算甲产品的废品损失。

编制"不可修复废品损失计算表"，见表4-9。

表4-9　不可修复废品损失计算表

生产单位：第二生产车间　　　　20××年××月　　　　产品名称：甲　　废品数量：40件

项　目	数量/件	直接材料	定额工时/小时	直接人工	制造费用	合计/元
费用定额	40	7.8元/件	18	0.32元/小时	0.25元/小时	
废品定额成本	40	312元	720	230.4元	180元	722.4
减：残料		90元				90
赔款				100元		100
废品净损失		222元		130.4元	180元	532.4

会计分录编制如前例。

采用定额费用计算废品成本方法简便，计算及时，有利于考核和分析废品损失及产品成本。

（二）可修复废品损失的核算

可修复废品损失是指废品在修复过程中发生的所有修复费用扣除回收的残料价值和应收赔款后的余额。返修时发生的修复费用应根据原材料、职工薪酬、辅助生产费用、制造费用等分配表的分配结果，应借记"废品损失"账户，贷记相关账户。回收的残料和应由责任人赔偿的款项，应借记"原材料""其他应收款"等账户，贷记"废品损失"账户。废品的净损失，应从"废品损失"账户贷方转出，转入"基本生产成本"账户的借方。

【例4-9】　科迅公司第一生产车间本月生产乙产品1 500件，生产过程中发现了30件可修复废品。在修复过程中，耗用原材料900元，人工费用800元，制造费用520元。应由责任人王华赔偿50元。

$$可修复废品净损失 = 900 + 800 + 520 - 50 = 2\,170（元）$$

编制会计分录如下：

（1）发生修复费用：

借：废品损失——乙产品——直接材料   900
　　　　　　　　　　　——直接人工   800
　　　　　　　　　　　——制造费用   520
　　贷：原材料   900

　　　　　　　　应付职工薪酬　　　　　　　　　　　　　　　　　　800
　　　　　　　　制造费用　　　　　　　　　　　　　　　　　　　　520
　（2）应收王华赔款：
　　借：其他应收款——王华　　　　　　　　　　　　　　　　　　50
　　　　贷：废品损失——乙产品——直接人工　　　　　　　　　　　50
　（3）结转废品净损失（废品损失转入合格品的成本）：
　　借：基本生产成本——乙产品——废品损失　　　　　　　　　2 170
　　　　贷：废品损失——乙产品——直接材料　　　　　　　　　　900
　　　　　　　　　　　　　　　　　　直接人工　　　　　　　　　750
　　　　　　　　　　　　　　　　　　制造费用　　　　　　　　　520
　上例中，如果科迅公司不单独核算废品损失，其会计分录编制如下：
　（1）返修时，发生修复费用：
　　借：基本生产成本——乙产品——直接材料　　　　　　　　　　900
　　　　　　　　　　　　　　　——直接人工　　　　　　　　　　800
　　　　　　　　　　　　　　　——制造费用　　　　　　　　　　520
　　　　贷：原材料　　　　　　　　　　　　　　　　　　　　　　900
　　　　　　应付职工薪酬　　　　　　　　　　　　　　　　　　　800
　　　　　　制造费用　　　　　　　　　　　　　　　　　　　　　520
　（2）应收王华赔款：
　　借：其他应收款——王华　　　　　　　　　　　　　　　　　　50
　　　　贷：基本生产成本——乙产品——直接人工　　　　　　　　　50

二、停工损失的核算

　　停工损失是指制造企业的生产车间或生产班组在停工期间发生的各项费用，包括停工期间损失的材料费、支付生产工人的职工薪酬、所耗用的燃料和动力费以及应负担的制造费用等。过失人或保险公司负担的赔款应从停工损失中扣除。企业发生停工的原因有很多，如计划减产、停电、待料、机械故障、意外事故、自然灾害等。由自然灾害造成的停工损失，应按规定转作营业外支出；对于季节性停产、修理期间停产发生的停工费用，应计入制造费用；不满一个工作日的停工，可以不计算停工损失。

　　生产单位或车间因各种原因发生停工时，值班人员应当及时向生产单位负责人报告，查明原因，采取措施，尽快恢复生产。如果在一定时间内不能恢复生产，生产单位应填写"停工报告单"，报送企业有关部门。"停工报告单"是停工损失核算的重要原始凭证。

　　单独核算停工损失的企业，应设置"停工损失"总账，并且按车间和成本项目设置"停工损失"明细账。在"基本生产成本"明细账中增设"停工损失"成本项目。"停工损失"账户借方登记制造企业发生的各项停工费用；贷方登记应向责任人索赔的款项和分配结转的停工净损失。停工期间发生各项停工费用时，借记"停工损失"，贷记"原材料""应付职工薪酬""制造费用"等账户。应收过失人或保险公司赔款时，借记"其他应收款"账户，贷记"停工损失"账户。结转停工净损失时，借记"营业外支出"（自然灾害的停工净损失）、"基本生产成本"账户，贷记"停工损失"账户，结转后"停工损失"账户无余额。

　　不单独核算停工损失的企业不设置"停工损失"账户，在"基本生产成本"明细账中也不设置停工损失成本项目。发生停工费用，分别计入"制造费用""营业外支出"等账户。

第五章

生产费用在完工产品和在产品之间分配的核算方法

★学习目标

1. 了解在产品收发结存的日常核算和在产品清查核算的基本内容。
2. 理解在选择完工产品与在产品之间分配费用时应考虑的具体条件。
3. 掌握完工产品和在产品之间分配费用的各种方法的特点、适用情况、优缺点以及具体的分配计算过程。重点掌握约当产量法、在产品按定额成本计算法和定额比例法。

★章前导读

肖凌本月应聘到一家制造企业从事成本会计工作。肖凌按照前面第二、三、四章内容所介绍的成本核算程序和方法进行了产品要素费用、辅助生产费用和制造费用等生产费用的归集与分配,填制了记账凭证并根据费用归集与分配的记账凭证登记了相关的生产费用总账和明细账,由甲产品负担的材料费用、人工费用、制造费用等生产费用均已归集到甲产品基本生产成本明细账。甲产品基本生产成本明细账显示:月初在产品成本为240 000元,本月发生的生产费用为1 360 000元,共计1 600 000元。甲产品本月完工验收入库数量为700件,月末未完工产品数量为200件。肖凌知道,按照成本核算程序,她现在应做的工作是将甲产品基本生产成本明细账中的1 600 000元生产费用在完工产品与在产品之间进行分配,但现有以下几个疑惑:

1. 生产费用在完工产品与在产品之间有哪些分配方法?
2. 企业应根据哪些因素来选择适用的生产费用分配方法?
3. 生产费用在完工产品与在产品之间进行分配,是按生产费用总额进行还是按成本项目进行?
4. 月末在产品的数量是根据生产台账记录的数量(账面数量)确定,还是根据实际盘点的数量确定?
5. 不同的生产费用在完工产品与在产品之间的分配方法,其计算程序有无不同?各有何特点?

第一节 在产品数量的核算

一、在产品数量核算概述

企业在生产过程中发生的生产费用，经过在各种产品之间进行分配和归集后，应计入本月各种产品成本的生产费用，都已经归集到"基本生产成本"账户及其所属的各种产品明细账中。当企业期末计算产品成本时，如果该种产品已经全部完工，没有期末在产品，计入这种产品成本的全部生产费用总和，就是本期完工产品总成本；如果该种产品全部没有完工，计入这种产品成本的全部生产费用总和，就是期末在产品成本；如果既有完工产品，又有期末在产品，则所归集的生产费用就需要采用适当的方法，在本期完工产品和期末在产品之间进行分配，才能计算出本期完工产品和期末在产品成本。期初在产品成本、本期生产费用、本期完工产品成本和期末在产品成本之间的关系，可以用下列公式表示：

期初在产品成本 + 本期生产费用 = 本期完工产品成本 + 期末在产品成本

从公式可以看出，要确定完工产品成本，还需要将所归集的期初在产品成本与本期生产费用的总和在完工产品与在产品之间进行分配。无论采用哪种分配方法，都必须确保在产品数量的正确性。为此，企业必须正确组织在产品数量核算，包括根据账面核算资料和实际盘点资料进行在产品收发结存的日常核算工作和在产品的清查工作，从而取得在产品收发和结存的数量资料。

二、在产品收发结存的日常核算

在产品是指企业已经投入生产，但尚未完成全部生产过程，不能作为商品对外销售的产品。在产品有广义和狭义之分。广义的在产品是就整个企业的生产过程而言的，指从投入材料进行生产开始到最终制成产成品并验收入库前的一切未完成全部生产过程的产品，包括正在车间加工中的产品、已经完成一个或几个生产步骤但还需要继续加工的半成品、等待验收入库的产品、正在返修和等待返修的废品等。对外销售的自制半成品属于商品产品，已验收入库后不应列入在产品范围，不可修复废品也不包括在在产品之内。狭义的在产品，其生产过程则是就某一车间或某一生产步骤而言的，只包括本车间或本生产步骤正在加工中的那部分产品，不包括本车间或本生产步骤已完工的半成品。本章所讨论的在产品是狭义的在产品。

在产品收发结存的日常核算通常是通过在产品收发结存账（即在产品台账）进行的，该账按车间及产品品种和在产品的名称（零部件名称）设置，提供车间各种在产品收发结存动态的业务核算资料。在产品收发结存账是根据领料凭证、在产品内部转移凭证、产品检验凭证和产品交库凭证，及时登记，最后由车间核算人员审核汇总的。在产品收发结存账见表5-1。

表5-1 在产品收发结存账（在产品台账）

车间：第 车间 零（部）件名称：甲 单位：件

2017年		摘要	收入		转出			结存	
月	日		凭证号	数量	凭证号	合格品	废品	完工	未完工
6	1	期初余额							10
6	2		96#	35					45
	10		113#	120	125#	118	12	118	35
	...								
		合计		480		455	15	455	20

三、在产品清查的核算

为了核实在产品数量，保护在产品安全完整，保证企业财产账实相符，企业应定期或不定期对在产品进行清查。会计人员应根据实际盘点数和账面资料编制在产品盘存表，列明在产品的账面数、实存数、盘盈盘亏数及其原因和处理意见等，对于报废和毁损的在产品还要登记残值。成本核算人员应对在产品盘存表进行认真审核，并报有关部门审批，同时对在产品盘盈盘亏进行账务处理。

在产品发生盘盈时，按盘盈在产品的定额成本或计划成本借记"基本生产成本"账户，贷记"待处理财产损溢"账户；按管理权限报经批准进行处理时，借记"待处理财产损溢"账户，贷记"管理费用"账户。

在产品发生盘亏和毁损时，借记"待处理财产损溢"账户，贷记"基本生产成本"账户，并从相应的产品成本明细账各成本项目中转出，冲减在产品成本；毁损在产品的残值，借记"原材料""银行存款"等账户，贷记"待处理财产损溢"账户，冲减其损失；按管理权限报经批准进行处理时，应根据不同情况分别将损失从"待处理财产损溢"账户转入有关账户，借记"银行存款""其他应收款""管理费用"和"营业外支出"等账户，贷记"待处理财产损溢"账户。

【例5-1】 某企业本月月末基本生产车间在产品清查结果如下：甲产品的在产品盘盈6件，单位定额成本30元；乙产品的在产品盘亏8件，单位定额成本25元，应由责任人赔偿120元；丙产品的在产品由于自然灾害毁损100件，单位定额成本40元，残料作价150元入库，保险公司同意赔偿3 000元，其余损失由企业承担。上述处理结果已报经批准。

（1）在产品盘盈的核算：
①盘盈时：
借：基本生产成本——甲产品　　　　　　　　　　　　　　　　　　　　180
　　　贷：待处理财产损溢——待处理流动资产损溢　　　　　　　　　　　180
②经批准转销时：
借：待处理财产损溢——待处理流动资产损溢　　　　　　　　　　　　　180
　　　贷：管理费用　　　　　　　　　　　　　　　　　　　　　　　　　180
（2）在产品盘亏的核算：
①盘亏时：
借：待处理财产损溢——待处理流动资产损溢　　　　　　　　　　　　　200
　　　贷：基本生产成本——乙产品　　　　　　　　　　　　　　　　　　200
②经批准转销时：
借：其他应收款　　　　　　　　　　　　　　　　　　　　　　　　　　120
　　管理费用　　　　　　　　　　　　　　　　　　　　　　　　　　　　80
　　　贷：待处理财产损溢——待处理流动资产损溢　　　　　　　　　　　200
（3）在产品毁损的核算：
①毁损时：
借：待处理财产损溢——待处理流动资产损溢　　　　　　　　　　　　4 000
　　　贷：基本生产成本——丙产品　　　　　　　　　　　　　　　　4 000
②残料入库时：
借：原材料　　　　　　　　　　　　　　　　　　　　　　　　　　　　150
　　　贷：待处理财产损溢——待处理流动资产损溢　　　　　　　　　　　150

③经批准转销时：
借：其他应收款 3 000
　　营业外支出 850
　　贷：待处理财产损溢——待处理流动资产损溢 3 850

第二节　生产费用在完工产品和在产品之间的分配方法

将所归集的累计生产费用在完工产品和在产品之间进行分配，是成本核算工作中一项重要而复杂的工作，在产品结构复杂、零件种类和加工工序较多的情况下更为突出。企业应根据在产品数量的多少、各月在产品数量变化的大小、各项费用比重的大小以及定额管理基础的好坏等具体情况，选择合理简便的分配方法，在完工产品与月末在产品之间分配费用。

在生产费用总和已知的情况下，要计算确定完工产品成本有两种思路：

第一种思路，先按一定方法确定期末在产品成本，再采用倒挤的办法间接计算出完工产品成本，其公式为：

　　　　完工产品成本 = 期初在产品成本 + 本期生产费用 − 期末在产品成本

该思路在不计算在产品成本法、在产品成本按年初固定数计算法、在产品按所消耗直接材料费用计算法、在产品按完工产品成本计算法和在产品按定额成本计算法等具体分配方法中得到了实践应用。

第二种思路，直接将生产费用按一定比例在完工产品和期末在产品之间进行分配，同时计算出完工产品和在产品成本。其公式为：

　　　　期初在产品成本 + 本期生产费用 = 完工产品成本 + 期末在产品成本

该思路在约当产量法和定额比例法等具体分配方法中得到了实践应用。

一、不计算在产品成本法

如果企业各月末在产品的数量很小，其在产品成本计算对完工产品成本影响很小，为了简化成本核算工作，可以不计算在产品成本，而将所归集的全部生产费用全部计入完工产品，由完工产品负担，即所归集的某种产品本期生产费用总和就是其完工产品成本。例如，发电企业、自来水生产企业、采掘企业等生产周期较短，期末没有在产品或在产品数量很少，就可以采用这种方法计算完工产品成本。

二、在产品成本按年初固定数计算法

如果企业各月末在产品的数量较小，或者在产品数量虽大但各月在产品数量比较稳定，变动不大，月初、月末在产品成本的差额不大，是否计算期末在产品成本对完工产品成本影响不大，在这种情况下，为了简化成本核算工作，同时又能反映在产品占用的资金，各月在产品成本可以按年初固定数计算。这样，每期的生产费用就是当期的完工产品成本。采用这种方法，企业应当在年终时对在产品进行实地盘点，确定在产品的实际数量，根据盘点结果重新核定期末在产品成本，并作为下一个年度各月在产品固定成本，以免在产品数量变动太大，影响成本计算的正确性。例如，炼铁、化工等企业可以采用这种方法。

【例5-2】　某企业生产甲产品，该企业采用在产品成本按年初固定数计算法计算完工产品

成本,年初在产品成本资料见表5-2。2017年6月完工产品1 000件,期末在产品20件。本月发生的生产费用见表5-2。其完工产品成本计算结果见表5-2。

表 5-2 产品成本计算单
2017年6月

品名:甲产品　　　　完工产量:1 000件　　　　在产品:20件　　　　单位:元

项　目	直接材料	直接人工	制造费用	合　计
期初在产品成本	6 800	4 600	3 900	15 300
本期生产费用	85 400	56 300	42 000	183 700
合　计	92 200	60 900	45 900	199 000
本期完工产品成本	85 400	56 300	42 000	183 700
单位成本	85.40	56.30	42.00	183.70
期末在产品成本	6 800	4 600	3 900	15 300

三、在产品按所消耗直接材料费用计算法

如果企业各月末在产品的数量较大,并且各月末在产品的数量变动也比较大,但直接材料费用在产品成本中所占比重比较大,为了简化核算工作,计算期末在产品成本时,可以考虑只直接材料费用,由于直接人工、制造费用等加工费用比重较小,将其全部计入完工产品成本。这时,企业所归集的全部生产费用,减去期末在产品直接材料费用,就是本期完工产品成本。例如,造纸、纺织、酿酒等行业企业就可以采用这种方法。

【例5-3】　某企业生产乙产品,该产品直接材料费用在产品成本中所占比重较大,在产品只计算直接材料费用。乙产品期初在产品成本为8 600元。本月发生生产费用包括:直接材料费用63 700元,直接人工费用4 200元,制造费用3 600元。完工产品1 100件,在产品100件。原材料在开工时一次投入,直接材料费用按完工产品和在产品数量比例分配。计算过程如下:

(1) 直接材料费用分配率 = $\dfrac{8\ 600 + 63\ 700}{1\ 100 + 100}$ = 60.25(元/件)

(2) 完工产品直接材料费用 = 1 100 × 60.25 = 66 275(元)

(3) 期末在产品直接材料费用 = 100 × 60.25 = 6 025(元)

(4) 完工产品成本 = 66 275 + 4 200 + 3 600 = 74 075(元)

或者:　　　　　　　= 8 600 + 71 500 − 6 025 = 74 075(元)

四、在产品按完工产品成本计算法

如果企业期末在产品已经接近完工,或者产品已经加工完毕,但尚未验收入库或包装入库,为了简化成本核算,可以将期末在产品视同完工产品,按完工产品与在产品的数量比例分配生产费用。

五、约当产量法

如果企业期末在产品数量较多,各月在产品数量不均衡,且产品成本中直接材料、直接人工和制造费用等成本项目所占比重均较大,可以采用约当产量法分配生产费用。

(一) 约当产量法的基本原理

约当产量法是按照完工产品数量与期末在产品约当产量的比例分配计算完工产品成本与期

末在产品成本的一种方法。约当产量是指将期末在产品的（实际）数量按其完工程度和投料程度，折算为相当于完工产品的数量。

约当产量法的计算公式如下：

$$在产品约当产量 = 在产品数量 \times 完工程度（或投料程度）$$

$$某项成本分配率 = \frac{该项成本总额}{完工产品产量 + 在产品约当产量}$$

$$完工产品该项成本 = 完工产品数量 \times 成本分配率$$

$$在产品该项成本 = 在产品约当产量 \times 成本分配率$$

或：
$$= 该项成本总额 - 完工产品该项成本$$

【例5-4】 某企业生产丙产品，2017年6月完工800件，期末在产品200件，本月所归集的累计生产费用如下：直接材料费用45 000元，直接人工费用36 000元，制造费用27 000元，合计108 000元。该产品生产费用分配采用约当产量法，期末在产品完工程度50%，原材料随加工进度逐步投入。其计算过程如下：

（1）计算在产品约当产量：

$$在产品约当产量 = 200 \times 50\% = 100（件）$$

（2）直接材料费用分配：

$$直接材料费用分配率 = \frac{45\ 000}{800 + 100} = 50（元/件）$$

$$完工产品直接材料费用 = 800 \times 50 = 40\ 000（元）$$

$$在产品直接材料费用 = 100 \times 50 = 5\ 000（元）$$

（3）直接人工费用分配：

$$直接人工费用分配率 = \frac{36\ 000}{800 + 100} = 40（元/件）$$

$$完工产品直接人工费用 = 800 \times 40 = 32\ 000（元）$$

$$在产品直接人工费用 = 100 \times 40 = 4\ 000（元）$$

（4）制造费用分配：

$$制造费用分配率 = \frac{27\ 000}{800 + 100} = 30（元/件）$$

$$完工产品制造费用 = 800 \times 30 = 24\ 000（元）$$

$$在产品制造费用 = 100 \times 30 = 3\ 000（元）$$

其完工产品成本计算结果见表5-3。

表5-3 产品成本计算单

2017年6月

品名：甲产品　　　完工产量：800件　　　在产品：200件

项　目	直接材料	直接人工	制造费用	合　计
本期生产费用合计/元	45 000	36 000	27 000	108 000
完工产品数量/件	800	800	800	
在产品约当产量/件	100	100	100	
分配率/（元·件$^{-1}$）	50	40	30	120
本期完工产品成本/元	40 000	32 000	24 000	96 000
期末在产品成本/元	5 000	4 000	3 000	12 000

第五章 生产费用在完工产品和在产品之间分配的核算方法

（二）直接材料费用的分配

企业产品生产中，材料投入方式较多，不同的投料方式，对直接材料成本的分配起着至关重要的作用。从总体来看，材料投料方式主要有四种。在不同的投料方式下，期末在产品约当产量的计算方法也不相同。

1. 在生产开始时一次投入

如果企业生产产品所耗材料在生产开始时一次投入，则每件期末在产品耗用材料与完工产品相同，即在分配直接材料费用时期末在产品投料程度是100%，因此，直接按完工产品与在产品实际数量比例分配直接材料成本。

【例5-5】 如果例5-4中，材料投入方式是在生产开始时一次投入，则直接材料成本分配如下：

$$直接材料费用分配率 = \frac{45\,000}{800+200} = 45（元/件）$$

$$完工产品直接材料费用 = 800 \times 45 = 36\,000（元）$$

$$在产品直接材料费用 = 200 \times 45 = 9\,000（元）$$

2. 随加工进度逐步投入

如果企业生产所耗用原材料是随着加工进度逐步投入，材料投入与加工进度基本同步，则直接材料成本分配时所采用的投料程度可以直接根据产品的完工程度确定，即直接材料成本分配方法和加工费用分配方法相同。如例5-4。

3. 分工序一次投入

如果企业生产所耗用的原材料是分工序且在各工序开始时一次投入，则需要按工序分配确定期末在产品的投料程度。在确定各工序投料程度时，一般以各工序直接材料消耗定额为依据，各工序所有在产品材料消耗定额均按该工序投料程度100%计算确定。

【例5-6】 企业某产品需经三道工序完成，其材料在每道工序开始时一次投入。本期完工产品2 108件，期末在产品580件，各工序直接材料消耗定额及期末在产品数量见表5-4。企业所归集的直接材料费用累计为238 700元。

表5-4 约当产量计算表

工序	材料消耗定额/千克	在产品数量/件	投料程度	约当产量/件
1	100	320	$\frac{100}{200}=50\%$	$320 \times 50\% = 160$
2	60	140	$\frac{100+60}{200}=80\%$	$140 \times 80\% = 112$
3	40	120	$\frac{100+60+40}{200}=100\%$	$120 \times 100\% = 120$
合计	200	580		392

直接材料费用分配如下：

$$直接材料费用分配率 = \frac{238\,700}{2\,108+392} = 95.48（元/件）$$

$$完工产品直接材料费用 = 2\,108 \times 95.48 = 201\,271.84（元）$$

$$在产品直接材料费用 = 392 \times 95.48 = 37\,428.16（元）$$

4. 分工序逐步投入

如果企业生产所耗用的原材料是分工序且在各工序随加工进度逐步投入，也需要按工序分配确定期末在产品的投料程度。但在确定各工序投料程度时，一般以各工序直接材料消耗定额的50%计算确定。

【例5-7】 如果例5-6中，原材料在各工序随加工进度逐步投入，则约当产量计算见表5-5。

表5-5 约当产量计算表

工序	材料消耗定额/千克	在产品数量/件	投料程度	约当产量/件
1	100	320	$\dfrac{100 \times 50\%}{200} = 25\%$	$320 \times 25\% = 80$
2	60	140	$\dfrac{100 + 60 \times 50\%}{200} = 65\%$	$140 \times 65\% = 91$
3	40	120	$\dfrac{100 + 60 + 40 \times 50\%}{200} = 90\%$	$120 \times 90\% = 108$
合计	200	580		279

直接材料费用分配如下：

$$\text{直接材料费用分配率} = \frac{238\ 700}{2\ 108 + 279} = 100 \text{（元/件）}$$

$$\text{完工产品直接材料费用} = 2\ 108 \times 100 = 210\ 800 \text{（元）}$$

$$\text{在产品直接材料费用} = 279 \times 100 = 27\ 900 \text{（元）}$$

（三）加工费用的分配

直接材料、直接人工等加工费用的分配，一般按在产品的完工程度（完工率）计算约当产量。在产品完工程度确定方法一般有以下两种：

1. 平均按50%计算

在企业产品生产进度比较均衡，各工序在产品数量和单位产品在各工序加工量都差不多的情况下，由于后面各工序在产品多加工的程度可以弥补前面各工序少加工的程度，所以全部在产品完工程度可以按50%平均计算确定。

2. 按工序分别计算

如果各工序加工量不均衡，在产品数量分布不均衡，为了提高成本计算的准确性，各工序在产品的完工程度就需要按工序分别计算确定，各工序在产品的完工程度按各工序在产品的累计工时定额占完工产品工时定额的比例计算，计算公式如下：

$$\text{某工序在产品完工程度} = \frac{\text{前面各工序工时定额之和} + \text{本工序工时定额} \times 50\%}{\text{产品工时定额}}$$

【例5-8】 企业某产品需经三道工序完成。本期完工产品2 108件，期末在产品580件，各工序工时定额及期末在产品数量见表5-6。企业所归集的直接人工费用累计为164 570元，制造费用累计为117 550元。

表5-6 约当产量计算表

工序	工时定额/小时	在产品数量/件	完工程度	约当产量/件
1	8	320	$\dfrac{8 \times 50\%}{20} = 20\%$	$320 \times 20\% = 64$

续表

工序	工时定额/小时	在产品数量/件	完工程度	约当产量/件
2	6	140	$\frac{8+6\times50\%}{20}=55\%$	$140\times55\%=77$
3	6	120	$\frac{8+6+6\times50\%}{20}=85\%$	$120\times85\%=102$
合计	20 小时	580		243

(1) 直接人工费用分配如下：

$$直接人工费用分配率=\frac{164\,570}{2\,108+243}=70（元/件）$$

$$完工产品直接人工费用=2\,108\times70=147\,560（元）$$

$$在产品直接人工费用=243\times70=17\,010（元）$$

(2) 制造费用分配如下：

$$制造费用分配率=\frac{117\,550}{2\,108+243}=50（元/件）$$

$$完工产品制造费用=2\,108\times50=105\,400（元）$$

$$在产品制造费用=243\times50=12\,150（元）$$

六、在产品按定额成本计算法

如果企业的消耗定额和成本定额比较准确，期末在产品成本可以按定额成本确定。即根据各月月末在产品实际结存的数量和单位产品定额成本计算出月末在产品的定额成本，并以该定额成本作为月末在产品的实际成本，然后用归集的全部生产费用减去月末在产品的定额成本，就是完工产品成本。其计算公式为：

期末在产品定额成本 = 在产品数量 × 产品定额成本 × 投料程度或完工程度

完工产品成本 = 期初在产品定额成本 + 本期生产费用 − 期末在产品定额成本

采用这种方法，生产费用脱离费用定额的差异全部计入当期完工产品成本。因此，该方法适用于定额管理基础较好，各项消耗定额或费用定额比较准确、稳定，且各月在产品数量变化不大的产品。

【例 5-9】 某企业生产丁产品，2017 年 6 月归集的生产费用累计为：直接材料费用 168 000 元，直接人工费用 260 000 元，制造费用 156 000 元，合计 584 000 元。本期完工丁产品 1 200 件，期末在产品 200 件。期末在产品按定额成本计算，其定额成本为：直接材料定额消耗量为 15 千克/件，计划单价 8 元/千克；定额工时 5 小时/件，直接人工费用定额 20 元/小时，制造费用定额 12 元/小时。计算结果如下：

(1) 期末在产品定额成本分配如下：

$$直接材料定额成本=200\times15\times8=24\,000（元）$$

$$直接人工定额成本=200\times5\times20=20\,000（元）$$

$$制造费用定额成本=200\times5\times12=12\,000（元）$$

(2) 完工产品成本分配如下：

$$直接材料成本=168\,000-24\,000=144\,000（元）$$

$$直接人工成本=260\,000-20\,000=240\,000（元）$$

$$制造费用=156\,000-12\,000=144\,000（元）$$

其具体计算结果见表 5-7。

表 5-7　产品成本计算单

2017 年 6 月

品名：丁产品　　　　完工产量：1 200 件　　　　在产品：200 件　　　　单位：元

项　目	直接材料	直接人工	制造费用	合　计
本期生产费用合计	168 000	260 000	156 000	584 000
期末在产品定额成本	24 000	20 000	12 000	56 000
本期完工产品成本	144 000	240 000	144 000	528 000
单位成本	120	200	120	440

七、定额比例法

如果企业各期在产品数量变动较大，但制定了比较准确、稳定的消耗定额，则可以按完工产品和在产品的定额比例分配生产费用。其中，直接材料一般按材料定额消耗量或定额费用比例分配，直接人工、制造费用等各项加工费用一般按定额工时或定额费用比例分配。

这种方法以产品的消耗定额比例为分配标准，有利于分析和考核各项定额指标的执行情况，且实际成本脱离定额的差异由完工产品和期末在产品共同负担，弥补了在产品按定额成本计算法的不足，提高了产品成本计算的准确性。

定额比例法的计算公式为：

$$\text{某项成本分配率} = \frac{\text{期初在产品成本} + \text{本期生产费用}}{\text{完工产品定额消耗量（或费用）} + \text{期末在产品定额消耗量（或费用）}}$$

完工产品直接材料成本 = 完工产品材料定额消耗量（或费用）× 直接材料分配率

期末在产品直接材料成本 = 期末在产品材料定额消耗量（或费用）× 直接材料分配率

完工产品直接人工（或制造费用）= 完工产品定额工时（或费用）× 直接人工（或制造费用）分配率

期末在产品直接人工（或制造费用）= 期末在产品定额工时（或费用）× 直接人工（或制造费用）分配率

【例 5-10】　某企业生产丁产品，2017 年 6 月月初在产品成本为：直接材料费用 48 000 元，直接人工费用 50 000 元，制造费用 46 000 元，合计 144 000 元。本月生产费用为：直接材料费用 120 000 元，直接人工费用 210 000 元，制造费用 110 000 元，合计 440 000 元。本期完工丁产品 1 200 件，其定额成本为：直接材料定额消耗量为 15 千克/件，定额工时 10 小时/件。期末在产品 200 件，其定额成本为：直接材料定额消耗量为 15 千克/件，定额工时 5 小时/件。成本计算采用定额比例法。计算过程如下：

$$\text{直接材料分配率} = \frac{48\ 000 + 120\ 000}{1\ 200 \times 15 + 200 \times 15} = 8$$

$$\text{直接人工分配率} = \frac{50\ 000 + 210\ 000}{1\ 200 \times 10 + 200 \times 5} = 20$$

$$\text{制造费用分配率} = \frac{46\ 000 + 110\ 000}{1\ 200 \times 10 + 200 \times 5} = 12$$

完工产品直接材料成本 = 1 200 × 15 × 8 = 144 000（元）

期末在产品直接材料成本 = 200 × 15 × 8 = 24 000（元）

完工产品直接人工成本 = 1 200 × 10 × 20 = 240 000（元）

期末在产品直接人工成本 = 200 × 5 × 20 = 20 000（元）

完工产品制造费用 = 1 200 × 10 × 12 = 144 000（元）

期末在产品制造费用 = 200 × 5 × 12 = 12 000（元）

其具体计算结果见表5-8。

表5-8 产品成本计算单

2017年6月

品名：丁产品　　　　　完工产量：1 200件　　　　　在产品：200件

项　目		直接材料	直接人工	制造费用	合　计
期初在产品成本/元		48 000	50 000	46 000	144 000
本期生产费用/元		120 000	210 000	110 000	440 000
生产费用合计/元		168 000	260 000	156 000	584 000
费用分配率		8	20	12	
本期完工产品成本	定额	18 000（千克）	12 000（小时）	12 000（小时）	
	实际/元	144 000	240 000	144 000	528 000
期末在产品成本	定额	3 000（千克）	1 000（小时）	1 000（小时）	
	实际/元	24 000	20 000	12 000	56 000

第三节　完工产品成本的结转

企业生产所发生的各种生产费用，已经在各种产品之间进行了分配，在此基础上，又将各种产品的生产费用在该种产品的完工产品和期末在产品之间进行了分配，计算出了完工产品和期末在产品的总成本，为企业进行完工产品成本的结转提供了可靠的依据。

期末根据产品成本计算单所提供的完工产品的实际成本，从"基本生产成本"账户及其所属明细账户贷方转出，记入有关账户借方。完工入库产成品的成本，应记入"库存商品"账户的借方；完工的自制材料、工具、模具等的成本，应记入"原材料""周转材料——低值易耗品"等账户的借方，同时，贷记"基本生产成本"账户。结转后，"基本生产成本"账户期末余额就是基本生产车间尚未加工完毕的各种在产品成本。

【例5-11】 某企业2017年6月完工甲、乙、丙、丁四种产品，其成本资料如例5-2、例5-3、例5-4和例5-9。根据各种产品的产品成本计算表，编制产成品成本汇总表见表5-9。

表5-9 产成品成本汇总表

2017年6月　　　　　　　　　　　　　　　　　　　　　　　　　单位：元

产品名称	直接材料	直接人工	制造费用	合　计
甲产品	85 400	56 300	42 000	183 700
乙产品	66 275	4 200	3 600	74 075
丙产品	40 000	32 000	24 000	96 000
丁产品	144 000	240 000	144 000	528 000
合计	335 675	332 500	213 600	881 775

根据完工验收入库产成品的入库单及产成品成本汇总表等，编制会计分录如下：

借：库存商品——甲产品　　　　　　　　　　　　　　　　　183 700
　　　　　　——乙产品　　　　　　　　　　　　　　　　　 74 075
　　　　　　——丙产品　　　　　　　　　　　　　　　　　 96 000
　　　　　　——丁产品　　　　　　　　　　　　　　　　　528 000
　　贷：基本生产成本——甲产品　　　　　　　　　　　　　183 700
　　　　　　　　　　——乙产品　　　　　　　　　　　　　 74 075
　　　　　　　　　　——丙产品　　　　　　　　　　　　　 96 000
　　　　　　　　　　——丁产品　　　　　　　　　　　　　528 000

第六章
产品成本计算方法概述

★学习目标

1. 了解生产按工艺过程特点和按生产组织特点的分类。
2. 理解区分成本计算的基本方法和辅助方法的标志及合理选用产品成本计算方法应考虑的因素。
3. 掌握企业生产特点和成本管理要求对成本计算对象、成本计算期和完工产品与在产品之间费用分配的影响。

★章前导读

　　吴彤彤在学习完成本核算的基本原理和要素费用与综合生产费用等的归集与分配方法之后,满怀信心地去蓉星公司应聘成本会计工作岗位。蓉星公司的面试官问吴彤彤:如果你应聘成功,如何组织公司成本核算工作?公司产品成本计算应采用什么方法?吴彤彤根据所学的成本核算基本原理简要回答了第一个问题,但对第二个问题,一时不知道怎么回答⋯⋯
　　如果你也希望应聘蓉星公司的成本会计工作岗位,你应该怎样回答面试官的问题?企业产品成本计算方法是否是前述各类费用归集与分配方法的集合?企业产品成本计算方法该如何确定?

第一节　生产特点和成本管理要求对产品成本计算的影响

　　在本书第二章介绍成本核算的基本原理时,曾在成本核算的基本要求中明确了企业应适应生产特点和管理要求,采用适当的产品成本计算方法。本书第三、四、五章中分别介绍了产品成本构成要素费用与综合生产费用的归集与分配方法、产品生产费用在完工产品与在产品之间的分配方法,这些方法各有其优缺点和适用范围。同时,产品成本是在生产过程中形成的,因此,企业的生产特点会在很大程度上影响产品成本的计算及其方法选择。另外,产品成本计算是为成本管理服务(提供资料)的,因此采用什么方法,提供哪些资料,必须考虑成本管理的要求。当然,企业管理当局对成本核算与成本管理提出的要求必然是结合企业生产特点等自身实际及需要提出的。因此,为了正确计算产品成本并为成本管理等提供有效的服务,企业需要按照成本核算的要求，根据生产特点和管理要求，采用适当的成本计算方法。本章主要介绍企业应如何根据生产特点和管理要求，进行成本计算方法的选择。

一、生产类型的分类及其特点

（一）按生产工艺过程的特点分类

工业企业产品生产的工艺技术过程，简称工艺过程，是指从原材料投入生产直到产成品的产出所需经过的各个生产阶段和环节的一系列技术工程。工业企业的生产按其工艺过程的特点进行分类，可分为单步骤生产和多步骤生产两种类型。

1. 单步骤生产

单步骤生产也称简单生产，是指生产工艺过程不能间断，不可能或不需要划分为几个生产步骤的生产。这类生产由于技术上的不可间断（如发电），或由于工作地点上的限制（如采矿），通常只能由一个企业进行，而不能由几个企业协作进行。如发电、供水、采矿等企业的生产方式都属于简单生产。

2. 多步骤生产

多步骤生产也称复杂生产，是指生产工艺过程由若干个可以间断的、分散在不同地点、分别在不同时间进行的生产步骤所组成的生产，如钢铁、机械、服装等工业生产。多步骤生产按其产品的加工方式，又可分为连续式多步骤生产和装配式多步骤生产。

（1）连续式多步骤生产又称为连续加工式生产，是指从原材料投入生产以后，需要依次经过若干个生产步骤的连续加工才能最后生产出产成品的生产。前一步骤生产出来的半成品是后一个加工步骤的加工对象，直到最后加工步骤才能生产出产成品。如纺织、造纸、水泥等企业的生产方式都属于连续式多步骤生产。

（2）装配式多步骤生产又称为平行加工式生产，是指将原材料投入生产后，在各个步骤进行平行加工，制造出产成品所需的各种零件和部件，最后将各生产步骤的零件和部件组装成为产成品的生产。如机械、车辆、造船等企业的生产方式都属于装配式多步骤生产。

（二）按生产组织方式的特点分类

生产组织方式主要是指企业生产的专业化程度，即在一定时期生产产品品种的多少、同种产品产量的大小及其生产的重复程度。工业企业的生产按其组织方式的特点进行分类，可以分为大量生产、成批生产和单件生产三种类型。

1. 大量生产

大量生产是指不断地重复生产相同产品的生产组织方式。大量生产的特点是产量大、品种少且比较稳定，生产的重复性强，一般采用专业设备重复进行生产，专业化水平较高。如发电、采掘、酿酒、造纸、化肥等都是这种类型的生产，机械制造也有按照大量生产组织的情况。

2. 成批生产

成批生产是指按照预先确定的产品批别和数量，轮番进行若干种产品生产的组织方式。成批生产的主要特点是产品品种较多，生产具有一定重复性，如服装生产和某些机械制造生产等都属于这种类型。成批生产按照产品批量的大小还可以分为大批生产和小批生产。

大批生产，由于生产产品的批量大，往往在几个月内不断重复生产一种或几种产品，因而其性质近似于大量生产。小批生产，由于生产产品的批量小，一批产品一般可以同时完工，因而其性质近似于单件生产。

3. 单件生产

单件生产是指根据订货单位的要求为其生产产品的生产组织方式。这种生产组织方式所生产的产品大多为性质特殊的产品或专用产品。单件生产的主要特点是产量少、品种多，而且经常变换，很少重复，一般采用通用设备进行生产。如重型机械、船舶和专用设备的制造，以及新产品的试制等都是这种类型的生产。

工业企业的生产工艺过程与生产组织方式之间有一定联系。单步骤生产和连续式多步骤生产往往是大量生产或大批生产；装配式多步骤生产则可以是大量生产、成批生产，也可以是小批生产、单件生产。

二、生产特点和成本管理要求对成本计算的影响

企业生产特点不同，成本管理提出的要求也必然不相同。而生产特点和管理要求又必然对产品成本计算产生影响。生产特点和管理要求对产品成本计算的影响主要表现在成本计算对象、成本计算期、生产费用在完工产品与在产品之间的分配三个方面。这三个方面的有机结合，构成了特定成本计算方法的主要特点。

（一）对产品成本计算对象的影响

成本计算对象是指企业为了计算产品成本而确定的归集和分配生产费用的各个对象，即成本费用的承担者。企业在进行产品成本计算时，首先要确定成本计算对象，并按照确定的成本计算对象设置"基本生产成本明细账"（或"产品成本计算单"），据以归集和分配每一成本计算对象所发生的费用。企业生产特点和管理要求对产品成本计算的影响主要表现在对成本计算对象确定方面的影响。

从生产工艺过程来看，单步骤生产的工艺过程不能间断，因而不可能，也不需要按照生产步骤来计算产品成本，只能按照产品的品种来计算成本。而在多步骤生产的工艺过程中，一方面为分步骤、分工序计算产品成本提供了可能；另一方面企业为了加强对各个生产步骤的成本管理，往往会提出在计算产品的品种或批别成本的同时，提供各个生产步骤（或零件、部件）的生产成本资料。但是，如果企业的规模不大，管理上不要求按照生产步骤考核生产费用、计算产品成本，也可以不按照生产步骤（或零件、部件）计算成本，而只按照产品的品种或批别计算成本。

从生产组织特点来看，在大量生产的企业中，企业连续不断地重复生产一种或若干种产品，因而管理上只要求（而且也只能）按照产品的品种计算产品成本。在大批生产的企业中，由于生产产品的批量大，往往在几个月内不断重复生产一种或若干种产品，因而往往也同大量生产的企业一样，只要求按照产品品种计算成本。此外，在大批生产的企业中，产品的品种一般比较稳定，为了经济合理地组织生产，对那些耗用量较少的零件和部件通常也通过集中生产，以供多批产品耗用；而对那些耗用量较多的零件和部件，则通常采用单独分批生产。在这种情况下，零件和部件生产的批别和产品生产的批别通常是不一致的，因而也就不能按照产品的批别来计算产品成本，而只能按照产品的品种来计算成本。在单件、小批生产的企业中，由于其生产的产品批量小，一批产品往往可以同时完工，因而有可能按照产品的批别或件别来归集生产费用，计算产品成本。从管理要求来看，为了分析和考核各批别产品的成本水平和经济效益，往往也要求按照产品的批别或件别来计算产品成本。

综上所述，在产品成本计算工作中有产品品种、产品批别（件别）、产品生产步骤三种不同的成本计算对象。成本计算对象的确定，是设置产品成本明细账、归集生产费用、计算产品成本的前提。同时，产品成本计算对象是产品成本计算方法的主要标志，更是区别各种成本计算基本方法的主要标志。

（二）对产品成本计算期的影响

成本计算期是指每次计算产品成本的间隔期间。产品成本计算期并不完全与产品的生产周期或

会计报告期一致。成本计算期主要取决于生产组织方式的特点。在大量、大批生产的企业中,每月都有产品完工并销售,为计算各月产品销售成本和利润,企业必然要求按月定期计算并提供产品成本。在这种情况下,成本计算期往往与产品生产周期不一致,而与会计报告期一致。在单件、小批生产的企业中,产品批量小,甚至只是单件产品生产,而且一般不重复进行生产,月末往往要么全部完工,要么全部未完工,其成本计算期通常与生产周期一致,而与会计报告期不一致。

(三) 对生产费用在完工产品与在产品之间分配的影响

生产费用在完工产品与在产品之间的分配既受生产工艺过程的影响,又受生产组织方式的影响。单步骤生产由于生产周期较短,月末往往没有在产品,一般不需要将生产费用在完工产品与在产品之间进行分配。多步骤的大量、大批生产通常具有不断投入和不断产出的特点,在月末往往既有完工产品又有在产品,因此需要将生产费用在完工产品与在产品之间进行分配。多步骤的单件、小批生产由于批量小,甚至只有单件,往往同时完工或未完工,因此一般不需要将生产费用在完工产品与在产品之间进行分配。但是,如果在多步骤的小批生产中,在月末既有完工产品又有在产品,则需要将生产费用在完工产品与在产品之间进行分配。

生产特点和成本管理要求对产品成本计算的影响,见表6-1。

表6-1 生产特点和成本管理要求对产品成本计算的影响

生产特点		管理要求	对产品成本计算方法的影响		
工艺过程	组织方式		成本计算对象	成本计算期	生产费用在完工产品与在产品之间进行分配
单步骤	大量大批	要求按品种计算成本	产成品(产品品种)	定期(按月计算)	一般不需要
多步骤		不要求分步骤计算成本	产成品(产品品种)	定期(按月计算)	一般需要
多步骤		要求分步骤计算成本	产成品及各步骤半成品(生产步骤)	定期(按月计算)	一般需要
多步骤	单件小批	要求分步骤计算成本	产成品及各步骤半成品(生产步骤)	定期(按月计算)	一般需要
单步骤或多步骤		要求分批别计算成本	产成品(批别或订单)	不定期(生产周期)	一般不需要

第二节 产品成本计算的基本方法与辅助方法

本章第一节阐述了生产特点和成本管理要求对产品成本计算的影响,并阐明了这一影响主要表现在对成本计算对象的确定上。产品成本计算,就是按照成本计算对象归集和分配生产费用,计算各成本计算对象的总成本和单位成本的过程,这也进一步说明了成本计算对象的确定是产品成本计算的核心,因而也是构成产品成本计算方法的主要标志。本节就是在此基础上具体阐明成本计算对象与产品成本计算方法的关系。

一、产品成本计算的基本方法

为了适应不同类型生产特点和成本管理要求,在产品成本计算工作中有三种不同的成本计算对象:产品品种、产品批别和产品的生产步骤。因而以成本计算对象为主要标志(或以其命名)的产品成本计算的基本方法也有三种。

(一) 品种法

品种法是以产品品种为成本计算对象,按照产品品种设置基本生产成本明细账,以归集生产费用、计算产品成本的方法。品种法一般适用于单步骤的大量生产,如供水、发电、采矿等企业的生产;也可用于管理上不要求分生产步骤计算产品成本的多步骤生产,如小型造纸、水泥等企业的生产。品种法以会计月度期间为成本计算期,即每月都需要计算产品成本。在单步骤生产的情况下,月末没有在产品或在产品数量很少,因此一般不需要将生产费用在完工产品与在产品之间进行分配;在多步骤生产情况下,月末通常都有在产品,因此通常需要将生产费用在完工产品与在产品之间进行分配。

(二) 分批法

分批法是以产品的生产批别为成本计算对象,按产品的生产批别设置基本生产成本明细账以归集生产费用、计算产品成本的方法。分批法一般适用于管理上不要求分步骤计算产品成本的单件、小批生产,如船舶、专用设备、重型机械、专用模具等产品的生产。分批法的成本计算期往往与产品的生产周期一致而与会计报告期不一致,月末通常不需要将生产费用在完工产品与在产品之间进行分配。

(三) 分步法

分步法是以产品的生产步骤为成本计算对象,按照产品的生产步骤设置基本生产成本明细账以归集生产费用、计算产品成本的方法。分步法一般适用于管理上要求分生产步骤计算产品成本的大量、大批多步骤生产,如纺织、冶金、机械等企业产品的生产。分步法通常以会计月度期间为成本计算期,即每月都需要计算产品成本,月末通常需要将生产费用在完工产品与在产品之间进行分配。

三种主要产品成本计算方法的区别见表6-2。这三种方法之所以称为产品成本计算的基本方法,是因为这三种方法与不同生产类型的特点有着直接联系,而且涉及成本计算对象的确定,因而是计算产品实际成本必不可少的方法。所有工业企业,无论哪一种生产类型,进行成本计算所采用的基本方法都不外乎这三种。

表6-2 主要产品成本计算方法的区别

项目	成本计算对象	成本计算期	是否需要将生产费用 在完工产品与在产品之间进行分配
品种法	产品品种	定期(月份)	单步骤生产一般不需要,多步骤生产一般需要
分批法	生产批别	不定期 (生产周期)	一般不需要
分步法	生产步骤	定期(月份)	一般需要

二、产品成本计算的辅助方法

在实际工作中,除了采用上述三种基本方法外,还有一些在基本方法基础上延伸出来或与基本方法相结合才能使用的方法，如分类法、定额法、标准成本法等成本计算方法。但这些成本计算方法都不是独立的成本计算方法，不能独立使用，在进行成本计算时，必须与三种基本方法的一种或多种结合起来使用。这些方法与生产类型没有直接联系，不涉及成本计算对象，它们的应用或是为了简化成本计算，或是为了加强成本管理，只要具备条件，在任何类型的企业都可以使用，因此被称为辅助方法。

（一）分类法

分类法是指按照产品的类别归集生产费用，在计算出某类产品总成本的基础上，再按一定标准分配计算该种类内各种产品成本的一种成本计算方法。在一些工业企业中，生产的产品品种、规格繁多，如果以产品品种或规格作为成本计算对象来归集生产费用并计算产品成本，就会出现成本计算工作量过大的情况。产品成本计算的分类法，就是在产品品种、规格繁多，但可以按照一定标准分类的情况下，为简化成本计算工作而采用的一种成本计算方法。可见，分类法是一种简化的产品成本计算方法，但必须与成本计算的基本方法结合才能使用。分类法主要适用于产品品种或规格较多的企业或车间，如针织厂、灯泡厂、食品厂等，此外，分类法还可以用于联产品、副产品和等级产品的成本计算。

（二）定额法

定额法是以产品的品种（或批别）作为成本计算对象，根据产品的实际产量，计算产品的定额生产费用以及实际费用脱离定额的差异，用完工产品的定额成本，加上或减去定额差异、定额变动差异，从而计算出完工产品成本和在产品成本的一种方法。定额法一般适用于产品已经定型，产品品种比较稳定，各项定额比较齐全、准确，原始记录齐全的企业。定额法不是基本成本计算方法，它一般与企业生产类型无关，它只是在定额管理工作基础好的工业企业中，为了配合和加强定额管理，加强成本控制，更有效地发挥成本计算的分析和监督作用而应用的一种产品成本计算方法。

（三）标准成本法

标准成本法是在标准成本制度基础上，将成本计算、成本计划、成本控制和成本分析有机结合起来而形成的一种产品成本计算方法。标准成本法是为了加强成本控制、正确评价企业生产经营业绩，实现成本的标准化管理，而采用的一种成本计算方法。标准成本法一般适用于标准成本制度健全，成本管理基础较好，成本管理水平较高的企业。

需要指出的是，产品成本计算的基本方法和辅助方法的划分，是从计算产品实际成本角度考虑的，并不是因为辅助方法不重要；相反，有的辅助方法（如定额法）对于控制生产费用、降低产品成本具有重要作用。

在工业企业中，确定不同的成本计算对象，采用不同的成本计算方法，主要是为了适应企业的生产特点和管理要求，正确提供成本核算资料以加强成本管理。但是，无论什么生产类型的企业，无论采用什么成本计算方法，最终都必须按照产品品种算出产品成本。因此，按照产品品种计算成本，是产品成本计算的最起码的要求，换言之，品种法是上述基本方法中最基本的成本计算方法。

第三节　产品成本计算方法的合理选用

一、产品成本计算方法与企业生产特点和管理要求的关系

由前述内容可知，企业的生产特点和管理要求不同，对成本核算对象、成本计算期和生产费

用在完工产品与在产品之间的分配等方面的影响也不同，企业所适用的成本计算方法也就不相同。企业应该根据自身的生产特点和管理要求来选用科学合理的成本计算方法计算产品成本。企业能否根据生产特点和管理要求来选用适合的产品成本计算方法事关成本核算工作的成败。在选用企业产品成本计算方法的工作实践中，可以参考下列"产品成本计算方法与企业生产特点和管理要求的关系表"（见表6-3）来选用产品成本计算方法。

表6-3 产品成本计算方法与企业生产特点和管理要求的关系表

成本计算方法	生产特点		管理要求	成本计算对象	成本计算期	在产品成本计算
	工艺过程	生产组织				
品种法	单步骤	大量、大批	不要求分生产步骤计算产品成本	产品品种	定期（按月计算）	不计算在产品成本
	多步骤		不要求分生产步骤计算产品成本	产品品种	定期（按月计算）	按需计算
分批法	单步骤	单件、小批	要求按批别计算产品成本	批别或订单	不定期（生产周期）	不计算在产品成本
	多步骤		要求按批别计算产品成本	批别或订单	不定期（生产周期）	按需计算
分步法	多步骤	大量、大批	要求分生产步骤计算产品成本	产品品种及生产步骤	定期（按月计算）	按需计算
分类法	产品品种规格繁多，产品所用原材料、生产工艺基本相同	大量、大批	简化产品成本核算工作	产品类别与产品品种	定期（按月计算）	按需计算
		单件、小批		产品类别与产品品种	不定期（生产周期）	按需计算
定额法	产品消耗定额合理、稳定且定额管理基础较好		加强定额管理及成本控制	定额成本及各种差异	定期（按月计算）	按需计算
标准成本法	标准成本制度健全、成本管理基础较好		加强成本控制、正确评价业绩	标准成本及各种差异	定期（按月计算）	按需计算

二、多种产品成本计算方法的结合应用

在工作实践中，企业不能生搬硬套书本上的理论，而应在理解产品成本计算方法与生产特点和管理要求内在逻辑联系基础上，灵活运用，根据自身客观实际，运用成本核算的基本原理，根据成本核算的基本要求，遵循成本核算的基本原则，科学合理地根据生产特点和管理要求来选用产品成本计算方法。一般而言，企业在选择成本计算方法时，应根据企业生产特点和管理要求来确定，但并不意味着一个企业只能选用一种成本计算方法。

（一）同一企业采用几种不同的成本计算方法

在同一企业的不同基本生产车间，可能分别生产不同品种的产品。产品品种不同，其生产特点和成本管理要求也必然不尽相同。在这种情况下，不同的基本生产车间就有可能分别采用不同的成本计算方法。另外，企业一般都设有基本生产车间和辅助生产车间，基本生产车间和辅助

生产车间生产的产品品种不同，其生产特点和成本管理要求也不一定相同。在这种情况下，基本生产车间和辅助生产车间也有可能分别采用不同的成本计算方法。可见，无论是上述哪一种情况，都客观存在同一企业同时采用几种不同的成本计算方法的情形。

在一个企业同时采用不同的成本计算方法计算产品成本的情况下，该企业采用怎样的成本计算方法，主要是指其基本生产车间采用的产品成本计算方法，并不表明该企业就只是或只能采用该种产品成本计算方法，而是可以在不同产品、不同生产车间的产品成本计算中采用各自适用的产品成本计算方法。

（二）同一产品的不同生产步骤采用不同的成本计算方法

如上所述，同一产品的不同生产步骤的生产工艺过程特点和生产组织方式特点及其成本管理要求也可能各不相同。在这种情况下，企业各生产步骤必然会分别采用各自适用的成本计算方法，如小型机械厂一般采用分批法计算各批产品的成本，但其铸造车间的铸件往往采用品种法计算产品成本，铸造车间生产完工的铸件转入加工车间时则采用分步法进行结转，装配车间则采用分批法计算产品成本。这样就客观存在同一产品的不同生产步骤同时结合各自生产特点和管理要求而采用几种不同的成本计算方法的情形。

（三）各种产品成本计算方法的转换应用

在一个企业产品成本核算工作实践中，所采用的成本计算方法并不是一成不变的，而应适时根据产品生产工艺过程与生产组织方式的调整、企业成本管理要求的变化而合理选用适合的产品成本计算方法。特别是伴随我国科学技术的进步、经济体制改革的深入发展、市场需求的变化及企业经济管理水平的不断提高，企业生产工艺技术过程可能由多步骤转变为单步骤（也可能发生相反的转变），生产组织方式可能由大量、大批生产转变为单件、小批生产（也可能发生相反的转变），成本管理由科学化向精细化转变，成本信息要求定期及时提供向适时提供转变，这必将要求企业产品成本计算方法适时适度发生变化，甚至发生相互转换，以适应新形势、新环境、新要求。因此，在成本核算工作实践中，企业产品成本计算方法不是一成不变的，而应适时适度根据生产特点和管理要求的变化在不同产品成本计算方法之间转换应用。

另外，在确定产品成本计算方法时，企业还应注意成本计算方法与成本计划、成本核算与成本分析及业绩考核之间的衔接问题，尽量做到成本核算与成本计划及成本控制、成本分析与成本考核等在核算口径方面的一致性、可比性和稳定性，以更好地实现成本核算为成本管理服务的目的，加强企业成本控制与管理，提高企业经济效益。

第七章

产品成本计算的基本方法

★学习目标

1. 了解品种法、分批法和分步法三种基本方法的含义。
2. 理解三种基本方法的特点、适用范围及核算程序。
3. 掌握并熟练运用三种基本方法进行产品成本计算。

★章前导读

某沙发生产企业产品生产分别由五个车间加工完成。第一车间（框架车间）主要制作沙发框架，第二车间（外饰车间）主要制作沙发暴露在外的构件，第三车间（内衬车间）主要配制各类海绵内芯，第四车间（外套车间）负责裁剪缝制外套，第五车间（总装车间）将前面各工段的半成品配上辅料，装配成完整的沙发产品。那么，该企业到底应采用品种法、分批法，还是分步法计算生产沙发的成本呢？

第一节 产品成本计算的品种法

一、品种法概述

（一）品种法的含义及适用范围

品种法也称为简单法，是指以产品品种作为成本计算对象，归集和分配生产费用，计算产品成本的一种方法。在计算和进行成本管理时，需要按照产品的品种进行成本的计算。企业根据生产车间提供的领退料凭证，汇总材料费用总额，并编制材料费用的分配表；根据工资结算凭证汇总工资总额并编制工资和其他职工薪酬的分配表；根据折旧以及其他费用的相关凭证编制制造费用的汇总和分配表，并据此编制生产成本的明细账。

品种法主要适用于大量、大批的单步骤生产，如采矿、发电等企业的生产。在大量、大批多步骤生产企业中，如果企业规模较小，或者属于封闭式生产，即原材料从投入生产到产品产出的全部生产过程在一个车间内就能完成，或者说生产是按流水线组织的，并且管理上不要求按生产步骤计算产品成本，如小型造纸厂、小型水泥厂等，也可以采用品种法计算产品成本。此外，企业某些辅助生产车间（如供水、供电等车间）也可以采用品种法进行成本计算。

（二）品种法的特点

（1）以产品品种作为成本计算对象。品种法通常以产品品种作为成本计算对象。在采用品种法计算产品成本的企业或车间，若产品只有一种，则所发生的全部生产费用都是该产品的直接费用。在进行会计核算时，可以直接计入该产品的成本明细账的相关成本项目，会计人员需要为该产品开设产品成本明细账（或产品成本计算单，下同），再在产品成本明细账内按照成本项目分别设立专栏进行成本计算。如果企业生产多种产品，则应分别为每一种产品开设产品成本明细账，在生产过程中发生的直接费用可以直接计入各种产品成本明细账的有关成本项目，几种产品共同发生的间接费用需要采用适当的分配方法，在各种产品之间进行分配，然后分别记入各种产品成本明细账。

（2）成本计算按月定期进行。品种法适用于大量、大批单步骤生产，以及管理上不要求按照生产步骤计算产品成本的大量、大批多步骤生产，而大量、大批生产企业需要不断重复生产某一种或者几种产品，不断有材料投入和产品完工，因此无法在产品完工时直接计算成本。为了定期反映产品的生产费用信息，成本的计算周期一般按公历月份进行划分，与会计报告期保持一致，而与产品生产周期不一致。

（3）生产费用在完工产品和在产品之间的分配。在单步骤生产企业中，由于生产周期较短，月末在产品的数量一般不多，因此可以不计算在产品成本，成本明细账所归集的生产费用之和即为完工产品成本。但是在管理上不要求按生产步骤计算成本的多步骤生产企业中，月末一般都有在产品，而且数量较多，这时就需要根据企业实际情况，选择适当的分配方法，将所归集的生产费用在完工产品和在产品之间进行分配，计算确定完工产品成本。

二、品种法的计算程序

品种法是产品成本计算方法中比较简单的一种，也是较为基础的计算方式。品种法的计算程序一般如下：

（一）开设生产成本明细账

根据企业确定的成本计算对象（即产品品种）开设基本生产成本明细账，同时还应开设辅助生产明细账和制造费用明细账，并按成本项目设置专栏。

（二）归集和分配生产费用

（1）归集和分配要素费用。根据各项要素费用发生的原始凭证和其他相关资料，编制各项要素费用分配表，归集和分配相关费用。并根据要素费用分配表等原始凭证，编制会计分录，登记基本生产成本、辅助生产成本和制造费用等有关明细账。

（2）分配辅助生产费用。将辅助生产成本明细账所归集的生产费用，采用适当的分配方法进行分配，编制辅助生产费用分配表，并根据分配结果，编制会计分录，登记有关成本、费用明细账。

（3）分配制造费用。将基本生产车间制造费用明细账所归集的生产费用，采用适当的分配方法，分配给该车间所生产的各种产品，编制制造费用分配表，并根据分配结果，编制会计分录，登记各产品成本明细账。

（三）计算并结转完工产品成本

根据产品成本明细账所归集的全部生产费用，采用适当的分配方法在完工产品和在产品之间进行分配，计算完工产品总成本、单位成本和期末在产品成本。并根据分配结果，编制会计分录，结转完工产品成本。

三、品种法应用实例

【例 7-1】 珠江机械厂设有一个基本生产车间，大量生产甲、乙两种产品，工艺过程属于单步骤生产，根据生产特点和管理要求，确定采用品种法计算产品成本。该企业另设运输车间，为基本生产车间和厂部提供运输服务。运输车间的制造费用不单独核算。该企业2017年6月的资料如下：

（一）产量资料表

产量资料表见表7-1。

表7-1 产量资料表

产品名称	月初在产品/件	本月投产/件	完工产品/件	月末在产品/件	月末在产品完工率/%
甲产品	800	7 200	6 500	1 500	60
乙产品	320	3 680	3 200	800	40

（二）月初在产品成本资料表

月初在产品成本资料表见表7-2。

表7-2 月初在产品成本资料表　　　　　　　　　　　　　　单位：元

产品名称	直接材料	直接人工	制造费用	合　计
甲产品	8 090	5 860	6 810	20 760
乙产品	6 176	2 948	2 728	11 852

（三）本月发生的生产费用

（1）材料费用。根据本月领料凭证汇总表，本月生产甲产品耗用材料4 410元，生产乙产品耗用材料3 704元，生产甲、乙产品共同耗用材料9 000元，运输车间耗用材料900元，基本生产车间耗用消耗性材料1 938元，行政管理部门领用价值800元材料作为修理用。

（2）薪酬费用。根据本月工资结算汇总表，本月基本生产车间生产工人工资10 000元，管理人员工资1 600元，运输车间人员工资800元，行政管理部门人员工资4 000元。职工福利费、五险一金等其他薪酬合计按工资总额的40%提取。

（3）其他费用。基本生产车间机器设备折旧费5 800元、水电费260元、办公费402元，运输车间固定资产折旧费200元、水电费160元、办公费40元，行政管理部门固定资产折旧费1 500元、水电费200元、办公费800元。

（4）工时记录。甲产品实际耗用工时1 800小时，乙产品实际耗用工时2 200小时。

（5）本月完成工作量。本月运输车间共完成2 200千米的运输工作量。其中生产车间耗用2 000千米，行政管理部门耗用200千米。

（6）有关费用分配方法。其主要包括：①甲、乙产品共同耗用材料按定额耗用量比例进行分配。甲产品材料定额耗用量3 000千克，乙产品材料定额耗用量1 500千克；②基本生产车间生产工人工资按甲、乙产品工时比例进行分配；③制造费用按甲、乙产品工时比例分配；④辅助生产费用按运输千米比例分配；⑤按约当产量法分配计算甲、乙完工产品和月末在产品成本。甲产品耗用材料随加工进度陆续投入，乙产品耗用材料于生产开始时一次性投入。

(四)根据以上资料,该企业成本计算过程

1. 开设成本计算单并登记月初在产品成本

按产品品种开设"基本生产成本明细账"(见表 7-11、表 7-12),并登记月初在产品成本。

2. 归集和分配本月发生的各项要素费用

(1) 分配材料费用(见表 7-3)。

表 7-3　材料费用分配表

2017 年 6 月

应借科目		成本或费用项目	直接计入/元	分配计入			合计/元
				分配标准/千克	分配率/(元·千克$^{-1}$)	分配金额/元	
基本生产成本	甲产品	直接材料	4 410	3 000	2	6 000	10 410
	乙产品	直接材料	3 704	1 500		3 000	6 704
	小计		8 114	4 500		9 000	17 114
辅助生产成本——运输车间		机物料	900				900
制造费用		机物料	1 938				1 938
管理费用		材料	800				800
合计			11 752				20 752

材料费用分配的会计分录:

借:基本生产成本——甲产品　　　　　　　　　　　　　　　　10 410
　　　　　　　　——乙产品　　　　　　　　　　　　　　　　6 704
　　辅助生产成本——运输车间　　　　　　　　　　　　　　　　900
　　制造费用　　　　　　　　　　　　　　　　　　　　　　　1 938
　　管理费用　　　　　　　　　　　　　　　　　　　　　　　800
　　贷:原材料　　　　　　　　　　　　　　　　　　　　　　20 752

(2) 分配薪酬费用(见表 7-4)。

表 7-4　薪酬费用分配表

2017 年 6 月

应借科目		成本或费用项目	工　资			其他薪酬(40%)	合计/元
			分配标准/小时	分配率/(元·小时$^{-1}$)	分配金额/元		
基本生产成本	甲产品	直接人工	1 800	2.5	4 500	1 800	6 300
	乙产品	直接人工	2 200		5 500	2 200	7 700
	小计		4 000		10 000	4 000	14 000
辅助生产成本——运输车间		人工费用			800	320	1 120
制造费用		人工费用			1 600	640	2 240
管理费用		人工费用			4 000	1 600	5 600
合计					16 400	6 560	22 960

①分配工资的会计分录如下：

借：基本生产成本——甲产品　　　　　　　　　　　　　　　4 500
　　　　　　　——乙产品　　　　　　　　　　　　　　　5 500
　　辅助生产成本——运输车间　　　　　　　　　　　　　　800
　　制造费用　　　　　　　　　　　　　　　　　　　　　1 600
　　管理费用　　　　　　　　　　　　　　　　　　　　　4 000
　　贷：应付职工薪酬——工资　　　　　　　　　　　　　16 400

②计提其他薪酬的会计分录如下：

借：基本生产成本——甲产品　　　　　　　　　　　　　　　1 800
　　　　　　　——乙产品　　　　　　　　　　　　　　　2 200
　　辅助生产成本——运输车间　　　　　　　　　　　　　　320
　　制造费用　　　　　　　　　　　　　　　　　　　　　　640
　　管理费用　　　　　　　　　　　　　　　　　　　　　1 600
　　贷：应付职工薪酬——职工福利等　　　　　　　　　　　6 560

(3) 分配固定资产折旧费用（见表7-5）。

表7-5　折旧费分配表

2017年6月　　　　　　　　　　　　　　　　　　　　　　单位：元

应借账户	费用项目	折旧金额
辅助生产成本——运输车间	折旧费	200
制造费用	折旧费	5 800
管理费用	折旧费	1 500
合计		7 500

计提折旧费用的会计分录如下：

借：辅助生产成本——运输车间　　　　　　　　　　　　　　200
　　制造费用　　　　　　　　　　　　　　　　　　　　　5 800
　　管理费用　　　　　　　　　　　　　　　　　　　　　1 500
　　贷：累计折旧　　　　　　　　　　　　　　　　　　　7 500

(4) 归集和分配其他费用（见表7-6）。

表7-6　其他费用汇总表

2017年6月　　　　　　　　　　　　　　　　　　　　　　单位：元

应借账户	水电费	办公费	合计
辅助生产成本——运输车间	160	40	200
制造费用	260	402	662
管理费用	200	800	1 000
合计	620	1 242	1 862

分配（支付）其他费用的会计分录如下：

借：辅助生产成本——运输车间　　　　　　　　　　　　　　200
　　制造费用　　　　　　　　　　　　　　　　　　　　　　662
　　管理费用　　　　　　　　　　　　　　　　　　　　　1 000

贷：银行存款　　　　　　　　　　　　　　　　　　　　　　　　　　　　　　1 862

（5）归集和分配辅助生产费用。

归集辅助生产成本（见表7-7）并编制辅助生产费用分配表（见表7-8）及相应会计分录。

表7-7　辅助生产成本明细账

车间：运输车间　　　　　　　　　　　　　　　　　　　　　　　　　　　单位：元

2017年		摘要	机物料	工资	其他薪酬	折旧费	水电费	办公费	合计
6	30	材料费用分配表	900						900
		薪酬费用分配表		800	320				1 120
		折旧费用分配表				200			200
		其他费用汇总表					160	40	200
		合计	900	800	320	200	160	40	2 420

表7-8　辅助生产费用分配表

车间：运输车间　　　　　　　　　　2017年6月

应借账户	费用项目	耗用量/千米	分配率/（元·千米$^{-1}$）	分配金额/元
制造费用	运输费	2 000		2 200
管理费用	运输费	200	1.1	220
合计		2 200		2 420

分配辅助生产费用的会计分录如下：

借：制造费用　　　　　　　　　　　　　　　　　　　　　　　　　　　　2 200
　　管理费用　　　　　　　　　　　　　　　　　　　　　　　　　　　　　 220
　　贷：辅助生产成本——运输车间　　　　　　　　　　　　　　　　　　2 420

（6）归集和分配基本生产车间制造费用。

归集基本生产车间制造费用（见表7-9）并编制制造费用分配表（见表7-10）及相应会计分录。

表7-9　制造费用明细账

车间：基本生产车间　　　　　　　　　　　　　　　　　　　　　　　　　单位：元

| 2017年 | | 摘要 | 材料 | 工资 | 其他薪酬 | 折旧费 | 办公费 | 水电费 | 运输费 | 合计 |
月	日									
6	30	材料费用分配表	1 938							1 938
		薪酬费用分配表		1 600	640					2 240
		折旧费分配表				5 800				5 800
		其他费用汇总表					402	260		662
		辅助生产费用分配表							2 200	2 200
		合计	1 938	1 600	640	5 800	402	260	2 200	12 840

第七章 产品成本计算的基本方法

表 7-10 制造费用分配表

车间：基本生产车间　　　　　　　2017 年 6 月

应借账户		成本项目	分配标准（生产工时）/小时	分配率/（元·小时$^{-1}$）	分配额/元
基本生产成本	甲产品	制造费用	1 800	3.21	5 778
	乙产品	制造费用	2 200		7 062
合计			4 000		12 840

分配制造费用的会计分录如下：

借：基本生产成本——甲产品　　　　　　　　　　　　5 778
　　　　　　　　——乙产品　　　　　　　　　　　　7 062
　　贷：制造费用　　　　　　　　　　　　　　　　　12 840

3. 计算并结转完工产品成本

(1) 登记基本生产成本明细账（见表 7-11、表 7-12）。

表 7-11 基本生产成本明细账（一）

产品：甲产品　　　　　　　　　　2017 年 6 月

摘要	直接材料	直接人工	制造费用	合 计
月初在产品成本/元	8 090	5 860	6 810	20 760
归集本月材料费用/元	10 410			10 410
归集直接人工费用/元		6 300		6 300
归集制造费用/元			5 778	5 778
合计/元	18 500	12 160	12 588	43 248
完工产品数量/件	6 500	6 500	6 500	
在产品约当产量/件	900	900	900	—
约当产量合计/件	7 400	7 400	7 400	—
费用分配率/（元·件$^{-1}$）	2.50	1.64	1.70	5.84
完工产品成本/元	16 250	10 660	11 050	39 960
月末在产品成本/元	2 250	1 500	1 538	5 288

注：各项费用尾差一般计入月末在产品成本中。

表 7-12 基本生产成本明细账（二）

产品：乙产品　　　　　　　　　　2017 年 6 月

摘　要	直接材料	直接人工	制造费用	合　计
月初在产品成本/元	6 176	2 948	2 728	11 852
归集本月材料费用/元	6 704			6 704
归集直接人工费用/元		7 700		7 700
归集制造费用/元			7 062	7 062
合计/元	12 880	10 648	9 790	33 318
完工产品数量/件	3 200	3 200	3 200	—

续表

摘　要	直接材料	直接人工	制造费用	合　计
在产品约当产量/件	800	320	320	—
约当产量合计/件	4 000	3 520	3 520	—
费用分配率/（元·件$^{-1}$）	3.22	3.025	2.78	9.025
完工产品成本/元	10 304	9 680	8 896	28 880
月末在产品成本/元	2 576	968	894	4 438

（2）编制完工产品成本汇总表（见表7-13）。

表7-13　产品成本汇总表

2017年6月

产品名称	产量/件	成本	直接材料	直接人工	制造费用	合　计
甲产品	6 500	总成本/元	16 250	10 660	11 050	39 960
		单位成本/（元·件$^{-1}$）	2.50	1.64	1.70	5.84
乙产品	3 200	总成本/元	10 304	9 680	8 896	28 880
		单位成本/（元·件$^{-1}$）	3.22	3.025	2.78	9.025

结转完工产品成本的分录如下：
借：库存商品——甲产品　　　　　　　　　　　　　　　　39 960
　　　　　　——乙产品　　　　　　　　　　　　　　　　28 880
　贷：基本生产成本——甲产品　　　　　　　　　　　　　39 960
　　　　　　　　——乙产品　　　　　　　　　　　　　　28 880

第二节　产品成本计算的分批法

一、分批法概述

（一）分批法的含义及适用范围

分批法是指按照产品的批次或批别以及订单作为成本计算对象，归集生产费用，计算产品成本的一种计算方法。在实际生产中，产品的批别大多由订单确定，所以分批法也被称为订单法。

分批法主要适用于单件、小批生产，以及在成本管理过程中不要求分步骤计算成本的多步骤生产等。常见的适用分批法的企业和车间有以下几种：

第一，根据客户订单生产的企业。有些企业根据客户的要求，生产特殊规格、特定数量的产品，订单可能是单件大型产品（如重型机械、船舶、精密工具仪器制造业等），也可能是多件同样规格的产品（如根据客户提供的图纸或样品生产某些具有特殊要求的产品）。对于这些企业生产的产品，应当采用分批法进行成本核算。

第二，产品种类经常变动的小规模制造企业。这类企业规模小、人员少，通常根据市场需求的变化，不断变动生产产品的种类和数量。因此，在进行成本核算工作时，企业的会计人员也必须按照每批投产的产品计算批别成本。如软件的开发与升级、企业图纸的设计等，都应当使用分批法进行成本核算。

第三，承担修理业务的企业。由于修理业务多种多样，因此要根据所承接的修理工作分别计算成本，以生产成本加上约定的利润向客户收取货款，因此也必须按批别计算产品成本。

第四，新产品试制车间。专门试制、开发新产品的车间，由于产品没有定型，不可能大量生产，因此要按所生产的新产品的批别分别计算成本。

总之，适用分批法进行成本计算的产品主要具有以下特点：一是生产周期较长，使用品种法每月月末归集成本不合适；二是产品具有特殊性，属于个别加工，更适宜根据订单分批进行成本计算。

（二）分批法的特点

（1）以产品批别或订单为成本计算对象。在单件、小批生产中，产品的种类和批量，一般是根据购货方的订单确定的，因此按批别计算产品成本，实质上就是按订单计算产品成本。但是，如果一张订单中规定的产品不止一种，为了便于生产管理、考核和分析各种产品成本计划完成情况，会计人员还需要按照产品种类划分批别，计算成本。

（2）按产品生产周期进行成本计算。由于分批法一般是按照订单进行核算，产品的成本计算周期与订单的生产周期基本一致，因此分批法的核算周期常常与会计核算周期不一致。为了保证各批次产品成本计算的准确性，各批次产品成本的核算以及账目的设立一般与生产任务通知单的签发相结合，各批次的产品成本总额，会在该批次的生产完工后，在完工月份的月末进行计算。

（3）生产费用在完工产品和在产品之间的分配。由于在分批法下，产品的成本计算周期与生产周期一致，因此在计算月末产品成本时，无论是小批大件生产，还是单件产品生产，在订单或批次生产完工之前，都不存在完工产品与在产品的费用分配问题。但是，如果订单内的产品需要跨月陆续完工且分次交货，企业需要按月进行费用的归集和成本计算时，则有可能在月末时同时存在完工产品以及未完工产品，此时就有必要将生产费用在完工产品和在产品之间进行分配。

二、分批法的计算程序

分批法的计算程序一般如下：

（一）按批别开设生产成本明细账

根据企业确定的成本计算对象（即产品批别或订单）开设基本生产成本明细账（或产品成本计算单），同时，还应开设辅助生产明细账和制造费用明细账，并按成本项目设置专栏。在生产开始时，企业的生产计划部门下达生产任务通知单，财会部门根据每一生产任务通知单的副本开设基本生产成本明细账（或产品成本计算单），并在基本生产成本明细账上注明产品批号以及生产任务通知单上所提供的其他规定性或说明性信息。

（二）归集和分配生产费用

（1）按批别归集和分配要素费用。根据各项要素费用发生的原始凭证和其他相关资料，编制各种要素费用分配表，归集和分配相关费用；并根据要素费用分配表等原始凭证，编制会计分录，登记基本生产成本、辅助生产成本和制造费用等有关明细账。

（2）分配辅助生产费用。将辅助生产成本明细账所归集的生产费用，采用适当的分配方法进行分配，编制辅助生产费用分配表，并根据分配结果，编制会计分录，登记有关成本、费用明细账。

（3）分配制造费用。将基本生产车间制造费用明细账所归集的生产费用，采用适当的分配方法，分配给该车间所生产的各批次产品，编制制造费用分配表；并根据分配结果，编制会计分录，登记各批次产品成本明细账。

3. 计算并结转完工产品成本

在通常情况下，生产周期内各月月末结账时，成本明细账上累计的生产费用，都是在产品成本；当某批别或生产通知单的产品完工并检验合格后，应由生产车间填制完工通知单，报送财会部门。此时成本明细账上的全部费用，就是完工产品成本。如果某批别产品出现跨月完工且分次交货的情况，会计人员需要将成本明细账中全部的费用，采用一定的方法在完工产品与在产品之间进行分配，并计算出完工产品和月末在产品成本。

三、分批法应用实例

【例 7-2】 某企业的两个基本生产车间根据客户的订单小批量生产甲产品（005 号）、乙产品（006 号）和丙产品（007 号）三种产品。原材料都是在生产开始时一次投入，有关成本资料如下：

（1）各批产品的生产情况见表 7-14。

表 7-14 各批产品的生产情况

产品批号	产品名称	开工日期	批量/台	完工产量/台	
				5 月份	6 月份
005	甲	2017.5	20	10	10
006	乙	2017.6	25		25
007	丙	2017.6	15		

（2）甲产品（005 号）5 月份的资料为：直接材料费用 12 500 元，直接人工费用 17 600 元，制造费用 8 700 元。

（3）6 月份各批产品领用材料费用如下：乙产品（006 号）45 000 元，丙产品（007 号）12 000 元。

（4）6 月份直接人工费用为：甲产品（005 号）12 200 元，乙产品（006 号）11 600 元，丙产品（007 号）8 900 元。

（5）6 月份各批产品应负担制造费用为：甲产品（005 号）7 500 元，乙产品（006 号）8 600 元，丙产品（007 号）6 400 元。

（6）订单内跨月陆续完工产品成本先按计划单位成本计算结转，待全部产品完工后再重新计算完工产品的总成本和单位成本。5 月份完工的 10 台甲产品单位成本：直接材料 600 元，直接人工 1 400 元，制造费用 800 元。

根据以上资料，该企业截至 2017 年 6 月 30 日三种产品基本生产成本明细账见表 7-15、表 7-16 和表 7-17。

表 7-15 基本生产成本明细账（一）

产品名称：甲产品　批号 005

开工日期：2017 年 5 月　　　　　完工日期：2017 年 6 月　　　　　　　　　单位：元

年		凭证		摘 要	直接材料	直接人工	制造费用	合 计
月	日	字	号					
5	31			5 月份成本合计	12 500	17 600	8 700	38 800
				完工 10 台转出成本	6 000	14 000	8 000	28 000
				5 月末在产品成本	6 500	3 600	700	10 800

· 86 ·

续表

年		凭证		摘 要	直接材料	直接人工	制造费用	合 计
月	日	字	号					
6	30			6月份成本合计		12 200	7 500	19 700
				6月份完工10台转出成本	6 500	15 800	8 200	30 500
6	30			20台产品总成本	12 500	29 800	16 200	58 500
				产品单位成本	625	1 490	810	2 925

表 7-16　基本生产成本明细账（二）

产品名称：乙产品　　批号 006

开工日期：2017 年 6 月　　　　　完工日期：2017 年 6 月　　　　　　　　　单位：元

年		凭证		摘 要	直接材料	直接人工	制造费用	合 计
月	日	字	号					
6	30			成本合计	45 000	11 600	8 600	65 200
	30			6月份完工转出成本	45 000	11 600	8 600	65 200
6	30			产品单位成本	1 800	464	344	2 608

表 7-17　基本生产成本明细账（三）

产品名称：丙产品　　批号 007

开工日期：2017 年 6 月　　　　　完工日期：2017 年　月　　　　　　　　　单位：元

年		凭证		摘 要	直接材料	直接人工	制造费用	合 计
月	日	字	号					
6	30			6月份成本合计	12 000	8 900	6 400	27 300

2017 年 6 月 30 日，根据表 7-15、表 7-16 编制结转完工产品成本会计分录：

借：库存商品——甲产品　　　　　　　　　　　　　　　　　30 500
　　　　　　——乙产品　　　　　　　　　　　　　　　　　65 200
　　贷：基本生产成本——甲产品　　　　　　　　　　　　　30 500
　　　　　　　　　——乙产品　　　　　　　　　　　　　　65 200

四、简化分批法

（一）简化分批法的含义及适用范围

在单件、小批生产的企业或车间中，同一月份投产的产品批别往往很多，在这种情况下，如果采用当月分配法分配各项费用，即将当月发生的各项生产费用全部分配给各批产品，而无论各批产品完工与否，核算工作量都将会非常繁重。因此，为了简化核算，这类企业或车间可以采用简化分批法。

简化分批法又称为累计间接费用分配法，是指将每月发生的能直接分清属于某批产品所承担的直接费用直接计入该批产品的生产成本明细账，而对于每月发生的间接计入费用，不是按月在各批产品之间进行分配，而是将各项间接计入费用和生产工时累计起来，待产品完工时，才按照完工产品累计工时的比例，在各批完工产品之间进行分配。在这种方法下，月末在产品不需要按批分配间接计入费用，所以这种方法也称为"不分批计算在产品成本法"。

简化分批法主要适用于生产批次较多，并且跨月完工的情况较为常见，而月末未完工批数也较多的企业，或者在成本管理上不要求对在产品成本进行核算的企业。另外，应注意的是，采用简化分批法时，各月之间的间接计入费用水平应相差不大，否则会影响到成本计算的精确性。

（二）简化分批法的主要特点

（1）设立基本生产成本二级账。简化分批法最突出的特点是除了按产品批别设立基本生产成本明细账以外，还按车间设立基本生产成本二级账。基本生产成本二级账按成本项目登记全部产品的月初在产品费用、本月生产费用和累计生产费用，同时，登记全部产品的月初在产品工时、本月生产工时和累计生产工时。各批产品基本生产成本明细账平时只登记直接计入费用和生产工时，不按月分配和登记间接计入费用，在该批产品完工时，才根据基本生产成本二级账记录的资料，分配计算完工产品应负担的间接计入费用，转入基本生产成本明细账中。

（2）不分批计算月末在产品成本。采用简化分批法时，每月发生的各项间接计入费用，不是按月在各批产品之间进行分配，而是先将其分别累计起来，计入基本生产成本二级账，待某批产品完工时，再按照产品累计生产工时比例等标准，结转完工批次应负担的各项费用。因此，各批产品基本生产成本明细账只归集了期末在产品的直接计入费用，没有反映间接计入费用，即不分批计算月末在产品成本。

（3）间接计入费用采用累计分配法。在简化分批法下，间接计入费用在各批产品间的分配与同批次内完工产品和月末在产品之间的分配是合并到一起完成的，其分配的依据均为累计间接计入费用分配率和累计生产工时。

（三）简化分批法的计算程序

（1）设置基本生产成本明细账和二级账。按产品批别设置基本生产成本明细账，同时设立基本生产成本二级账，并在账内增设生产工时专栏。

（2）分配和归集生产费用，记录生产工时。本月发生的直接计入费用和生产工时同时在基本生产成本明细账（分产品批别）和基本生产成本二级账（全部产品）对应的专栏中平行登记，但本月发生的人工及制造费用等间接计入费用，应根据费用分配表汇总登记在基本生产成本二级账下，而不在基本生产成本明细账中登记。

（3）计算并结转完工产品成本。如果当月所有批次的产品均未完工，则各项费用及生产工时累计数结转至下月继续登记。如果当月有某批产品完工或部分完工，需计算完工产品的成本，则应根据基本生产成本二级账先计算全部产品累计间接计入费用分配率，接着计算完工产品应承担的累计间接计入费用，再结合该批产品的生产成本明细账，计算完工产品的总成本和单位成本，并结转完工产品成本。

累计间接计入费用分配率及某批完工产品应负担的间接计入费用可按如下公式计算：

$$累计间接计入费用分配率 = \frac{月初累计间接计入费用 + 本月发生间接计入费用}{月初累计生产工时 + 本月发生生产工时}$$

某批完工产品应负担的间接计入费用 = 该批完工产品累计工时 × 累计间接计入费用分配率

（四）简化分批法应用实例

【例7-3】 惠博公司小批生产多种产品，产品批数繁多，为了简化产品成本计算工作，该企业采用简化分批法计算成本。该企业2017年9月各批次产品的生产资料及全部产品成本资料如下：

(1) 生产记录表（见表 7-18）。

表 7-18　生产记录表

批号	产品名称	产量/件	开工日期	完工日期
001	甲	100	7 月	本月全部完工
002	乙	20	8 月	本月完工 4 件

(2) 累计费用和生产工时表（见表 7-19）。

表 7-19　累计费用和生产工时表

批号	产品名称	累计原材料费用/元	累计生产工时/小时	完工产品生产工时/小时	累计直接人工费用/元	累计制造费用/元
001	甲	40 000	2 600	2 600		
002	乙	10 000	1 400	400		
合计		50 000	4 000	3 000	16 000	12 000

(3) 假设完工的 4 件乙产品原材料成本 2 000 元，消耗生产工时 400 小时，基本生产成本二级账，见表 7-20。

表 7-20　基本生产成本二级账

（全部产品总成本）

月	日	摘　要	直接材料/元	生产工时/小时	直接人工/元	制造费用/元	合计/元
		生产费用及工时累计数	50 000	4 000	16 000	12 000	78 000
9	30	累计间接计入费用分配率			4	3	
9	30	本月完工产品成本转出	42 000	3 000	12 000	9 000	63 000
9	30	在产品	8 000	1 000	4 000	3 000	15 000

根据表 7-21、表 7-22 编制结转完工产品成本会计分录：

借：库存商品——甲产品　　　　　　　　　　　　　　　　　　58 200
　　　　　　——乙产品　　　　　　　　　　　　　　　　　　 4 800
　　贷：基本生产成本——甲产品　　　　　　　　　　　　　　58 200
　　　　　　　　　　——乙产品　　　　　　　　　　　　　　 4 800

表 7-21　产品成本明细账

工作批号：001　　　　　　　　产品名称：甲产品　　　　　　　　产量：100 件
开工日期：2017 年 7 月　　　　完工日期：2017 年 9 月

月	日	摘　要	直接材料/元	生产工时/小时	直接人工/元	制造费用/元	合计/元
		7 月份、8 月份记录略	—	—	—	—	—
9	30	直接费用及工时累计数	40 000	260 000	—	—	—
9	30	间接计入费用分配率	—	—	4	3	—
9	30	本月完工转出成本及工时	40 000	2 600	10 400	7 800	58 200
9	30	完工产品单位成本	400	—	104	78	582

表 7-22　产品成本明细账

工作批号：002　　　　　　　　　　产品名称：乙产品　　　　　　　　　　产量：20 件
开工日期：2017 年 8 月　　　　　　完工日期：2017 年 9 月完工 4 件

月	日	摘　要	直接材料	生产工时	直接人工	制造费用	合计
		8月份记录略	—	—	—	—	—
9	30	直接费用及工时累计数	10 000（元）	1 400（小时）	—	—	—
9	30	间接计入费用分配率			4	3	
9	30	本月完工转出成本及工时	2 000（元）	400（小时）	1 600（元）	1 200（元）	4 800（元）
9	30	完工产品单位成本	500（元/件）	—	400（元/件）	300（元/件）	1 200（元/件）
9	30	在产品	8 000（元）	1 000（小时）			

第三节　产品成本计算的分步法

一、分步法概述

（一）分步法的含义及适用范围

分步法是指按照每种产品所经历的生产步骤，分品种设立明细账，归集生产费用、计算产品成本的核算方法。分步法主要适用于大量、大批多步骤生产企业，如大型机械制造、冶金、纺织等企业的成本核算。这类企业生产步骤较多，原材料从投入生产到产品完工，需要经过若干连续的生产步骤，产品直到最后一个步骤加工完成，其他每一个步骤生产出的产品都是完工程度不同的半成品，而这些半成品除了少数可能对外出售外，大部分都将作为原材料进入下一个步骤的加工。为了加强对各生产步骤的成本管理，往往不仅要求按照产品的品种计算成本，而且要求按照生产步骤计算成本，以便于更好地考核和分析成本计划的执行情况。

（二）分步法的特点

（1）以各生产步骤作为成本计算对象。企业采用分步法进行产品成本核算时，以产品的各个加工生产步骤作为成本计算对象，因此在计算时，不仅要求计算出每一种最终产成品的成本，还要求计算出每一个加工步骤的半成品的成本。如果企业只生产一种产品，则需要按照产品的加工步骤设置产品成本明细账。如果企业生产多种产品，则应当按照各种产品的各个步骤设置明细账。在实际生产中，不同的加工步骤可能被划分到不同的生产车间进行，因此可以按照车间设置明细账并计算产品成本。

（2）成本计算按月定期进行。采用分步法进行成本核算的企业，通常是大量、大批次的连续性生产型企业，产品不断地被重复投入和产出，产品生产周期较长，可以间断，而且往往都是跨月陆续完工，所以成本计算周期往往很难与产品的生产周期保持一致，只能按成本核算要求，按月定期计算成本，一般都是在月末进行。

（3）生产费用在完工产品和在产品之间分配。在大量、大批次生产的情况下，生产周期长，且常常会跨月完成生产，因此每个月月末，各个步骤都会有完工产品及未完工的在产品，因此在每个月月末都需要将各个产品明细账中的生产费用进行汇集，并在完工产品和在产品之间进行分配。

(4) 各步骤之间结转成本。在多步骤生产条件下,上一步骤所生产的半成品是下一步骤的继续加工对象,因此在进行产品成本计算时,还需要解决成本在各生产步骤间如何结转的问题,这是分步法与其他成本计算方法的重要区别。由于各类企业生产的具体情况和对产品生产各步骤成本管理要求不同,分步法在结转各步骤半成品成本时可以采用逐步结转和平行结转两种形式,分步法也相应分为逐步结转分步法和平行结转分步法。

二、逐步结转分步法

(一)逐步结转分步法的含义及适用范围

逐步结转分步法也称顺序结转分步法或计算半成品成本分步法,是按照产品连续加工步骤先后顺序,逐步计算并结转半成品成本,直到最后生产步骤计算出完工产品成本的方法。

逐步结转分步法主要适用于大量、大批多步骤生产,管理上又要求分步骤核算成本、提供成本信息的企业的成本核算。机械、造纸、纺织等行业一般采用逐步结转分步法核算成本。

(二)逐步结转分步法的核算程序

在逐步结转分步法下,各步骤所耗用的上一步骤半成品的成本,要随着半成品实物的转移,从上一步骤的产品成本明细账转入下一步骤相同产品的成本明细账,以便逐步计算各步骤半成品成本和最后步骤的产成品成本。其核算程序如下:

首先根据第一步骤产品成本明细账中的直接材料费用、直接人工费用和制造费用等,计算出该步骤半成品的成本,并将转移到第二步骤继续加工的半成品成本结转到第二步骤相关产品成本明细账中;然后将第一步骤转入的半成品成本加上第二步骤所耗用的直接材料费用、直接人工费用和制造费用等,计算出第二步骤的半成品成本,再随半成品实物的转移,将半成品成本从第二步骤成本明细账转入第三步骤相关产品成本明细账。以后的生产步骤以此类推,按照产品的生产顺序,逐步计算和结转半成品成本,直至最后步骤,得出完工产品成本。其具体程序如图7-1所示。

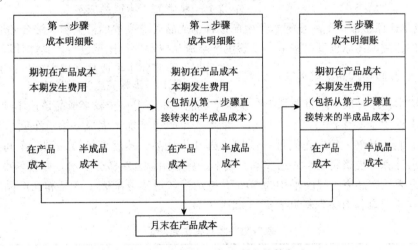

图7-1 逐步结转分步法成本核算程序

在上述成本核算过程中,上一步骤半成品成本结转到下一步骤时,有两种具体结转方式:①直接将半成品的综合成本计入下一步骤中,计入直接材料成本项目,或者专门设置自制半成品成本项目;②将半成品成本按其成本项目分解为直接材料费用、直接人工费用和制造费用等成本项目，分别计入下一步骤的对应成本项目中，即分项计入下一步骤成本项目中。因此，逐步结转分步法按半成品成本结转方式的不同，可以进一步分为综合结转分步法和分项结转分步法。此外，企业在生产过程中，各步骤完工的半成品可能直接转入下一步骤继续加工，也可能单独设置半成品仓库，各步骤完工的半成品先验收入库，下一步骤再从半成品仓库领用，其成本核算也有所不同。

（三）综合结转分步法

综合结转分步法是指各生产步骤将其所消耗的上一个生产步骤的半成品成本不分成本项目，综合计入下一步骤基本生产成本明细账户的"直接材料"或者"自制半成品"成本项目内反映的方法。半成品成本可以按实际成本，也可按计划成本（或定额成本）随其实物一起结转。按实际成本结转时，如果自制半成品不通过半成品库收发，则下一步骤所消耗上一步骤半成品的成本，可直接按上一步骤当期完工半成品的成本转入。但如果要通过半成品库领用上一步骤的自制半成品，由于各月入库半成品的单位成本不一定相同，所以需要先根据企业的具体情况选择先进先出法或加权平均法等计价方法，计算出上一步骤入库半成品的实际单位成本，再根据领用数量，计算出消耗上一步骤半成品的成本。由此形成的产品成本不能反映其原始成本的构成，因此需要进行成本还原的计算。

综合成本的成本还原是指将完工产品所消耗的"自制半成品"的综合成本逐步分解为"直接材料""直接人工"和"制造费用"等原始的成本项目，从而求得按其原始成本项目反映的产品成本。

成本还原的具体方法是：从最后一个生产步骤开始，将其所消耗的上一步骤自制半成品的综合成本，按上一生产步骤完工半成品的成本结构比例分解还原成原来的成本项目，并自后向前逐步递推，直至还原到第一个生产步骤，最后把各步骤还原出来的相同成本项目加以汇总，便可求出按原始成本项目反映的产成品成本。其具体计算公式一般为：

$$综合还原分配率 = \frac{本月本步骤完工产品所耗上一步骤半成品成本}{本月上一步骤完工半成品成本}$$

某项目成本还原金额 = 上一步骤本月生产该种半成品对应成本项目金额 × 综合还原分配率

除此之外，成本还原也可以按上一步骤生产半成品成本项目比重进行。具体计算公式如下：

$$上一步骤半成品某成本项目比重 = \frac{本月上一步骤完工半成品某成本项目金额}{本月上一步骤完工半成品成本}$$

某项目成本还原金额 = 本月所耗上一步骤半成品成本 × 上一步骤半成品该成本项目比重

【例 7-4】 某企业生产甲产品，经过三个生产车间连续加工完成。第一车间将原材料加工成 A 半成品，再直接转入第二车间进一步加工成 B 半成品，然后直接转入第三车间加工成甲产品。企业要求计算各步骤完工半成品成本，成本计算采用综合结转分步法。原材料在生产开始时一次投入，月末在产品完工程度平均为 50%，按约当产量法分配完工产品和在产品之间的生产费用。2017 年 6 月其他有关资料见表 7-23 和表 7-24。

表 7-23 本月各车间产量   单位：件

项 目	一车间	二车间	三车间
月初在产品数量	100	40	140
本月投产数量	600	500	400
本月完工产品数量	500	400	500
月末在产品数量	200	140	40

表 7-24 各车间月初及本月生产费用   单位：元

成本项目	月初在产品成本			本月发生费用		
	一车间	二车间	三车间	一车间	二车间	三车间
直接材料	9 000	6 000	35 000	54 000		
直接人工	1 100	960	7 700	13 300	21 600	49 500
制造费用	1 900	1 040	6 300	19 700	23 400	40 500
合计	12 000	8 000	49 000	87 000	45 000	90 000

根据上述资料，成本计算及还原过程如下：

（1）第一车间基本生产成本明细账见表 7-25。

表 7-25 基本生产成本明细账

第一车间：A 半成品   2017 年 6 月

摘 要	直接材料	直接人工	制造费用	合 计
月初在产品成本/元	9 000	1 100	1 900	12 000
本月生产费用/元	54 000	13 300	19 700	87 000
生产费用合计/元	63 000	14 400	21 600	99 000
约当产量合计/件	700	600	600	
单位成本/（元·件$^{-1}$）	90	24	36	150
完工半成品成本/元	45 000	12 000	18 000	75 000
月末在产品成本/元	18 000	2 400	3 600	24 000

（2）第二车间基本生产成本明细账见表 7-26。

表 7-26 基本生产成本明细账

第二车间：B 半成品   2017 年 6 月

摘 要	直接材料	直接人工	制造费用	合 计
月初在产品成本/元	6 000	960	1 040	8 000
本月生产费用/元	75 000	21 600	23 400	120 000
生产费用合计/元	81 000	22 560	24 440	128 000
约当产量合计/件	540	470	470	
单位成本/（元·件$^{-1}$）	150	48	52	250
完工半成品成本/元	60 000	19 200	20 800	100 000
月末在产品成本/元	21 000	3 360	3 640	28 000

（3）第三车间基本生产成本明细账见表 7-27。

根据甲产品入库单等资料，编制会计分录：

借：库存商品——甲产品   225 000
  贷：基本生产成本——甲产品   225 000

表 7-27 基本生产成本明细账

第三车间：甲产品　　　　　　　　　　　　2017 年 6 月

摘　要	直接材料	直接人工	制造费用	合计
月初在产品成本/元	35 000	7 700	6 300	49 000
本月生产费用/元	100 000	49 500	40 500	190 000
生产费用合计/元	135 000	57 200	46 800	239 000
约当产量合计/件	540	520	520	
单位成本/（元·件$^{-1}$）	250	110	90	450
完工产品成本/元	125 000	55 000	45 000	225 000
月末在产品成本/元	10 000	2 200	1 800	14 000

（4）成本还原。在第三车间计算出来的甲产品成本 225 000 元中，直接材料成本项目 125 000 元，实际上是耗用的第二车间生产的 B 半成品成本，并不是真正的材料成本，为了满足成本管理的要求，需要将其分解为直接材料、直接人工和制造费用等，以便企业了解各项成本的高低，从而采取有针对性的措施控制相应成本。产品成本还原计算表见表 7-28。

表 7-28 产品成本还原计算表（一）

项　目	还原分配率	B 半成品/元	A 半成品/元	直接材料/元	直接人工/元	制造费用/元	合计/元
还原前产品成本		125 000			55 000	45 000	225 000
B 半成品成本			60 000		19 200	20 800	100 000
第一次成本还原	1.25	-125 000	75 000		24 000	26 000	
A 半成品成本				45 000	12 000	18 000	75 000
第二次成本还原	1		-75 000	45 000	12 000	18 000	75 000
还原后产品成本				45 000	91 000	89 000	225 000
还原后单位成本				90	182	178	450

表 7-28 成本还原计算过程如下：

第一次还原：

$$还原分配率 = 125\,000/100\,000 = 1.25$$
$$A 半成品金额 = 60\,000 \times 1.25 = 75\,000（元）$$
$$直接人工金额 = 19\,200 \times 1.25 = 24\,000（元）$$
$$制造费用金额 = 20\,800 \times 1.25 = 26\,000（元）$$

第二次还原：

$$还原分配率 = 75\,000/75\,000 = 1$$
$$直接材料金额 = 45\,000 \times 1 = 45\,000（元）$$
$$直接人工金额 = 12\,000 \times 1 = 12\,000（元）$$
$$制造费用金额 = 18\,000 \times 1 = 18\,000（元）$$

还原后成本：

$$直接材料金额 = 45\,000 元$$
$$直接人工金额 = 55\,000 + 24\,000 + 12\,000 = 91\,000（元）$$
$$制造费用金额 = 45\,000 + 26\,000 + 18\,000 = 89\,000（元）$$

也可以按照项目比重进行还原,见表 7-29。

表 7-29　产品成本还原计算表(二)

项　　目	B 半成品	A 半成品	直接材料	直接人工	制造费用	合　计
还原前产品成本/元	125 000			55 000	45 000	225 000
B 半成品成本/元		60 000		19 200	20 800	100 000
项目比重/%		60		19.2	20.8	100
第一次成本还原/元	-125 000	75 000		24 000	26 000	
A 半成品成本/元			45 000	12 000	18 000	75 000
项目比重/%			60	16	24	100
第二次成本还原/元		-75 000	45 000	12 000	18 000	75 000
还原后产品成本/元			45 000	91 000	89 000	225 000
还原后单位成本/元			90	182	178	450

【例 7-5】　假设例 7-4 中,企业半成品均需验收入库,下一步骤再从半成品仓库领用半成品。2017 年 6 月初,A 半成品库结存 50 件,总成本 8 000 元,B 半成品库结存 60 件,总成本 14 400 元,第二、三车间本月分别从半成品库领用 A、B 半成品 450 件和 360 件,半成品成本结转采用先进先出法。则其成本计算过程如下:

(1) 第一车间基本生产成本明细账和例 7-4 相同。

根据第一车间基本生产成本明细账和半成品入库单,编制 A 半成品入库会计分录:

　　借:自制半成品——A 半成品　　　　　　　　　　　　　　　　　　　75 000
　　　　贷:基本生产成本——第一车间　　　　　　　　　　　　　　　　　　　75 000

(2) 根据第一车间基本生产成本明细账、A 半成品入库单和领用单,登记 A 半成品明细账,见表 7-30。

表 7-30　自制半成品明细账

品名:A 半成品

2017 年		摘要	收　入			发　出			结　存		
月	日		数量/件	单价/元	金额/元	数量/件	单价/元	金额/元	数量/件	单价/元	金额/元
5	31	本月合计							50	160	8 000
6	30	本月合计	500	150	75 000	50 400	160 150	8 000 60 000	100	150	15 000

根据第一车间基本生产成本明细账单位成本资料和 A 半成品领用单,编制领用半成品会计分录:

　　　借:基本生产成本——第二车间　　　　　　　　　　　　　　　　　　　68 000
　　　　贷:自制半成品——A 半成品　　　　　　　　　　　　　　　　　　　　68 000

(3) 第二车间基本生产成本明细账见表 7-31。

表7-31 基本生产成本明细账

第二车间：B半成品　　　　　　　　　2017年6月

摘 要	直接材料	直接人工	制造费用	合 计
月初在产品成本/元	6 000	960	1 040	8 000
本月生产费用/元	68 000	21 600	23 400	113 000
生产费用合计/元	74 000	22 560	24 440	121 000
约当产量合计/件	540	470	470	
单位成本/(元·件$^{-1}$)	137	48	52	237
完工半成品成本/元	54 800	19 200	20 800	94 800
月末在产品成本/元	19 200	3 360	3 640	26 200

根据第二车间基本生产成本明细账和半成品入库单，编制B半成品入库会计分录：

借：自制半成品——B半成品　　　　　　　　　　　　　　　　　　94 800
　　贷：基本生产成本——第二车间　　　　　　　　　　　　　　　　　94 800

（4）根据第二车间基本生产成本明细账、B半成品入库单和领用单，登记B半成品明细账，见表7-32。

表7-32 自制半成品明细账

品名：B半成品

2017年		摘要	收 入			发 出			结 存		
月	日		数量/件	单价/元	金额/元	数量/件	单价/元	金额/元	数量/件	单价/元	金额/元
5	31	本月合计							60	240	14 400
6	30	本月合计	400	237	94 800	60 300	240 237	14 400 71 100	100	237	23 700

根据第二车间基本生产成本明细账单位成本资料和B半成品领用单，编制领用半成品会计分录：

借：基本生产成本——第三车间　　　　　　　　　　　　　　　　85 500
　　贷：自制半成品——B半成品　　　　　　　　　　　　　　　　　85 500

（5）第三车间基本生产成本明细账见表7-33。

表7-33 基本生产成本明细账

第三车间：甲产品　　　　　　　　　2017年6月

摘 要	直接材料	直接人工	制造费用	合 计
月初在产品成本/元	35 000	7 700	6 300	49 000
本月生产费用/元	85 500	49 500	40 500	175 500
生产费用合计/元	120 500	57 200	46 800	224 500
约当产量合计/件	540	520	520	
单位成本/(元·件$^{-1}$)	223	110	90	423
完工产品成本/元	111 500	55 000	45 000	211 500
月末在产品成本/元	9 000	2 200	1 800	13 000

根据第三车间基本生产成本明细账和甲产品入库单等资料,编制产品入库会计分录:

  借:库存商品——甲产品   211 500
    贷:基本生产成本——甲产品   211 500

(6)成本还原。

表 7-33 成本还原计算过程如下:

第一次还原:

$$还原分配率 = 111\ 500/94\ 800 = 1.176\ 2$$

$$A\ 半成品金额 = 54\ 800 \times 1.176\ 2 = 64\ 455.76（元）$$

产品成本还原计算表,见表 7-34。

表 7-34 产品成本还原计算表

项目	还原分配率	B 半成品/元	A 半成品/元	直接材料/元	直接人工/元	制造费用/元	合计/元
还原前产品成本		111 500			55 000	45 000	211 500
B 半成品成本			54 800		19 200	20 800	94 800
第一次成本还原	1.176 2	−111 500	64 455.76		22 583.04	24 461.20	
A 半成品成本				45 000	12 000	18 000	75 000
第二次成本还原	0.859 4		−64 455.76	38 673	10 312.80	15 469.96	
还原后产品成本				38 673	87 895.84	84 931.16	211 500
还原后单位成本				77.35	175.79	169.86	423

$$直接人工金额 = 19\ 200 \times 1.176\ 2 = 22\ 583.04（元）$$

$$制造费用金额 = 111\ 500 - 64\ 455.76 - 22\ 583.04 = 24\ 461.20（元）$$

第二次还原:

$$还原分配率 = 64\ 455.76/75\ 000 = 0.859\ 4$$

$$直接材料金额 = 45\ 000 \times 0.859\ 4 = 38\ 673（元）$$

$$直接人工金额 = 12\ 000 \times 0.859\ 4 = 10\ 312.80（元）$$

$$制造费用金额 = 64\ 455.76 - 38\ 673 - 10\ 312.80 = 15\ 469.96（元）$$

还原后成本:

$$直接材料金额 = 38\ 673\ 元$$

$$直接人工金额 = 55\ 000 + 22\ 583.04 + 10\ 312.80 = 87\ 895.84（元）$$

$$制造费用金额 = 45\ 000 + 24\ 461.20 + 15\ 469.96 = 84\ 931.16（元）$$

综合结转分步法可以在各生产步骤的基本生产成本明细账中反映该步骤完工产品所耗半成品成本和本步骤加工费用的水平,有利于各个生产步骤的成本管理。但是为了从整个企业角度反映产品成本的构成,加强企业综合成本管理,需要进行成本还原,从而增加了核算工作量。因此,这种结转方法一般适用于半成品具有独立的经济意义、管理上要求计算各步骤完工产品所耗半成品成本,但不要求进行成本还原的企业。

(四)分项结转分步法

分项结转分步法是指按照成本项目,将上一步骤的半成品成本分项转入下一步骤的基本生产成本明细账上相应成本项目的一种计算方式。不是以"自制半成品"或者"直接材料"成本项目进行反映,而是分别按成本项目计入下一步骤基本生产成本明细账的有关成本项目中。采用这种方式计算出来的产品成本,能够提供按原始项目反映的产品成本结构,不需要进行成本还原。

采用分项结转方式时,从理论上看,半成品既可以按实际成本结转,也可以按计划成本结转。但如果按计划成本结转,结转后还需要按成本项目分项调整成本差异,计算工作量太大,因此,在实际工作中大多采用按实际成本分项结转。

【例7-6】 仍沿用例7-4有关资料,将第二、三车间月初在产品成本中直接材料成本项目分解后的各车间月初及本月生产费用见表7-35,其他条件不变。

根据上述资料,成本计算如下:
(1) 第一车间基本生产成本明细账同例7-4,见表7-25。
(2) 第二车间基本生产成本明细账见表7-36。

表7-35 各车间月初及本月生产费用　　　　　　　　　　单位:元

成本项目	月初在产品成本			本月发生费用		
	一车间	二车间	三车间	一车间	二车间	三车间
直接材料	9 000	4 800	28 000	54 000		
直接人工	1 100	1 410	10 800	13 300	21 600	49 500
制造费用	1 900	1 790	10 200	19 700	23 400	40 500
合计	12 000	8 000	49 000	87 000	45 000	90 000

表7-36 基本生产成本明细账

第二车间:B半成品　　　　　　　2017年6月

摘　要	直接材料	直接工资	制造费用	合　计
月初在产品成本/元	4 800	1 410	1 790	8 000
耗用A半成品成本/元	45 000	12 000	18 000	75 000
本月生产费用/元		21 600	23 400	45 000
生产费用合计/元	49 800	35 010	43 190	128 000
约当产量合计/元	540	470	470	
单位成本/(元·件$^{-1}$)	92.22	74.49	91.89	258.60
完工半成品成本/元	36 888	29 796	36 756	103 440
月末在产品成本/元	12 912	5 214	6 434	24 560

根据甲产品入库单等资料,编制会计分录:
借:库存商品——甲产品　　　　　　　　　　　　　　　　230 800
　　贷:基本生产成本——甲产品　　　　　　　　　　　　　　230 800

采用分项结转分步法可以直接、正确地提供按原始成本项目反映的企业产品成本资料,便于从整个企业角度考核和分析产品成本计划执行情况,不需要进行成本还原。但这一方法的成本结转工作比较复杂,而且在各步骤完工产品成本中看不出所耗上一步骤半成品成本和本步骤加工费用的多少,不便于进行各步骤完工产品的成本分析。因此,这种结转方法一般适用于在管理上不要求计算各步骤完工产品所耗半成品成本和本步骤加工费用,而要求按原始成本项目计算产品成本的企业。

(3) 第三车间基本生产成本明细账见表7-37。

表 7-37 基本生产成本明细账

第三车间：甲产品　　　　　　　　　2017 年 6 月

摘　要	直接材料	直接人工	制造费用	合　计
月初在产品成本/元	28 000	10 800	10 200	49 000
耗用 B 半成品成本/元	36 888	29 796	36 756	103 440
本月生产费用/元		49 500	40 500	90 000
生产费用合计/元	64 888	90 096	87 456	242 440
约当产量合计/元	540	520	520	
单位成本/（元·件$^{-1}$）	120.16	173.26	168.18	461.60
完工产品成本/元	60 080	86 630	84 090	230 800
月末在产品成本/元	4 808	3 466	3 366	11 640

三、平行结转分步法

（一）平行结转分步法的含义及适用范围

平行结转分步法也称为不计算半成品成本分步法，是一种只计算本步骤发生的各项生产费用，以及这些费用中应计入最终完工产品成本的份额，然后将各步骤应计入同一产品成本的份额平行汇总计算产品成本的一种方法。平行结转分步法主要适用于各步骤所产半成品种类较多，逐步结转半成品成本工作量较大，但外售情况较少，在管理上不要求计算半成品成本的各类大量大批复杂生产企业。

（二）平行结转分步法的核算程序

平行结转分步法的核算程序主要包括三个步骤。首先，按产品和加工步骤设置基本成本明细账，并分别按成本项目归集本步骤发生的生产费用（不包括耗用上步骤半成品成本）；其次，在月末时将各步骤归集的生产费用在完工产品与广义在产品之间进行分配，计算各步骤费用中应计入完工产品成本的份额；最后，将各步骤费用中应计入完工产品成本的份额按成本项目平行结转、汇总，计算出产成品的总成本及单位成本。其具体核算过程如图 7-2 所示。

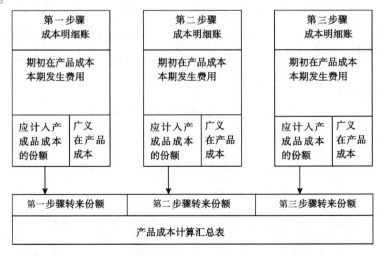

图 7-2　平行结转分步法成本核算程序

（三）平行结转分步法的特点

平行结转分步法相对于逐步结转分步法来说，主要有以下特点：

（1）各步骤不计算半成品成本。在生产过程中，各生产步骤只归集本步骤发生的直接材料、直接人工和制造费用，不计算本步骤半成品成本。

（2）各步骤之间不结转半成品成本。无论半成品是在各步骤之间直接转移，还是通过半成品仓库收发，均不通过"自制半成品"账户进行价值核算，只需进行自制半成品的数量核算。各步骤的完工半成品即使已流转到下一步骤或已经验收入半成品库，其成本仍保留在原先对其加工步骤的明细账上，即完工半成品成本不随实物的转移而结转，直到变成产成品，才计算结转其成本。

（3）按广义在产品分配生产费用。为了正确计算各步骤应计入产成品成本的份额，各步骤应将本步骤月初在产品成本与本期生产费用（不包括耗用的上一步骤半成品成本）的合计数在最终产成品与广义在产品之间进行分配。广义在产品是从全厂的角度出发，相对于最终产成品而言的在产品，而不是各步骤本身结存的在产品。它包括各步骤正在加工中的在制品，本步骤已完工转入半成品库的半成品，以及已转移到以后各步骤进一步加工，但尚未最后形成产成品的一切半成品。分配方法可采用约当产量法或定额比例法。

（四）平行结转分步法应用实例

【例7-7】 望月公司生产的丁产品经过三个车间连续加工制成，第一车间生产D半成品，直接转入第二车间加工制成H半成品，H半成品直接转入第三车间加工成丁成品。其中，1件丁产品耗用1件H半成品，1件H半成品耗用1件D半成品。原材料于第一车间生产开始时一次投入，第二车间和第三车间不再投入材料。各车间月末在产品完工率均为50%。各车间生产费用在完工产品和在产品之间的分配采用约当产量法。

本月各车间产量资料表，见表7-38。

表7-38　各车间产量资料表　　　　　　　　　　　　单位：件

摘　要	第一车间	第二车间	第三车间
月初在产品数量	20	50	40
本月投产数量或上步骤转入	180	160	180
本月完工产品数量	160	180	200
月末在产品数量	40	30	20

各车间月初及本月费用，见表7-39。

表7-39　各车间月初及本月费用　　　　　　　　　　单位：元

摘　要		直接材料	直接人工	制造费用	合　计
第一车间	月初在产品成本	1 000	60	100	1 160
	本月生产费用	18 400	2 200	2 400	23 000
第二车间	月初在产品成本		200	120	320
	本月生产费用		3 200	4 800	8 000
第三车间	月初在产品成本		180	160	340
	本月生产费用		3 450	2 550	6 000

第七章 产品成本计算的基本方法

采用平行结转法计算丁产品的生产成本,计算过程如下:
(1)编制各生产步骤约当产量的计算表,见表7-40。

表7-40 各生产步骤约当产量的计算表　　　　　　　　　　　　　　单位:件

摘　要	直接材料	直接人工	制造费用
第一车间步骤的约当产量	290 (200+40+30+20)	270 (200+40×50%+30+20)	270
第二车间步骤的约当产量		235 (200+30×50%+20)	235
第三车间步骤的约当产量		210 (200+20×50%)	210

(2)编制各生产步骤的基本生产成本明细账,见表7-41、表7-42、表7-43。

表7-41 基本生产成本明细账(一)

车间:第一车间　　　　　　品名:丁产品(D半成品)　　　　　　单位:元

摘　要	直接材料	直接人工	制造费用	合　计
月初在产品成本	1 000	60	100	1 160
本月发生费用	18 400	2 200	2 400	23 000
合计	19 400	2 260	2 500	24 160
第一步骤约当产量	290	270	270	
分配率	66.90	8.37	9.26	
应计入产成品成本份额	13 380	1 674	1 852	16 906
月末在产品成本	6 020	586	648	254

表7-42 基本生产成本明细账(二)

车间:第二车间　　　　　　品名:丁产品(H半成品)　　　　　　单位:元

摘　要	直接人工	制造费用	合　计
月初在产品成本	200	120	320
本月发生费用	3 200	4 800	8 000
合计	3 400	4 920	8 320
第二步骤约当产量	235	235	
分配率	14.47	20.94	
应计入产成品成本份额	2 894	4 188	7 082
月末在产品成本	506	732	1 238

表7-43 基本生产成本明细账(三)

车间:第三车间　　　　　　品名:丁产品　　　　　　　　　　　　单位:元

摘　要	直接人工	制造费用	合　计
月初在产品成本	180	160	340
本月发生费用	3 450	2 550	6 000

续表

摘 要	直接人工	制造费用	合 计
合计	3 630	2 710	6 340
第三步骤约当产量	210	210	
分配率	17.29	12.90	
应计入产成品成本份额	3 458	2 580	6 038
月末在产品成本	172	130	302

（3）编制产品成本汇总表，见表7-44。

表7-44 产品成本汇总计算表

产品名称：丁产品

项目	数量/件	直接材料/元	直接人工/元	制造费用/元	总成本/元	单位成本/（元·件$^{-1}$）
第一车间		13 380	1 674	1 852	16 906	84.53
第二车间			2 894	4 188	7 082	35.41
第三车间			3 458	2 580	6 038	30.19
合计	200	13 380	8 026	8 620	30 026	150.13

根据产品成本汇总计算表和产成品入库单，编制结转完工入库产品生产成本的会计分录如下：

借：库存商品——丁产品　　　　　　　　　　　　　　30 026
　　贷：基本生产成本——第一车间　　　　　　　　　　16 906
　　　　　　　　　　——第二车间　　　　　　　　　　 7 082
　　　　　　　　　　——第三车间　　　　　　　　　　 6 038

在平行结转分步法下，各步骤可以同时计算产品成本，然后将应计入完工产品成本的份额平行汇总计算产成品成本，简化和加速了成本计算工作，而且能够直接提供按原始成本项目反映的产品成本资料，有利于加强成本分析。但该方法不能提供各步骤半成品成本资料及各步骤所耗上一步骤半成品成本，不利于分析各步骤生产的耗费水平，而且由于半成品的实物转移与费用结转脱节，不利于各生产步骤加强实物管理和资金管理。

第八章

产品成本计算的辅助方法

★学习目标

1. 了解分类法与定额法的概念、特点与适用范围及定额法的优缺点。
2. 理解定额法下产品实际成本构成、脱离定额差异与定额变动差异的区别及核算原理。
3. 掌握分类法与定额法的成本计算程序、联产品与副产品及等级产品的成本计算方法，能熟练运用分类法、定额法进行产品成本计算。

★章前导读

小李在某灯泡厂实习，该厂分别生产U形、螺旋形两种节能灯，规格为5 W、10 W、15 W、20 W、30 W、40 W、65 W、85 W、105 W、150 W、200 W、300 W，还分别生产商业照明、家居照明、户外照明和工程照明用LED灯，规格为2 W、3 W、4 W、5 W、6 W、7 W、8 W、10 W、14 W、15 W、18 W、20 W、24 W、30 W、56 W、96 W、104 W、144 W，以及其他多个品种、规格的灯具。财务科负责人让他根据该厂实际情况，设置成本明细账，选择成本计算方法。小李开始时是这样考虑的，先将灯泡按不同种类、规格分成不同的产品，分别设置基本生产成本明细账，采用品种法计算各种产品成本。但是，他在仔细思考后，又觉得这样分产品核算工作量较大。

如果你是小李，应该如何运用所学知识来选择适用企业的产品成本计算方法？可供本企业选用的产品成本计算方法有哪些？

第一节 产品成本计算的分类法

在一些制造企业中，由于生产的产品品种、规格繁多，若按产品的品种、规格分别归集生产费用，计算产品成本，则成本计算工作极为繁重。在这类企业中，为了简化成本计算工作，可以采用分类法计算产品成本。

一、分类法的概念及适用范围

分类法是指先按照产品类别归集生产费用，在计算出各类产品总成本的基础上，按照一定的方法或标准分配计算出类别内各种产品成本的一种方法。

分类法主要适用于产品品种、规格繁多，并且可以按照一定要求和标准划分产品类别的企业或车间，如鞋厂、轧钢厂、灯泡厂等。只要企业生产的产品可以按照其性质、用途、生产工艺过程和原材料消耗等方面的特点划分为一定类别，就都可以采用分类法。分类法特别适合同类产品、联产品、副产品以及等级产品的成本计算。

二、分类法的特点

（一）成本计算对象是产品的类别

分类法以产品的类别为成本计算对象，归集生产费用并计算出各种产品成本。因此，也可以说分类法是品种法的一种延伸。采用分类法计算产品成本时，首先要根据产品所耗原材料及加工工艺技术过程的相似程度，将产品划分为若干类别，按照产品的类别开设基本生产成本明细账，按类归集生产费用，计算各类完工产品的成本。

（二）各类完工产品成本要在类内的各种产品之间分配

在分类法下，按产品类别计算出各类完工产品成本后，还要选择合理的分配标准，在类内的各种产品之间分配费用，最终计算出类内每种产品的单位成本和总成本。类内费用分配标准的选择应注重其合理性，选定的分配标准应与各种产品成本的发生有比较密切的关系。

（三）核算产品成本需要与其他方法结合使用

分类法并不是一种独立的成本计算方法，它需要与其他方法结合使用。分类的目的是简化核算，因此可以说，分类法是在品种法、分批法和分步法的基础上，为了计算多规格产品成本而采用的一种简化核算方式。

三、分类法的成本计算程序

（1）根据产品所用原材料及工艺技术过程的不同，将产品划分为若干类，按照产品的类别开设基本生产成本明细账，按类别归集产品的生产费用，计算各类产品的成本。

（2）选择合理的分配标准，将每类产品的成本在类别内的各种产品之间进行分配，计算出每类产品里的各种产品的总成本和单位成本。每类完工产品成本必须分配计算出类内各种完工产品的总成本和单位成本，而月末在产品的成本，通常不必在类内的各种产品之间分配。

分类法的成本计算程序图，如图 8-1 所示。

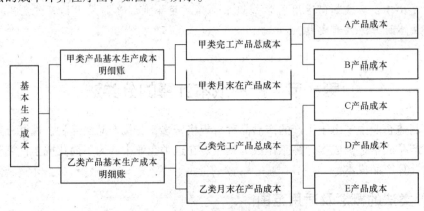

图 8-1 分类法成本计算程序图

四、类内产品成本的计算

每类产品的总成本在类内的各种产品之间的分配是分类法应用的关键。常用的分配方法有定额比例法和系数法。

（一）定额比例法

定额比例法一般适用于定额制度比较健全、稳定的企业。在分配计算时，直接材料成本可按各种产品材料定额耗用量或材料定额费用比例进行分配；直接人工成本和制造费用可采用定额工时比例分配。计算公式如下：

$$某类产品直接材料分配率 = \frac{该类产品直接材料实际总成本}{类内各种产品直接材料定额费用之和}$$

$$某种产品直接材料成本 = 该种产品的直接材料定额费用 \times 分配率$$

$$某类产品直接人工分配率 = \frac{该类产品直接人工实际总成本}{类内各种产品定额工时之和}$$

$$某种产品直接人工成本 = 该种产品的定额工时 \times 分配率$$

制造费用的分配计算与直接人工相似。

（二）系数法

在分类法下，为了简化类内产品成本分配的计算工作，通常将类内产品的分配标准折合为系数，按系数分配计算类内各种产品的成本，这种分配方法称为系数法。其分配标准可以是产品的定额成本、工时定额、售价等。确定系数时，一般是在类内选择一种产量大、生产稳定、规格适中的产品作为标准产品，把标准产品的系数确定为1，然后将类内其他产品的分配标准额分别与标准产品的分配标准额相比较，计算出其他各种产品的分配标准额与标准产品的分配标准额的比率，即为其他各种产品的系数；最后将各种产品的实际产量按照系数折算成标准产品产量，再按照标准产量的比例分配类内各种产品成本。系数一经确定，在一定时期内应保持相对稳定。其计算公式如下：

$$某种产品系数 = \frac{该产品分配标准额}{标准产品分配标准额}$$

$$某种产品标准产量 = 该产品实际产量 \times 该产品系数$$

$$某成本项目分配率 = \frac{该类产品某成本项目总额}{该类产品标准产量总额}$$

$$某种产品的某成本项目费用 = 该种产品标准产量 \times 某成本项目分配率$$

五、同类产品成本的计算

产品的性质、结构、用途、耗用的原料以及生产工艺技术等基本相同，只是规格或型号不一的产品，称为同类产品。同类产品成本的计算应采用分类法。

【例8-1】 华南公司所生产的产品，品种、规格较多，公司决定采用分类法进行成本核算。其中，甲、乙、丙三种产品由于产品结构、用料和工艺过程等基本相同，属于同类产品，合并为一类（A类），乙产品为标准产品。该类产品的月末在产品成本按所耗直接材料定额成本计算，其他费用全部由完工产品负担。类内三种产品之间分配费用的标准为：直接材料费用的分配标准是材料定额费用，其他费用的分配标准是定额工时。A类产品的相关成本资料见表8-1和表8-2。

表8-1 A类产品成本计算单

产品名称：A类　　　　　　　　　　　20××年××月　　　　　　　　　　　　　　　　单位：元

项　目	直接材料	直接人工	制造费用	合　计
月初在产品	467 000	40 000	20 000	527 000
本月发生费用	945 000	150 000	80 000	1 175 000
生产费用合计	1 412 000	190 000	100 000	1 702 000
完工产品成本	1 205 000	190 000	100 000	1 495 000
月末在产品成本	207 000			207 000

表8-2 A类产品系数计算表

产品：A类产品　　　　　　　　　　　20××年××月

	项　目	甲产品	乙产品	丙产品	合　计
	实际产量/件	2 300	2 000	1 500	5 800
材料	材料费用定额/（元·件$^{-1}$）	220	200	180	
	系数	1.1	1.0	0.9	
	总系数（标准产量）	2 530	2 000	1 350	5 880
工时	定额工时/（小时·件$^{-1}$）	2.4	2	1.8	
	系数	1.2	1.0	0.9	
	总系数（标准产量）	2 760	2 000	1 350	6 110

根据表8-1、表8-2的资料计算如下：

$$\text{直接材料费用分配率} = \frac{1\,205\,000}{5\,880} = 204.932$$

$$\text{直接人工费用分配率} = \frac{190\,000}{6\,110} = 31.097$$

$$\text{制造费用分配率} = \frac{100\,000}{6\,110} = 16.367$$

根据上述资料编制A类各种产品成本计算单，见表8-3。

表8-3 A类各种产品成本计算表

成本项目		甲产品	乙产品	丙产品	合　计
直接材料	分配率/（元·件$^{-1}$）		204.932		
	标准产量/件	2 530	2 000	1 350	
	金额/元	518 477.96	409 864	276 658.04	1 205 000
直接人工	分配率/（元·件$^{-1}$）		31.097		
	标准产量/件	2 760	2 000	1 350	
	金额/元	85 827.72	62 194	41 978.28	190 000
制造费用	分配率/（元·件$^{-1}$）		16.367		
	标准产量/件	2 760	2 000	1 350	
	金额/元	45 172.92	32 734	22 093.08	100 000
成本合计/元		649 478.6	504 792	340 729.4	1 495 000

尾差计入丙产品。
根据表 8-3 编制完工产品成本结转分录如下：

借：库存商品——甲产品　　　　　　　　　　　　　　　　　649 478.6
　　　　　　——乙产品　　　　　　　　　　　　　　　　　504 792
　　　　　　——丙产品　　　　　　　　　　　　　　　　　340 729.4
　　贷：基本生产成本——A 类　　　　　　　　　　　　　　1 495 000

六、联产品成本的计算

联产品是指在生产过程中，利用同一种原材料，经过同一加工过程，同一时间生产出的几种不同使用价值，但具有同等地位的主要产品。例如，炼油厂以石油为原料经过同一生产过程加工提炼出汽油、煤油、柴油等多种产品，这些产品互称为联产品。联产品所经过的同一加工过程，称为联产过程，在联产过程中所发生的成本，称为联合成本。

联产品的联产过程结束，即分离出不同的联产品。联产品分离时的加工步骤称为"分离点"。"分离点"是联产品联产过程结束、各种产品可以辨认的生产交界点。分离前发生的成本，就是联合成本。分离后进一步加工发生的成本称为可归属成本。联合成本应采用适当的标准和方法在各联产品之间分配。联产品的生产有以下两种情况：

（1）有的联产品经过联产过程分离后即可出售，在这种情况下，某种联产品应分摊的联合成本就是该种联产品的全部成本。

（2）有的联产品经过联产过程分离后，还需经过进一步加工才能出售。这种联产品的成本由分离前的联合成本加上分离后的可归属成本构成。

联产品的成本计算分为两个阶段：

（1）采用分类法计算联产品的联合成本，即把联产品归为一类作为一个成本计算对象，以归集联产过程中发生的生产费用，并计算联合成本，再采用适当的方法将联合成本在各种联产品之间进行分配，计算各种联产品应分摊的联合成本。联合成本的分配可以按各种联产品的产量比例、售价比例、定额成本比例等进行分配，也可以采用系数法进行分配。

（2）分离后需进一步加工的联产品，还应采用适当的方法计算其继续加工过程中发生的可归属成本，从而计算其全部成本。

【例 8-2】　西华厂用同一种原材料经过同一生产过程同时生产出 A、B 两种联产品。将 A、B 产品归为甲类，采用分类法计算产品的成本。这两种产品分离后无须进一步加工即可出售。2016 年 11 月共生产完工 A 产品 7 000 千克，B 产品 3 000 千克，月初、月末没有在产品。该月发生的生产费用分别为：原材料 80 000 元，直接人工成本 40 000 元，制造费用 30 000 元。联产品的联合成本按照各种联产品的产量比例进行分配。甲类产品成本计算单，见表 8-4。

表 8-4　甲类产品成本计算单

2016 年 11 月　　　　　　　　　　　　　　　　　　　　　　　　单位：元

项　目	直接材料	直接人工	制造费用	合　计
本月生产费用	80 000	40 000	30 000	150 000
完工产品联合成本	80 000	40 000	30 000	150 000

根据上述资料编制联合成本分配计算表，见表 8-5。
表 8-5 中分配率计算如下：

表 8-5　联合成本分配计算表

2016 年 11 月

项　目		A 产品	B 产品	合　计
产量/千克		7 000	3 000	
直接材料	分配率/（元·件$^{-1}$）	8		
	金额/元	56 000	24 000	80 000
直接人工	分配率/（元·件$^{-1}$）	4		
	金额/元	28 000	12 000	40 000
制造费用	分配率/（元·件$^{-1}$）	3		
	金额/元	21 000	9 000	30 000
成本合计		105 000	45 000	150 000

$$直接材料费用分配率 = \frac{80\,000}{10\,000} = 8$$

$$直接人工费用分配率 = \frac{40\,000}{10\,000} = 4$$

$$制造费用分配率 = \frac{30\,000}{10\,000} = 3$$

根据表 8-5 编制联产品成本结转分录如下：
借：库存商品——A 产品　　　　　　　　　　　　　　　　　　105 000
　　　　　　——B 产品　　　　　　　　　　　　　　　　　　 45 000
　　贷：基本生产成本——甲类产品　　　　　　　　　　　　　150 000

七、副产品成本的计算

副产品是指在主要产品生产过程中，附带生产出来的非主要产品，如炼油厂在提炼原油的过程中产生的渣油和石油焦，制造过程中产生的甘油等。

由于副产品和主要产品是使用同样的原材料，在同一生产过程中生产出来的，两者发生的耗费很难分开。因此，一般将其归为一类，采用分类法进行成本核算。副产品的价值相对较低，在企业全部产品中所占比重较小，因此分离前的总成本在主、副产品之间的分配通常采用简化办法，即将副产品按一定标准计价，从分离前的总成本中扣除，剩下的即为主要产品的成本。副产品成本的计算有以下几种：

（1）副产品不负担分离前的总成本。如果副产品价值较低，副产品可以不负担分离前发生的成本，分离前的成本全部由主要产品负担。如果副产品分离后需进一步加工，则副产品的成本只包括分离后进一步加工的成本。

（2）副产品作价从分离前的总成本中扣除。如果副产品的价值较高，副产品可以按固定成本计价（如定额成本、计划成本等），也可以按照销售价格扣除税金和按正常利润率计算的销售利润后的余额计价。

副产品成本从总成本中扣除的方式有两种：一种是将副产品的成本从分离前总成本中的"直接材料"成本项目中扣除。该方法适用于副产品成本中材料费用比重较大或副产品价值较低的情况。另一种是按副产品的成本与总成本的比例，分别从分离前总成本的各成本项目中扣除。该方法适用于副产品各成本项目的比重相差不大的情况。

【例8-3】 某制造企业在生产 A 产品过程中，附带生产出副产品甲产品和乙产品，两种副产品无须继续加工，可以直接对外出售。2016 年 10 月生产该类产品所发生的费用及产量、定额资料见表8-6、表8-7 和表8-8。甲产品按定额成本计价，从总成本的直接材料成本项目中扣除，乙产品由于数量较少，价值较低，不予计价。A 产品、甲产品和乙产品的月初、月末在产品均按原料的定额费用计价。

表8-6 甲产品单位定额成本资料　　　　　　　　　　　　单位：元

项　目	直接材料	直接人工	制造费用	合　计
甲产品	30	8	5	43

表8-7 本月主、副产品产量资料
2016 年 10 月　　　　　　　　　　　　单位：千克

项　目	A 产品（主产品）	甲产品	乙产品	合　计
产量	1 000	200	50	1 250

表8-8 基本生产成本明细账
产品名称：A 产品　　　　　2016 年 10 月　　　　　　　　　单位：元

项　目	直接材料	直接人工	制造费用	合　计
月初在产品成本	2 000			2 000
本月费用	50 000	30 000	20 000	100 000
生产费用合计	52 000	30 000	20 000	102 000
减：甲产品成本	8 600			8 600
完工产品成本	39 900	30 000	20 000	89 900
产品单位成本	39.9	30	20	89.9
月末在产品成本	3 500			3 500

注：甲产品成本 = 43 × 200 = 8 600（元）

八、等级产品成本的计算

等级产品是指使用相同的原材料，经过同一生产工艺过程生产出来的品种相同而质量有差别的产品。例如，针织厂生产的产品有一级品、二级品和三级品等不同的等级。产生不同等级产品的原因是多方面的，常见的原因有两个：一是由于材料质量、工艺技术要求不同或由于自然原因造成的等级产品；二是由于经营管理或技术操作原因形成的等级产品。等级低的产品质量差、售价低，但等级产品均为合格品，质量虽有差异，但一般是在允许的范围内，不影响产品的正常使用。非合格品是次品，是质量没有达到设计要求的产品。

不同等级的同一种产品，可以归为一类，采用分类法计算它们的成本。总成本如何在各等级产品之间进行分配，要根据产生等级产品的原因确定：

（1）如果等级产品是由于管理操作不当、技术不熟练等主要原因造成的，则各等级产品应负担相同的成本，可以按各等级产品的实物数量比例分配总成本。因为各产品虽然等级不同，但使用原材料、经过的生产过程都相同，所以各等级产品的单位成本理应没有差别。等级产品售价不同从而导致利润不同，能够比较敏感地反映由于企业生产管理不善所导致的经济效益差异或损失。

（2）如果等级产品是由于材料质量、工艺过程本身的特点或自然原因造成的，即客观原因造成的，则应采用适当的方法计算各种等级产品的成本。通常以单位售价比例定出系数，再按系数的比例计算出不同等级产品应负担的成本。这样，不同等级产品具有不同的单位成本，等级高、售价高的产品负担的成本多，等级低、售价低的产品负担的成本少。

第二节　产品成本计算的定额法

一、定额法概述

定额法是为了及时反映、控制生产费用脱离定额的差异，加强定额管理和成本控制而采用的一种方法。它是以事先制定的产品定额成本为基础，加上（或减去）脱离定额差异、材料成本差异和定额变动差异，从而计算产品实际成本的一种方法。即：

实际成本 = 定额成本 ± 脱离等额差异 ± 材料成本差异 ± 定额变动差异

定额法通过制定定额成本、计算定额差异和分析差异责任，将产品成本的计划、控制、核算和分析结合在一起，从而促使企业节约生产耗费，降低产品成本。因此，定额法不仅是一种成本计算方法，而且是一种成本控制方法。定额法的主要特点如下：

（1）将事先制定的产品消耗定额、费用定额和定额成本作为降低成本的目标。

（2）在生产费用发生时，将符合定额的费用和脱离定额的差异分别核算，以加强对成本差异的日常核算、分析和控制。

（3）月末，在定额成本的基础上，加减各种成本差异，计算产品的实际成本，为成本的定期考核和分析提供数据。

二、定额法的计算程序

（一）制定定额成本

定额成本是指根据企业现行材料消耗定额、工时定额、各项耗费定额以及其他有关资料计算的一种成本控制目标。定额成本是计算产品实际成本的基础，也是企业对生产耗费进行事中控制和事后分析的依据。

产品定额成本一般是由企业的财会部门会同计划、技术和生产等部门，以熟练生产工人在正常情况下的生产耗费为基础共同制定的。产品单位定额成本的制定，应包括零件、部件的定额成本和产成品的定额成本，一般是先制定零件的定额成本，然后汇总计算部件和产成品的定额成本。如果产品的零件和部件较多，为了简化计算工作，可以不计算零件的定额成本，而是直接根据零件定额卡所列零件的原材料消耗定额、工序计划和工时定额，以及原材料的计划单价、计划的直接人工费用率和计划的制造费用率等，计算部件定额成本，然后汇总计算产成品定额成本；或者根据零、部件定额卡和原材料的计划单价、计划的直接人工费用率和计划的制造费用率等，直接计算产成品定额成本。

编制产品定额成本表时，所采用成本项目应该与计算成本时所采用成本项目一致。定额成本中不包括废品损失和停工损失，因此实际发生废品损失和停工损失都是脱离定额差异。

【例8-4】　某企业大量生产甲产品，该产品由一个A零件和两个B零件装配而成。甲产品定额成本计算见表8-9、表8-10、表8-11。

第八章 产品成本计算的辅助方法

表8-9 零件定额卡

零件编号：201　　零件名称：A　　20××年××月

零件编号或名称	计量单位	材料消耗定额	计划单价	材料定额费用
L101	千克	10千克	8元	80元
工序编号	定额工时/小时	累计工时定额/小时	直接人工计划费用率	制造费用计划费用率
1	3	3	7.5元/小时	4元/小时
2	2	5		

表8-10 零件定额卡

零件编号：202　　零件名称：B　　20××年××月

零件编号或名称	计量单位	材料消耗定额	计划单价	材料定额费用
L201	千克	12千克	5元	60元
工序编号	定额工时/小时	累计工时定额/小时	直接人工计划费用率	制造费用计划费用率
1	2	2	7.5元/小时	4元/小时
2	4	6		

表8-11 产品定额成本计算表

产品编号：200　　产品名称：甲　　20××年××月

所用零件编号或名称	所用零件数量/件	直接材料费用定额/元		工时定额/小时	
		零件	产品	零件	产品
A	1	80	80	5	5
B	2	60	120	6	12
装配					3
合计			200		20

产品定额成本项目					
直接材料/元	直接人工		制造费用		产品定额成本合计/元
	计划费用率/(元·小时$^{-1}$)	金额/元	计划费用率/(元·小时$^{-1}$)	金额/元	
200	7.5	150	4	80	430

（二）核算脱离定额差异

脱离定额差异是指在产品的生产过程中，各项生产费用的实际发生额脱离现行定额或预算的数额。脱离定额差异的核算，就是在生产费用发生时，要将符合定额的费用和脱离定额的差异分别编制定额凭证和差异凭证，并在有关费用分配表和生产成本明细账中分别登记。这样就能及时、正确地核算和分析生产费用脱离定额的差异，控制生产费用支出。

1. **直接材料费用脱离定额差异的核算**

直接材料费用脱离定额差异是以材料计划单价为基础计算的，由于产品的原材料实际消耗量脱离定额消耗量而形成的差异，它属于材料消耗量的差异，不包括原材料的价格差异（或称材料成本差异）。其计算公式如下：

直接材料脱离定额差异 =（实际耗用量 - 定额耗用量）× 材料计划单价

直接材料脱离定额差异的计算方法，一般有以下三种：

(1) 限额法。采用限额法核算直接材料脱离定额差异时，企业应建立限额领料制度。符合定额的原材料应该根据限额领料单向仓库领料；超过定额的部分，应填制专设的超额领料单等差异凭证。对车间已领未用的材料，月末应办理退库手续，填制退料单。如果因增加产量而发生超额领料，应办理追加限额手续，仍可用限额领料单领料。如果减少产量时，应当扣减限额领料单上的领料限额。在限额法下应及时根据车间实际投产量调整领料限额，月末应及时办理退料手续。超额领料单上的数据，属于材料脱离定额的超支差异；限额领料单中未领的余额和退料单的数额，是材料脱离定额的节约差异。

当车间月初、月末有余料时，材料的实际耗用量计算如下：

材料实际耗用量 = 本月领用量 + 月初余料量 − 月末余料量

【例 8-5】 某限额领料单规定的产品计划产量为 100 件，领料限额为 2 000 千克，每件产品的材料消耗定额为 20 千克，材料的计划单价为 15 元；本月实际领料 1 800 千克，限额领料单中未领余量为 200 千克。

①如果本月实际投产 100 件产品，与计划产量相符，且车间月初、月末无余料。

直接材料脱离定额差异 =（1 800 − 2 000）× 15 = −3 000（元）

②如果本月实际投产 90 件产品，且车间月初余料为 18 千克，月末余料为 8 千克。

实际耗用量 = 1 800 + 18 − 8 = 1 810（千克）

定额耗用量 = 90 × 20 = 1 800（千克）

直接材料脱离定额差异 =（1 810 − 1 800）× 15 = 150（元）

(2) 切割法。切割法是通过材料切割核算单，对需要经过切割才能使用的材料核算用料差异，以控制用料的方法。在实际工作中，有些产品生产需要对所用材料进行切割才能进一步加工，如板材和线材等材料。为了有效控制材料消耗，企业往往采用"切割法"进行用料差异核算。采用"切割法"时，应按照切割材料批别设置"材料切割核算单"。"材料切割核算单"内填明切割材料名称、数量、消耗定额和应切割成毛坯的数量。在切割完毕后，再填写实际切割成毛坯的数量、退料、废料数量和材料实际消耗量，将实际切割的毛坯量乘以消耗定额即可求得材料定额消耗量。将其与材料实际消耗量相比较，确定材料脱离定额差异，将脱离定额差异填入"材料切割核算单"中，并注明发生差异原因。"材料切割核算单"格式见表 8-12。采取切割法，能及时反映材料的耗用情况和发生差异的具体原因，有利于加强对材料消耗的控制和监督。

表 8-12 材料切割核算单

材料编号或名称：304　　　　材料计量单位：千克　　　　材料计划单价：12 元
产品名称：A 产品　　　　　　零件编号或名称：C501　　　　图纸号：2301
切割工人：马林　　　　　　　　　　　　　　　　　　　　机床编号：423
切割日期：2016 年 7 月 3 日　　　　　　　　　　　　　完工日期：2016 年 7 月 6 日

发料数量		退回余料		材料实际消耗量		废料回收数量	
125		3		122		10	
单件消耗定额		单件回收废料定额		应切割成的毛坯数量		实际切割成的毛坯数量		材料定额消耗量	废料定额回收量
10		0.5		12		11		110	5.5
材料脱离定额差异		废料脱离定额差异				差异原因	责任人
数量	金额/元	数量	单价	金额/元		未按规定要求操作，多留了边料，减少了毛坯	马林
12	144	−4.5	2	−9			

(3) 盘存法。盘存法是通过定期盘存的方法来计算材料的定额消耗量并核算材料脱离定额差异的一种方法。盘存法的核算程序如下：

①根据"产品入库单"等凭证记录的完工产品数量和月末在产品盘存（或账面）数量，计算出本期投产产品的数量。

本期投产产品数量 = 本期完工产品数量 + 期末在产品数量 - 期初在产品数量

②根据原材料消耗定额计算出产品原材料的定额耗用量。

原材料的定额耗用量 = 本期投产产品数量 × 单位产品材料定额耗用量

③根据"限额领料单""超额领料单"和"退料单"等领、退料凭证和车间余料盘存数，计算出原材料实际耗用数。

④将材料实际耗用数与定额耗用量比较，计算出材料脱离定额的差异。

材料脱离定额差异 =（本期材料实际耗用数 - 本期投产产品数量 ×

单位产品材料定额耗用量）× 材料计划单价

采用盘存法时，上述计算公式适用于原材料在生产开始时一次投入的产品。如果原材料是随着生产的进行陆续投入，那么期初和期末在产品的数量是按投料率计算的约当产量。

【例 8-6】 嘉陵厂第一车间生产甲产品耗用 A 材料，材料在生产开始时一次投入。甲产品的 A 材料消耗定额为每件 3 千克，A 材料的计划单价为每千克 10 元。2016 年 9 月根据领料凭证记录 A 材料本月实际领料量为 2 480 千克，车间月初余料为 40 千克，月末余料为 30 千克。甲产品月初在产品为 60 件，本月完工产品为 800 件，月末在产品为 100 件。

本月投产产品数量 = 800 + 100 - 60 = 840（件）

直接材料定额消耗量 = 840 × 3 = 2 520（千克）

直接材料实际消耗量 = 2 480 + 40 - 30 = 2 490（千克）

直接材料脱离定额差异 =（2 490 - 2 520）× 10 = -300（元）（节约）

本月甲产品耗用 A 材料的材料脱离定额差异为节约用料 30 千克，节约 300 元。

对于直接材料的定额消耗量和脱离定额差异，应分批或定期按照成本计算对象进行汇总，编制直接材料定额费用和脱离定额差异汇总表。该表既可以用来反映和分析材料消耗定额的执行情况，又可以作为材料费用分配表登记生产成本明细账。

【例 8-7】 以例 8-6 中的甲产品为例，甲产品的生产除了耗用 A 材料，还要耗用 B 材料，B 材料消耗定额为每件 2 千克，B 材料的计划单价为每千克 20 元。B 材料也是生产开始时一次投入。编制本月直接材料定额费用和脱离定额差异汇总表，见表 8-13。

表 8-13 直接材料定额费用和脱离定额差异汇总表

产品名称：甲产品　　　　　　　　　　　　　　　2016 年 9 月

原材料品种	计划单价/(元·千克$^{-1}$)	实际耗费		定额耗费		脱离定额差异		差异原因
		实际消耗量/千克	金额/元	定额消耗量/千克	金额/元	数量/千克	金额/元	
A 材料	10	2 490	24 900	2 520	25 200	-30	-300	略
B 材料	20	1 640	32 800	1 680	33 600	-40	-800	略
合计			57 700		58 800		-1 100	

2. 直接人工费用脱离定额差异的核算

采用的工资形式不同，核算直接人工费用脱离定额差异的方法也有所不同。

（1）在计件工资形式下，直接人工为直接计入费用，在计件工资单价不变时，按计件工资单价支付的生产工人薪酬就是直接人工定额成本，而在计件工资之外支付的奖金、津贴和补贴等都属于直接人工的脱离定额差异。企业应当将符合定额的工资反映在产量记录中，而将脱离定额的差异在"工资补付单"等差异凭证中单独反映，并注明产生差异的原因。

（2）在计时工资形式下，由于实际人工费用总额到月末才能确定，因此直接人工脱离定额差异只有到月末才能计算，平时只对工时进行记录和考核。

如果只生产一种产品，则生产工人的薪酬属于直接计入费用，可直接计入某种产品成本，其脱离定额差异可按下列公式计算：

某产品直接人工脱离定额差异 = 该产品实际直接人工费用 – 该产品实际产量 × 该产品直接人工费用定额

如果同时生产多种产品，生产工人的薪酬属于间接计入费用，一般是按实际工时比例分配计入产品成本，其脱离定额差异应按下列公式计算：

计划每小时人工费 = 计划产量的定额直接人工费用总额 ÷ 计划产量的定额生产工时总数

实际每小时人工费 = 实际直接人工费用总额 ÷ 实际生产工时总数

某产品直接人工费用脱离定额差异 =（该产品实际生产工时 × 实际每小时人工费）– （该产品实际产量的定额工时 × 计划每小时人工费）

【例 8-8】 嘉陵厂第一车间生产甲、乙两种产品，2016 年 9 月两种产品实际生产工时为 3 200 小时，其中甲产品 1 400 小时，乙产品 1 800 小时。本月甲产品实际产量的定额工时为 1 480 小时，乙产品实际产量的定额工时为 1 700 小时。本月实际直接人工费用为 24 000 元，本月计划每小时人工费为 8 元。根据上述资料计算并编制直接人工定额费用和脱离定额差异汇总表，见表 8-14。

表 8-14　直接人工定额费用和脱离定额差异汇总表

2016 年 9 月

产品名称	实际耗费			定额耗费			脱离定额差异/元	差异原因
	实际工时/小时	实际小时人工费/元	实际费用/元	定额工时/小时	计划小时人工费/元	定额费用/元		
甲产品	1 400		10 500	1 480		11 840	–1 340	略
乙产品	1 800		13 500	1 700		13 600	–100	略
合计	3 200	7.5	24 000	3 180	8	25 440	–1 440	

实际小时人工费 = 24 000/3 200 = 7.5（元）

3. 制造费用脱离定额差异的核算

制造费用一般属于间接计入费用，发生时按车间和具体项目进行归集，月末按照一定标准分配计入有关产品的成本。因此，在日常核算中，制造费用发生时不能直接按产品计算脱离定额差异，只有到月末计算确定出各种产品的实际制造费用后，才能比较确定各种产品制造费用的脱离定额差异。其计算公式如下：

计划每小时制造费用 = 计划制造费用总额 ÷ 计划产量的定额生产工时总数

实际每小时制造费用 = 实际制造费用总额 ÷ 各种产品实际生产工时总数

某产品制造费用脱离定额差异 =（该产品实际生产工时 × 实际每小时制造费用）– （该产品实际产量的定额工时 × 计划每小时制造费用）

【例 8-9】 嘉陵厂第一车间生产甲、乙两种产品，2016 年 9 月两种产品实际生产工时为 3 200 小时，其中甲产品 1 400 小时，乙产品 1 800 小时。本月甲产品实际产量的定额工时为 1 480 小时，乙产品实际产量的定额工时为 1 700 小时。本月实际发生制造费用 65 280 元，本月计划每小时制造费用 20 元。根据上述资料计算并编制制造费用定额费用和脱离定额差异汇总表，见表 8-15。

表 8-15 制造费用定额费用和脱离定额差异汇总表

2016 年 9 月

产品名称	实际耗费			定额耗费			脱离定额差异/元	差异原因
	实际工时/小时	实际小时制造费用/元	实际费用/元	定额工时/小时	计划小时制造费用/元	定额费用/元		
甲产品	1 400		28 560	1 480		29 600	-1 040	略
乙产品	1 800		36 720	1 700		34 000	2 720	略
合计	3 200	20.4	65 280	3 180	20	63 600	1 680	

实际小时制造费用 = 65 280/3 200 = 20.4（元）

为了计算完工产品的实际成本，上述脱离定额差异，还应在完工产品和月末在产品之间进行分配。如果各月在产品数量比较稳定，也可以将脱离定额差异全部计入完工产品成本，月末在产品不负担差异。

（三）核算材料成本差异

在采用定额法时，为了便于对产品成本进行分析和考核，材料日常核算都是按计划成本计价的，直接材料的定额成本和脱离定额差异都是按原材料计划成本计算的，因此，在月末计算产品实际成本时，还应计算分配应负担的材料成本差异。材料成本差异反映的是材料的实际成本与计划成本不同产生的价差，而材料的脱离定额差异反映的是材料的实际消耗量与定额消耗量不同产生的差异，是量差。

某产品应负担的直接材料成本差异 = （该产品的直接材料定额费用 ± 直接材料脱离定额差异）× 材料成本差异率

【例 8-10】 嘉陵厂第一车间生产甲产品耗用 A、B 两种原材料。2016 年 9 月原材料的材料成本差异率节约 1%。根据表 8-13，本月甲产品直接材料定额费用为 58 800 元，脱离定额差异为 -1 000 元。

本月甲产品应负担的材料成本差异为：

（58 800 - 1 100）×（-1%）= -577（元）

在实际工作中，材料成本差异的计算和分配，是通过编制材料成本差异分配表进行的，见表 8-16。

表 8-16 材料成本差异分配表

2016 年 9 月

产品名称	定额费用/元	脱离定额差异/元	计划价格费用/元	材料成本差异率/%	材料成本差异/元
甲产品	58 800	-1 100	57 700	-1	-577
……					
合计					

材料成本差异一般均由完工产品成本负担，月末在产品不负担材料成本差异。

(四) 核算定额变动差异

定额变动差异，是指由于修改消耗定额或生产耗费的计划价格而产生的新旧定额差额。在采用新技术、新方法、新工艺的情况下，为了有效地控制成本，企业需要修改旧定额或重新制定新定额。定额变动差异表明企业在新技术运用及生产管理等方面的能力提高程度。

$$定额变动差异 = 旧定额成本 - 新定额成本$$

定额变动差异是定额本身变动的结果，它与生产费用的超支或节约无关，而脱离定额差异则反映生产费用支出符合定额的程度。定额变动差异与脱离定额差异不仅经济内容和作用不同，而且在核算方法上也不同。定额变动差异不经常发生，不需要经常核算，只是在修订定额时才进行核算；而脱离定额差异则是经常发生的，要及时核算。

一般情况下，为了简化核算，新定额往往在年初或月初付诸实施。在新定额实施的月份，当月投产产品的定额费用都是按新定额计算的，而月初在产品的成本则是按上个月的旧定额计算结转来的。月初在产品和当月投产产品的定额口径不一致，不能直接相加减，必须将月初在产品的旧定额成本按新定额调整后，才能与本月投产产品的定额成本相加减。在调整定额变动差异时，一方面将月初在产品的旧定额成本调整为新定额成本，另一方面以相同的金额、相反的方向计算定额变动差异，以保证月初在产品的实际总成本不变。

定额变动差异应分别按成本项目进行计算，其计算方法有直接计算法和系数法。

1. 直接计算法

直接计算法就是根据月初在产品的数量及修订前后的消耗定额，计算月初在产品的新旧定额消耗量，从而确定新旧定额的差异，也就是定额变动差异。这种方法要按照零部件和工序进行计算，工作量较大。一般适用于产品零部件种类较少的情况。其计算公式如下：

$$月初在产品定额变动差异 = 月初在产品中定额变动的零件数量 \times (旧定额 - 新定额)$$

2. 系数法

系数法是将按新旧定额所计算出的单位产品费用进行对比，求出系数，然后根据系数，计算定额变动差异。其计算公式如下：

$$系数 = \frac{按新定额计算的单位产品费用}{按旧定额计算的单位产品费用}$$

$$月初在产品定额变动差异 = 按旧定额计算的月初在产品费用 \times (1 - 系数)$$

【例8-11】 嘉陵厂第一车间生产甲产品，甲产品的材料耗费从2016年9月起实行新的材料消耗定额，单位产品新的材料费用定额为70元，旧的材料费用定额为80元。甲产品月初在产品按旧定额计算的直接材料定额费用为4 800元。

$$系数 = \frac{70}{80} = 0.875$$

$$月初在产品定额变动差异 = 4\,800 \times (1 - 0.875) = 600 (元)$$

采用系数法来计算月初在产品定额变动差异虽然较为简便，但由于系数是按照单位产品计算，而不是按照产品的零部件计算的，因而它只适用于在零、部件成套生产或零、部件成套性较大的情况下采用。定额变动差异一般应按照定额成本比例，在完工产品和月末在产品之间进行分配。如果定额变动差异数额较小，也可以全部由完工产品负担，月末在产品不负担。在定额法下，产品实际成本的计算公式应补充为：

$$产品实际成本 = 按现行定额计算的定额成本 \pm 脱离现行定额差异 \pm$$
$$材料成本差异 \pm 月初在产品定额变动差异$$

采用定额法计算产品成本，生产成本明细账应按成本项目分别体现定额费用、脱离定额差异、材料成本差异及定额变动差异，以便于计算完工产品及月末在产品的实际成本。

三、定额法举例

【例 8-12】 沿用前面嘉陵厂 2016 年 9 月生产甲产品的举例资料，甲产品定额工时为 1.8 小时/件。该产品各项消耗定额比较准确稳定，为加强定额管理和成本控制，采用定额法计算产品成本。该产品的定额变动差异和直接材料成本差异全部计入完工产品成本；脱离定额差异按定额成本比例，在完工产品与月末在产品之间进行分配。

（1）根据例 8-7 中的"直接材料定额费用和脱离定额差异汇总表"，核算直接材料费用，编制会计分录如下：

借：基本生产成本——甲产品——直接材料——（定额成本）　　　　58 800
　　　　　　　　　　　　　　　　　　　　——（脱离定额差异）　　1 100
　　贷：原材料——A 材料　　　　　　　　　　　　　　　　　　　24 900
　　　　　　　——B 材料　　　　　　　　　　　　　　　　　　　32 800

（2）根据例 8-8 中的"直接人工定额费用和脱离定额差异汇总表"，核算直接人工费用，编制会计分录如下：

借：基本生产成本——甲产品——直接人工——（定额成本）　　　　11 840
　　　　　　　　　　　　　　　　　　　　——（脱离定额差异）　　1 340
　　贷：应付职工薪酬　　　　　　　　　　　　　　　　　　　　　10 500

（3）根据例 8-9 中的"制造费用定额费用和脱离定额差异汇总表"，分配制造费用，编制会计分录如下：

借：基本生产成本——甲产品——制造费用——（定额成本）　　　　29 600
　　　　　　　　　　　　　　　　　　　　——（脱离定额差异）　　1 040
　　贷：制造费用　　　　　　　　　　　　　　　　　　　　　　　28 560

（4）根据例 8-10 中的"材料成本差异分配表"，分配结转材料成本差异，编制会计分录如下：

借：基本生产成本——甲产品——直接材料——（材料成本差异）　　577
　　贷：材料成本差异——原材料　　　　　　　　　　　　　　　　577

根据上述分录登记甲产品的基本生产成本明细账，见表 8-17，在本月完工产品和月末在产品之间计算分配脱离定额差异，并计算完工产品成本和月末在产品成本。

表 8-17　基本生产成本明细账

产品：甲　　　　　　　　2016 年 9 月　　　　产量 800 件　　　　单位：元

摘　要		直接材料	直接人工	制造费用	合　计
月初在产品	定额成本	4 800	432	1 080	6 312
	脱离定额差异	-102	58	180	136
月初在产品 定额变动	定额成本调整	-600			-600
	定额变动差异	600			600
本月生产费用	定额成本	58 800	11 840	29 600	100 240
	脱离定额差异	-1 100	-1 340	-1 040	-3 480
	材料成本差异	-577			-577

续表

摘　要		直接材料	直接人工	制造费用	合　计
生产费用合计	定额成本	63 000	12 272	30 680	105 952
	脱离定额差异	-1 202	-1 282	-860	-3 344
	材料成本差异	-577			-577
	定额变动差异	600			600
脱离定额差异分配率		-0.019 1	-0.104 5	-0.028	
完工产品成本	定额成本	56 000	11 520	28 800	96 320
	脱离定额差异	-1 069.60	-1 203.84	-806.40	-3 079.84
	材料成本差异	-577			-577
	定额变动差异	600			600
	实际成本	54 953.40	10 316.16	27 993.60	93 263.16
月末在产品	定额成本	7 000	752	1 880	9 632
	脱离定额差异	-132.4	-78.16	-53.6	-264.16

上表甲产品基本生产成本明细账中，月初在产品定额变动调整是根据例 8-11 的计算资料反映的。脱离定额差异率的计算如下：

$$直接材料脱离定额差异率 = \frac{-1\ 202}{63\ 000} = -0.019\ 1$$

$$直接人工脱离定额差异率 = \frac{-1\ 282}{12\ 272} = -0.104\ 5$$

$$制造费用脱离定额差异率 = \frac{-860}{30\ 680} = -0.028$$

（5）结转完工产品成本。

借：库存商品——甲产品　　　　　　　　　　　　　　　　93 263.16
　　贷：基本生产成本——甲产品——（定额成本）　　　　　96 320
　　　　　　　　　　　　　　　——（脱离定额差异）　　　3 079.84
　　　　　　　　　　　　　　　——（材料成本差异）　　　577
　　　　　　　　　　　　　　　——（定额变动差异）　　　600

四、定额法的优缺点及适用条件

（一）优点

（1）有利于加强成本的日常控制。定额法能够在生产费用发生时反映脱离定额差异，便于企业及时发现问题，及时采取措施，有效地促进生产耗费的节约，从而降低产品成本。

（2）有利于进行成本分析。定额法既提供定额成本资料，又提供各种成本差异资料，有利于企业分析差异产生的原因，挖掘企业降低成本的潜力。

（3）有利于提高定额管理水平。企业可通过定额法提供的资料，检验定额成本的制定是否科学合理。如果定额成本与实际成本偏差较大，应及时修订各项定额，提高定额管理水平。

（二）缺点

采用定额法计算产品成本计算工作量较大。这是因为采用定额法必须制定定额成本，单独核算脱离定额差异，在定额变动时还必须修订定额成本，计算定额变动差异。

（三）适用条件

采用定额法计算产品成本，企业应具备三个条件：①定额管理制度比较健全，定额管理基础比较好；②产品的生产已经基本定型，消耗定额比较准确、稳定；③成本核算人员应具备较高的专业素质。

第九章 其他行业成本核算方法

★学习目标

1. 了解商品流通企业、建筑施工企业、物流企业和农业企业生产经营的特点。
2. 理解商品流通企业、建筑施工企业、物流企业和农业企业的成本构成及成本核算特点。
3. 熟悉商品流通企业、建筑施工企业、物流企业和农业企业的成本核算程序。
4. 掌握商品流通企业、建筑施工企业、物流企业和农业企业的成本核算方法并能进行成本核算。

★章前导读

刘清泉、陈澄、张波、李丽是某大学会计学专业的学生,在毕业时分别签订了商品流通企业、建筑施工企业、物流企业和农业企业的会计岗位就业协议。四名同学对工业企业成本核算程序与方法相对比较熟悉,而对各自就业单位所在行业企业的成本核算程序与方法不甚清楚,存在以下疑惑:

1. 商品流通企业、建筑施工企业、物流企业和农业企业等非工业企业的成本核算与成本管理有何特殊性?
2. 其他行业企业能否直接按照工业企业的成本核算程序与方法开展成本核算工作?
3. 上述不同行业企业成本对象应如何确定?成本核算应设置哪些账户?

请你帮助上述四名同学解答他们的疑惑。

第一节 商品流通企业的成本核算

一、商品流通企业及其成本核算的特点

(一)商品流通企业的经营特点

1. 商品流通与商品流通企业的含义

商品流通是指商品通过买卖方式,从生产领域转移到消费领域的过程。商品流通具有两个

基本特征：一是商品实物的转移；二是通过货币结算的买卖行为。商品流通企业的基本职能是通过购销经营活动，完成产品从生产领域到消费领域的转移。商品流通过程通常要通过批发和零售两个环节。商品在批发环节的流通活动，称为批发商品流通；商品在零售环节的流通活动，称为零售商品流通。

商品流通企业是指所有独立从事商品流通活动的企业单位。商品流通企业以货币为媒介进行商品交换活动，不进行生产活动，因而没有生产过程和生产环节，其主要业务活动是商品的购进与售出，以商品购进开始，以商品售出而结束。我国商品流通企业包括商业、供销、外贸、粮食、物资、图书发行及从事医药、石油、烟草等其他商品流通企业。商品流通企业可以分为批发企业和零售企业。

2. 商品流通企业的经营特点

与工业企业等其他行业企业相比较，商品流通企业的经营活动具有以下三个明显的特点：

（1）经营活动的主要内容是商品购销。前已述及，商品流通企业的基本职能是通过购销经营活动，完成产品从生产领域到消费领域的转移，即商品流通企业主要通过商品的进、销、调、存等业务活动来开展经营活动，其中商品购销业务是基本业务。

（2）商品资产在企业全部资产中占有较大比例，是企业资产管理的重点。前已述及，商品流通企业不进行生产活动，因而没有生产过程和生产环节，自然就没有生产企业中占企业资产极大比例的厂房、生产设备等固定资产。商品流通企业的主要业务活动是商品的购进与售出，因此商品资产在企业全部资产中占有较大比例，是企业资产管理的重点。

（3）企业营运资金活动的轨迹是"货币——商品——货币"。从价值运动角度来看，商品流通过程同时也是资金运动过程，它们是同一商品流通过程的两个方面。在商品流通企业的主要业务活动过程中，企业通过采购活动，以支付货币资金形式采购所需商品，在购入商品及待售环节便以商品实物形态存在，待商品销售收回货款后又表现为货币资金形态。因此，商品流通企业主要业务活动的资金运动轨迹表现为"货币——商品——货币"。

（二）**商品流通企业成本的内容**

商品流通企业成本的内容因商品来源和采购方式不同而各有差异，但其基本内容是相同的。不同来源与采购方式的商品成本的内容如下：

（1）国内购进用于国内销售和出口的商品，以进货时所支付的价税款扣除按规定计算的进项增值税款后的金额作为采购成本，购进商品发生的进货费用作为当期损益列入期间费用。

（2）企业进口的商品，其采购成本包括进口商品的国外进价、应分摊外汇价差、关税和佣金。如以离岸价格成交的，其离岸后应由企业负担的运费、保险费等，也应计入采购成本。

（3）企业委托其他单位代理进口的商品，其采购成本为实际支付给代理单位的全部价税款，扣除按规定计算的进项税额后的数额。

（4）企业购进免税农产品的采购成本为支付收购价款扣除按规定计算的进项税款后的数额。

（5）年应税销售额在500万元以下的小规模纳税企业购进的商品，无论是否取得增值税专用发票，其支付的增值税额都不计入进项税额，不得从销项税中抵扣而计入商品的采购成本。

商品流通企业购进商品时，无论是从国外购进，还是从国内购进，其发生的购货折扣、退回和折让以及经确认的索赔收入均应冲减商品进价成本。

（三）**商品流通企业费用的内容**

商品流通企业费用是指商品在流通过程中发生的各种耗费的货币表现，属于费用开支的范

围,其内容如下:

(1) 支付给本企业工作人员的工资、福利费、工资性的津贴和奖金。

(2) 支付给其他企业的费用,如运杂费、邮电费、广告费、手续费、水电费、修理费等。

(3) 商品在进、销、存过程中发生的自然损耗。

(4) 企业在业务经营过程中发生的各种物资消耗,如包装物、低值易耗品的摊销,以及固定资产的折旧等。

(5) 按现行制度规定列入费用的支出,如房产税、车船税、印花税和城镇土地使用税等。

(6) 企业在经营期间发生的利息净支出、汇兑净损失、支付给金融机构的手续费等。

(7) 商品流通过程中发生的各项管理费用及其他必要的开支。其主要包括销售费用、管理费用和财务费用。

销售费用是指商品流通企业在购进、储存、销售等经营环节所发生的各项费用,主要包括运输费、装卸费、整理费、包装费、保险费、展览费、保管费、检验费、广告费、商品损耗、进出口商品累计佣金、营销人员工资及福利费等。

管理费用和财务费用这两项费用的内容与工业企业期间费用的内容相同。

(四) 商品流通企业成本核算的特点

商品流通企业的经营特点决定了其成本核算的特点,其主要表现在以下四个方面。

1. 成本计算对象的特殊性

商品流通企业主要进行各类商品的购进与销售业务。为准确核算商品购销成本,企业应按照所经营的各种商品作为成本计算对象,计算商品的购销成本。但是,由于商品流通企业经营商品的多样性,商品品种、规格繁多,少则几百种,多则上万种,不同商品的购销数量也有差异。因此,为了简化核算工作和提高核算工作效益,商品流通企业一般以商品的类别作为成本计算对象,即按照商品的类别进行商品成本的核算。

2. 商品经营成本分类核算的特殊性

商品经营成本是从事商业活动所发生成本的总称,包括商品进价成本和经营商品的流通费用。在商品购进过程中,要发生买价、进口关税、委托加工成本等支出,这些支出在实务中称为"进价成本"。在商品采购过程中发生的采购费、运杂费,以及商品的保管费、包装费、检验费、广告费、从事商品流通人员的工资与福利费等费用,就性质而言分别属于采购成本和销售成本,为了便于管理和核算,对这些费用没有做进一步的区分,而是作为"经营费用"单独核算,这些费用的处理与工业企业将类似费用分别作为材料采购成本、销售费用、管理费用处理有所不同。商品流通企业管理费用、财务费用的构成和核算则与工业企业类同。

3. 以会计期间作为成本计算期

因商品流通企业不生产产品,没有生产过程和生产环节,也就不会出现成本计算与会计报告期不一致的情况。同时,为了便于按期计算损益,也为了便于分期编制计划和考核,商品流通企业一般以会计报告期为时间界限,分期结算经营商品的成本。

4. 商品成本计价的多样性

在商品经营过程中发生的商品进价成本、储存成本、经营费用、管理费用等,在实务中可以按经营环节分为进价成本、储存成本、销售成本;可以将购进、储存环节的成本合并为存货成本;也可以将商品进价与购、存、销过程中发生的各项流通费用分开,计算购进成本和经营费用。商品进价与各项流通费用之间的不同组合方式形成商品流通企业不同的成本汇集方式。我国商品流通企业对商品经营成本的核算主要采用计算库存商品和销售商品的总成本、核算商品进价成本和销售成本两种汇集方式。其中,目前较为常用的是核算商品进价成本和销售成本方式。

二、商品流通企业的成本核算方法

商品流通企业成本的核算方法主要有数量进价金额核算法、数量售价金额核算法、售价金额核算法、进价金额核算法四种。

（一）数量进价金额核算法

1. 数量进价金额核算法的具体操作办法

（1）"库存商品"的总分类账和明细分类账统一按进价记账。总分类账反映库存商品进价总值；明细分类账反映各种商品的实物数量和进价金额。

（2）"库存商品"明细账按商品的编号、品名、规格、等级分户，按商品收、付、存分栏记载数量和金额，数量要求永续盘存。

（3）根据企业经营管理需要，在"库存商品"总分类账和明细分类账之间，可设置"库存商品"类目账，按商品大类分户，记载商品进、销、存金额。

（4）在业务部门和仓库设置商品账，分户方法与"库存商品"明细账相同，记载商品收、付、存数量，不记金额。

（5）根据商品的不同特点，采用不同方法定期计算和结转已销商品的进价成本。

2. 数量进价金额核算法的优缺点与适用范围

数量进价金额核算法的优点是能全面反映各种商品进、销、存的数量和金额，便于从数量和金额两个方面进行控制。数量进价金额核算法的缺点是每笔进、销货业务都要填制凭证，按商品品种逐笔登记明细分类账，因而其核算工作量较大，手续较繁。因此，数量进价金额核算法一般适用于规模较大、经营金额较大、批量较大而交易笔数不多的大中型批发企业。

（二）数量售价金额核算法

数量售价金额核算法主要内容基本与数量进价金额核算法相同，都是按商品品种设置明细账，实行数量和金额双重控制。其不同之处有两点：①"库存商品"总分类账、类目账和明细账均按售价记账；②设置"商品进销差价"账户，记载售价金额和进价金额之间的差额，定期分摊已销商品进销差价，计算已销商品进价成本和结存商品的进价金额。

由于采用售价记账，逢商品售价变动，就要盘点库存商品，调整商品金额和差价，核算工作量较大，因此数量售价金额核算法一般适用于经营金额较小、批量较少的小型经营批发的企业，以及经营零售企业的库存商品和贵重商品的核算。

（三）售价金额核算法

1. 售价金额核算法的具体操作办法

（1）建立实物负责制。根据岗位责任制的要求，按商品经营的品种和地点，确定实物负责人，对其经营的商品承担全部责任。

（2）售价记账，金额控制。库存商品的进、销、存一律按销售价格入账，只记金额，不记数量，库存商品总分类账反映售价总金额及各实物负责人的经济责任，明细分类账按实物负责人分设，反映各实物负责人所经营的商品的售价金额。

（3）设置"商品进销差价"账户。由于"库存商品"账户按售价反映，商品购进支付的货款是按进价计算的，因此设置"商品进销差价"账户以反映商品进价与售价之间的差价，正确计算销售商品的进价成本。

2. 售价金额核算法的优缺点与适用范围

售价金额核算法的优点是可以简化核算手续，减少工作量，是零售企业商品核算的主要方法。售价金额核算法的缺点是由于只记金额，不记数量，库存商品账不能提供数量指标以控制商品进、销、存的情况，一旦发生差错，难以查明原因。因此，售价金额核算法一般适用于零售企业。

（四）进价金额核算法

1. 进价金额核算法的具体操作办法

（1）库存商品总分类账和明细分类账一律以进价入账，只记金额，不记数量。

（2）库存商品明细账按商品大类或柜组设置，对需要掌握数量的商品，可设置备查簿。

（3）平时销货账务处理，只核算销售收入，不核算销售成本。月末采取"以存计销"的方法，通过实地盘点库存商品，倒挤商品销售成本。

2. 进价金额核算法的优缺点与适用范围

采用进价金额核算法，可以简化核算手续，节约人力、物力，但平时不能掌握库存情况，且对商品损耗或差错事故不能控制，一般适用于鲜活商品的核算。

三、批发企业的成本核算

（一）批发企业的经营特点

批发企业是指将批量从生产企业或其他企业购进的商品销售给其他商业企业继续流通，或者销售给其他生产企业进行进一步加工的企业。批发企业的经营活动具有以下四个方面的特点：①购销业务发生的次数少，但每次成交额较大；②一般商品需要经储存后才能销售；③商品经营多按购销合同执行；④商品价格受供求关系、批量大小、购销地点远近、结算方式等多种因素影响，往往不稳定。

（二）批发企业商品采购成本的确定

在商品流通企业中，为销售而购进商品的进价成本就是商品采购成本，其成本确定因采购商品的不同而不同。批发企业商品采购成本的确定与前述商品流通企业成本的内容类似，不再赘述。

（三）批发成本核算应设置的主要账户

1. "材料采购"账户

"材料采购"账户的借方反映按进价确定的商品采购成本；贷方反映已验收入库商品按进价转入"库存商品"账户的商品采购成本；期末借方余额反映企业在途商品的采购成本。企业从国内采购或国外进口的商品，凡是通过本企业结算货款而商品尚未到达的，都在本账户核算。账户应按供货单位、商品类别等设置明细账（采用平行式明细账页）。企业经营进、出口商品的，可根据需要分别按进口商品采购和出口商品采购进行明细核算。商品流通企业采购商品也可以不通过本账户核算，因采购商品而在期末发生在途商品，以及采用商品实际成本进行核算的企业，可将本账户改为"在途物资"，并按照在途物资的核算方法进行核算。

2. "主营业务成本"账户

"主营业务成本"账户核算企业已销商品的销售成本。该账户的借方反映商品销售后，从"库存商品"账户转入的商品进价成本；贷方反映当期销售商品进价成本结转"本年利润"账户的总额；该账户期末结转后无余额。其明细账应按商品的类别或品种设置。

（四）批发企业商品采购成本的核算

批发企业在收到采购商品的有关发票账单时，应据以确认商品采购成本，并计入"材料采购"账户。有关发票账单包括销售单位开具的发货票,企业开出支付货款的支票、银行本票、银行汇票的底单,企业承付销售单位异地托收或委托收款的银行付款通知和其他单据,以及企业开出经承兑的商业汇票等。企业购入商品时,根据增值税专用发票上列示的价款,借记"材料采购"(或"在途物资")账户;根据专用发票上注明的增值税额,借记"应交税费——应交增值税(进项税额)"账户;根据应付或实付的金额,贷记"应付账款""应付票据""银行存款"等账户;待商品验收入库时,按进价借记"库存商品"账户,贷记"材料采购"(或"在途物资")账户。

【例9-1】 某商品批发企业(以下称"甲公司")从外地购入一批成品衣物,收到的增值税专用发票上列示价款100 000元和增值税额16 000元,运输公司开具的增值税专用发票金额为2 000元(增值税率10%),所有款项均以银行存款支付。

(1) 收到有关发票账单时,据以编制会计分录如下:

借:材料采购　　　　　　　　　　　　　　　　　　　　　　100 000
　　销售费用　　　　　　　　　　　　　　　　　　　　　　　2 000
　　应交税费——应交增值税(进项税额)　　　　　　　　　　16 200
　　贷:银行存款　　　　　　　　　　　　　　　　　　　　118 200

(2) 仓库验收商品入库时,根据验收单等凭证编制会计分录如下:

借:库存商品　　　　　　　　　　　　　　　　　　　　　　100 000
　　贷:材料采购　　　　　　　　　　　　　　　　　　　　100 000

(五)批发企业商品销售成本

1. 确定商品销售成本的方法

商品销售成本是指已销商品的进价成本。按现行会计制度的规定,确定已销商品成本单价的方法有先进先出法、加权平均法、个别计价法、毛利率法等。在已销商品数量确定的情况下,其成本单价的确定是正确计算商品销售成本的关键。企业可根据谨慎性、可比性等会计信息质量要求任选其中一种,但方法一经确定,年度内不得随意变更。下面介绍毛利率法,其他方法可以参照工业企业材料发出的核算。

毛利率法是指根据企业上季度实际或本月计划的毛利率计算商品销售毛利,再以本月商品销售额减去商品销售毛利,以计算商品销售成本的一种方法。商品销售额大于其销售成本的部分称为商品毛利。毛利额占商品销售额的百分比称为毛利率。

其计算公式如下:

本月已销商品毛利额 = 本月商品销售额 × 上季度实际(或本季度计划)毛利率

一般来说,批发企业同类商品的毛利率大致相同,所以在计算同类商品成本时用毛利率法较简便准确。

【例9-2】 某批发企业一季度甲类商品的销售收入为642 600元,其已销商品进价成本为565 488元,该类商品4月份的销售收入为200 000元。该类商品7月份的销售成本计算如下:

一季度甲类商品的毛利率 = (642 600 - 565 488)/642 600 × 100% = 12%

4月份甲类商品的销售成本 = 200 000 × (1 - 12%) = 176 000(元)

由于本月毛利额是根据上季度实际毛利率或本季度计划毛利率为基础计算的,因而有时商品销售成本计算不够准确。为了保证存货计价的正确性和销售成本的真实性,按现行制度的规定,采用毛利率法的企业,每季度末应采用加权平均法或其他方法,在库存商品明细账中计算出该季度已销商品的实际成本,用该季度商品实际销售成本减去前两个月已结转的成本,得出该季末的月份应结转的销售成本,以调整前两个月的销售成本。

【例 9-3】 同例 9-2。甲类商品 5 月份的销售收入为 220 000 元。6 月份末，会计人员采用先进先出法，按商品品种逐一计算并汇总得出该类商品第二季度的实际销售成本为 551 000 元。

  5 月份甲类商品销售成本 = 220 000 ×（1 − 12%）= 193 600（元）
  6 月份甲类商品销售成本 = 551 000 − 176 000 − 193 600 = 181 400（元）

2. 商品销售成本的结转方法

批发企业采用一定的方法确定商品销售成本后，还应将商品销售成本从库存商品账户转入成本账户。编制有关销售成本结转的会计分录如下：

借：主营业务成本——××商品
  贷：库存商品——××商品

批发企业销售成本的结转与商品销售收入的确认必须在同一会计期间。

四、零售企业的成本核算

（一）商品零售企业的经营特点

零售企业是指以向个人或社会团体消费者零星出售商品为主要经营业务的商品流通企业。零售企业从批发企业或直接从生产企业批量购进商品，然后通过零售商店零星出售给个人和单位用于生活消费或生产消费，是商品流通的最终环节。零售企业的经营特点主要有以下三个方面：①交易频繁，每次交易额小，购销关系不稳定；②商品品种繁多，库存数量不大；③销售价格相对稳定。零售企业的经营特点，使其成本核算具有与批发企业不同的特点。零售企业商品采购和销售的核算，要适应其商品购销活动的特点和经营管理的要求，除鲜活商品外，一般采用售价金额核算法，且只核算金额不核算数量。

（二）售价金额核算法的主要内容

1. 建立实物负责制

在售价金额核算法下，库存商品明细账只记金额，不记数量，不利于加强库存商品实物的管理。因此，为了克服其不足，企业需要建立相应的实物负责制度。在这种制度下，零售企业按经营商品的种类、存放地点和管理要求，划分为若干个经营小组，并确定实物负责人，由其所经营的商品数量、质量负全部经济责任。

2. 库存商品按售价金额计价入账

库存商品的总分类账和明细分类账一律按销售价记账，只记金额，不记数量。库存商品总账按照售价（含增值税）金额登记，按售价金额总括反映库存商品的增减变化及其结果。总分类账总括反映库存商品进、销、存的情况；明细分类账按实物负责小组或小组负责人设置，详细反映库存商品进、销、存的情况。

3. 设置"商品进销差价"账户

由于库存商品按售价记账，而购进商品按进价付款，为了正确反映企业库存商品资金实际占用额，就必须设置"商品进销差价"账户，用来核算商品进价与售价之间的差额，并定期计算和分摊已销商品的进销差价。该账户的贷方登记库存商品售价金额与进价金额的差额；借方登记已销商品应分摊的进销差价金额。

4. 加强商品盘点

实行售价金额核算，库存商品只有金额控制，没有数量记录。因此，只有通过对库存商品的实地盘点，确定库存商品数量才能核实库存商品的金额，检查实物负责人的经济责任。零售企业每月应对库存商品进行盘点，将各实物负责人所经营的各种商品的盘存数量与该商品售价的乘积与账面价值核对相符，以考核各实物负责人的责任制执行情况和加强对库存商品实物的管理。

5. 建立、健全各业务环节手续制度

零售企业要建立健全商品购进、销售、调价、盘点、升溢、损耗等各项业务环节手续制度，并填制有关业务凭证加强物价管理、商品管理和销货款管理。

（三）零售企业商品采购成本的核算

企业购入商品时，按照实际进价，借记"材料采购"账户（或"在途物资"账户）；根据专用发票上注明的增值税额，借记"应交税费——应交增值税（进项税额）"账户；根据应付或实付的金额，贷记"应付账款""应付票据""银行存款"等账户。商品验收入库后，各实物负责人应根据商品验收单，借记"库存商品"账户，按商品的进价贷记"材料采购"账户。另外，还要将商品进售价之间的差额通过"商品进销差价"账户进行登记。"商品进销差价"账户是资产类账户，实质上它是资产的抵减账户，对库存商品起调整作用。它的贷方登记购进商品售价大于进价的差额、商品调价以及财产溢余增值等因素增加的差价；借方登记购进商品售价小于进价的差额、销售商品已实现的差价以及商品短缺和调价减值等而转销的差价；余额表示库存商品的进销差价。

【例9-4】 兴蓉药店于2017年10月从本市药品批发公司购进一批药品，增值税专用发票注明进价共计46 000元，其增值税额为7 360元，货款已转账支付。经物价部门核定含税零售价总值52 200元。

（1）根据供货单位的增值税专用发票编制会计分录如下：

借：材料采购　　　　　　　　　　　　　　　　　　　　　　　　46 000
　　应交税费——应交增值税（进项税额）　　　　　　　　　　　 7 360
　　贷：银行存款　　　　　　　　　　　　　　　　　　　　　　 53 360

（2）根据"零售药品验收单"，编制会计分录如下：

借：库存商品　　　　　　　　　　　　　　　　　　　　　　　　52 200
　　贷：材料采购　　　　　　　　　　　　　　　　　　　　　　 46 000
　　　　商品进销差价　　　　　　　　　　　　　　　　　　　　　6 200

（四）零售企业商品销售成本的核算

1. 商品销售成本的核算

采用售价金额核算法的零售企业，在商品销售后按售价借记"主营业务成本"账户，贷记"库存商品"账户。要计算按进价反映的商品销售成本，必须从已销商品售价金额中扣除进销差价。鉴于零售企业销售业务发生频繁，经营商品品种繁多，而且各种商品进销差价不同，为了简化核算工作，零售企业平时不随商品的销售随时计算和结转已销商品进销差价，购进商品的进销差价平时在"商品进销差价"账户中归集。由于"主营业务成本"账户平时不反映已销商品的进价成本，因而平时账面上也就反映不出销售商品实现的毛利。每月月末，零售企业需按照综合平均差价率将全部商品进销差价在已销商品和结存商品之间分配，将已销商品应分配的进销差价在月末一次转入"主营业务成本"账户贷方，这样"主营业务成本"账户按售价反映的借方发生额减去其贷方反映的应分配进销差价，就得出按进价反映的商品销售成本。而已销商品应分配的进销差价就是销售商品实现的毛利。

综合平均差价率 = "商品进销差价"账户余额 ÷（期末"库存商品"账户余额 +
　　　　　　　　期末"委托代销商品"账户余额 + 期末"发出商品"账户余额 +

本期"主营业务收入"账户贷方发生额)×100%

已销商品应分摊的进销差价＝已销商品售价总额×综合平均差价率

已销商品的销售成本＝已销商品售价总额－已销商品应分摊的进销差价

【例9-5】 兴蓉药店2017年10月31日的有关资料如下：

"库存商品"账户借方余额477 000元（含税）；

"商品销售收入"账户贷方发生额649 000元（不含税）；

实地盘点倒挤的已销商品售价总额703 300元（含税）；

"商品进销差价"账户贷方余额236 000元（含税）。

根据上述资料，采用综合平均差价率计算如下：

$$综合平均差价率 = \frac{236\ 000}{477\ 000 + 703\ 300} = 20\%$$

10月份已销商品应分摊的进销差价＝703 300×20%＝140 660（元）

10月份已销商品销售成本＝703 300－140 660＝562 640（元）

2. 商品销售成本的结转

零售企业在销售商品后，同样应将已销商品的销售成本从"库存商品"账户结转到"主营业务成本"账户。在售价金额核算法下，由于库存商品是按售价登记的，商品销售成本应是已销商品的进价成本，因此会计人员应先在"主营业务成本"账户的借方登记从"库存商品"账户转入的已销商品的售价金额，然后在贷方登记从"商品进销差价"账户转入的已销商品应分摊的进销差价，以便将借方所记的售价金额调整为进价成本。为了简化核算，零售企业结转商品销售成本的工作一般在月末进行。

【例9-6】 仍采用例9-5的资料，兴蓉药店10月份结转商品销售成本的有关会计分录如下：

（1）月末结转商品销售成本：

借：主营业务成本　　　　　　　　　　　　　　　　　　　　　703 300

　　贷：库存商品　　　　　　　　　　　　　　　　　　　　　　703 300

（2）分摊已销商品的进销差价：

借：商品进销差价　　　　　　　　　　　　　　　　　　　　　140 660

　　贷：主营业务成本　　　　　　　　　　　　　　　　　　　　140 660

3. 商品销售成本的年末调整

因为零售企业的商品成本不是按照实际成本进行结算，所以会出现误差。为了正确核算商品销售成本与经营成果，在年终决算前，零售企业应对商品进销差价进行核实并调整。

（1）需要盘点商品。各柜组对全部商品进行盘点，根据每种商品的实存数量，分别乘以该种商品的进价和售价，计算出每种结存商品的进价金额和售价金额，并汇总计算出全部结存商品的进价金额和售价金额，再进一步计算出全部结存商品的进销差价。

其计算公式如下：

结存商品进价金额 ＝ $\sum$（各种商品实存数量×各种商品进价）

结存商品售价金额 ＝ $\sum$（各种商品实存数量×各种商品售价）

结转商品进销差价＝结存商品售价金额－结存商品进价金额

（2）调整商品销售成本。各柜组将核实得出的结存商品进销差价与调整前"商品进销差价"账户余额进行比较，计算出应予调整的实际进销差价与账面进销差价的差异数。如果库存商品账面进销差价小于实际进销差价的差异，说明以前月份多转了已销商品进销差价，少算了销售成本，虚增了毛利，应调增本月份的商品销售成本，借记"主营业务成本"账户，贷记"商品进销差价"账户；反之则反向作以上分录。

第二节　建筑施工企业成本核算

一、建筑施工企业生产经营的特点

建筑施工企业隶属于建筑业，是重要的物质生产部门，是指专门从事土木工程、房屋建造、设备安装工程和其他专业工程的生产性企业。建筑施工企业的生产经营内容比较多，包括铁路、公路、房屋等基础建设；电力、通信线路，石油、燃气、供热等管道敷设系统和各类机械设备、装置的安装工程及建筑物内、外的装修等。建筑施工企业的生产经营具有如下特点：

（一）建筑产品的固定性

建筑产品不同于工业产品，其每一建筑安装工程的位置都是固定的，因为其建造、安装等活动必须在建设单位项目所在的位置进行工程的施工。建筑产品一旦交付使用，就固定在那发挥其应有效益。

（二）施工生产的流动性强

正因为建设项目的固定性，决定着施工生产活动的流动性。不同工程的工人要在同一建筑物的不同部位上进行流动施工；生产工人要在同一工地上不同的单位工程之间进行流动施工；企业施工队伍要在不同工地、不同地区承包工程，进行区域性流动施工等。

（三）施工生产周期较长

生产周期是指从施工开始到工程竣工结算价款的全过程。建筑产品一般规模较大、造价高，多工种配合施工时受到时间和空间等因素的制约比较大，加上受自然条件等多种因素的影响，建筑施工企业生产周期相对较长，一般要跨年度施工，有的可长达几年甚至十几年或更长的时间。

（四）产品的多样性和单件性

每一件产品有其自身的特点及专门的用途，建筑施工企业只能按照建设单位的需求进行生产，导致每项建筑产品存在诸多的不同和差异，这就造成产品的多样性。此外，由于建筑施工企业生产的建筑产品不能进行大量和批量生产，有生产产品单件性的特点。与此同时，其生产产品的单件性和建筑生产的多样性，不同程度地增加了产品的建造成本。

二、工程成本项目

工程成本是指建筑施工企业为完成特定的建筑安装工程任务，在工程施工过程中发生、按一定的工程成本核算对象和成本项目归集的生产费用总和，包括直接费用和间接费用两部分。其中，直接费用是指直接耗用于施工过程，构成工程实体或有助于工程形成的各项支出，包括材料费、人工费、机械使用费和其他直接费用等。

（一）材料费

材料费是指建筑施工企业在生产过程中耗用的构成工程实体以及有助于形成工程实体的主要材料、辅助材料、构配件、零配件、半成品的成本以及周转材料的摊销额及租赁费等。

（二）人工费

人工费是指建筑施工企业从事建筑安装工程施工人员（不包括机械施工人员）的工资、奖金、福利费、津贴补贴等。

（三）机械使用费

机械使用费是指建筑施工企业在施工生产过程中使用施工机械和运输设备发生的各种费用，包括作业费用、租赁费用，以及施工机械的安装、拆卸和进出场费等。

（四）其他直接费用

其他直接费用是指建筑施工企业在施工生产过程中发生的除了材料费、人工费、机械使用费以外的可以直接计入成本核算对象的各种费用，包括有关的设计和技术费用、施工现场搬运费、检验试验费、工程定位复测费、场地清理费、流动施工津贴、特殊地区施工增加费和水电费等。

（五）间接费用

间接费用是指建筑施工企业下属的各施工单位（分公司、工区、施工队、项目部等）或生产单位为组织和管理施工生产活动所发生的各项费用，包括临时设施摊销费，施工单位管理人员工资、奖金、福利费、劳动保护费，固定资产的折旧费及修理费，物料消耗，低值易耗品摊销，取暖费，水电费，办公费，差旅费，财产保险费，工程修理费，排污费等。

在会计实务中，建筑施工企业在工程施工过程中发生的各项施工费用，直接费用应按照确定的对象和成本项目进行归集并直接计入各对象的成本项目；间接费用不能直接计入有关工程成本核算对象，应采用一定的分配方法，分配计入各工程成本核算对象的成本项目。

三、工程成本的计算对象

工程成本的计算对象应根据企业施工组织特点、施工工程的实际情况和工程价款结算办法来确定，也可以根据与施工图预算相适应的原则来确定。一般来说，施工企业应该以每一个单位工程作为成本计算对象。但是，一个施工企业要承包多个建设项目，每个建设项目的具体情况各不相同：有的工程规模很大、工期很长；有的是一些规模小、工期短的零星改扩建工程；有时一个工地上有若干个结构类型相同的单位工程同时施工、交叉作业。因此，应视承包工程的规模大小、结构类型、工期长短以及现场施工条件等具体情况，结合企业施工组织的特点和加强成本管理的要求以及考虑与施工图预算相适应等，确定建筑安装工程成本的计算对象。具体来讲，工程成本核算对象的确定主要有以下几种情况：

（一）一项建造合同包括一项工程情况下的成本核算对象确定

如果工程工序简单，在这种情况下，应当将整个合同作为一个成本核算对象。如果工程工序比较复杂，可按照主要工序设置成本核算对象。例如，仅包括一座隧道的建造合同，可以设置开挖和支护两个成本核算对象。

（二）一项建造合同包括多个单项工程或资产情况下的成本核算对象确定

一项包括建造数项资产的建造合同，如果每项资产均有独立的建造计划，可以和客户就每项资产单独进行谈判，并且每项资产的收入和成本可以单独辨认，满足这三项条件，应将每个单项资产单独作为成本核算对象进行工程成本核算。如果一项建造合同包括多个单项工程，但不同时具备上面所列条件的情况下，只能将该项建造合同作为一个成本核算对象进行核算，不能将建造合同拆分按每个单项工程单独作为成本核算对象来核算。

（三）一项或数项资产签订一组合同情况下的成本核算对象确定

一组合同无论对应单个客户还是多个客户，同时满足下列条件的，应当合并为单项合同：①该组合同按一揽子交易签订；②该组合同密切相关，每项合同实际上已构成一项综合利润率工程的组成部分；③该组合同同时或依次履行。同时具备三项条件的情况下，应将该组建造合同合并作为一个工程成本核算对象。

（四）追加资产建造的成本核算对象确定

追加资产的建造，满足下列条件之一的，应当作为单项合同，单独作为一个成本核算对象：①该追加资产在设计、技术或功能上与原合同包括的一项或数项资产存在重大差异；②认定该追加资产的造价时，不需要考虑原合同价款。

（五）工程承包的成本核算对象确定

承包单位所承包范围内的工程，应作为一个成本核算对象。

（六）工业设备安装工程的成本核算对象确定

工业设备安装工程可按单位工程或专业项目，如机械设备、管道、通风设备、工业筑炉的安装等作为工程成本计算对象。变电所、配电站、锅炉房等可按所、站、房等安装工程作为成本计算对象。

（七）独立施工装饰工程的成本核算对象确定

独立施工装饰工程的成本核算对象应与土建工程成本核算对象一致。工程成本核算对象一经确定，在一定期限内不能随意更改，若要更改应及时通知施工企业内部相关部门，以统一工程成本的核算口径，减少因此造成的成本分析和考核上的潜在矛盾。

四、工程成本核算的会计账户

施工企业为核算和监督在施工过程中各项费用的发生、归集和分配情况，正确计算工程成本，要设置下列总分类会计账户，在此基础上还要进行明细分类核算，以利于成本管理。

（一）"工程施工"账户

"工程施工"账户用于核算企业进行建筑工程和设备安装工程时所发生各项费用支出，但一般不包括被安装设备价值。该账户应按成本计算对象设置明细账，并按规定的成本项目分设专栏。

企业在施工过程中发生的职工薪酬、材料费、机械使用费、其他直接费及应分摊的间接费用和确认的合同毛利，记入"工程施工"账户的借方，贷方核算结转的已完工工程、竣工工程的实际成本和确认的合同亏损。合同完成后，本账户与"工程结算"账户对冲结平。某项合同完成前，"工程施工"账户一直保留该项合同有关数据。该账户余额反映累计发生的合同成本与累计确认的合同毛利。"工程施工"账户除了按施工合同设置二级明细账户外，还应在每项合同下再分设"成本"和"毛利"两个三级明细账户。

（二）"机械作业"账户

"机械作业"账户属于成本类账户，用于核算建筑施工企业及其内部独立核算的施工单位、机械站和运输队使用自有施工机械和运输设备进行机械作业所发生的各项费用。借方登记使用自有施工机械或运输设备所发生的各项费用，贷方登记本月末按受益对象分配结转的机械使用费。期末结转后，该账户一般无余额。该账户应设置"承包工程""机械出租"两个明细账户，在明细账户下再按施工机械种类和施工机械使用项目分别设置明细账户，并按规定的成本项目分设专栏，进行明细分类核算。企业及其内部独立核算的施工单位，从外单位或本企业其他内部独立核算的机械站租入施工机械时支付的机械租赁费,应直接记入受益对象的"工程施工——机械使用费"账户中,不通过"机械作业"账户核算。

(三)"生产成本"账户

"生产成本"账户用于核算建筑施工企业内部独立核算的工业企业为满足工程施工需要进行产品生产所发生的各项生产费用。该账户按成本核算对象设置明细账。借方登记在生产过程中发生的职工薪酬、材料费、机械使用费等,贷方登记结转完工产品实际成本,月末余额为未完工产品实际成本。独立核算的辅助生产部门(如机修车间、混凝土车间、木工车间、供水站、运输队)为工程施工、机械作业、专项工程等生产材料和提供劳务(如设备维修、构件现场制作等)所发生的费用,通过设置二级账户"生产成本——辅助生产成本"核算,月末应按一定的分配标准分配给各受益对象。

(四)"工程结算"账户

"工程结算"账户属于成本类账户,用于核算根据合同完工进度已向客户开出工程价款结算账单办理结算的价款。该账户是"工程施工"或"生产成本"账户的备抵账户,已向客户开出工程价款结算账单办理结算的款项记入该账户的贷方,合同完成后,该账户与"工程施工"或"生产成本"账户对冲后结平。

五、工程成本核算程序

工程成本核算程序是指建筑施工企业及其所属的各施工单位在进行工程成本核算时一般应采取的步骤及其顺序。工程成本核算一般按以下基本程序进行:

(一)确定工程成本对象

确定工程成本对象并据此开设"工程施工"总账和有关工程施工成本明细账。

(二)确定工程成本计算期

工程成本计算期一般与工程价款结算期一致,以便于收入与费用的合理配比。

(三)归集各项施工费用

将各项施工费用按照经济用途和发生地点归集到各相关成本账户。

(四)分配辅助生产费用

期末,将归集在"生产成本——辅助生产成本"账户的费用按各受益对象分配,分别记入"机械作业""工程施工"等账户。

(五)分配机械作业费用

期末,将归集在"机械作业"账户的费用按各受益对象分配,记入"工程施工"等账户。

(六)分配施工间接费用

期末,将归集在"工程施工——间接费用"账户的费用按各受益对象分配,记入"工程施工"等账户。

(七)计算和结转工程成本

期末,计算本期已完工程或竣工工程的实际成本,并将竣工工程的实际成本从"工程施工"账户的贷方结转到"工程结算"账户的借方。尚未竣工的实际成本仍然保留在"工程施工"账户,不予以结转。

六、施工企业工程成本核算的方法

（一）材料费的核算

材料费是指建筑施工企业在施工生产过程中耗用的构成工程实体以及有助于形成工程实体的主要材料、辅助材料、构配件、零件、半成品的成本以及周转材料的摊销额等。

企业必须根据发出材料的用途，严格划分工程用料和其他用料的界限，分别计入有关成本对象中。直接用于工程施工的材料记入"工程施工——合同成本（材料费）"账户借方，同时记入"材料费"项目中；用于所属辅助生产的材料记入"生产成本——辅助生产成本"账户；用于所属自有机械施工材料记入"机械作业"账户所属的明细账中，生产中用于组织管理生产活动的各种原材料，记入"工程施工——间接费用"账户及其所属的明细账借方。

月末，财会部门必须根据严格审核的各种领退料凭证，编制材料费分配表，作为各工程成本中材料费核算的依据。

【例9-7】 盛唐建筑施工公司承建甲、乙两项工程，月末，根据经审核的各种领料凭证、集中配料耗用分配表、大料耗用量计算单、周转材料摊销分配表等，汇总编制发出材料汇总表，见表9-1。

表9-1 发出材料汇总表   单位：元

材料类别 用途	钢 材	水 泥	木 材	结构件	其他材料	合 计
工程施工	450 000	300 000	200 000	150 000	160 000	1 260 000
甲工程	250 000	180 000	130 000	95 000	105 000	760 000
乙工程	200 000	120 000	70 000	55 000	55 000	500 000
合计	450 000	300 000	200 000	150 000	160 000	1 260 000

盛唐建筑施工公司根据发出材料汇总表，进行会计分录如下：
借：工程施工——合同成本——甲工程（材料费）　　　　　　　　　760 000
　　　　　　——合同成本——乙工程（材料费）　　　　　　　　　500 000
　　贷：原材料——钢材　　　　　　　　　　　　　　　　　　　　450 000
　　　　　　——水泥　　　　　　　　　　　　　　　　　　　　　300 000
　　　　　　——木材　　　　　　　　　　　　　　　　　　　　　200 000
　　　　　　——结构件　　　　　　　　　　　　　　　　　　　　150 000
　　　　　　——其他材料　　　　　　　　　　　　　　　　　　　160 000

按计划成本核算法核算的企业，还应当按月分摊材料成本差异。

（二）人工费的核算

人工费是指建筑施工企业从事建筑安装工程施工人员（不包括机械施工人员）的工资、奖金、职工福利费、津贴补贴等。属于直接进行工程施工的生产人员的人工费，应单独记入"工程施工——合同成本（人工费）"账户的借方及所属明细账的"人工费"成本项目；属于直接进行辅助生产的人工费，应记入"生产成本——辅助生产成本（人工费）"账户的借方和所属明细账的"人工费"成本项目；以自有机械进行施工并独立核算的，应单独记入"机械作业"账户的借方和所属成本明细账"人工费"成本项目；工程项目管理人员的人工费，应记入"工程施工——间接费用（人工费）"账户的借方和所属明细账的"人工费"成本项目；同时，记入

"应付职工薪酬"账户的贷方。

(三) 机械使用费的核算

建筑施工企业按规定支付的施工机械安装、拆卸和进出场费,应该根据实际情况摊销计入或一次计入受益对象的"机械使用费"项目中。另外,由于企业所属各施工单位的自有施工机械及运输设备,主要是为本企业的工程施工服务,为了简化核算手续,一般只核算机械作业的直接费用成本,不负担间接费用,而将为组织和管理施工机械作业所发生的间接费用直接分配计入工程的"间接费用"成本项目。但是如果有机械出租业务,则应负担间接费用。

1. 租用施工机械的使用费

对于从其他单位或内部实行独立核算的机械站租入的施工机械,其使用过程中发生的各种费用是由出租单位组织核算的,施工单位只需按合同规定的台班单价、各种机械实际完成的台班数或完成的工程量支付租赁费。施工单位一般可根据机械租赁结算账单所列金额,直接将租赁费计入"工程施工——××合同"账户的"机械使用费"成本项目,不必通过"机械作业"账户进行核算。

从外单位或本企业其他内部独立核算单位租入施工机械支付的租赁费,如果只由一个受益对象负担,则根据机械租赁费结算单所列金额,直接计入该工程的"机械使用费"成本项目中;如果由两个或两个以上的受益对象共同负担,则应根据所支付的租赁费总额和受益对象实际使用的台班数分配计入各受益对象。其计算公式如下:

$$租赁费分配率 = \frac{租用施工机械的费用总额}{租用施工机械作业总台班数}$$

某受益对象应负担的机械租赁费 = 该受益对象实际使用的台班数 × 租赁费分配率

【例9-8】 盛唐建筑施工公司租入起重机一台,其"机械租赁结算单"列示:为A工程工作50台班,为B工程工作30台班,台班单价为400元。会计人员根据以上凭证支付款项后,作如下会计分录:

借:工程施工——合同成本——A工程　　　　　　　　　　　　20 000
　　　　　　——合同成本——B工程　　　　　　　　　　　　12 000
　　贷:银行存款　　　　　　　　　　　　　　　　　　　　　32 000

2. 自有施工机械的使用费

自有施工机械一般是由施工单位自行管理的,它在施工过程中所发生的各项费用应与施工过程中发生的其他费用区分开,通过"机械作业"账户进行归集。该账户按施工机械和运输设备的种类设置明细账(一般来说,大型机械可按单机名称设置,小型机械可按种类设置),以便确定每台或每类施工机械的台班成本。账内按费用性质设置"职工薪酬""燃料及动力""材料费""其他直接费""间接费用"专栏,以反映机械使用费的构成情况,考核自有施工机械的使用效率。

通过要素费用和辅助生产费用的分配,应由施工机械和设备负担的费用,均已计入"机械作业"总账及所属明细账。本期发生的自有施工机械使用费,应在月末分配计入有关工程成本。分配标准主要有工作台班、工程量(或作业量)和定额成本等。分配方法主要有单位成本分配法和定额成本分配法。

(四) 其他直接费用的核算

其他直接费用是指建筑施工企业在施工生产过程中发生的除了材料费、人工费、机械使用费以外的可以直接计入成本核算对象的各种费用,主要包括有关的设计和技术援助费用、施工现场材料二次搬运费、生产工具和用具使用费、检验试验费、工程定位复测费、场地清理费用、流动施工津贴、特殊地区施工增加费和水电费等。建筑施工企业发生的其他直接费用,凡是能分清受益对象的,应直接计入各受益的工程成本核算对象下的"其他直接费用"项目中,借记"工程施工——合同成本(其他直接费用)"账户,贷记有关账户。

(五)辅助生产费用的核算

建筑施工企业的辅助生产部门是指建筑施工企业所属的非独立核算的辅助生产车间、单位或部门,如机修车间、木工车间、混凝土车间、供水站、供电站、运输队等。在由本单位所属不实行独立核算的辅助生产部门为施工现场提供水、电、风、气的费用时(一般仅指在提供过程中所耗工资、材料、折旧及修理费等直接费用,不分摊间接费用),应先通过"生产成本——辅助生产成本"账户归集,月末再分配计入各有关工程成本,即借记"工程施工——××合同"账户及所属明细账的"其他直接费"成本项目,贷记"生产成本——辅助生产成本"账户。

在由外单位提供水、电、风、气的情况下,企业应根据水、电、风、气的实际耗用量和规定的价格,直接计入各有关工程成本,即借记"工程施工——××合同"账户及所属明细账的"其他直接费"成本项目,贷记"银行存款"(或"应付账款")账户。企业要注意生产与管理、生活所耗该项费用的划分,以及两个以上工程项目共同耗用费用的分配。对于由两个以上工程共同耗用的情况,会计人员应当以预算定额或机械台班、机械使用费等为标准,分配计入各项工程成本。

【例9-9】 盛唐建筑施工公司有运输队、机修厂两个辅助生产部门。10月份运输队领用燃料5 500元,机修厂领用钢材2 000元和机械配件4 500元。分配本月职工薪酬25 000元,其中运输队16 000元,机修厂9 000元。计提本月固定资产折旧费9 500元,其中运输队3 500元,机修厂6 000元。以银行存款支付其他费用2 000元,其中运输队负担500元,机修厂负担1 500元。根据上述资料编制会计分录如下:

(1)月末根据发出材料汇总表(略),编制如下会计分录:

借:生产成本——辅助生产成本(运输队) 5 500
　　　　　　——辅助生产成本(机修厂) 9 500
　贷:原材料——燃料和动力 5 500
　　　　　——主要材料 3 000
　　　　　——机械配件 6 500

(2)分配本月职工薪酬时:

借:生产成本——辅助生产成本(运输队) 16 000
　　　　　　——辅助生产成本(机修厂) 9 000
　贷:应付职工薪酬——工资 25 000

(3)计提本月固定资产折旧时:

借:生产成本——辅助生产成本(运输队) 3 500
　　　　　　——辅助生产成本(机修厂) 6 000
　贷:累计折旧 9 500

(4)以银行存款支付其他费用时:

借:生产成本——辅助生产成本(运输队) 4 000
　　　　　　——辅助生产成本(机修厂) 4 500
　贷:银行存款 8 500

根据以上会计分录,登记辅助生产成本明细账见表9-2和表9-3。

表 9-2　辅助生产成本明细账

部门：运输队　　　　　　　　　　　　　　　　　　　　　　　　　　　单位：元

2017年		凭证编号	摘要	借方					贷方	余额
月	日			人工费	材料费	其他直接费用	间接费用	小计		
10	略	略	领用燃料		5 500			5 500		5 500
			分配职工薪酬	16 000				16 000		16 000
			计提折旧				3 500	3 500		3 500
			支付其他费用			4 000		4 000		4 000
			结转成本						29 000	平
10	31		本月合计	16 000	5 500	4 000	3 500	29 000		平

表 9-3　辅助生产成本明细账

部门：机修厂　　　　　　　　　　　　　　　　　　　　　　　　　　　单位：元

2017年		凭证编号	摘要	借方					贷方	余额
月	日			人工费	材料费	其他直接费用	间接费用	小计		
10	略	略	领用材料		3 000			3 000		3 000
			领用机械配件		6 500			6 500		6 500
			分配职工薪酬	9 000				9 000		9 000
			计提折旧				6 000	6 000		6 000
			支付其他费用			4 500		4 500		4 500
			结转成本						29 000	平
10	31		本月合计	9 000	9 500	4 500	6 000	29 000		平

辅助生产部门所生产的材料（或产品）和劳务的种类不同，辅助生产费用的分配、转出的程序也有所不同。

（1）辅助生产车间如果生产的是有形产品，如完工验收入库的各种自制材料、结构件等，在完工入库时，应按其实际成本借记"原材料""周转材料"等账户，贷记"生产成本——辅助生产成本"账户。

（2）辅助生产车间提供的是无形产品或劳务，如辅助生产部门提供水、电、风、气以及设备维修，施工机械的安装、拆卸和运输业务等，其所发生的辅助生产费用，一般应于月末根据辅助生产成本明细账的记录，编制辅助生产费用分配表，采用适当的方法在受益对象之间进行分配。辅助生产费用的分配方法在前面章节已有介绍，此处不再赘述。

（六）间接费用的核算

计入工程成本的间接费用，是指施工单位为组织和管理施工工程所发生的各项费用，包括施工单位管理人员的工资及福利费、奖金，以及用于行政管理的固定资产折旧费、取暖费、水电费、办公费、工程保修费、排污费和其他费用。施工单位发生的各项间接费用进行归集和分配，企业应设置"间接费用"总分类账户并在该账户下按其所包括的主要内容分类设置明细账户。上述费用,经过要素费用和辅助生产费用等程序归集和分配后,均已记入"间接费用"账户的借方;期末时,将发生的间接费用按照适当的标准分配计入各项工程成本。

(七) 完工百分比法下合同完工进度的确定

1. 采用完工百分比法的条件

完工百分比法是指根据合同完工进度确认合同收入和成本的方法。这种方法能提供有关合同进度及本期业绩的有用信息,较好地体现了权责发生制和配比原则。对于按照固定的合同价确定工程价款的建造合同,采用完工百分比法确认合同收入和成本的前提是,该项建造合同的结果能够可靠地估计,它必须同时具备四个条件:①合同总收入能够可靠地计量;②与合同相关的经济利益能够流入企业;③在资产负债表中,合同完工进度和为完成合同尚需发生的成本能够可靠地确定;④为完成合同已经发生的合同成本能够清楚地区分和可靠地计量,以便实际合同成本能够与以前的预计成本相比较。

2. 确定合同完工进度的方法

合同完工进度的确定,是采用完工百分比法确认合同收入和合同成本的关键,主要有以下三种方法:

(1) 根据累计实际发生的合同成本占合同预计总成本的比例确定合同完工进度,这是一种投入衡量法。其计算公式如下:

$$合同完工进度 = \frac{该项合同累计实际发生的合同成本}{该项合同预计总成本} \times 100\%$$

这种方法是确定合同完工进度的常用方法。但建筑施工企业采用这一方法需要可靠地确定合同预计总成本,并在施工的不同会计期间,对完成合同尚需发生的成本进行预计和调整。此外,累计实际发生的合同成本不应包括:①与合同未来活动相关的合同成本,如施工中尚未安装、使用或消耗的材料成本;②在分包工程的工作量完成之前预付给分包单位的款项。

【例9-10】 盛唐建筑施工公司承接A工程,工期三年,该工程的预计总成本为8 000万元。第一年,"工程施工——A工程"账户的实际发生额为3 900万元。第二年,"工程施工——A工程"账户的实际发生额为3 100万元,其中305万元的材料已领用并运达施工现场,但尚未投入使用。年末预计为完成合同尚需发生成本1 100万元。

合同完工进度计算如下:

$$第一年合同完工进度 = \frac{3\ 900}{8\ 000} \times 100\% = 48.75\%$$

$$第二年合同完工进度 = \frac{3\ 900 + 3\ 100 - 305}{3\ 900 + 3\ 100 + 1\ 100} \times 100\% = 82.65\%$$

(2) 根据已完成的合同工作量占合同预计总工作量的比例确定合同完工进度。其计算公式如下:

$$合同完工进度 = \frac{已经完成的合同工作量}{合同预计总工作量} \times 100\%$$

这种方法适用于合同工作量容易确定的工程,如道路工程、土石方挖掘、砌筑工程等。

(3) 根据实际测定的完工进度确定合同完工程度。该方法是在无法根据上述两种方法确定合同完工进度时所采用的一种特殊的技术测量方法,适用于一些特殊的建造合同,如水下施工工程等。需要注意的是,这种方法的相关测量并不由建造承包商组织进行,而应由专业人员在现场进行科学测定。

3. 完工百分比法的运用

采用以上方法所计算的完工进度实际上是累计完工进度。根据完工进度计量和确认当期收入和成本的公式如下：

当期确认的合同收入 =（合同总收入×完工进度）- 以前会计年度累计已确认的收入

当期确认的合同毛利 =（合同总收入 - 合同预计总成本）×完工进度 - 以前会计年度累计已确认的毛利

当期确认的合同成本 = 当期确认的合同收入 - 当期确认的合同毛利 - 以前会计年度预计损失准备

对于当期完成的建造合同，会计人员应当按照实际合同总收入扣除以前会计期间累计已确认收入后的金额，确认当期合同收入；同时，会计人员应按照累计实际发生的合同成本扣除以前会计期间累计已确认费用后的金额，确认为当期合同费用。

【例9-11】 华利建筑施工公司签订了一项总金额为80 000 000元的固定造价合同，合同完工进度按累计实际发生的合同成本占合同预计总成本的比例确定。工程已于2006年1月开工，预计2008年10月完工。最初预计的工程总成本为65 000 000元，到2007年年底，由于材料价格上涨，该企业调整了预计总成本，预计总成本达到了69 000 000元。该建筑企业于2008年9月提前一个月完成了建造合同，工程质量优，客户同意支付奖励款600 000元。建造该工程的其他有关资料见表9-4。

表9-4 建造该工程的其他有关资料   单位：元

项目	2006年	2007年	2008年
累计实际发生成本	30 000 000	49 000 000	69 000 000
预计完成合同尚需发生成本	35 000 000	20 000 000	—
结算合同价款	35 000 000	26 000 000	19 000 000
实际收到价款	30 000 000	25 000 000	15 600 000

该建筑企业对本项建造合同的有关账务处理如下：

(1) 2006年的账务处理。

登记实际发生的合同成本：

借：工程施工——合同成本　　　　　　　　　　　　　　　　　　30 000 000
　　贷：原材料、应付职工薪酬、机械作业等　　　　　　　　　　30 000 000

登记已结算的合同价款：

借：应收账款　　　　　　　　　　　　　　　　　　　　　　　　35 000 000
　　贷：工程结算　　　　　　　　　　　　　　　　　　　　　　35 000 000

登记实际收到的合同价款：

借：银行存款　　　　　　　　　　　　　　　　　　　　　　　　30 000 000
　　贷：应收账款　　　　　　　　　　　　　　　　　　　　　　30 000 000

确认计量当年的合同收入和费用，并登记入账：

2006年的完工进度 = 30 000 000 ÷（30 000 000 + 35 000 000）× 100% = 46%

2006年的合同收入 = 80 000 000 × 46% = 36 800 000（元）

2006年确认的合同费用 =（30 000 000 + 35 00 000）× 46% = 29 900 000（元）

2006年确认的合同毛利 = 36 800 000 - 29 900 000 = 6 900 000（元）

借：主营业务成本　　　　　　　　　　　　　　　　　　　　　　29 900 000
　　工程施工——合同毛利　　　　　　　　　　　　　　　　　　6 900 000

　　　　贷：主营业务收入　　　　　　　　　　　　　　　　　　　　　36 800 000
（2）2007 年的账务处理。
登记实际发生的合同成本：
借：工程施工——合同成本　　　　　　　　　　　　　　　　　　19 000 000
　　　贷：原材料、应付职工薪酬、机械作业等　　　　　　　　　　　　19 000 000
登记已结算的合同价款：
借：应收账款　　　　　　　　　　　　　　　　　　　　　　　　26 000 000
　　　贷：工程结算　　　　　　　　　　　　　　　　　　　　　　　26 000 000
登记实际收到的合同价款：
借：银行存款　　　　　　　　　　　　　　　　　　　　　　　　25 000 000
　　　贷：应收账款　　　　　　　　　　　　　　　　　　　　　　　25 000 000
确认计量当年的合同收入和费用，并登记入账：
2007 年的完工进度 = 19 000 000 ÷（49 000 000 + 20 000 000）× 100%
　　　　　　　　　= 71%
2007 年的合同收入 = 80 000 000 × 71% - 36 800 000
　　　　　　　　　= 20 000 000（元）
2007 年确认的合同费用 =（49 000 000 + 20 000 000）× 71% - 29 900 000
　　　　　　　　　　　= 19 090 000（元）
2007 年确认的合同毛利 = 20 000 000 - 19 090 000
　　　　　　　　　　　= 910 000（元）
借：主营业务成本　　　　　　　　　　　　　　　　　　　　　　19 090 000
　　工程施工——合同毛利　　　　　　　　　　　　　　　　　　　　910 000
　　　贷：主营业务收入　　　　　　　　　　　　　　　　　　　　　20 000 000
（3）2008 年的账务处理。
登记实际发生的合同成本：
借：工程施工——合同成本　　　　　　　　　　　　　　　　　　20 000 000
　　　贷：原材料、应付职工薪酬、机械作业等　　　　　　　　　　　　20 000 000
登记已结算的合同价款：
借：应收账款　　　　　　　　　　　　　　　　　　　　　　　　19 000 000
　　　贷：工程结算　　　　　　　　　　　　　　　　　　　　　　　19 000 000
登记实际收到的合同价款：
借：银行存款　　　　　　　　　　　　　　　　　　　　　　　　15 600 000
　　　贷：应收账款　　　　　　　　　　　　　　　　　　　　　　　15 600 000
确认计量当年的合同收入和费用，并登记入账：
　　2008 年的合同收入 =（80 000 000 + 600 000）-（36 800 000 + 20 000 000）
　　　　　　　　　　　= 23 800 000（元）
　　2008 年确认的合同费用 = 69 000 000 - 29 900 000 - 19 090 000 = 20 010 000（元）
　　　2008 年确认的合同毛利 = 23 800 000 - 20 010 000 = 3 790 000（元）
借：主营业务成本　　　　　　　　　　　　　　　　　　　　　　20 010 000
　　工程施工——合同毛利　　　　　　　　　　　　　　　　　　　3 790 000
　　　贷：主营业务收入　　　　　　　　　　　　　　　　　　　　　23 800 000

第三节 物流企业的成本核算

一、物流企业核算的特点

（一）物流的概念

物流是指商品从供应地向接收地的流动过程，是以最低的成本，通过运输、保管、配送、装卸等活动，所进行的计划、实施和管理行为，目的是满足客户的需要，提供多功能、一体化的综合性服务。当物流活动从生产过程和交易过程中独立出来后，物流就不再是一个简单的成本因素，而成为一个为生产、交易与消费提供服务的价值增值因素。

（二）物流企业生产经营的特点

与工业企业相比，物流企业的生产经营活动具有以下六个方面的特点：

（1）不改变劳动对象的属性和形态，不创造新的物质产品，只使劳动对象（旅客和货物）发生位移（位置的变化）。

（2）在运输生产过程中，只消耗劳动手段（运输工具及设备），不消耗劳动对象。

（3）运输生产和消费同时进行，即生产过程与销售过程是统一的。

（4）运输生产过程具有流动性和分散性的特点。

（5）各种运输方式之间的替代性和协作性比较强。

（6）运输生产中所需固定资产比重大，流动资产比重小。

（三）物流企业核算的特点

物流企业的基本流程包括运输、仓储、装卸搬运、流通加工和配送五大环节。由于其特殊性，物流企业会计核算也呈现出独有的特点，具体表现在以下几个方面：

1. 外币核算

大型的物流公司基本上会在全球范围内开展经营活动，因而存在大量的外币交易和外币结算，于是外币核算便成为物流企业会计核算中不可或缺的部分。物流企业的外币核算包括外币交易的确认、计量与核算，汇兑损益的计算，外币报表折算差额核算以及外币会计报表的折算和编制。

2. 分支机构多和内部往来业务频繁

物流企业要实现大范围的经营，需要在足够多的区域、城市拥有分支机构，需要构建起物流企业固有的网络。分支机构的独立存在，是物流企业有效完成整个业务流程的重要保证，物流企业经营网络的覆盖面由分支机构的数量和分布决定，因此物流企业会计核算中比较频繁的部分是内部往来。

3. 劳务收入是企业主营业务收入

物流企业的业务多以提供劳务服务为主，因而物流企业的主营业务收入为提供劳务所获得的收入，物流企业有时会出售轮胎、五金机件等材料来取得部分收入，出售商品的收入只是收入的一小部分，作为其他业务收入进行核算。

4. 成本费用构成的特殊性

物流企业成本费用主要由各环节的运行经营以及配备设施相关的成本费用所构成，如运输的燃油费、交通工具和装卸搬运工具的折旧费用、各环节工作人员的人工费用等，并不像工业企业的产品成本那样，具有构成产品实体并占相当高比重的原材料和主要材料。

二、运输成本的核算

运输是指用设备和工具，将物品从一个地点向另一个地点运送的物流活动。运输是物流的中心环节之一，也是现代物流活动最重要的一个功能。物流与交通运输的基本内涵都是物质空间位移。常见的运输方式有汽车运输、船舶运输、铁路运输、航空运输等。

（一）运输成本的项目

1. 汽车运输的成本项目

汽车运输的成本项目包括：①直接材料，指营运车辆耗用的各种燃料及耗用的轮胎；②直接人工，指直接工资和福利费；③其他直接费用，如修理费、折旧费、车辆保险费等；④营运间接费用，如车队的管理部门发生的工资、办公费、差旅费等。

2. 船舶运输的成本项目

船舶运输的成本项目包括：①航次运行费，指营运船舶耗用的各种燃料费、港口费、中转费、事故损失费等；②船舶固定费，指直接工资和福利费、修理费、折旧费、船舶保险费等；③集装箱固定费，指集装箱的保管费、修理费、保险费等；④船舶租赁费，指在期租形式下，船舶的租金。

3. 铁路运输的成本项目

铁路运输的成本项目包括工资、福利费、材料、燃料、电力、折旧费和其他费用。

4. 航空运输的成本项目

航空运输的成本项目包括：①飞行费用，指工资、福利费、燃料费、折旧费、修理费、保险费、起降服务费、旅客供应费；②飞机维修费，指材料费、人工费、间接维修费等。

（二）运输成本的特点

1. 成本计算对象

物流企业运输业务的营运工具的品类、型号较为复杂，为了反映不同品类或车型的运输经济效益，汽车运输企业通常以不同燃料和不同厂牌的营运车辆所提供的运输服务作为成本计算对象；船舶运输通常以船舶的类型、单船的航次作为成本计算对象；铁路运输以客、货运业务为成本计算对象；航空运输成本计算对象一般是飞机的机型。

2. 成本计算单位

汽车企业运输业务的成本计算单位是以汽车运输工作量的计量单位为依据的，货物运输工作量通常称为货物周转量，其计量单位为吨千米，它是实际运输货物的吨数与距离的乘积，在实际工作中，通常以千吨千米作为成本计算单位；铁路货运成本的计算单位为千吨千米；船舶运输业务以千吨海里作为成本计算单位；航空运输周转量的成本计算单位是吨千米。

3. 成本计算期

汽车运输业务的成本应按月、季、半年和年计算从年初至各月末的累计成本，营运车辆在经营跨月运输业务时，通常以行车路单签发日期所归属的月份计算其运输成本；铁路运输成本一般按年或季进行；船舶运输形式不同，其成本计算期也不同，内河、沿海、近海航运以月、季、年作为成本计算期，因为这些航运的航次时间不长，而远航则以航次作为成本计算期，因为远航航运的时间长、费用大；民航企业则以月作为成本计算期。

（三）直接材料的核算

1. 燃料费用的核算

物流企业各种车辆耗用的燃料应根据领料单位进行汇总，编制燃料耗用汇总表，以便于对燃料费用进行归集和分配。物流企业确定各月燃料实际耗用数的方法有满油箱制和实地盘存制两种。实行实地盘存制的物流企业,应在月末实地测量车辆油箱的存油数,并根据当月的领用数,计算车辆当月实际耗用的燃料数。其计算公式如下:

$$当月实际耗用数 = 月初车存数 + 本月领用数 - 月末车存数$$

如燃料采用计划成本法时,还要相应地摊销材料成本差异。若车辆在本企业以外的油库加油,其费用应根据加油车辆所属的部门,直接计入相关的成本费用账户。

2. 材料费用的核算

物流企业各种运输工具领用的轮胎、物料和机件等,应根据各月的领料单进行汇总,编制材料领用汇总表,以便对其进行归集和分配。对于材料采用一次性摊销法的物流企业,在领用时,应根据领用部门计入"主营业务成本"或"营运间接费用""管理费用"等相关账户。对于材料采用按行程摊提法的企业,则应根据行驶里程编制摊提费用计算表,以便于归集和分配。

(四)直接人工的核算

直接人工主要指运输工具司机、助手和直接工作人员的薪酬费用,包括工资和其他薪酬。对于有固定车辆(或船舶、飞机)的司机、助手和直接工作人员的工资,可以根据工资汇总表直接列入各成本计算对象的明细账户;对于没有固定车辆(或船舶、飞机)的人员工资,则应按一定的标准通过分配后计入各成本计算对象的明细账户。直接人工可以按营运货物吨位进行分配。其计算公式如下:

$$职工工资费用分配率 = \frac{应分配的司机及助手的工资额}{总运营货物千吨千米(或总营运车日)}$$

相应的职工福利费用等其他薪酬费用直接列入各成本计算对象的明细账户。

(五)其他直接费用的核算

(1)折旧费。物流企业中运输工具的固定资产折旧费一般采用工作量法计提。

(2)其他费用。营运工具在营运过程中因种种行车事故所发生的救援和善后费用,以及支付外单位人员的医药费、丧葬费、抚恤费、生活费等支出,扣除向保险公司收回的赔偿收入及事故对方或过失人的赔偿款后,净损失根据付款、收款凭证直接计入各类运输成本。车辆牌照和检验费、车船税、轮渡费、行车杂费、车辆挂运费、电网使用费、旅客供应服务费等费用发生时都可以根据付款凭证直接计入各类运输成本。此外,领用随车工具及其他低值易耗品,可以根据领用凭证,一次或分次摊入各类运输成本。

(六)营运间接费用的核算

物流企业运输业务的营运间接费用是运输分公司、车场、车站、港口、机场等部门为组织与管理运输业务过程中所发生的各种间接费用,包括管理人员工资、职工福利费、管理部门折旧费、保险费、差旅费、水电费、办公费、取暖费等。在实际工作中,营运间接费用应分运输分公司、车场、车站、港口、机场等部门进行明细分类核算。

以上费用一般通过"营运间接费用"账户进行核算,该账户是成本类账户,用以核算企业在物流营运过程中所发生的不能直接计入成本计算对象的各种间接费用。发生时记入借方,期末从贷方分配转入各成本计算对象,结转后该账户无余额。

期末各部门归集的营运间接费用应按照一定标准在各成本计算对象间进行分配,分配的标准主要有直接费用或营运车日等。分配率的计算公式如下:

$$营运间接费用分配率 = 受益单位的直接费用 \times \frac{营运间接费用总额}{营运直接费用总额}$$

（七）单位运输成本的核算

物流企业运输业务应负担的直接材料、直接人工、其他直接费用和营运间接费用构成了运输总成本。本章以汽车运输作为成本示例。运输总成本除以运输周转量即为单位运输成本，其计算公式如下：

单位运输成本（元/千吨千米） = 运输总成本/运输周转量（千吨千米）

物流企业月末应根据"主营业务成本——运输支出"明细账所归集的运输成本和该月实际完成的运输周转量编制汽车运输成本计算表，以反映运输总成本和单位成本。

【例 9-12】 某汽车运输公司有 A、B 两个车队。2007 年 10 月份的业务如下：

（1）企业对轮胎采用一次摊销法。A、B 两车队当月各领用外胎 7 个和 3 个，每个外胎的成本为 1 200 元。

（2）A、B 两车队月初车存汽油分别为 2 300 升和 1 800 升，当月分别领用汽油 22 000 升和 18 000 升，月末车存汽油分别为 1 500 升和 1 600 升。汽油的计划成本为每升 5.5 元，成本差异率为 2%。

（3）A 车队司机的工资为 75 000 元，B 车队司机的工资为 58 000 元。两个车队其他工作人员的工资为 45 000 元。其他职工薪酬按工资总额的 40% 提取。

（4）A 车队当月运输货物 1 600 千吨千米，B 车队当月运输货物 900 千吨千米。

（5）A 车队计提车辆折旧费 245 000 元，B 车队计提车辆折旧费 155 000 元。A 车队发生过路费、装卸费等杂费 40 000 元，B 车队发生杂费 21 000 元。

（6）企业发生营运间接费用 50 000 元。

2007 年 10 月份，该企业计算并编制会计分录如下：

(1) 借：主营业务成本——运输支出——A 车队（轮胎）　　　　8 400
　　　　　　　　　　——运输支出——B 车队（轮胎）　　　　3 600
　　　　贷：原材料——轮胎　　　　　　　　　　　　　　　　12 000

(2) A 车队耗用燃料的计划成本 = 5.5 × (2 300 + 22 000 − 1 500) = 125 400（元）
A 车队耗用燃料的成本差异 = 125 400 × 2% = 2 508（元）
B 车队耗用燃料的计划成本 = 5.5 × (1 800 + 18 000 − 1 600) = 100 100（元）
B 车队耗用燃料的成本差异 = 100 100 × 2% = 2 002（元）

借：主营业务成本——运输支出——A 车队（燃料）　　　　127 908
　　　　　　　　　——运输支出——B 车队（燃料）　　　　102 102
　　贷：原材料——燃料　　　　　　　　　　　　　　　　　225 500
　　　　材料成本差异——燃料　　　　　　　　　　　　　　4 510

(3) A 车队分摊工作人员工资：$\dfrac{45\,000}{1\,600+900} \times 1\,600 = 28\,800$（元）

B 车队分摊工作人员工资：$\dfrac{45\,000}{1\,600+900} \times 900 = 16\,200$（元）

借：主营业务成本——运输支出——A 车队（工资费用）　　　103 800
　　　　　　　　　——运输支出——A 车队（其他薪酬）　　41 520
　　　　　　　　　——运输支出——B 车队（工资费用）　　74 200
　　　　　　　　　——运输支出——B 车队（其他薪酬）　　29 680
　　贷：应付职工薪酬　　　　　　　　　　　　　　　　　　249 200

(4) 借：主营业务成本——运输支出——A 车队（折旧费）　　　245 000

	——运输支出——B 车队（折旧费）	155 000
	贷：累计折旧	400 000

（5）借：主营业务成本——运输支出——A 车队（其他费用） 40 000
　　　　　　——运输支出——B 车队（其他费用） 21 000
　　　贷：银行存款 61 000

（6）A 车队当月直接费用 = 8 400 + 127 908 + 103 800 + 41 520 + 245 000 + 40 000
　　　　　　　　　　　　= 566 628（元）

B 车队当月直接费用 = 3 600 + 102 102 + 74 200 + 29 680 + 155 000 + 21 000 = 385 582（元）

A 车队分配的营运间接费用 = $\dfrac{50\,000}{566\,628 + 385\,582} \times 566\,628 = 29\,753.31$（元）

B 车队分配的营运间接费用 = $\dfrac{50\,000}{566\,628 + 385\,582} \times 385\,582 = 20\,246.69$（元）

借：主营业务成本——运输支出——A 车队（营运间接费用） 29 753.31
　　　　　　——运输支出——B 车队（营运间接费用） 20 246.69
　贷：营运间接费用 50 000

根据上述情况计算 A、B 两车队的单位运输成本如下：

　A 车队单位运输成本 =（566 628 + 29 753.31）÷ 1 600 = 372.74（元/千吨千米）
　B 车队单位运输成本 =（385 582 + 20 246.69）÷ 900 = 450.92（元/千吨千米）

三、包装成本的核算

包装是指为在流通过程中保护产品、方便运输、促进销售，按照一定技术方法而采用的容器、材料及辅助物等的总体名称；也指为达到上述目的而采用容器、材料及辅助物过程中施加一定技术方法等的操作活动。包装是生产的终点，同时也是物流的起点。包装业务成本计算对象是被包装货物，成本计算单位是被包装的货物数量，成本计算期是月、季、半年、年。

（一）包装成本的构成

包装成本主要包括以下六个方面的内容：

（1）包装材料成本，是指物流企业实施包装过程中耗费在材料支出上的费用。

（2）包装机械成本，是指物流企业使用包装机械（或工具）所发生的购置费用、日常维护保养费用以及折旧费用等。

（3）包装技术成本，是指为了使包装的功能能够充分发挥作用，进行设计、实施缓冲包装、防潮包装、防霉包装等技术所支出的费用。

（4）包装人工成本，是指对实施包装作业的人员发放的标准工资、奖金、津贴和补贴等各项费用支出。

（5）包装辅助成本，是指除上述主要费用以外，物流企业发生的如包装标记、包装标志的印刷、拴挂物费用的支出。

（6）营运间接费用，是指物流企业的营运部为组织和管理包装业务发生的管理费用。

（二）包装成本的核算过程

1. 直接包装成本的核算

直接包装成本的核算比较简单，在发生时直接计入相关成本项目。发生直接包装成本费用时借记"主营业务成本——包装支出"账户，贷记"包装物""原材料""库存现金""应付职工薪酬""累计折旧"等相关会计账户。

【例9-13】 大成物流公司10月份为包装加工完成的一批商品，领用一次性的包装箱50只，单位成本为150元，共计7 500元，同时领用包装材料4 000元，包装工人工资3 000元，其他用现金支付的包装费合计800元，机器设备的损耗为2 000元。作会计分录如下：

借：主营业务成本——包装支出　　　　　　　　　　　　　　　17 300
　　贷：包装物　　　　　　　　　　　　　　　　　　　　　　　7 500
　　　　原材料　　　　　　　　　　　　　　　　　　　　　　　4 000
　　　　应付职工薪酬　　　　　　　　　　　　　　　　　　　　3 000
　　　　库存现金　　　　　　　　　　　　　　　　　　　　　　　800
　　　　累计折旧　　　　　　　　　　　　　　　　　　　　　　2 000

2. 营运间接费用的核算

物流企业发生的包装业务营运间接费用，先在"营运间接费用"账户中归集，然后按照一定的标准分配到包装成本中。这个标准可以是包装业务直接费用的总和。

【例9-14】 大成物流公司10月份包装业务营运间接费用为1 200元，而包装直接费用的总和为5 000元，其中：包装A队3 000元，包装B队2 000元。营运间接费用的分配如下：

营运间接费用的分配率 = 1 200÷5 000 = 0.24
包装A队应分配的营运间接费用 = 3 000×0.24 = 720（元）
包装B队应分配的营运间接费用 = 2 000×0.24 = 480（元）

作会计分录如下：

借：主营业务成本——包装支出——包装A队——营运间接费用　　　720
　　　　　　　　——包装支出——包装B队——营运间接费用　　　480
　　贷：营运间接费用　　　　　　　　　　　　　　　　　　　　1 200

四、仓储成本的核算

仓储业务是指物流企业运用仓库和各种储存设备为客户提供货物储存和保管的业务。仓储业务的成本计算对象是仓库及各种储存设备；如果货物堆存量以重量为计量单位，仓储业务的成本计算单位是吨/天；如果货物堆存量以面积为计量单位，仓储业务的成本计算单位为平方米/天；如果货物堆存量以体积为计量单位，仓储业务的成本计算单位为立方米/天。仓储业务以月、季、半年、年作为成本计算期。

（一）仓储成本项目

仓储成本项目分为仓储直接费用和营运间接费用两项：①仓储直接费用，分为直接人工、直接材料、其他直接费用。其包含工资、其他薪酬、材料费、低值易耗品摊销、动力及照明费、折旧费、劳动保护费、事故损失、保险费等明细项目；②营运间接费用，是指企业仓储装卸营运部或分公司管理和组织生产所发生的管理费用和业务费用。

（二）仓储成本的核算过程

企业的仓储费用通过"主营业务成本——堆存支出"账户进行归集与分配，本账户核算对象设置明细账户，并按成本项目进行明细核算。

1. 仓储直接费用的核算

物流企业发生的仓储直接费用，根据相关的发票、单据、汇总表等直接计入所属仓库的成本。发生的仓储直接费用在"主营业务成本——堆存支出"账户中归集，届时借记该账户，贷记"原材料""应付职工薪酬""累计折旧"等账户。

【例9-15】 大成物流公司10月份发生仓储直接费用共计150 000元,其中,员工工资80 000元,其他职工薪酬32 000元,原材料26 000元,折旧费12 000元。作会计分录如下:

借:主营业务成本——堆存支出——职工工资　　　　　　　　　　80 000
　　　　　　　　——堆存支出——其他职工薪酬　　　　　　　　32 000
　　　　　　　　——堆存支出——材料费　　　　　　　　　　　26 000
　　　　　　　　——堆存支出——折旧费　　　　　　　　　　　12 000
　　贷:应付职工薪酬　　　　　　　　　　　　　　　　　　　　112 000
　　　　原材料　　　　　　　　　　　　　　　　　　　　　　　 26 000
　　　　累计折旧　　　　　　　　　　　　　　　　　　　　　　 12 000

2. 营运间接费用的核算

物流企业仓储业务发生的营运间接费用应先在"营运间接费用"账户中归集,期末按仓储直接费用与装卸直接费用的比例在仓储业务与装卸业务之间进行分配。其计算公式如下:

营运间接费用分配率 = 营运间接费用总额 ÷(仓储直接费用 + 装卸直接费用)
仓储业务应分配的营运间接费用 = 仓储直接费用 × 营运间接费用分配率
装卸业务应分配的营运间接费用 = 装卸直接费用 × 营运间接费用分配率

【例9-16】 大成物流公司10月份发生的营运间接费用为56 000元,该月发生的堆存直接费用为35 000元,装卸直接费用为41 000元。分配营运间接费用如下:

营运间接费用分配率 = 56 000 ÷(35 000 + 41 000)= 0.74
仓储业务应分配的营运间接费用 = 35 000 × 0.74 = 25 900(元)

作会计分录如下:

借:主营业务成本——堆存支出——营运间接费用　　　　　　　　25 900
　　贷:营运间接费用　　　　　　　　　　　　　　　　　　　　 25 900

五、装卸搬运成本

装卸搬运的成本项目包括人工费用、资产折旧费、维修费、能源消耗费以及其他相关费用等。装卸搬运业务一般以装卸吨作为成本计量单位,经营港口集装箱装卸业务的物流企业还可以以标准箱作为成本计量单位。装卸业务以月、季、半年、年作为成本计算期。

装卸搬运业务的成本项目包括直接人工、直接材料、其他直接费用和营运间接费用。物流企业的装卸搬运费用通过"主营业务成本——装卸支出"账户进行归集与分配,本账户按成本计算对象设置明细账户,并按成本项目进行明细核算。

1. 直接人工的核算

物流企业的直接人工应根据"工资结算表"等有关资料,编制工资及其他职工薪酬汇总表,据以直接计入各类装卸成本。届时借记"主营业务成本——装卸支出"账户,贷记"应付职工薪酬"账户。

2. 直接材料的核算

(1) 燃料与动力费用。物流企业要对装卸设备所耗燃料的费用进行归集和分配,首先要对领料单进行汇总,编制燃料耗用汇总表,然后按成本计算对象将燃料费用分配到相关的成本项目中。企业装卸业务耗用的电力可根据供电部门的收费凭证或企业的分配凭证,直接计入装卸成本。

(2) 轮胎费用。物流企业装卸机械的轮胎损耗与行驶里程无直接关系,因此轮胎费用不适宜采用按千米摊提方法处理,应采用一次摊销法直接计入装卸搬运成本。

(3) 材料费用。物流企业在装卸搬运过程中消耗的材料,应根据领料单编制材料领用汇总表，然后根据成本计算对象计入装卸成本。届时借记"主营业务成本——装卸支出"账户，贷记"原材料"账户。

3. 其他直接费用的核算

其他直接费用在发生时根据相关的发票、单据、报表等直接计入装卸成本中。届时借记"主营业务成本——装卸支出"账户，贷记"低值易耗品"和"库存现金"等账户。物流企业的折旧应根据规定的折旧率计提，计入各类装卸成本。

4. 营运间接费用的核算

物流企业装卸搬运业务发生的营运间接费用应先在"营运间接费用"账户中归集，期末按仓储直接费用与装卸直接费用比例在仓储业务与装卸业务之间进行分配。其计算公式为：

营运间接费用分配率 = 营运间接费用总额 ÷（仓储直接费用 + 装卸直接费用）

仓储业务应分配的营运间接费用 = 仓储直接费用 × 营运间接费用分配率

装卸业务应分配的营运间接费用 = 装卸直接费用 × 营运间接费用分配率

六、配送成本的核算

配送是指根据客户要求，对物品进行拣选、加工、包装、分割、组配等作业，并将货物按时送达指定地点的物流活动。一般的配送集装卸、包装、保管、运输等于一身，通过一系列活动完成将货物送达目的地。配送是物流系统中一种特殊的综合的活动形式。

（一）配送业务的成本计算对象

由于配送各环节有各自的特点，配送业务的成本计算对象也各不相同。配送保管环节的成本计算对象是仓库，分拣及配货环节的成本计算对象是被分拣及配货的货物，运输环节的成本计算对象是运输设备。

（二）配送业务的成本计算单位

物流企业应根据不同的成本计算对象采用不同的成本计算单位。保管环节的成本计算单位为堆存量，用千吨/天表示；分拣及配货环节的成本计算单位为分拣及配货的货物量，用千吨或千件表示；运输环节的成本计算单位为货物的运输量，用千吨千米表示。

（三）配送业务的成本计算期

配送业务以月、季、半年、年作为成本计算期。

（四）配送成本的归集和分配

1. 保管费用的核算

保管费用的核算可以参照仓储费用的核算进行。对于保管直接费用，在发生时直接借记"主营业务成本——配送支出——保管费用"账户，贷记"原材料"和"应付职工薪酬"等相关会计账户。对于营运间接费用，先在"营运间接费用"账户中归集，期末按一定的标准分配到相关成本项目中。

2. 分拣费用的核算

分拣作业是配送中心依据顾客的订单要求或配送计划，迅速、准确地将商品从其储位或其他区位拣取出来，并按一定的方式进行分类、集中的作业过程。物流企业的分拣人工费用应根据"工资结算表"等有关资料，编制职工薪酬汇总表，据以直接计入配送成本。届时借记"主营业务成本——配送支出——分拣费用"账户，贷记"应付职工薪酬"账户。

3. 分拣设备费用的核算

分拣设备发生的维修保养费用，直接借记"主营业务成本——配送支出——分拣费用"账户，贷记"原材料"和"应付职工薪酬"等会计账户。分拣设备发生的折旧费用，根据"固定资产折旧计算表"，借记"主营业务成本——配送支出——分拣费用"账户，贷记"累计折旧"账户。

4. 配装费用的核算

配装费用是指在完成配装货物的过程中所发生的各种费用，包括配装直接费用与配装间接费用。配装费用包括工资、福利费、材料费用、辅助材料费用、其他费用等。配装费用发生时，借记"主营业务成本——配送支出——配装费用"账户，贷记"原材料"和"应付职工薪酬"等会计账户。配装设备发生的折旧费用，根据"固定资产折旧计算表"，借记"主营业务成本——配送支出——配装费用"账户，贷记"累计折旧"账户。

第四节　农业企业的成本核算

一、农业企业的特点

农业常规分为种植业、畜牧业、林业、渔业和副业。农业企业是指从事农、林、牧、副、渔业产品生产与经营活动的经济组织。农业企业有以下六个方面的特点：

（1）土地是农业生产的重要生产资料，是农业生产的基础。

（2）农业生产具有明显的季节性和地域性，劳动与生产时间存在不一致性，生产周期长。

（3）农业生产中部分劳动资料和劳动对象可以互相转化，部分产品可以作为生产资料重新投入生产。

（4）种植业和养殖业之间存在相互依赖、互相促进的关系，从而要求经营管理上必须与之相适应，一般实行"一业为主，多种经营，全面发展"的经营方针。

（5）农业生产不仅在经营上实行一业为主，多种经营，而且在管理上实行联产承包、统分结合、双层经营的体制。

（6）小规模、家庭式经营往往与管理粗放、财务流程不规范并存，所以会计管理上往往实施上级派遣会计的会计委派制以及集体经济会计代理服务制。

二、生物资产与农产品

生物资产是指与种植业、畜牧养殖业、林业和水产业等农业生产相关的有生命的动物和植物，涵盖了收获时点的农产品生物资产，是农业企业存货类资产核算的主要内容。生物资产分为消耗性生物资产、生产性生物资产和公益性生物资产。消耗性生物资产是指为出售而持有的，或在将来收获为农产品的生物资产，通常为一次性资产，收获农产品后该资产就不复存在，如生长中的作物、蔬菜和代售的牲畜等。生产性生物资产是指为产出农产品、提供劳务或出租等目的而持有的生物资产，包括经济林、产畜等。公益性生物资产是指以防护、环境保护为主要目的的生物资产，包括防风固沙林、水土保持林等。农产品与生物资产密不可分，当其附在生物资产上就构成生物资产的一部分。

三、农业企业的成本核算方法

（一）农业企业的成本计算对象

1. 种植业的主要产品成本计算对象

种植业的主要产品成本计算对象划分为：①粮食类作物：小麦、水稻、大豆、玉米等；②经济类作物：棉花、糖料、烟叶等；③蔬菜栽培；④饲料作物。

2. 林业的主要产品成本计算对象

林业的主要产品成本计算对象为经济林、用材林、薪炭林、防护林。其中，经济林是指香蕉、果树、桑、茶等林木。

3. 畜牧业的主要产品成本计算对象

畜牧业的主要产品成本计算对象为家畜、家禽饲养，包括猪、牛、羊、禽类。

4. 渔业的主要产品成本计算对象

渔业的主要产品成本计算对象为鱼类养殖产品，分为淡水养殖和海水养殖。淡水养殖的成本对象包括鱼苗、鱼种和成鱼。海水养殖的成本对象包括虾、扇贝、鲍鱼、海参、海螺、海胆以及放养的鱼等。

（二）成本计算期

农业企业成本计算对象的生产周期较长，收获期比较集中，在年度中各项费用的发生不均匀。为适应这些特点，农业企业一般一年计算一次成本。

（二）农业生产企业的成本核算项目

1. 直接材料

直接材料是指农业生产中直接耗用的自产或外购的种子、种苗、肥料、农药、鱼苗、饲料等。

2. 直接人工

直接人工是指直接从事农业生产的职工薪酬费用，包括工资费用及按规定计提的职工福利费等其他薪酬费用。

3. 其他直接费用

其他直接费用是指除直接材料、直接人工以外的其他直接支出，包括机械作业费、运输费、饲养耗电费、折旧费、修理费等。

4. 间接费用

间接费用是指分配计入农产品成本的间接费用，包括为组织和管理生产所发生的生产单位的管理人员工资及其他工资费用、折旧费、水电费、办公费等。

（四）农业生产企业成本核算应设置的会计账户

1. "农业生产成本"账户

"农业生产成本"账户核算农业企业在生产过程中所发生的各项生产费用支出。企业在生产过程中发生的各项费用，应按照成本核算对象和成本项目进行归集。该账户借方核算生产过程中发生的直接人工、直接材料和其他直接支出以及间接费用。其中直接人工、直接材料和其他直接支出等，直接计入有关产品成本，费用发生时，记入"农业生产成本"账户借方，同时记入"农用材料""应付职工薪酬""银行存款"等账户贷方。辅助生产单位提供的劳务，记入"农业生产成本"账户借方，同时记入"辅助生产成本"账户贷方。机械作业所发生的费用，可在"农业生产成本"账户下设置"农业生产成本——机械作业"明细账户进行归集，期末再按有关受益对象的受益量进行分配。在生产中发生的间接费用，先在"制造费用"账户进行归集，期末再按一定的标准分配计入有关产品成本，借记"农业生产成本"账户，贷记"制造费用"账户。该账户的贷方核算转出的产成品成本。期末，对经过验收入库的产成品，按其实际成本记入"库存商品"账户的借方，同时记入"农业生产成本"账户的贷方。不入库就直接销售的鲜活产品以及对外销售的副产品，按实际成本记入"营业成本"账户的借方，同时记入"农业生产成本"账户的贷方。自产留用的种子、饲料、口粮等，应视同销售，记入"营业成本"账户的借方,同时记入"农业生产成本"账户的贷方。该账户的借方余额,表示农业生产各项在产品的成本。由于农业生产包括农产品生产、畜(禽)产品生产、水产品生产及副业生产等,因此,应按不同的成本核算对象设置明细账户,分别进行核算。

2. "辅助生产成本"账户

"辅助生产成本"账户核算企业的辅助生产单位在生产产品和提供劳务过程中所发生的各项费用。辅助生产单位发生的各项费用,应按成本核算对象和成本项目进行归集。

成本核算对象一般可分为人工费、其他直接和间接费用(为组织和管理辅助生产所发生的费用)。该账户借方核算发生的费用。发生费用支出时,记入"辅助生产成本"账户借方,同时记入"应付职工薪酬""银行存款"等账户的贷方。发生的间接费用先在"制造费用"账户进行归集,期末再按一定的标准分配计入。该账户的贷方核算分配转出的费用。月末,分不同的情况进行分配和结转:凡对外单位提供产品、劳务的部分,应按实际成本,借记"主营业务成本""其他业务成本"等账户,贷记"辅助生产成本"账户;凡为本企业生产单位和管理部门等提供的产品和劳务,应按一定的分配标准分配给各受益对象,借记"农业生产成本""制造费用"等账户,贷记"辅助生产成本"账户。该账户期末一般应无余额。

3. "制造费用"账户

"制造费用"账户核算农业企业所属单位为生产农业产品和提供相应劳务而发生的各项间接费用,包括工资费用、折旧费、租赁费、办公费、水电费等。发生各项间接费用支出时,借记本账户,贷记"原材料""应付职工薪酬""银行存款"等账户。按一定方法分配间接费用时,借记"农业生产成本"等账户,贷记"制造费用"账户。该账户期末应无余额。

(五)农业企业的成本核算过程

1. 直接材料的核算

在实际工作中,企业应对确属生产耗用的材料,分不同成本核算对象编制"材料耗用汇总表",以汇总计算各个成本核算对象所耗材料的实际成本。

【例9-17】 为了便于举例说明农产品成本核算的简要过程,假定某农业企业本年度种植水稻和玉米两种主要农产品。本期根据两项主要农产品所耗材料,编制了"材料耗用汇总表",见表9-5。

表9-5 材料耗用汇总表

2007年3月 单位:元

项 目	种 子	肥料及农药	辅助材料	合 计
水稻	45 000	30 000		75 000
玉米	10 000	15 000		25 000
机械作业			2 500	2 500
生产队			4 200	4 200
合计	55 000	45 000	6 700	106 700

根据表9-5,编制会计分录如下:

借:农业生产成本——水稻 75 000
　　　　　　　——玉米 25 000
　　　　　　　——机械作业 2 500
　　制造费用 4 200

```
        贷：农用材料                                                    100 000
            辅助材料                                                      6 700
```

2. 直接人工的核算

农业企业产品成本中的直接人工，是指企业直接从事农业生产经营人员的工资薪酬、奖金、津贴和补贴等。企业对所发生的人工费用，应采用比例分配法，在各种产品之间进行分配。通常可采用按各产品实耗工日比例分配。其计算公式如下：

直接人工分配率 = 待分配的直接人工费用/各产品实际耗用工日数合计

某产品应分配直接人工 = 该产品实际耗用工日数 × 直接人工分配率

该企业本期分配工资及津贴资料，见表9-6。

表9-6 工资薪酬及津贴分配表

2007年3月

项目	实际工日分配率：3	应分配工资/元	津贴/元	合计/元
水稻	20 000 工日	60 000	12 000	72 000
玉米	10 000 工日	30 000	7 000	37 000
小计	30 000 工日	90 000	19 000	109 000
机械作业		8 000	3 600	11 600
生产队		18 000	6 000	24 000
合计		116 000	28 600	144 600

根据表9-6，编制会计分录如下：

```
    借：农业生产成本——水稻                                        72 000
              ——玉米                                            37 000
              ——机械作业                                         11 600
        制造费用                                                 24 000
        贷：应付职工薪酬——工资                                   116 000
            应付职工薪酬——津贴                                    28 600
```

3. 固定资产折旧及保养费的核算

农业企业在生产经营中使用的固定资产，应按规定的折旧方法计提折旧费，连同所发生的固定资产保养费，计入产品成本中。

4. 机械作业费的核算

企业在生产经营过程中发生的机械作业费用，应通过设置"农业生产成本——机械作业"明细账户进行归集，期末再按照有关受益对象的受益量进行分配，可按实际完成的工作量（标准亩）计算。借记"农业生产成本——水稻"等产品项目，贷记"农业生产成本——机械作业"项目。

5. 间接费用的核算

农业企业的间接费用，是指企业各个生产经营单位（生产队）为组织和管理生产所发生的管理人员工资薪酬及社会保险费、固定资产折旧费、机物料消耗、水电费、办公费、差旅费等，也称制造费用。企业发生的间接费用，可按全年工资总额比例分配。借记"农业生产成本——水稻"等产品项目，贷记"制造费用"账户。

第三篇 成本管理篇

第十章

成本管理方法

★学习目标

1. 了解作业成本法、标准成本法和变动成本法等先进的成本管理方法产生的背景、基本概念。

2. 理解作业成本法与标准成本法的优点与局限性、变动成本法的理论前提与特点及按成本形态分类的成本构成内容、我国企业借鉴使用这些国际先进成本管理方法时应注意的问题。

3. 掌握作业成本法、标准成本法和变动成本法的基本原理与基本程序,标准成本法下成本差异的计算与分析和变动成本法与完全成本法的区别。

★章前导读

盛唐服饰有限公司是我国一家主要生产服装的企业,生产的产品品种达数百种,使用的布料种类超过百种,客户包括百余个国家和地区的知名服装生产与销售商,生产流程主要包括设计、备料、裁剪、缝纫、熨烫、检验、包装等。

高明是刚本科毕业后应聘到该公司负责成本会计工作的会计人员。在公司财务部召开的业务研讨会上,他听到有部分会计人员对公司成本会计工作及其效果提出了质疑:公司成本会计工作只有核算没有管理,甚至连核算都不科学、不准确,如企业虽然专门设置了成本管理与成本分析岗位,但他们大部分时间是在帮助其他人员编制成本报表;专门为高端客户提供定制的部门和成批生产普通服装的部门采用相同的产品成本计算法;布料采购随意,经常出现需要的布料没有,而不需要的布料大量库存的现象……同时,高明还听其他同事私下议论公司管理混乱,浪费严重,经济效益连续数年下降,公司员工积极性不高,公司前景不乐观。

如果你是高明,可以向公司提出哪些合理化建议来完善公司产品成本核算,加强成本管理,提升经济效益?

第十章 成本管理方法

第一节 作业成本法

一、作业成本法与作业成本管理概述

作业成本法（Activity-Based Costing，ABC）的基本思想最早由美国会计学家科勒在 20 世纪 30 年代末 40 年代初提出，但对它的全面研究是在 20 世纪七八十年代，而其在企业中应用则始于 20 世纪 80 年代末期。随着经济全球化和市场竞争的日趋激烈、企业管理要求与管理水平的提高，作业成本法作为兼具成本核算与成本管理功效的成本会计方法获得了广泛运用。经过三四十年的研究与实践，作业成本法现已成为众多大型企业完善成本核算、加强成本管理的重要方法。

任何理论和方法的产生都不是偶然的，都有着深刻的时代背景，作业成本法也不例外。

（一）作业成本法与作业成本管理产生的背景

1. 社会经济环境的巨大变化

现代企业所面临的社会经济环境的变化主要体现在以下三个方面：

（1）随着人们收入的增加、生活水平的逐步提高，人们的消费观念发生了很大变化，消费行为变得更加具有个性和挑剔，人们要求获得更加丰富、多样和更加具有个性的新产品。

（2）市场竞争的加剧，加速了卖方市场向买方市场的转变，企业竞争更加激烈，新产品不断投放市场，产品的生命周期越来越短，企业生产经营由单一品种、专业化、规模化生产向多品种、定制化、小批量生产转化，企业成本管理由传统的降低产品成本的单一做法向高质量、低成本、快速交货、完善售后服务的方向发展。

（3）以金融市场为主导的全球一体化市场体系形成，产品市场也逐渐由区域化向全球化快速发展，进而加剧了市场竞争的激烈程度。现代社会需求的多样化和多变性、经济全球化及市场竞争的激烈性，对现代企业管理尤其是成本管理提出了更高的要求，要求它以市场为导向，从传统的以追求"规模经济"为目标的大批量生产方式转变为能对顾客多样化、日新月异的需求迅速做出反应的"顾客化生产方式"，以保证在较短时间内产出不同的新产品，及时满足消费者的需求。

2. 技术环境的深刻变化

近三四十年来，当代社会经历了以微电子技术和信息技术为核心的高新技术革命，在现代制造技术和生产组织管理方面，数控机床、人工智能、计算机辅助设计与制造、弹性制造系统和适时制生产方式的广泛应用，为企业生产经营管理带来了深刻变化。企业生产经营活动从产品订货到产品设计、制造、销售等所有阶段，技术环境发生了深刻变化，对传统企业生产经营管理，尤其是成本管理提出了严峻挑战，同时也为其提供了变革条件和机遇。

3. 管理方法和制度的创新

高新技术革命和日趋激烈的市场竞争及由此带来的企业生产经营管理思想和方法的深刻变革，催化了企业经营管理方法和制度的创新。在这方面，众多跨国企业和区域性大型企业走在了前列，它们学习、借鉴国际先进管理思想、管理方法和管理制度，并结合本国国情和企业生产经营管理实际，进行了创新发展，提出了"全面质量管理""零缺陷管理"和"自主管理"等新思想、新观念，提出了并行工程（CE）、敏捷制造（AM）、精益生产（LP）等管理思想和管理方法。这些科学管理思想与管理方法要求现代企业革新传统管理观念，建立

适应新形势、新环境的管理体系，适应企业内外部客观环境和条件的变化，提高企业经营管理水平和经济效益。

（二）作业成本法产生的必要性

产品生产成本包括直接材料、直接人工、制造费用三个部分。直接材料、直接人工统称为直接费用，可以直接计入有关产品的成本。制造费用是一种间接费用，是直接费用以外的所有的生产费用。

在传统的成本计算方法中，制造费用必须按照一定的标准将其分配计入有关产品的成本。在传统成本计算中普遍采用与产量相关联的分摊基础，如以直接人工、直接人工工时、机器工时等作为制造费用的分配标准。这就是"以数量为基础"的成本分配方法。采用直接人工或直接人工工时分配制造费用的方法在几十年前是合理的，因为当时大多数企业只生产少数几种产品，构成产品成本最重要的因素是直接材料和直接人工，而制造费用数额较小，制造费用的发生与直接人工成本有一定的相关性，并且直接人工或直接人工工时的数据又很容易取得，因此直接人工或直接人工工时便成为制造费用的分配标准。然而，20世纪70年代以后，科学技术的发展使得自动化程度不断提高，产品成本的结构随之发生改变，直接材料和直接人工等直接费用的比例大大下降，以固定资产折旧费为主体的制造费用等间接费用的比例大幅度上升。据统计资料显示，20世纪70年代，间接费用仅为直接人工成本的50%~60%，而现在大多数公司的间接费用已上升到直接人工成本的四五倍；以前直接人工成本占产品成本的比重为40%~50%，而现在下降到不足10%，甚至低到仅为3%~5%，而间接费用占产品成本的比重从20世纪80年代的30%左右（美国为35%，日本为26%）快速上升到70%左右（日本为50%~60%，美国为75%）。近年来，随着人工智能与高端制造业的快速发展，间接费用占产品成本的比重进一步增加。倘若企业仍以日趋减少的直接人工作为分配标准来分配这些日趋增大的制造费用，其结果往往是高产量、低技术含量的产品成本偏高，而低产量、高技术含量的产品成本则会偏低，从而造成产品成本信息的严重失实，进而引起成本控制失效，甚至导致经营决策失误。

如果采用与制造费用不存在因果关系的直接人工工时作为标准去分配这些费用，与工时无关的设备调整准备费用、设备维护费用、工具模具费用等制造费用的增加必定会产生虚假的成本信息。如果把这些与产品生产工时无关的费用以人工工时分配制造费用，并计入产品成本，必然造成扭曲的分配结果。例如，某一种产品需要很多的工具模具费用，但对它加工的时间很短，在传统成本计算方法下，分配到该产品成本中的工具模具费用就会很少。正是在这些因素的共同作用下，产生了以作业量为成本分配基础，以作业为成本计算基本对象，为企业管理者提供更为相关、相对准确的成本信息的成本核算与成本管理方法——作业成本法。

（三）作业成本法与作业成本管理的产生

作业成本管理（Activity-Based Management，ABM）法的形成是以作业成本法（ABC）的广泛应用为前提的。正如前文所述，随着社会经济环境的巨大变化、关键高新技术和先进管理方法的创新及其广泛应用，产品成本结构发生了根本的变化，导致传统成本核算与成本管理方法不能满足企业经营管理客观需要的窘况。为了适应先进制造环境，解决传统成本计算的扭曲、成本信息失真及其与决策失去相关性等问题，美国哈佛大学学者罗宾·库珀（Robin Cooper）和罗伯特·卡普兰（Robert S. Kaplan）率先开展作业成本法的研究工作。其中，罗宾·库珀在1988—1989年两年时间内在著名的《成本管理》杂志上发表了四篇有关ABC的论文，同时还与罗伯特·卡普兰合作在1988年9、10月《哈佛商业评论》上发表了《计量成本的正确性：制定正确的决策》一文，并在 1988—1989 年对 11 家大公司试点的基础上，合作出版了《推行作业为基础的成本管理：从分析到行动》一书。这些论著的出版奠定了 ABC 的理论基础，成为当今作业成本管理和作业会计的经典文献。ABC 的本质就是要确定分配间接费用的合理基础——作业，并引导管理人员将注意力集中在发生成本的原因——成本动因上，而不仅仅是关注成本结果本身；通过作业成本的计算和有效控制，来克服传统的以交易或数量为基础的成本系统中间接费用责任不清的缺陷，以前的许多不可控间接费用变得可控。因此，可以说作业成本法的提出、作业成本计算及其在企业成本核算与成本管理中的实践应用是一场真正的成本会计革命。

在经济全球化大环境下，企业之间的竞争日趋激烈，促进了 ABC 的广泛运用。需引起注意的是，ABC 的意义并非简单上的成本计算。ABC 是以"作业"为中心的管理思想，现在已经从成本的确认、计量方面转移到企业管理的诸多方面。为了适应生产组织的重大变革，西方企业管理思维也发生了重大变革，形成了新的企业观和企业管理思想。

新的企业观认为，企业是一个为最终满足顾客需要而设计的一系列作业的集合体。每一个作业成为其他作业的顾客，各种作业之间互为顾客，彼此连成一个整体，形成顾客链（Customer Chain），最终为企业外部顾客服务。

新的企业观的目标是通过作业消耗和作业产出配比而获得最大的经济效益。实际上，企业本身就是一个由此及彼、由内到外的作业链（Activity Chain）。企业每完成一项作业都要消耗一定的资源，而作业产出又形成一定的价值，转移到下一个作业，依次转移，直到形成最终产品，提供给作业的外部顾客。最终产品作为企业内部作业链的最后一环，凝结了各个作业链所形成的并最终提供顾客的价值。因此，作业链又表现为价值链（Value Chain）。作业耗费与作业产出配比的结果，就是企业得到的经济效益。

实现新企业观的手段或方法就是进行作业分析（Activity Analysis）。企业为了实现自身的经营目标，必须提高其作业产出，减少作业耗费。但是，并不是所有的作业都能够创造价值。这就是溯本求源，分析哪些作业能够增加价值，哪些作业不能增加价值。企业要尽可能消除不能增加价值的作业，即使是能够增加价值的作业也要尽可能减少其耗费。而要做到这一点，就必须借助作业分析。

企业要进行作业分析，就不能像过去那样只停留在"产品"这一层上，而要深入每一个"作业"，从而适应生产组织和新的企业观的变革，一种以"作业"为核心的现代企业管理思维——作业成本管理（ABM）应运而生。ABM 是继被誉为"科学管理之父"的泰勒于 20 世纪初创立的"科学理论说"以来，在企业管理上的又一新的重大突破，它的基本原理体现在以下两个方面：

1. 管理深入作业，进行作业分析

作业分析的目的是溯本求源，明确作业为何发生、如何发生，消除不必要的作业，改进作业链，把企业有限的资源用到能为企业最终产品价值的增加价值的作业上，以提高提供给顾客的价值，从为顾客提供的价值中获得更多的利润。

作业分析具体包括四个步骤：一是根据作业增值性，分析作业是否必要；二是根据成本大小，分析重点作业；三是通过将本企业作业与其他企业（先进企业）类似作业进行比较，判断某项作业或企业整体作业链是否有效，寻求改进机会；四是分析作业之间的联系及作业链。

2. 以作业成本计算为中介，并贯穿始终

管理深入作业，进行作业分析，要求变革传统的成本计算与之相适应，即要求成本计算也深入每一作业，进行作业成本计算。作业成本计算，通过对作业的追踪进行动态反映，可以为旨在改进企业作业活动而进行的作业管理提供所需要的信息。作业成本计算是一个"二维"的观点：成本分配观和过程观。成本分配观说明成本对象引起作业需求，而作业需求又引起资源的需求；过程观为企业提供有关何种原因引起作业以及作业完成得怎样的信息。企业应用作业成本计算提供的信息能改进其作业活动，它是作业成本管理的基础和中介，并贯穿作业成本管理的始终。

二、作业成本法的原理

（一）作业成本法的基本概念

作业成本法的核心是在计算产品成本时，先将间接费用归于每一项作业，然后将每一项作业的成本分摊到产品成本中。因此，理解作业成本法，需要先明确以下几个基本概念：

1. 作业

（1）作业的概念与基本特点。"作业"是作业成本法中最基本的概念，是进行作业成本计算的核心和基础。一般认为，作业是企业为了提供一定产量的产品或劳务所消耗的人力、技术、原材料、方法和环境的集合体。通俗地讲，作业就是企业为了一定目的而进行的消耗资源的一切活动。企业经营过程中的各个工作程序或工作环节，均可视为一项作业。作业具有以下三个基本特点：①作业是投入产出的联动实体。企业的经营过程既是资源的投入过程又是效果产出的过程。②作业贯穿生产经营的全过程。产品从设计到最终销售都是由各种作业的进行而完成的，没有作业的实施，经营活动就无法实现。③作业是可以量化的。作业是计算成本过程中的一个元素，必须具有可量化性，同时又是计算成本的客观依据。

（2）作业的分类。在作业成本会计中，对作业可以分别从作业层次、能否增加产品价值、执行部门和重要程度等四个角度进行分类：

①根据作业层次分类，作业可以分为单位作业、批别作业、产品作业和维持性水平作业四类。单位作业是指使每一单位产品都受益，与产品量成比例变动的作业，如机器的折旧及动力等；批别作业是指与产品批别有关，使一批产品受益的作业，如为生产某批产品的材料处理、机器准备等，这类作业与产品的批数成比例变动；产品作业是指与某种产品相关而与产品产量及批数无关的作业，如对每一种产品编制的生产程序、控制规划、开列材料清单等；维持性水平作业是指使企业生产经营正常运转的工作，是使某个机构或部门受益的作业，这些作业与产品的种类、生产批次和每种产品生产数量无关，如房屋维修、保安、企业管理、会计、人力资源管理等。

②根据作业能否从客户角度增加产品价值分类，作业可以分为增值作业和非增值作业两类。增值作业是指能够增加产品价值的作业，如运输、加工等；非增值作业是指不能够增加产品价值的作业，这类作业又可以分为必要的和非必要的两类。

③根据执行部门分类，作业可以分为投入作业、生产作业、产出作业和管理作业四类。投入作业是指为生产产品而准备的作业，如产品设计、采购原材料等；生产作业是指为生产产品而进行的作业，如机器加工、检查产品等；产出作业是指与客户交易的作业，如销售和售后服务等；管理作业是指为支持前三种作业顺利进行而进行的作业，如人事、会计等。

④根据作业的重要程度分类，作业可以分为核心作业、支持作业和牵制作业三类。核心作业是指使企业生存的中心作业，一般具有竞争优势，如销售部门的核心作业是与客户达成交易；支持作业是指使核心作业得以发挥作用的作业，如上门拜访客户；牵制作业是指由于系统中的缺陷而产生的补救作业，如处理客户投诉事件等。

产品生产过程由作业构成，产品生产过程中的消耗表现为作业消耗。企业的作业种类繁多，表现出不同的特性，维持作业所发生的消耗称为作业成本。作业消耗资源与成本，产品消耗作业，因而作业成本同时又是产品成本形成的基础，产品生产过程中的费用消耗表现为作业的费用消耗。

2. 作业链与价值链

与"作业"相关联的概念是"作业链"和"价值链"概念。在作业成本管理观念下，企业管理深入作业层次以后，现代企业实质上是一个为了满足顾客需要而建立的一系列有序的作业集合体，这形成了一个由此及彼、由内向外的作业链。企业的作业链由直接人工作业、材料消耗作业及其他制造作业三条平行而又相互交织的作业链构成。产品的生产过程表现为作业的推移过程。作业消耗成本，作业的推移过程也就是成本的积累过程。作业同时又创造价值，作业的推移表现为价值在企业内部的积累与转移，最终形成移交给企业顾客的总价值，作业链因而也表现为价值链。作业形成价值，但并非所有的作业都增加转移给顾客的价值。企业管理就是要以作业（成本）管理为核心，尽可能消除非增值作业，对于增值作业，尽可能提高其运作效率，减少其资源消耗。

3. 作业中心和作业成本库

作业中心是一系列相互联系、能够实现某种特定功能的作业集合。例如，原材料采购作业中，材料采购、材料检验、材料入库、材料仓储保管等都是相互联系的，并且都可以归类于材料处理作业中心。把相关的一系列作业消耗的资源费用归集到作业中心，构成该各作业中心的作业成本库。作业成本库是作业中心的货币表现形式。

4. 成本动因

成本动因又称成本驱动因素，是指决定成本发生的那些重要的业务活动或事项。它可以是一个事件、一项活动或作业。如前所述，作业是企业生产经营活动中消耗资源的某种活动。作业是由产品引起的，而作业又引起了资源的耗用。这种资源和作业的耗用是由隐藏其后的某种推动力所引起的，这种隐藏着的推动力就是成本动因。成本动因支配着成本行为，决定着成本的产生，是成本分配的标准。所以要把制造费用分配到各产品中，就必须了解成本行为，识别恰当的成本动因。

根据成本动因在资源流动中所处的位置，通常可将其分为资源动因和作业动因两类：①资源动因，就是资源被各种作业消耗的方式和原因，它反映作业中心对资源的消耗情况，是资源成本分配到作业中心的标准。例如，如果人工方面的费用主要与从事各项作业的人数相关，就可以按照人数向各作业中心（作业成本库）分配人工方面的费用。在这种情况下，从事各项作业的人数，就是一个资源动因。②作业动因，就是各项作业被最终产品或劳务消耗的方式和原因。它反映产品消耗作业的情况，是作业中心的成本分配到产品中的标准。例如，如果在各种产品或劳务的每份订单上所耗用的费用基本相当，就可以按照订单份数向各种产品或劳务分配订单作业成本。在这种情况下，订单的份数就是一项作业动因。

5. 作业成本法

作业成本法（ABC）是以作业为基础，通过对作业成本的确认、计量而计算产品成本的方法。它是一种以"成本驱动因素"理论为基本依据，根据企业生产经营活动中发生和形成的资源消耗、作业和最终产出的关系、作业链与价值链的关系，对成本发生的动因加以分析，以作业为基础计算和控制成本的一种成本核算方法和成本管理制度。

（二）作业成本法的基本原理

在作业成本法下，费用的分配与归集是基于以下基本认识来进行的：

（1）作业消耗资源，产品消耗作业。

（2）生产导致作业的发生，作业导致成本的发生。作业成本法对直接材料、直接人工等直接成本的核算和传统成本计算方法并无不同，其特点主要体现在间接制造费用的核算上。传统成本计算方法与作业成本法的间接制造费用核算上的差别如图 10-1 所示。

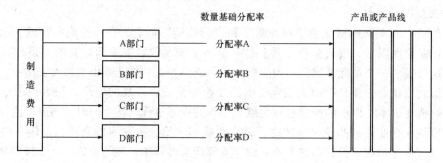

第一步：按照生产部门归集制造费用。　　第二步：按照数量基础分配率分配制造费用。

(a)

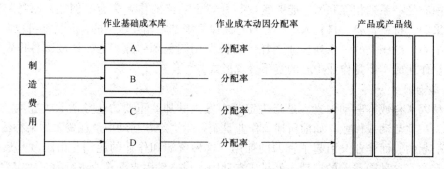

第一步：按照不同作业的耗用归集制造费用。　　第二步：按照作业成本动因分配率分配制造费用。

(b)

图 10-1　传统成本计算方法与作业成本法的区别
（a）传统成本计算方法；（b）作业成本法

通过对比可以看出，在传统成本计算方法下，对于间接制造费用，通常是在全厂范围内采用一个单一分配率进行一次性分配，或者是先将制造费用按生产部门归集，然后按一系列的部门分配率进行分配。至于各生产部门制造费用分配的标准，则根据各个生产部门的生产特点选择，如劳动密集型部门以人工工时或人工成本作为制造费用的分配标准，资本密集型部门以机器工时作为制造费用的分配标准等。

上述传统的制造费用分配方法最显著的特点就是假设制造费用的发生完全与生产数量相联系，因而将直接人工工时、直接人工成本、机器工时、原材料成本或主要成本作为制造费用的分配标准。由此可以得出以下结论：传统的制造费用分配方法满足的只是与生产数量有关的制造费用的分配。

在作业成本法下，对制造费用的核算做了根本变革。其具体体现如下：

（1）将制造费用由全厂统一或按部门的归集和分配，改为由若干个成本库分别进行归集和分配。

（2）增加了分配标准，由按单一标准（直接人工工时或机器工时等）分配改为按引起制造费用发生的多种成本动因进行分配。

通过图 10-1 也可以看出，在作业成本法下，制造费用的核算分为两步：第一步，将制造费用计入作业基础成本库中；第二步，计算得出并使用一系列作业成本动因分配率，将归集的成本分别分配给各种产品。

同样，传统管理会计对成本习性的划分主要是以产品成本与产品业务量的关系，将其划分为变动成本和固定成本。这种划分在产品成本与产品业务量之间存在依存关系的条件下是合理的，但在其他的条件下是不完全合理的。如果仍按照传统方法，不区分产品成本与产品业务量之间的依存关系而统一采用"以数量为基础"的成本分配方法来分配费用、计算产品成本，势必会造成成本计算结果与实际不符、成本信息失真，进而引起成本控制失效，甚至导致经营管理决策失误。

例如，甲、乙、丙三种产品共 100 000 件，其中甲产品 1 000 件，乙产品 90 000 件，丙产品 9 000 件。如果按照产量比例法分配，甲产品只分配到 1% 的制造费用，乙产品则要负担 90% 的制造费用，这样的分配结果是不合理的，因为产量低的甲产品同样要驱使各类作业的发生，因此按"数量相关成本驱动因素"分配制造费用将低于其实际耗费，而产量高的乙产品则与之相反。产生这种情况的根本原因就在于许多制造费用是被各种作业驱动的，这些作业主要表现为各部门为产品提供的劳务，而某种产品所需要的劳务与其产量并不成正比例，有时差别很大。有些具有专门用途的产品，虽然产量低，但对某些制造费用耗费较大，如果分配了较少的制造费用，低于实际耗费的那部分差额将转嫁到产量高的产品上，从而造成成本信息的扭曲，不利于管理层做出决策。

综上所述，作业成本法的基本原理是：产品消耗作业，作业消耗成本，生产费用应根据其产生的原因汇集到作业，计算出作业成本，再按产品生产所消耗的作业，将作业成本计入产品成本。

三、作业成本法的计算

（一）作业成本法的一般程序

根据作业成本法费用的分配原理，现将作业成本法的一般程序介绍如下：

1. 根据管理要求确认作业与成本动因，建立作业成本库

建立作业成本库是作业成本核算的第一步，也是最为关键的一步。但作业的确认并不复杂，只需要询问经理人员或基层员工"你做的是什么工作"便可获知。作业成本系统的作业主要有采购、客户订单处理、质量控制、生产控制、生产准备、加工制造、材料处理、维修等。一个企业的作业可能有几百种甚至几千种，如果把所有作业都用来设计作业成本系统，系统将会复杂庞大，相应地就会大大增加信息收集工作的成本。因此，要根据管理对成本信息的准确要求，对用于系统设计的作业数量进行决策。以采购作业为例，如果管理需要高度准确的成本信息，那么可以把采购作业划分为市场调查、了解供应商、谈判、催促发货、检查需求、申请、批准、准备合同；如果管理要求比较准确的成本信息，可把采购作业划分为联系供应商和内部采购单处理两种作业；如果管理只要求一般准确的成本信息，那么就可把采购作业单独视为一种作业。这样，通过"作业链"的分析，发现同质作业及其作业动因，从而将同质作业合并为作业中心，并按作业中心建立作业成本库；同时，也只有进行这样的分析，才能充分揭示资源被作业消耗的方式和原因，即资源动因。

2. 将各类资源价值耗费按资源动因分配给各作业成本库

在将各类资源价值耗费向作业成本库分配的过程中，如果某项耗费可以直接认定各项作业应负担的数额，可以直接进行分配；否则，需要以相对科学、合理的量化依据作为标准，即按资

源动因，进行计算分配。例如，机器运转所耗用的电费可以通过查电表，将其直接分配到机器运转作业中等。在缺乏或很难获取直接分配基准的情况下，往往采用调查和询问的方式来估计作业所消耗的经营资源成本。例如，假定质量检验部门有两大资源消耗：200 000元的工资和50 000元的原材料，并且质量检验部门设有"外购材料检验""在产品检验"和"产成品检验"三项作业。会计部门通过估计各作业消耗的人力情况将工资费用分配到各作业。这个估计的人力就是工资的资源动因。假设对人力的估计是由分配到每一作业的人数以及每人在该作业上所花费的时间来决定，如果该部门1/10的人员把他们40%的时间花费在对外购材料进行检验上，那么人力的4%（1÷10×40%）的工资费用，也就是8 000元（200 000×4%）就应分配到"外购材料检验"作业上。资源动因作为一种分配基础，它反映了作业对资源的耗费情况，是将资源成本分配到作业的标准。

3. 将各作业成本库归集的作业成本按作业动因分配计入最终产品或劳务

作业动因是各项作业被最终产品消耗的方式和原因，更是将作业成本库归集的成本向产品或劳务进行分配的标准。例如，启动准备作业的作业动因是启动准备次数，质量检验作业的成本动因是检验小时。根据作业动因，就可以将各作业成本库制造费用按各最终产品或劳务消耗的作业动因的比例进行分配，计算出产品的各项作业成本，进而明确最终产品的成本。

4. 计算产品成本

作业成本法的目标最终是要计算出产品的成本。将分配给某产品的各作业成本库分摊成本、数量驱动的制造费用和直接成本（直接人工及直接材料）合并汇总，计算该产品的总成本，再将总成本与产品数量相比，计算该产品的单位成本。即某产品成本 = 直接成本 + 数量驱动的制造费用 + $\sum$ 成本动因成本。图10-2显示了作业成本法的计算程序。

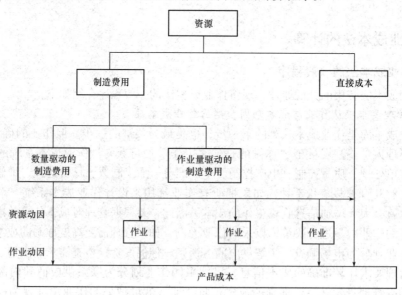

图10-2 作业成本法的计算程序

（二）作业成本法计算示例

【例10-1】 蓉兴公司第一基本生产车间在2017年6月生产A、B两种产品，其中A产品工艺比较简单，生产批量较大；B产品工艺比较复杂，生产批量较小。根据公司成本管理需要，企业决定对该车间的制造费用按作业成本法的原理进行分配和归集，在此基础上，计算

A、B 两种产品的成本。本月 A、B 两种产品期初、期末均无在产品。本月两种产品的产量、直接人工工时以及单位产品应负担的各项直接生产成本（各项直接生产成本的计算分配过程略）见表 10-1。

表 10-1　蓉兴公司第一基本生产车间 2017 年 6 月的生产信息明细表

项　目	A 产品	B 产品
产量/件	12 000	2 400
直接人工工时/小时	4 900	1 100
单位产品直接人工成本/元	12	10
单位产品直接材料成本/元	25	25
制造费用总额/元	422 700	

经对形成制造费用的资源消耗费用进行分析，将其归为工资（直接人工工资）、折旧、电费（非动力用电费）以及办公和其他费用。形成制造费用各项资源的金额见表 10-2。

表 10-2　资源项目及其金额　　　　　　　　　　　单位：元

项　目	金　额
工资	200 000
折旧	150 000
电费	35 200
其他费用	37 500

经作业分析，将形成制造费用的作业划分为订单处理、生产准备、生产协调、质量检验、搬运、设备运转及其维护等六项。将本月各项资源耗费向各项作业成本库分配的依据——资源动因确定如下：

（1）各项作业的人员基本固定，因此各项作业的人工费用可以按专属费用处理。
（2）各车间发生的折旧费用，按作业所用设备的原价的比例进行分配。
（3）各项作业所用电量根据其所使用设备、电器的功率及其使用时间等数据计算确定。因此，电费按各项作业的耗电度数进行分配。
（4）其他费用按作业人员的人数比例分配。

6 月各项作业的资源动因及其数量见表 10-3。

表 10-3　资源动因及其数量

资源类别	资源动因	资源动因数量						
		合计	订单处理	生产准备	生产协作	质量检验	搬运	设备运转及维护
工资	专属费用/元	—						
折旧	设备原价/元	1 500 000	50 000	80 000	120 000	350 000	150 000	750 000
电费	用电/千瓦时	44 000	2 000	4 000	4 000	5 000	5 000	24 000
其他费用	工人人数	50	5	8	5	12	10	10

6 月 A、B 两种产品消耗的各项作业数量见表 10-4。

表 10-4 产品消耗作业数量

作业	A产品	B产品
订单处理/份数	54	46
生产准备/次数	10	10
生产协作/次数	15	10
质量检验/次数	20	20
搬运/次数	60	40
设备运转及维护/机器工时	2 000	500

根据表 10-2 和表 10-3 的资料可以计算编制出资源耗费分配表（见表 10-5）。

表 10-5 资源耗费分配表　　　　　　　　　　　　金额单位：元

资源类别	资源价值	资源动因	资源动因合计	分配率	作业成本库					
					订单处理	生产准备	生产协作	质量检验	搬运	设备运转及维护
工资	200 000	专属费用	—	—	25 000	30 000	30 000	45 000	35 000	35 000
折旧	150 000	设备原价	1 500 000	0.1	20 000	8 000	12 000	35 000	15 000	60 000
电费	35 200	用电度数	44 000	0.8	1 600	3 200	3 200	4 000	4 000	19 200
其他费用	37 500	工人人数	50	750	3 750	6 000	3 750	9 000	7 500	7 500
作业成本合计	422 700	—			50 350	47 200	48 950	93 000	61 500	121 700

根据表 10-5 所提供的各项作业成本资料以及表 10-4 所提供的 A、B 两种产品所消耗的各项作业量的资料，可以编制出作业成本分配率计算表（见表 10-6）。

表 10-6 作业成本分配率计算表

作业成本库（作业中心）	作业成本/元	作业成本动因	作业量/件			成本费用分配率/（元·件$^{-1}$）
			A产品	B产品	合计	
订单处理	50 350	订单份数	54	46	100	503.50
生产准备	47 200	生产准备次数	10	10	20	2 360
生产协调	48 950	协调次数	15	10	25	1 958
质量检验	93 000	检验次数	20	20	40	2 325
搬运	61 500	搬运次数	60	40	100	615
设备运转及维护	121 700	机器工时	2 000	500	2 500	48.68
合计	422 700	—	—	—		

根据表 10-6 所提供的作业成本分配率资料和表 10-4 所提供的 A、B 两种产品所消耗的各项作业的数量资料，可以编制出产品作业成本（产品应负担的制造费用）计算表（见表 10-7）。

表 10-7 产品作业成本计算表（产品应负担的制造费用）

作业成本库	成本动因分配率/（元·件$^{-1}$）	A产品		B产品		作业成本（制造费用）/元
		作业量/件	作业成本/元	作业量/件	作业成本/元	
订单处理	503.50	54	27 189	46	23 161	50 350
生产准备	2 360	10	23 600	10	23 600	47 200

续表

作业成本库	成本动因分配率/（元·件$^{-1}$）	A产品 作业量/件	A产品 作业成本/元	B产品 作业量/件	B产品 作业成本/元	作业成本（制造费用）/元
生产协调	1 958	15	29 370	10	19 580	48 950
质量检验	2 325	20	46 500	20	46 500	93 000
搬运	615	60	36 900	40	24 600	61 500
设备运转及维护	48.68	2 000	97 360	500	24 340	121 700
合计	—	—	260 919	—	161 781	422 700

下面根据以上有关资料，分别计算传统成本法下和作业成本法下A、B两种产品的单位成本并加以比较。

在传统成本法下，A、B两种产品的单位成本的计算：

制造费用分配率 = 422 700 ÷（4 900 + 1 100）= 70.45（元/小时）

单位A产品应负担的制造费用 = 4 900 × 70.45 ÷ 12 000 = 28.77（元）

单位B产品应负担的制造费用 = 1 100 × 70.45 ÷ 2 400 = 32.29（元）

A产品单位成本 = 12 + 25 + 28.77 = 65.77（元）

B产品单位成本 = 10 + 25 + 32.29 = 67.29（元）

在作业成本法下，A、B两种产品的单位成本的计算：

单位A产品应负担的制造费用 = 260 919 ÷ 12 000 = 21.74（元）

单位B产品应负担的制造费用 = 161 781 ÷ 2 400 = 67.41（元）

A产品单位成本 = 12 + 25 + 21.74 = 58.74（元）

B产品单位成本 = 10 + 25 + 67.41 = 102.41（元）

根据以上计算结果，可编制产品单位成本比较表见表10-8。

表10-8　产品单位成本比较表

产品	作业成本法/元	传统成本法/元	绝对差/元	相对差/%
A产品	58.74	65.77	7.00	10.65
B产品	102.41	67.29	−35.12	−52.19

通过以上比较可以明显地看出，相对于作业成本计算法，在传统成本法下，批量较小、技术较复杂的B产品的成本，在很大程度上被低估；批量大、技术上较为简单的A产品的成本，在很大程度上被高估。说明在传统制造成本法下，批量越大、技术越简单的产品，其成本信息被高估的可能性就越大；反之，则成本信息被低估的可能性就越大。事实上，因为以上是就产品的全部成本所进行的比较，其中包括各批产品所耗用的原材料费用和直接人工这一不可比因素，如果剔除这一不可比因素，仅就制造费用这一因素进行比较，问题会更突出。下面对A产品和B产品在不同的成本法下应分配的制造费用做一比较。

相对于作业成本法，传统成本法得到的相对差为：

$$A产品：\frac{28.77 - 21.74}{21.74} \times 100\% = 32.33\%$$

$$B产品：\frac{32.29 - 67.41}{67.41} \times 100\% = -52.10\%$$

以上计算结果表明，若仅就制造费用这一可比因素进行比较，传统成本法的计算结果导致成本信息的歪曲程度就看得更为清楚。这一比较结果说明传统成本法提供的成本信息在很大程度上已经丧失了决策相关性。由本例可以看出，传统成本法与作业成本法在制造费用分配结果上之所以会产生如此大的差距，是因为两种成本计算方法在分配基础的选择上有重大差别。也就是说，在传统成本法下，是以数量为基础来分配制造费用，而且一般以工时消耗这一单一标准对所有产品分配制造费用；而在作业成本法下，是以作业量为基础来分配制造费用，即为不同的作业耗费选择相应的成本动因来向产品分配制造费用，从而使成本计算的准确性大大提高。

四、作业成本法与传统成本法的联系和区别

（一）作业成本法与传统成本法的联系

1. 两者的目的相同

作业成本法与传统成本法的目的都是计算最终产品成本。传统成本计算法是将各项费用在各种产品（各成本计算对象）之间进行分配，计算出产品成本。作业成本法是将各项费用先在各作业中心之间分配，再按照各种产品耗用作业的数量，把各作业成本计入各种产品成本，计算出产品成本的方法。

2. 两者对直接费用的确认和分配相同

作业成本法与传统成本法都依据受益性原则，对发生的直接费用予以确认和分配。

（二）作业成本法与传统成本法的区别

1. 成本计算对象不同

传统成本法是以企业最终产出的各种产品作为成本计算对象。作业成本法则不仅关注产品成本，而且更关注产品成本产生的原因及其形成的全过程，因而它的成本计算对象是多层次的，不但把最终产出的各种产品作为成本计算对象，而且把资源、作业、作业中心作为成本计算对象。

2. 成本计算的目的不同

传统成本法的计算目的仅仅是计算成本，就成本论成本。作业成本法则把重点放在成本发生的前因后果上，成本是由作业引起的，该作业是否应当发生，是由产品的设计环节所决定的。在产品设计中，要设计出产品是由哪些作业组成的，每一项作业预期的资源消耗水平；在作业的执行过程中，应分析各项作业预期的资源消耗水平以及预期产品最终可为顾客提供价值的大小。对这些信息进行处理和分析，可以促使企业改进产品设计，提高作业水平和质量，减少浪费，降低资源的消耗水平。

3. 理论基础不同

传统成本法的理论基础是以企业所生产的产品按照其耗费的生产时间或按照其产量线性地分配各项制造费用。因此，制造费用可以按照一定的标准平均地分摊到各种产品的成本中。这种方法没有考虑实际生产中产品消耗与费用的配比问题，只能算是一种近似的分配方法。

作业成本法的理论基础是成本驱动因素论。这种理论认为，企业的产品成本和价值并不是孤立产生的，产品成本的形成是与各种资源的消耗密切相关的，因此分配制造费用应着眼于费用、成本的来源，将制造费用的分配与产生这些费用的原因联系起来——产品消耗作业，作业消耗资源并导致成本的发生。作业成本法在成本核算上突破产品这个界限，使成本核算深入资源、作业层次，它从资源的消耗入手，以多种资源动因（即资源成本的分配标准）为标准，按作业

中心收集成本,并把各作业中心的成本按不同的作业动因(即作业成本的分配标准)分配到各种产品中。作业成本法通过选择多样化的分配标准(成本动因)进行制造费用的分配,使费用分配和成本计算按产品对象化的过程明细化,使成本的可归属性大大提高,并将按人为标准分配制造费用、计算产品成本的比重缩减到最低限度,从而提高了成本信息的准确性。

五、对作业成本法的评价

(一)作业成本法的优点

(1)作业成本法提供了更真实、丰富的产品成本信息,由此而得到更真实的产品盈利能力信息和定价、顾客市场及资本支出等战略决策相关的信息。作业成本法试图把支持产品生产和发生的各种活动予以量化,并把它们按其"来龙去脉"原原本本地归集到各个产品中,以能得到正确的产品成本信息。而激烈的全球竞争和崭新的生产技术使准确的产品成本信息对于企业在竞争中取胜至关重要。

(2)作业成本法拓宽了成本核算的范围。作业成本法把作业、作业中心、顾客等纳入成本核算的范围,形成了以作业为核心的成本核算对象体系。它以作业为核心进行成本核算,抓住了资源向成本对象流动的关键,便于合理计算成本,有利于全面分析企业在产品、劳务、顾客和市场及其组合以及各相应作业盈利能力方面的差别。

(3)作业成本法有利于企业建立新责任会计系统开展业绩评价。企业作业链同时也是一条责任链,以成本库为新的责任中心,分析评价该库中费用发生的合理性,以能否为最终产品增加价值作为合理性的标准,建立责任系统,并按是否提高价值链的价值为依据进行业绩评价,充分发挥资源在价值链中的作用,以促进经济效益的提高。

(二)作业成本法的局限性

(1)尽管作业成本法大大减少了传统成本法在产品成本计算上的主观分配,但难以从根本上消除主观性,如作业的划分、成本动因选择,在一定程度上还带有一定的主观因素。

(2)采用作业成本法应遵循成本效益原则,任何一个成本系统并不是越准确就越好,还需考虑其成本。作业成本法增加了大量的作业分析、确认、记录和计量,增加了成本动因的选择和作业成本的分配工作,要处理大量的数据,导致实施成本高昂。

实施作业成本法的预计成效如何,需要耗费的成本怎样,是企业应研究的重要问题。为此,企业在实施作业成本法时,首先必须认真分析企业生产经营过程和成本核算中存在哪些问题,采用作业成本法和作业成本管理是否有助于这些问题的解决,以及其成本效益如何,以便有效地、有针对性地解决这些问题,且使耗费的成本较小。

六、作业成本管理

运用作业成本法基本原理开展成本核算与成本管理的作业成本会计在产品成本核算、作业管理、规划与决策会计、产品组合与定价策略、控制与业绩评价等领域具有非常广泛且重要的实践应用价值。作业成本的核算前文已详细介绍,在此不再赘述;作业成本法在企业经营管理中的实践应用,因限于篇幅,本书现简要介绍如下:

(一)作业成本法在作业管理中的应用

作业管理是现代企业观下的一种新思维,它将企业管理深入作业层次,对作业链进行分析,消除非增值作业,并使增值作业更有效率,从而将企业置于不断改进的状态中。作业管理的主要目标如下:

(1) 尽量通过作业为顾客提供更多的价值。

(2) 从为顾客提供的价值中获得更多的利润。

通过作业管理可以发现，作业的增值及其效率情况，为作业链的优化提供依据，提高企业的竞争能力。作业管理的主要内容包括作业分析、作业增值分析、作业改进、作业业绩评价等。限于篇幅，作业管理的主要内容本书不做详细介绍。

（二）作业成本法在"规划与决策会计"中的应用

1. 扩展成本习性的概念，提高决策的科学性

在传统的以交易或数量为基础的成本系统下，由于会计人员以产品数量作为区分固定成本和变动成本的基础，使得管理人员很难确认各项成本的真实变动情况，难以达到决策的科学化。在作业成本会计中，会计人员使用成本动因来解释成本习性，将成本划分为短期变动成本、长期变动成本和固定成本三类。这样，在作业成本会计系统下，管理人员的决策就可以更加关注影响短期变动成本和长期变动成本的相关因素，以提高决策的科学性。

2. 优化产品组合与定价策略，保障企业战略决策的正确性

在产品组合决策中，管理人员是利用企业的产品净收入与其可追溯变动成本之间的差额这一"生产价值"来决定产品获利能力的强弱及优先生产顺序的。在传统成本制度中，有一部分成本因无法归属到产品而被视为固定成本，而在作业成本会计中，管理人员可以运用作业成本法的原理，根据成本动因计算出直接归属产品的成本，从而为企业优化产品组合决策提供更加真实、相关且至关重要的产品成本信息。在定价策略方面，作业成本会计也具有更大的灵活性（企业可以根据产品成本的高低及市场销售情况适时调整定价策略）。可见，以作业成本法为基础的生产价值分析和产品组合与定价策略，能在提高企业竞争力的同时，提高企业的获利能力，从而保障企业战略决策的正确性。

（三）作业成本法在"控制与业绩评价"中的应用

1. 作业成本会计可以改进预算控制和成本控制

传统的预算控制和以标准成本为核心的成本控制是以差异分析为基础的，非常强调对开支差异和效率差异的计量与控制，并且"费用库"过于浓缩，费用分配基础过于单一，导致费用分析不能提供真实有用的信息。从以人工为基础的弹性预算转向以作业为基础的弹性预算，从以差异分析为基础的变动预算转向以成本动因为基础的变动预算，是作业成本会计在费用控制方面的重要应用。

2. 作业成本会计可以改进责任中心的业绩评价

传统的责任会计主要依组织机构的职能、权限、目标和任务来制定责任预算，并据此对预算的执行情况进行计量和评价。但传统的责任会计由于责任中心"职能和权限"的局限性，忽视了对许多不可控间接费用的控制，突出的表现在于没有规范对分布在不同部门却又相互联系的同类费用做出管理和控制。

作业成本会计把成本看成"增值作业"和"非增值作业"的函数，并以"顾客价值"作为衡量标准。作业成本会计关注那些导致成本增加和使成本复杂化的因素，揭示在产品之间分配间接成本的不合理、不均衡所产生的后果。在评价作业时，作业成本会计要深入研究"非增值作业"。在评价作业的同时，作业成本会计还要评价资源的实际利用和需要之间的一致性，减少资源的不必要利用，提高资源利用的效果。在评价指标上，作业成本会计在保留有用财务指标的基础上，还引进增加了许多非财务指标。作业成本会计在对责任中心业绩评价方面的引进和革新，改进了企业对责任中心的业绩评价。

第二节　标准成本法

一、标准成本概述

（一）标准成本的含义

标准，即一定条件下衡量和评价某项活动或事物的尺度。所谓标准成本，是指按照成本项目反映的、在已经达到的生产技术水平和有效经营管理条件下，应当发生的单位产品成本目标。

标准成本不同于预算成本，标准成本是一种单位的概念，它与单位产品相联系；而预算成本则是一种总额的概念，它与一定的业务量相联系。但二者都不是实际发生的成本，而是一种预定的成本目标。如果以标准成本乘以一定的业务量，即为预算总成本，因此二者在实际上是相同的，只是从各自不同的角度来判断或说明某项成本计划的完成情况。

标准成本法是指通过制定标准成本，将标准成本与实际成本进行比较获得成本差异，并对成本差异进行因素分析，据以加强成本控制的一种会计信息系统和成本控制系统。标准成本法在泰勒的生产过程标准化思想影响下，于20世纪20年代产生于美国。刚开始，它只是被用来进行成本控制，后来才逐步发展和完善，并与成本核算结合起来，成为一种成本计算与成本控制相结合的方法。

（二）标准成本的种类

制定标准成本，首先应确定选择什么水平的成本目标作为现行标准成本。可供选择的标准成本的种类很多，主要包括理想标准成本、正常标准成本和现实标准成本三种。

（1）理想标准成本。它是以现有生产经营条件处于最佳状态为基础确定的最低水平，这种标准成本是在假定材料无浪费、设备无事故、产品无废品、工时全有效的基础上制定的。由于这种成本的要求过高，只是一种纯粹的理论观念，即使企业全体职工共同努力，也常常无法达到，因此它不宜作为现行标准成本。

（2）正常标准成本，也称平均标准成本。它是根据过去一段时期实际成本的平均值，剔除其中生产经营活动中的异常因素，并考虑今后的变动趋势而制定的标准成本。这种标准成本将未来视为历史的延伸，主要以过去若干年内成本的平均水平为基础制定，并结合未来的变动趋势进行调整。因此，它是一种经过努力可以达到的成本，企业可以以此作为现行标准成本。但它的应用有其局限性，企业只有在国内外经济形势稳定、生产发展比较平稳的情况下才能采用。

（3）现实标准成本，又称期望可达到标准成本。它是根据企业最可能发生的生产要素耗用量、生产要素价格和生产经营能力利用程度而制定的。由于这种标准成本包含企业一时还不能避免的某些不应有的低效、失误和超量消耗，因此它是一种经过努力可以达到的既先进又合理、最切实可行且接近实际的成本，因而在实际工作中被广为采用。与正常标准成本不同的是，它需要根据现实情况的变化不断修改，而正常标准成本则可以在较长一段时间内保持固定不变。

（三）标准成本的制定

采用标准成本法的前提和关键是标准成本的制定。为了便于进行成本控制、成本核算和成本差异分析工作，标准成本可以按车间、分产品、成本项目分别制定。标准成本的成本项目与会计日常核算所使用的成本项目应当一致，直接材料可以按材料的不同种类或规格详细列出标准，直接人工可以按不同工种列出标准，制造费用应按固定制造费用和变动制造费用分项列出标准，将各个成本项目的标准成本加总，即构成产品标准成本。

各个成本项目的标准成本，通常是由数量标准和价格标准两个因素决定的，即某成本项目的标准成本＝数量标准×价格标准。在直接材料标准制定中，数量标准表现为材料消耗定额，价格标准表现为材料的计划单价；在直接人工标准制定中，数量标准表现为工时定额，价格标准表现为计划小时工资率；在制造费用标准制定中，数量标准是指工时定额，价格标准是指制造费用的分配率。制造费用分配率一般以制造费用预算数除以按计划产量计算的定额工时来确定，即制造分配率＝制造费用预算数/（工时定额×计划产量）。制造费用预算数一般要根据固定制造费用和变动制造费用分别确定，固定制造费用的预算数只能按总额来确定，所以，制造费用分配率＝单位变动制造费用＋单位固定造费用。

（四）标准成本的作用

（1）在领料、用料、安排工时和人力时，均以标准成本作为事前和事中控制的依据。

（2）标准成本具有客观性和权威性，是建立在职职工工资制度和奖励制度必须考虑的因素，所以它可以加强职工的成本观念，提高他们的挖掘潜力、降低成本积极性和加强责任感。

（3）标准成本是价格决策和投标议价的一项重要依据，也是其他长短期决策必须考虑的因素。

（4）便于企业编制预算和进行预算控制。事实上，标准成本本身就是单位成本预算。例如，在编制直接人工成本预算时，首先要确定每生产一件产品所需耗费的工时数以及每小时的工资率，然后用它们乘以预算的产品产量，就可以确定总人工成本预算数。

（5）在产品、产成品和销货成本均以标准成本计价，可使成本计算、日常账务处理和会计报表的编制大为简化。

二、成本差异的计算与分析

在标准成本制度中，成本的控制是通过差异的计算与处理来进行的，因此，差异分析与处理是标准成本会计制度的关键。成本差异是产品实际成本与预定的标准成本之间的差额。实际成本小于标准成本为有利差异，用"－"表示，反之则为不利差异或逆差，用"＋"表示。出现差异时，要分析原因，采取措施加以控制，尤其是出现逆差时，应引起重视，加强对不利差异的管理和控制，确保成本控制目标的实现。根据产品成本的构成情况，产品成本差异由直接材料成本差异、直接人工成本差异、变动制造费用成本差异和固定制造费用成本差异组成。

（一）直接材料成本差异

直接材料成本差异是指一定产量产品的直接材料实际成本与直接材料标准成本之间的差异。其中

直接材料成本差异＝直接材料实际成本－直接材料标准成本

直接材料实际成本＝实际价格×实际用量

直接材料标准成本＝标准价格×标准用量

实际用量＝直接材料单位实际耗用量×实际产量

标准用量＝直接材料单位标准耗用量×实际产量

如前所述，直接材料成本是变动成本，其成本差异形成的原因包括价格差异和数量差异。其中，价格差异是实际价格脱离标准价格所产生的差异，其计算公式如下：

材料价格差异＝（实际价格－标准价格）×实际用量

＝（实际价格－标准价格）×实际产量×材料单位实际耗用量

数量差异是单位实际材料耗用量脱离单位标准材料耗用量产生的差异，其计算公式如下：

材料数量差异 =（材料单位实际耗用量 – 材料单位标准耗用量）× 标准价格

现将以上公式综合如下：

材料价格差异 + 材料用量差异 = 材料成本差异

【例 10-2】 蓉兴公司生产甲产品需使用一种生物制品 A。本期生产甲产品 1 000 件，耗用制品 A 4 050 千克，制品 A 的实际价格为每千克 2 000 元。假设制品 A 的标准价格为每千克 2 200 元，单位甲产品的标准用量为 4 千克制品 A，那么，制品 A 的成本差异分析如下：

材料价格差异 =（2 000 – 2 200）× 4 000 = –80 000（元）（有利差异）

材料用量差异 =（4 050 – 4 000）× 2 200 = 110 000（元）（不利差异）

材料成本差异 = –80 000 + 110 000 = 30 000（元）（不利差异）

从上例可以知道，材料价格方面的原因使材料成本下降了 80 000 元，而材料用量的超支使材料成本上升了 110 000 元。材料价格差异通常应由采购部负责，因为影响材料采购价格的各种因素（如采购批量、供应商的选择、交货方式、材料质量、运输工具等）一般都是由采购部门控制并受其决策的影响。因此，对材料差异，一定要做进一步的分析研究，查清产生差异的真正原因，分清各部门的经营责任，并以此对成本进行有效控制。

（二）直接人工成本差异

直接人工成本差异是指一定产量产品的直接人工实际成本与直接人工标准成本之间的差额。其中

直接人工成本差异 = 直接人工实际成本 – 直接人工标准成本

直接人工标准成本 = 标准工资率 × 标准工时

标准工时 = 单位产品工时耗用标准 × 实际工时

同样，直接人工实际成本等于直接人工工资率乘以直接人工工时耗用量，属于变动成本，其成本差异包括直接人工工资率差异和直接人工工时耗用量差异。直接人工工资率差异也称直接人工价格差异，类似材料价格差异；直接人工工时耗用量差异类似于材料用量差异。所以，直接人工成本差异的分析方法类似于材料成本差异的分析方法。直接人工工资率差异是指实际工资率脱离标准工资率所产生的差异，其计算公式如下：

直接人工工资率差异 =（实际工资率 – 标准工资率）× 实际工时

直接人工工时耗用量差异是指单位实际人工工时耗用量脱离单位标准人工工时耗用量所产生的差异，其计算公式如下：

直接人工工时耗用量差异 =（实际工时 – 标准工时）× 标准工资率

现将以上公式综合如下：

直接人工工资率差异 + 人工工时耗用量差异 = 直接人工成本差异

【例 10-3】 蓉兴公司本期生产甲产品 1 000 件，耗用人工 25 000 小时，实际工资总额 500 000 元，平均每工时 20 元，如果标准工资率为 19 元，单位产品的工时耗用标准为 26 小时，那么，直接人工成本差异分析如下：

直接人工工资率差异 =（20 – 19）× 25 000 = 25 000（元）（不利差异）

直接人工工时耗用量差异 =（25 000 – 26 000）× 19 = –19 000（元）（有利差异）

直接人工成本差异 = 25 000 – 19 000 = 6 000（元）（不利差异）

从上例中可以看出，由于实际工资率高于标准工资率造成直接人工成本上升 25 000 元，单位实际人工工时耗用量低于单位标准人工工时耗用量所产生的直接人工效率差异为 19 000 元。实际工资率高于标准工资率，可能是由于在生产过程中使用了工资级别较高、技术水平较高的

工人从事了要求较低的工作，从而造成了浪费。而直接人工耗用量差异是考核每个工时生产能力的重要指标，降低单位产品成本的关键在于不断提高工时的生产能力，从而减少人工耗用量。

（三）变动制造费用成本差异

变动制造费用成本差异是指一定产量产品的实际变动制造费用与标准变动制造费用之间的差额。其中

$$变动制造费用成本差异 = 实际变动制造费用 - 标准变动制造费用$$
$$实际变动制造费用 = 实际分配率 \times 实际工时$$
$$标准变动制造费用 = 标准分配率 \times 标准工时$$
$$实际分配率 = \frac{实际变动制造费用}{实际工时}$$

变动制造费用是变动制造费用分配率与直接人工工时之积，因此变动制造费用差异包括变动制造费用耗费差异和变动制造费用效率差异。变动制造费用耗费差异类似于材料价格差异和直接人工工资率差异，变动制造费用效率差异类似于材料用量差异和直接人工效率差异，所以其计算公式如下：

$$变动制造费用耗费差异 = （实际分配率 - 标准分配率）\times 实际工时$$
$$变动制造费用效率差异 = （实际工时 - 标准工时）\times 标准分配率$$
$$变动制造费用差异 = 实际变动制造费用 - 标准变动制造费用$$
$$= 变动制造费用耗费差异 + 变动制造费用效率差异$$

现将以上公式综合如下：

变动制造费用分配率差异 + 变动制造费用效率差异 = 变动制造费用差异

【例 10-4】 蓉兴公司本期生产甲产品 1 000 件，耗用人工 25 000 小时，实际发生变动制造费用 80 000 元，变动制造费用实际分配率为每直接人工工时 3.2 元。假设变动制造费用标准分配率为 3 元，标准耗用人工 24 000 小时。那么，变动制造费用差异分析如下：

$$变动制造费用耗费差异 = （3.2 - 3）\times 25 000 = 5 000（元）（不利差异）$$
$$变动制造费用效率差异 = （25 000 - 24 000）\times 3 = 3 000（元）（不利差异）$$
$$变动制造费用差异 = 5 000 + 3 000 = 8 000（元）（不利差异）$$

（四）固定制造费用成本差异的计算

固定制造费用成本差异是指一定期间的实际固定制造费用与标准固定制造费用之间的差额。其中

$$固定制造费用成本差异 = 实际固定制造费用 - 标准固定制造费用$$
$$标准固定制造费用 = 固定制造费用标准分配率 \times 标准工时$$
$$固定制造费用标准分配率 = \frac{预算固定制造费用}{预算工时}$$

固定制造费用是固定成本，它在一定业务量范围内不随业务量的变动而变动。因此，固定制造费用成本差异计算比较复杂，涉及标准成本、预算成本和实际成本三类数据。根据固定制造费用不随业务量的变动而变动的特点，为了计算固定制造费用标准分配率，必须设定一个预算工时，实际工时与预算工时之间的差异造成的固定制造费用差异称为固定制造费用生产能力利用程度差异。因此，固定制造费用差异除了开支差异和效率差异，还包括生产能力利用差异。这三种差异的形成可以用下列公式表示：

$$固定制造费用开支差异 = 实际分配率 \times 实际工时 - 标准分配率 \times 预算工时$$
$$固定制造费用生产能力利用差异 = 标准分配率 \times 预算工时 - 标准分配率 \times 实际工时$$
$$固定制造费用效率差异 = 标准分配率 \times 实际工时 - 标准分配率 \times 标准工时$$

【例 10-5】 蓉兴公司本期预算固定制造费用为 20 000 元，预算工时为 3 000 小时，实际耗用工时为 3 200 小时，实际固定制造费用为 21 000 元，标准工时为 3 100 小时。

(1) 根据公式可求出标准分配率和实际分配率。

$$固定制造费用标准分配率 = \frac{20\ 000}{3\ 000} = 6.67$$

$$固定制造费用实际分配率 = \frac{21\ 000}{3\ 200} = 6.56$$

(2) 根据上述公式求出开支差异、效率差异和生产能力利用差异。

固定制造费用开支差异 = 21 000 − 20 000 = 1 000（元）

固定制造费用效率差异 =（3 200 − 3 100）× 6.67 = 667（元）

固定制造费用生产能力利用差异 =（3 000 − 3 200）× 6.67 = − 1 334（元）

标准固定制造费用 = 6.67 × 3 100 = 20 667（元）。

所以，固定制造费用差异 = 21 000 − 20 677 = 323（元）。

在一定的业务范围内，固定制造费用是不随业务量的变动而变动的。就预算差异来说，其产生的原因可能是：资源价格的变动（如固定材料价格的增减、工资率的增减等），某些固定成本（如职工培训费、折旧费、办公费等）因管理上的新决定而有所增减，资源的数量比预算有所增减（如职工人数的增减），为了完成预算而推迟某些固定成本的开支等。就生产能力利用差异来说，它只反映计划生产能力的利用程度，可能是由于产销量达不到一定规模造成的，一般不能说明固定制造费用的超支或节约。各种情况都应根据不同情况分别进行分析和控制。

三、成本差异账务处理

（一）成本差异核算账户

采用标准成本法时，针对各种成本差异，应另外设置各个成本差异账户进行核算。在材料成本差异方面，应设置"直接材料成本差异"账户，再按具体成本差异内容设置"材料价格差异"和"材料用量差异"两个账户；在直接人工差异方面，应设置"直接人工成本差异"账户，再按具体差异内容设置"直接人工工资率差异"和"直接人工效率差异"两个账户；在变动制造费用差异方面，应设置"变动制造费用耗费差异"和"变动制造费用效率差异"两个账户；在固定制造费用差异方面，应设置"固定制造费用开支差异""固定制造费用能力差异"和"固定制造费用效率差异"三个账户分别核算三种不同的固定制造费用差异。各种成本差异类账户的借方核算发生的不利差异，贷方核算发生的有利差异。

（二）成本差异的归集

采用标准成本法进行核算时，发生的直接材料、直接人工费用和各种变动、固定制造费用应先在"直接材料""直接人工"和"制造费用"项目进行归集，月底计算、分析成本差异后，再将实际费用中的标准成本部分从上述账户转入"生产成本"账户；将完工产品的标准成本从"生产成本"账户转入"库存商品"账户。随着产品的销售，再将已售产品的标准成本从"库存商品"账户转入"主营业务成本"账户。对于各种成本差异，应将其从"直接材料""直接人工"和"制造费用"项目转入各个相应的成本差异账户。

下面结合本章的例题说明月底时成本差异的账务处理。

根据例 10-2 的资料，月底分析计算成本差异后，编制领用材料的会计分录如下：

借：生产成本　　　　　　　　　　　　　　　　　　　　　　　　780 000

　　直接材料用量差异　　　　　　　　　　　　　　　　　　　　110 000

  贷：原材料   810 000
    直接材料价格差异   80 000

根据例 10-3 的资料，月底分析计算成本差异后，会计分录如下：

  借：生产成本   494 000
    直接人工工资率差异   25 000
  贷：应付职工薪酬   500 000
    直接人工效率差异   19 000

根据例 10-4 的资料，月底分析计算成本差异后，编制变动制造费用计入产品成本的会计分录如下：

  借：生产成本   72 000
    变动制造费用效率差异   3 000
    变动制造费用耗费差异   5 000
  贷：制造费用（变动）   80 000

根据例 10-5 的资料，月底分析计算成本差异后，编制固定制造费用计入产品成本的会计分录如下：

  借：生产成本   20 677
    固定制造费用开支差异   1 000
    固定制造费用效率差异   667
  贷：制造费用（固定）   21 000
    固定制造费用能力差异   1 334

  在前面的例子中，介绍了月底将各种成本差异计入各差异账户的会计分录，在各个成本差异账户中对发生的成本差异进行了归集，在"生产成本""库存商品"和"主营业务成本"账户中只核算了产品的标准成本。随着产品的出售以及产品成本的结转，期末对所发生的成本差异也应进行结转和处理。这里介绍直接处理法。

  直接处理法是指将本期发生的各种成本差异全部转入"主营业务成本"账户，由本期的销售产品负担，并全部从利润表的销售收入项下扣减，不再分配给期末在产品和期末库存产品。此时期末资产负债表的在产品和产成品只反映标准成本。随着产成品出售，应将本期已销售产品的标准成本由"库存商品"账户转入"主营业务成本"账户，而各个差异账户的余额则应于期末直接转入"主营业务成本"账户。这种方法可以避免期末繁杂的成本差异分配工作，同时本期发生的成本差异全部反映在本期的利润中，使之能如实地反映本期生产经营工作和成本控制的全部成效，符合权责发生制的要求。

  【例 10-6】 假设蓉兴公司"生产成本"和"库存商品"账户均无期初余额，本期投产的甲产品 1 000 件已全部完工，并已全部出售。每件销售价格为 1 800 元，其他资料见例 10-2 至例 10-5，则上述几笔会计分录如下：

  (1) 产品完工入库。

  借：库存商品   1 366 667
    贷：生产成本   1 366 667

  (2) 销售产品。

  借：应收账款   1 800 000
    贷：主营业务收入   1 800 000

  (3) 结转已售产品标准成本。

借：主营业务成本	1 366 667
贷：库存商品	1 366 667

（4）结转成本差异。

借：主营业务成本	44 333
直接材料价格差异	80 000
直接人工效率差异	19 000
固定制造费用能力差异	1 334
贷：直接材料用量差异	110 000
直接人工工资率差异	25 000
变动制造费用效率差异	3 000
变动制造费用分配率差异	5 000
固定制造费用开支差异	1 000
固定制造费用效率差异	667

第三节　变动成本法

变动成本法（Variable Costing）也称变动成本计算法或直接成本法（Direct Costing），最早由美国会计学家哈里斯（Jonathan N. Haris）于1936年提出，但当时并没有受到普遍重视。"二战"后，随着世界经济的迅速发展，市场竞争更加激烈，企业为了在竞争中求得生存和发展，迫切要求会计部门提供更加广泛、更加有用的成本信息，以加强对经济活动的规划与控制，于是变动成本法得到了迅速推广，形成了一种新的成本计算制度，并成为企业改进经营管理、提高经济效益的重要工具。由此，变动成本法因能够提供企业进行短期经营决策所需要的成本信息而成为现代成本管理会计中经常采用的一种成本计算方法。

一、变动成本法概述

在现代管理会计的常规成本计算过程中，还有一种十分重要的分类方法，就是成本计算按产品成本期间成本的划分口径和损益确定程序进行分类。以此为标志，可将成本计算分为完全成本计算（Absorption Costing，即完全成本计算法，以下简称完全成本法）和变动成本计算（Variable Costing，即变动成本计算法，以下简称变动成本法）。这种分类方法其实与传统成本核算中的归集分配费用的方法毫无共同之处。它只是指出了在常规的产品成本计算中，区分产品成本期间成本的不同标准和确定损益的不同计量程序。

（一）变动成本法与完全成本法的概念

1. 变动成本法的概念

变动成本法，是指在计算产品的生产成本时，以成本性态分析为前提，只将产品生产过程中直接发生的变动成本（包括直接材料、直接人工和变动制造费用）作为产品成本的构成内容，而将固定制造费用及非生产成本作为期间成本的一种成本计算方法。

2. 完全成本法的概念

完全成本法，也称为吸收成本法或归纳成本法，是指在计算产品的生产成本时，以成本按其经济用途分类为前提条件，将产品生产过程中的完全生产成本作为产品成本的构成内容，只将非生产成本作为期间成本的一种成本计算方法。

（二）变动成本法的产生与发展

变动成本法最初称为"直接成本法"，也称"直接成本计算法"，在英国该法被称为"边际成本法"（Marginal Costing），也称边际成本计算法。变动成本法虽然现已成为现代管理会计的常用方法，以及企业经营决策的重要工具，但其与其他会计方法一样，也有一个产生与发展的过程。

1. 变动成本法的产生

据考证，早在1836年英国的曼彻斯特工厂就出现了它的雏形。当然这仅仅是就损益计量程序方面的特点而言的。苏联的一位会计学家指出，法国的斯特劳斯·别尔格在1876年曾宣布过直接成本法（变动成本法）的初步设想。1904年英国人在英国出版的《会计百科全书》中已经记载了与变动成本法有关的内容。1906年2月美国《制度》杂志上曾刊登过一段话，与变动成本法的基本思想有很多相似之处："在生产经营活动的抉择中，为估计其所期望的净损益，第一步就要找出适合衡量一定的生产经营活动效果的单位费用，单位直接收入减去单位直接费用等于单位净收入或单位净贡献，然后以它来抵偿不影响生产经营活动的费用——这些不影响生产经营活动的费用是指不管选择什么生产经营活动方式都一样固定或不变。单位净收入（贡献）乘以产品数量就可以用来比较由于选择各种不同的生产经营活动而产生的不同损益。" 1936年美国会计学家哈里斯提出并系统阐述了变动成本法的基本原理，这标志着变动成本法的产生。

2. 变动成本法的发展

前文已述及，变动成本法在提出之后并未引起大家的普遍关注，而是随着社会经济的发展、企业经营管理水平的提高逐渐受到重视并获得推广应用。20世纪50年代，随着企业环境的改变、竞争的加剧、决策意识的增长，人们逐渐认识到传统的完全成本法提供的会计信息越来越不能满足企业内部管理的需要，必须重新认识变动成本法，充分发挥其积极作用。实践使人们认识到，变动成本法不仅有利于企业加强成本管理，而且对制订利润计划、组织科学的经营决策也十分有用。从此，变动成本法开始受到人们的普遍重视。到20世纪60年代，变动成本法盛行于欧美。

在我国，企业长期执行国家统一的会计制度和成本计算模式，从国家发布的规章制度来看，从未公开推行过变动成本法。但从20世纪80年代开始，国内的个别城市和地区，经当地财政部门批准，曾在部分国有大型企业进行过应用变动成本法的尝试。自20世纪90年代以来，随着社会主义市场体制的建立、现代企业制度的建立和日渐完善、企业经营管理水平与要求的不断提高，变动成本法在企业经营决策中的重要作用得到体现并成为企业短期经营决策的重要工具而被普遍应用。

二、变动成本法的理论依据

管理会计理论认为，在进行成本计算、界定产品成本与期间成本时，必须摆脱财务会计传统思维定式的束缚，重新认识产品成本和期间成本的本质。按照重新解释的产品成本和期间成本的定义，产品成本只应该包括变动生产成本，而不应该包括固定生产成本，固定生产成本必须作为期间成本处理。这就构成了变动成本法的理论依据。

按照管理会计理论的解释，产品成本是指那些在生产过程中发生的，随着产品实体的流动而流动，随着产量的变动而变动，只有当产品实现销售收入时才能与相关收入实现配比、得到补偿的成本。期间成本是指那些不随产品实体的流动而流动，而是随着产品生产经营持续期间的长短而增减，其效益随着时间的推移而消失，不能递延到下期，只能于发生的当期计入利润表由当期的销售收入补偿的费用。

作为特定环境下人们从事生产活动结果的物质产品，与产品成本之间存在密切的依存关系。从定性的角度来看，一方面产品是产品成本的物质承担者，没有产品实体的存在，产品成本就失去了对象化的载体；另一方面不消耗费用和发生成本，也不可能形成产品。从定量的角度来看，在相关范围内，产品成本数额的多少必然与产品产量的大小密切相关，在生产工艺没有发生实质性变化、成本水平保持不变的条件下，产品成本总额应当随着产品的产量成正比例变动。因此，在变动成本法下，只有变动生产成本才能构成产品成本的内容。显然，这比完全成本法仅从生产过程与产品之间的因果关系出发，得出"凡是在生产领域发生的成本都应列作产品成本"的结论更为合理。

尽管产品是在生产领域中形成的，但并非所有的生产成本都应当构成产品成本的内容。因为生产成本中包括固定生产成本，在相关范围内，该项费用的发生与实际产品产量的多少并没有直接的因果关系。在完全成本法下，就会发生产品产量为零而由于车间设备照提折旧而导致的固定生产成本不为零，产品成本同时不为零的现象。

从这个意义上看，固定生产成本（即固定制造费用）只是定期地创造了可供企业利用的生产能量，因而与期间的关系更为密切。在这一点上它与销售费用、管理费用和财务费用等非生产成本只是定期地创造了维持企业经营的必要条件一样具有时效性。不管这些能量和条件是否在当期被利用还是被利用得是否有效，这种成本发生额都不会受到丝毫影响，其效益随着时间的推移而逐渐丧失，不能递延到下期。因此，在变动成本法下，固定生产成本应当与非生产成本同样作为期间成本处理。

三、变动成本法的特点

与传统的完全成本法相比较，变动成本法的特点主要表现在以下四个方面：

（一）以成本性态分析为应用的前提条件

变动成本法首先要进行成本性态分析，并将企业一定时期发生的所有成本（完全成本）划分为变动成本和固定成本两大类。在变动成本法下，将与业务量呈线性关系的生产成本（变动成本）作为产品成本，并据以确定销售产品成本和期末存货成本的基础。将与业务量无关的固定生产成本（固定制造费用）和管理费用、财务费用、销售费用一并作为期间成本处理，全额计入当期损益。正是对固定制造费用（固定生产成本）处理上的差异，决定了变动成本法在进行成本计算时，是以一定期间全部成本划分为固定成本和变动成本两大类为基础的。

（二）产品成本是变动性的生产成本

在产品成本的构成上，变动成本法下的产品成本就是变动性的生产成本，是在产品生产过程中发生的、与产量直接相关的直接材料、直接人工和变动制造费用。在变动成本法下的产品成本，不包括产品生产过程中的固定制造费用，更不包括管理费用等期间费用。

（三）期间成本包括固定制造费用和作为非生产成本的期间费用

前文已述及，产品生产过程中的固定制造费用与作为非生产成本的期间费用具有相同的功能，即为维持企业的生产能力或定期地维持企业经营的必要条件，均具有时效性（仅在当期发挥作用），因而需作为期间成本计入当期损益。

(四) 按贡献式损益的程序计算营业利润

在变动成本法下,企业按照贡献式损益的程序计算营业利润。贡献式损益的程序确定营业利润首先要计算企业的产品的贡献毛益,即用销售收入减去变动成本求得,然后用产品的贡献毛益减去固定成本,就得出营业利润。当企业的贡献毛益大于企业的固定成本时,企业才能实现盈利,否则企业则会发生亏损。

四、采用变动成本计算法的理由

变动成本法认为,固定制造费用是为企业提供一定的生产经营条件而发生的费用,同产品实际生产量没有数量上的直接联系,不会随产量的增加而增加,也不会随产量的减少而减少。但它却随会计期间的到来而发生,随会计期间的消逝而结束,因而它与会计期间联系密切,当期发生的固定制造费用实际上是当期的期间费用,不应该递延到下一个会计期间。所以,把当期发生的固定制造费用列入期间成本,作为当期实现收益的减除项目,更符合"收益与费用相配比"的会计原则,更能准确地评价企业在当期的经济效益。同时,更为准确的产品成本信息资料,更有助于企业经营管理当局做出更加科学的经营决策。

下面以例题的形式,从单一时期的生产、销售情况看其特点。

【例10-7】 蓉兴公司只生产一种甲产品。有关资料如下:全年生产 5 000 件,每件产品直接材料 50 元,直接工资 30 元,变动制造费用 20 元,固定制造费用全年共 150 000 元。假定期初无存货,本年销售 4 000 件,每件售价 180 元。

首先按两种成本计算法分别计算出甲产品的单位成本:

$$完全成本法 = (50 + 30 + 20) + 150\,000/5\,000 = 130\,(元/件)$$

$$变动成本法 = 50 + 30 + 20 = 100\,(元/件)$$

按两种成本计算法编制收益表,见表10-9。

表10-9 收益表   单位:元

项 目	变动成本法	完全成本法
销售收入	720 000	720 000
产品成本	500 000	650 000
期末存货	100 000	130 000
销售成本	400 000	520 000
贡献毛益	320 000	
固定成本	150 000	
息税前利润	170 000	200 000

从表10-9可以看出,变动成本法与完全成本法的产品成本构成不同。完全成本法的单位产品成本中,每件产品吸收了固定制造费用 30(150 000÷5 000)元,按完全成本法计算当期收益表的产品销售成本和当期资产负债表上的存货成本(库存产成品)时每件按 130 元计价,期末存货成本是 130 000 元;采用变动成本计算法计算时,本期发生的固定制造费用 150 000 元完全从销售收入中扣除,存货成本每件按 100 元计价,期末存货成本是 100 000 元,两种方法下期末成本相差 30 000(130 000 − 100 000)元,也就使两种方法下的利润相差 30 000 元。

五、变动成本法与完全成本法的比较

(一) 两种方法计算盈亏的公式

1. 完全成本法计算盈亏的公式

产品销售收入 – 已销产品的生产成本 = 销售毛利

其中，已销产品的生产成本 = 期初产品存货成本 + 本期生产成本 – 期末产品存货成本

销售毛利 – 营业费用（即期间成本）= 息税前利润

其中，营业费用 = 销售费用 + 管理费用

根据这两个公式编制的利润表称为"职能式利润表"。

2. 变动成本法计算盈亏的公式

产品销售收入 – 已销产品的变动成本 = 贡献毛益

其中，变动成本 = 变动生产成本 + 变动销售费用 + 变动管理费用

贡献毛益 – 固定成本 = 税前利润

其中，固定成本 = 固定制造费用 + 固定销售费用 + 固定管理费用

根据这两个公式编制的利润表称为"贡献式利润表"。

(二) 连续各期生产量稳定而销售量变动的损益差异

从两种方法的区别中可看出，变动成本法的主要特点是，产品成本的构成内容与完全成本法不同。这个特点对分期计算损益有很大影响，表现为在产销不平衡时，两种方法确定的损益不同。下面举例分析说明。

【例 10-8】 蓉兴公司三个会计年度生产、销售和成本等有关资料见表 10-10 和表 10-11（第一年期初、期末存货量的成本水平相同）。试按不同计算方法编制利润表。

表 10-10　蓉兴公司三个会计年度生产、销售情况　　　　　　单位：元

项　目	第一年	第二年	第三年
期初存货量	1 000	1 000	2 000
当年生产量	5 000	5 000	5 000
当年销售量	5 000	4 000	6 000
期末存货量	1 000	2 000	1 000

表 10-11　蓉兴公司三个会计年度成本情况　　　　　　单位：元

销售及成本资料	单位产品成本		
	完全成本法		变动成本法	
每件售价　　　　60 生产成本： 　单位变动成本　　30 　年固定制造费用总额　30 000 年销售及管理费： 　固定成本　　40 000 　变动成本　　—	变动生产成本 固定生产成本 合计	30 6 (30 000÷5 000) 36	变动生产成本 合计	30 30

根据上述资料，分别按完全成本法和变动成本法编制利润表，见表 10-12。

表 10-12　利润表　　　　　　　　　　　　　　　　　　　　单位：元

	第一年	第二年	第三年
完全成本法			
销售收入	300 000	240 000	360 000
（1）期初存货	36 000	36 000	72 000
（2）本期生产成本	180 000	180 000	180 000
（3）期末存货	36 000	72 000	36 000
本期销售成本	180 000	144 000	216 000
销售毛利	120 000	96 000	144 000
销售及管理费	40 000	40 000	40 000
税前利润	80 000	56 000	104 000
变动成本法			
销售收入	300 000	240 000	360 000
销售变动成本	150 000	120 000	180 000
贡献毛益	150 000	120 000	180 000
固定成本			
（1）固定制造费用	30 000	30 000	30 000
（2）固定销售及管理费	40 000	40 000	40 000
固定成本合计	70 000	70 000	70 000
税前利润	80 000	50 000	110 000

（三）连续各期销售量稳定而生产量变动的分期损益差异

【例 10-9】　蓉兴公司三个会计年度生产、销售和成本等有关资料见表 10-13 和表 10-14。试按不同计算方法编制利润表。

表 10-13　蓉兴公司三个会计年度生产、销售资料　　　　　　　单位：元

项　目	第一年	第二年	第三年
期初存货量	—	—	2 000
当年生产量	4 000	6 000	2 400
当年销售量	4 000	4 000	4 000
期末存货量	—	2 000	400

表 10-14　蓉兴公司三个会计年度成本资料　　　　　　　　　　单位：元

销售及成本资料	单位产品成本						
	完全成本法				变动成本法		
	年度	第一年	第二年	第三年	年度	第一年	第二年	第三年

销售及成本资料		完全成本法			变动成本法			
每件售价　　60								
生产成本：	变动生产成本	30	30	30	变动生产成本	30	30	30
单位变动成本　30								
年固定制造费用总额　24 000	固定生产成本	6	4	10				
年销售及管理费：								
固定成本　30 000	合计	36	34	40				
变动成本　—								

根据上述资料,分别按完全成本计算法和变动成本计算法编制利润表,见表10-15。

表 10-15　利润表　　　　　　　　　　　　　　　　　　　　单位：元

	第一年	第二年	第三年
完全成本法			
销售收入	240 000	240 000	240 000
(1) 期初存货	0	0	0
(2) 本期生产成本	144 000	204 000	96 000
(3) 期末存货	0	68 000	16 000
本期销售成本	144 000	136 000	148 000
销售毛利	96 000	104 000	92 000
销售及管理费	30 000	30 000	30 000
税前利润	66 000	74 000	62 000
变动成本法			
销售收入	240 000	240 000	240 000
销售变动成本	120 000	120 000	120 000
贡献毛益	120 000	120 000	120 000
固定成本			
(1) 固定制造费用	24 000	24 000	24 000
(2) 固定销售及管理费	30 000	30 000	30 000
固定成本合计	54 000	54 000	54 000
税前利润	66 000	66 000	66 000

从表10-15可以看出,采用变动成本法,虽然三年的生产量不同,但销售量相同,三年的税前利润相等。这是由于采用变动成本计算法,在单价成本水平不变的情况下,销售量相同,销售收入相同,按销售量计算的成本也相同,所以,三年的税前利润都相等。而采用完全成本法,三年的税前利润则不同,第二年最多,第一年次之,第三年最少。这是因为,第二年的生产量(6 000件)大于销售量(4 000件),期末存货比期初存货增加了2 000件,且每件吸收了4元的固定制造费用转入下期,使第二年的销售成本减少了8 000元,因而税前利润增加了8 000元;第三年的生产量(2 400件)小于销售量(4 000件),由第二年期初转入的存货带入8 000元的固定造费用,而期末存货带走4 000元固定制造费用,使第三年的销售成本增加了4 000 (8 000 – 4 000)元,因而税前利润减少4 000元。

通过分析例10-8和例10-9两个例子的两种情况,说明不同的成本计算法对分期损益会产生不同的影响,其差额就是采用完全成本法期末存货与期初存货所含固定生产成本的差额。这种影响在一般情况下,可概括为三点:①生产量=销售量(或期初无存货或期初、期末存货的固定生产成本相等),两种成本计算法的税前利润相等;②生产量>销售量(或期末存货的固定生产成本>期初存货的固定生产成本),完全成本计算法的税前利润大;③生产量<销售量(或期末存货的固定生产成本<期初存货的固定生产成本),变动成本计算法的税前利润大。

两种方法下利润的差额用下式表示:

$$差额 = \frac{期末}{存货量} \times \frac{期末存货单位}{固定生产成本} - \frac{期初}{存货量} \times \frac{期初存货单位}{固定生产成本}$$

由此可知，两种成本计算法下利润之间的关系式：

$$\begin{matrix}完全成本法\\下的利润\end{matrix} = \begin{matrix}变动成本法\\下的利润\end{matrix} + \begin{matrix}期末\\存货量\end{matrix} \times \begin{matrix}期末存货单位\\固定生产成本\end{matrix} - \begin{matrix}期初\\存货量\end{matrix} \times \begin{matrix}期初存货单位\\固定生产成本\end{matrix}$$

六、变动成本法的优缺点

（一）变动成本法的优点

1. 变动成本法能揭示利润和业务量之间的正常关系，有利于促使企业重视销售工作

如前所述，变动成本法能够如实地反映利润和销售量之间的正常关系，使利润真正成为反映企业经营状况的晴雨表，有助于促使企业管理者重视市场销售，认真研究市场动态，实现以销定产，防止因盲目生产带来的产品大量积压，提高企业的经济效益。

2. 变动成本法可以提供有用的成本信息，便于科学的成本分析和成本控制

首先，按变动成本法计算的单位产品成本，不包括固定生产成本，使产品成本不受固定成本和产量的影响，这就便于成本预测和成本控制采用更为科学的方法。

其次，变动成本法以成本性态分析为前提，将全部成本划分为固定成本和变动成本，揭示了成本总额和业务量之间的依存关系，为分清成本升降的原因提供了条件。一般情况下，产销量的变化和成本控制工作的好坏，是引起成本升降的两个主要因素。在变动成本法下，产品的单位成本只包括变动生产成本，单位变动成本和固定成本总额一般不受产销量变动的影响，其数额的变动往往是成本控制工作的原因引起的，这样就把产销量变动引起的成本升降同成本控制工作好坏导致的成本升降，清晰地区分开来，有利于科学的成本分析。

再次，变动成本法分别提供了变动生产成本、固定生产成本、变动非生产成本和固定非生产成本的资料，便于确定成本责任的归属。通常变动生产成本发生在生产过程中，其成本责任应归属于生产部门；固定生产成本的发生和生产过程没有直接的联系，其数额的高低不应由生产部门负责，而应由管理部门负责；变动非生产成本通常应由负责销售工作的部门负责；固定非生产成本则应由管理部门负责。

最后，变动成本法提供的成本信息，有利于采用科学的成本控制方法。一般地，固定成本的发生与产量之间没有直接的因果关系，其成本控制应以总额控制为目标，一般采用固定预算控制；而变动成本总额随产销量的变动而变动，其成本控制的方向应该是单位成本的消耗，一般通过制定标准成本和弹性预算来控制。

3. 变动成本法提供的成本和损益资料，便于企业进行短期经营决策

变动成本法所提供的变动成本、固定成本、边际贡献和营业利润等资料，有助于揭示成本与业务量之间的依存关系，能反映出生产、销售和利润之间的内在关系，从而可以为正确地进行经济预测和经营决策提供科学依据。

4. 采用变动成本法可以简化成本核算工作

变动成本法将固定生产成本列入期间成本，大大简化了将固定生产成本计入产品成本时的分摊工作，从而减少了由于分摊标准的多样性而带来的主观随意性，简化了成本核算，增强了会计信息的客观性和准确性，也使会计人员从繁重的成本核算工作中解脱出来。

（二）变动成本法的缺点

变动成本法对企业的内部管理有着十分重要的意义，但也存在以下缺点：

1. 变动成本法所计算出来的单位产品成本，不符合传统的成本观念的要求

按传统成本观念的理解，生产成本是产品在生产过程中发生的全部耗费，既应该包括变动

生产成本，也应该包括固定生产成本，这种观点在全世界范围内得到了广泛的认可。很显然，变动成本法不符合这一观念的要求。

2. 变动成本法不能适应长期决策的需要

变动成本法以成本性态分析为基础，以相关范围内固定成本和单位变动成本的固定不变为前提条件，这在短期内是成立的。但成本性态受许多因素的影响，不可能长期不变。而长期决策要解决的是生产能力的增减和经营规模的扩大或缩小的问题，涉及的时间长，必然要突破相关范围的限制。因此，变动成本法不能适应长期决策的需要。

3. 变动成本法会对所得税产生一定的影响

由于目前国内外的财务会计都采用完全成本法，因此，产品存货的计价都包括了变动生产成本和固定生产成本。如果从某一年开始改用变动成本法，势必要在年初存货成本计价不变的情况下降低年末存货成本的计价，使该年计入利润表的销售成本增加，从而降低该年的营业利润，影响到国家的税收及投资者及时获得收益。从另外一个角度来说，如果期末期初存货水平不等，也会造成营业利润不同于完全成本法的结果，进而导致所得税上的时间性差异。这是妨碍变动成本法应用的现实原因。

第四篇　成本信息篇

第十一章　成本信息编报

★学习目标

1. 了解成本信息编报的概念与成本报表的含义、种类和特点。
2. 理解成本信息编报的意义、要求和依据。
3. 掌握全部商品产品成本表、主要产品单位成本表和制造费用明细表的结构和编制方法。

★章前导读

刘萍萍上班第一天就接到了公司财务经理张萌萌安排的一项艰巨任务：根据公司财务资料，三天之内向财务经理提供反映公司成本信息的会计报表。刘萍萍刚从大学毕业，之前虽然在学校学过成本会计，也在实习单位实习过会计业务，但从未编制过反映企业成本信息的会计报表。面对陌生的工作环境和陌生的同事，刘萍萍感觉压力很大……

如果你是刘萍萍，你知道反映成本信息的会计报表有哪些吗？编制这些会计报表有什么要求吗？你知道该如何编制这些会计报表吗？

第一节　成本信息编报概述

一、成本信息编报的概念

成本信息编报是指企业在核算生产经营成本后，为满足经营管理的需要，按照一定的要求和形式，提供反映企业产品成本与各项费用水平、构成及其变化情况的信息加工与报送过程。

成本信息编报是成本会计人员的重要职能之一，更是成本会计工作价值得以体现、服务企业开展预测、决策、计划、控制、分析、考核等经营管理活动的重要途径。企业成本信息编报的主要形式和载体是企业根据国家会计法律制度规定和经营管理要求,根据成本核算与成本计划等资料,定期或不定期地向信息使用者编制、报送各类产品成本报表和各类费用报表。企业成本信息的使用者主要包括企业内部的经营管理部门、母公司或相关主管部门（国有企业需要向其投资主体所属政府主管部门提供成本信息报表）。

二、成本信息编报的意义

前文已述及,成本信息编报可以向企业经营管理部门等信息使用者提供有助于其开展预测、决策、计划、控制、分析、考核等管理活动的成本信息,帮助企业经营管理部门科学决策,提高经济效益。具体而言,成本信息编报的意义主要表现在以下四个方面：

（一）有助于提高企业经营管理水平

企业的成本信息报表是综合反映产品生产过程与经营管理活动及其资源耗费情况的重要载体。企业产品生产过程与经营管理活动中的材料、人工等各种耗费的构成及其变化情况,都直接或间接地在产品成本和费用中得以体现。通过编制并报送成本信息报表,可以帮助企业经营管理部门等信息使用者及时发现在生产、技术、质量、管理等方面取得的成绩或存在的问题,并在此基础上进行成本费用分析,完善管理制度,加强成本费用管理,提高经营管理水平。

（二）有助于科学评价和考核企业成本管理业绩,提高经济效益

通过成本信息报表编报及其信息分析,企业经营管理部门等信息使用者可以全面掌握产品成本与期间费用的构成、水平及其变化情况,有助于科学评价各有关部门和人员执行成本计划、预算情况等成本管理工作所取得的业绩或存在的不足,并在此基础上奖优罚劣。企业通过有效的成本管理业绩考核与评价,可以有效地增强职工加强成本管理与费用控制的积极性与主动性,有助于企业加强成本管理,降低成本和费用耗费水平,提高经济效益。

（三）有助于企业加强成本控制,做好预测与决策工作

通过编制并报送成本信息报表,可以为企业经营管理部门等信息使用者及时提供成本信息,帮助其及时掌握成本计划执行情况及存在的差异。成本计划执行情况及其差异分析,可以帮助企业加强成本控制、降低成本费用耗费水平。同时,成本计划执行情况及其差异分析,有助于企业做好预测与决策工作。

（四）有助于企业编制后期成本计划

通过编制并报送成本信息报表,可以为企业经营管理部门等信息使用者制定标准化成本指标提供有益的参考。同时,通过对成本信息报表的分析,可以实现对有关控制指标的量化细分,为企业后期成本计划编制提供参考依据,有助于企业科学编制后期的成本计划。

成本报表是企业成本信息编报的主要形式和载体。因此,在介绍企业成本信息编报的具体方法之前,先对成本报表的含义、种类及其特点分别进行介绍。

三、成本报表的含义与种类

（一）成本报表的含义

成本报表是按照企业成本管理的需要,根据产品成本和期间费用的核算资料以及其他有关资料编制的,用以反映企业一定时期产品成本和期间费用水平及其构成情况的报告文件。编制成本报表是成本会计的一项重要内容。

（二）成本报表的种类

我国会计法律制度没有要求企业对外报送或公开成本报表，因此成本报表作为企业的一种内部管理报表，它的种类、格式、内容以及编报时间应由企业根据生产经营的特点和内部管理的要求自行确定。因此，不仅企业之间的成本报表各不相同，而且同一企业在不同时期也可能设置不同的成本报表。成本报表可以按照不同的标准进行分类。目前，成本报表的分类标准主要有报表反映的内容、编制的时间等。

1. 按报表反映的内容分类

成本报表按报表反映的内容可以分为反映成本计划执行情况、反映费用支出情况和反映生产经营情况三类报表。

（1）反映成本计划执行情况的成本报表。它主要反映企业在一定时期内为生产一定种类和数量的产品所发生的生产耗费水平、成本构成及升降变动情况。反映成本计划执行情况的成本报表主要有全部商品产品成本表、主要产品单位成本表及成本报表中的一些分析表。企业通过反映成本计划执行情况的成本报表，可以评判企业为生产一定产品所花的成本是否达到预定的要求。这些报表将报告期实际的成本水平与计划水平和历史水平做比较，以反映企业成本管理的成效，并为管理人员进行成本分析和进一步挖掘低成本的潜力提供资料。

（2）反映费用支出情况的成本报表。它主要反映企业在一定时期内各种费用的总额、费用构成情况及其变动趋势。反映费用支出情况的成本报表主要有制造费用、管理费用、销售费用和财务费用明细表等。通过反映费用支出情况的成本报表，企业可以了解在一定期间内费用支出的总额及其构成情况，了解费用支出的合理程度和变化趋势，从而有利于企业主管部门正确制定费用预算，考核各项消耗和支出指标的完成情况，明确各有关部门和人员的经济责任。

（3）反映生产经营情况的成本报表。它是企业为了实现特定目的，根据企业成本管理的特殊要求而编制的成本报表，主要用来考核和分析企业有关成本管理目标的完成情况。这类报表一般依据管理部门的实际需要来灵活设置，没有统一的格式，在编制时间上也比较灵活。如企业为了提高产品质量管理效果，要求编制质量成本报表等。企业反映生产经营情况的报表主要有人工成本考核表、环境成本报表和质量成本报表等。

2. 按报表编制的时间分类

成本报表按报表编制的时间可分为年报、半年报、季报、月报、旬报、周报、日报、班报等。根据会计核算一般原则的要求，会计部门除定期编报上述报表外，为了加强成本的日常管理，对成本耗费的主要指标，也可以报表形式按旬、周、日甚至按班编报成本报表。另外，各企业还可以根据其生产特点和管理要求，对上述成本报表做必要的补充，也可以结合本企业经营决策的实际需要，不定期地编制其他必要的成本报表。

现在，企业普遍编报的成本报表主要有全部商品产品成本表、主要产品单位成本表、制造费用明细表等。

四、成本报表的特点

成本报表作为满足企业经营管理需要的内部报表，一般不需要对外报送或公布。因此，与企业的财务会计报表相比，成本报表具有以下三个方面的特点：

（一）内部目标性

企业编报成本报表的主要目的是满足企业内部经营管理需要。企业成本费用耗费水平和构成情况等方面的信息，既可以作为反映企业产品成本水平，体现产品的市场竞争能力的主要指标，又可以作为成本控制、分析、考核的依据。因此，为了满足企业内部经营管理需要，实现管理目标，企业必须根据管理要求，正确、及时地编制和报送成本报表。

（二）灵活多样性

如前文所述，企业成本报表的编报目的是服务企业内部经营管理。由于企业经营管理开展预测、决策、计划、控制、分析、考核等需求的多样性与特殊性，企业需要灵活设置成本报表。企业成本报表的种类、格式、内容（指标项目）、报送时间和范围等都需要根据企业经营管理实际自行规定，不受外界影响并可随企业生产经营管理实际及需求的变化而调整和修改，因而具有较大的灵活性。

（三）信息综合性

为满足计划管理与业绩评价等管理部门、财会部门、各级生产技术部门等各类经营管理部门对成本信息资料的需要，成本报表的编制需要提供能综合反映企业各个方面的工作质量的信息，包括定额与计划工作的好坏、生产能力的利用效率、原材料消耗水平的高低、劳动生产率的升降和单位产品成本的变化、责任中心成本计划的完成情况等。由此可见，成本报表提供的信息具有综合性的特点。

五、成本报表的编报要求和依据

（一）成本报表的编报要求

为了满足企业经营的需要，提高成本信息的质量，实现成本信息编报的积极意义，成本报表的编报应符合下列基本要求：

1. **确保信息的真实性**

成本报表信息的真实性是指成本报表的指标数字必须真实可靠，能如实地集中反映企业实际发生的成本费用及其变动情况。因此，成本报表必须根据审核无误的账簿资料编制，不得随意使用估计或推算的数据，更不能弄虚作假，篡改数字，也不能为了赶编成本报表而提前结账，否则将有悖于真实性原则。

2. **确保指标口径的一致性**

成本报表信息指标口径的一致性是指企业成本报表提供的信息应该满足：不同时期的会计处理方法及成本会计报表填制方法应该保持一致，因管理要求发生变化而导致前后期有关指标口径发生变化的，应说明变化的原因及变化的情况及其影响，避免指标口径不一致的成本信息给信息使用者的决策带来不利的影响。因此，企业对各期都需要编制的成本会计报表，应确保其指标内容、口径等前后各期保持一致，不得任意变更，对确需变更而影响一致性的，应说明其变化的原因及其影响。

3. **确保信息的正确性**

成本报表信息的正确性是指成本报表的指标数字要计算正确。各种成本报表之间、主表与附表之间、各项目之间，有钩稽核对关系的数字，应相互一致；本期报表与上期报表之间有关的数字应相互衔接。

4. **确保信息的完整性**

成本报表信息的完整性是指企业应编制的各种成本报表及其填列的指标内容和文字说明必须完整。各种成本报表的表内项目和表外补充资料，无论是根据账簿资料直接填列还是分析计算填列，都应当完整无缺，不得随意取舍。对于某些重要的成本信息资料，会计人员也可以采用在相关项目内用括号说明、加附注或其他形式进行说明。

5. 确保报表编报的及时性

成本报表编报的及时性是指企业应及时收集、整理成本信息，及时编制、报送成本报表。在信息技术飞速发展和竞争日益加剧的今天，企业管理部门对成本信息及时性的要求越来越高，这就要求企业必须及时收集、处理有关成本信息，并及时编制、报送成本报表，以及时反映成本耗费水平及其变化趋势，满足企业加强经营管理的需要。

（二）成本报表的编报依据

成本报表的编报依据是指企业在编制、报送成本报表时，所遵循的规章制度、填列成本报表各项目及其数据的信息来源。成本报表的种类较多，指标体系庞大，数据来源多种多样，但其编报依据归纳起来主要有以下五类：

1. 企业成本信息编报的相关制度

企业应编制哪些种类的成本报表、向谁提供成本报表及其报送程序等，企业成本管理及相关管理制度都应有明确规定，以确保成本报表编制的规范性、成本费用信息的安全性并满足编报要求。

2. 本期会计账簿记录

各类成本报表中的本期实际发生额及本年累计实际发生额等相关数据，成本报表编制人员应根据生产成本、制造费用、管理费用等相关账户的总账、明细账本期借方发生额及其累计数填列。如制造费用明细表应根据制造费用明细账本期发生额整理填列。

3. 以前年度的成本报表资料和本期成本费用计划资料

对于那些需要填列上一年度（期间）指标实际水平与本期计划相比较的项目，会计人员应根据以前年度的成本报表资料和本期成本费用计划资料填列。如"主要产品单位成本表"中的"上年实际平均"项目，就应根据上年年末本表中的"本年累计实际平均"栏的数字填写。

4. 企业的统计资料

成本报表各表内项目填列后，相关的补充资料和一些经济指标，如"工资总额"等，需要根据统计资料填写。

5. 企业的基层报表

大型企业、集团公司等单位的会计工作往往采用分散组织形式，各分工厂等生产部门的日常会计核算通常由各分厂等生产部门自行组织，企业总部或集团公司仅根据各分厂等基层单位逐级上报的会计报表汇总编制企业会计报表并进行相关分析与业绩考核。因此，大型企业、集团公司等单位的成本报表也基本上根据各基层单位报送的成本报表及本级各部门成本费用资料编制。

第二节 全部商品产品成本表

一、全部商品产品成本表的概念和作用

（一）全部商品产品成本表的概念

全部商品产品成本表是反映企业在报告期内生产的全部商品产品的总成本和各种主要产品的总成本和单位成本的报表。

（二）全部商品产品成本表的作用

根据全部商品产品成本表所提供的资料，企业可以考核全部商品产品和主要产品成本计划的执行情况，分析各种可比产品成本降低计划的完成情况。其中，按产品种类编制的全部商品产品成本表，可以帮助企业定期、总括地考核和分析企业全部商品产品成本计划的完成情况和可比产品成本降低计划的完成情况；按成本项目编制的全部商品产品成本表，可以帮助企业定期、总括地进行生产费用计划、产品生产成本计划完成情况的考核和分析，进行本年生产费用、产品生产成本的升降情况的考核和分析，进行全部产品生产费用的支出情况和各成本项目费用的构成情况的考核和分析及企业经济效益的考核和分析等；在对企业产品成本工作进行总括评价的基础上，为进一步分析指明方向。

二、全部商品产品成本表的结构和内容

（一）全部商品产品成本表的结构

全部商品产品成本表由表头、表体构成。表头由报表名称、编制单位名称、报表所属时期和金额单位四个部分构成。表体由正表和补充资料组成。全部商品产品成本表的具体格式因其反映内容的不同而有所不同，具体的结构分别见表11-1和表11-2。

（二）全部商品产品成本表的内容

全部商品产品成本表可以分为按产品种类反映的全部商品产品成本表和按成本项目反映的全部商品产品成本表两种报表。

1. 按产品种类编制全部商品产品成本表的内容

按产品种类编制全部商品产品成本表，主要按商品列示其实际产量、单位成本、本月总成本和本年累计总成本四项内容。对于实际产量按本月实际和本年累计实际两项内容反映；对于单位成本又分别按上年实际平均、本年计划、本月实际和本年累计实际平均四项内容进行反映；对于本月总成本和本年累计总成本分别按上年实际、本年计划和本期实际三项内容反映。此表分为基本报表和补充资料两部分。基本报表应按可比产品和不可比产品分别填列。在成本计划中，对不可比产品只规定本年的计划成本，而对可比产品不仅规定计划成本指标，而且规定成本降低计划指标，即本年度可比产品计划成本比上年度（或以前年度）实际成本的降低额和降低率。按产品种类编制的全部商品产品成本表的内容见表11-1。

2. 按成本项目编制全部商品产品成本表的内容

按成本项目编制全部商品产品成本表，是按照成本项目汇总反映工业企业在报告期内生产的全部商品产品总成本的报表。按成本项目反映的全部商品产品成本表可以分为生产费用和商品产品成本两部分。

（1）生产费用部分。生产费用部分应按成本项目反映报告期内生产费用的发生额及合计数。

（2）商品产品成本部分。商品产品成本部分的合计数是在生产费用的合计数的基础上，加上在产品和自制半成品的期初余额，减去在产品和自制半成品的期末余额计算出来的。如果该表包含了企业全部产品（包括可比产品和不可比产品）的生产成本，一般可以按本年计划数、本月实际数和本年累计实际数分栏反映。如果单列可比产品，可以按上年实际数、本年计划数、本月实际数和本年累计实际数分栏反映。按成本项目编制全部商品产品成本表的内容见表11-2。

表 11-1 按产品种类反映的全部商品产品成本表

编制单位：　　　　　　　　　　　　　　　20××年12月　　　　　　　　　　　　　　　单位：元

产品名称	计量单位	实际产量 本月 ①	实际产量 本年累计 ②	单位成本 上年实际平均 ③	单位成本 本年计划 ④	单位成本 本月实际平均 ⑤=⑨÷①	单位成本 本年累计实际平均 ⑥=⑫÷②	本月总成本 按上年实际平均单位成本计算 ⑦=①×③	本月总成本 按本年计划单位成本计算 ⑧=①×④	本月总成本 实际 ⑨	本年累计总成本 按上年实际平均单位成本计算 ⑩=②×③	本年累计总成本 按本年计划单位成本计算 ⑪=②×④	本年累计总成本 实际 ⑫
可比产品 甲产品	件	40	500	85	80	82	81	3 400	3 200	3 280	42 500	40 000	40 500
可比产品 乙产品	件	30	350	710	700	695	708	21 300	21 000	20 850	248 500	245 000	247 800
可比产品 丙产品	件	25	300	92	90	88	86	2 300	2 250	2 200	27 600	27 000	25 800
小计								27 000	26 450	26 330	318 600	312 000	314 100
不可比产品 A产品	件	10	76	100	120	125			1 000	1 200		7 600	9 500
不可比产品 B产品	件	8	60	220	215	218			1 760	1 720		13 200	13 080
小计									2 760	2 920		20 800	22 580
全部产品合计								27 000	29 210	29 250	318 600	332 800	336 680

说明：补充资料（本年累计实际数）：

1. 可比产品成本降低额 4 500 元（本年计划降低额为 6 200 元）；
2. 可比产品成本降低率 1.412 4%（本年计划降低率为 2.158 0%）。

表 11-2 按成本项目反映的全部商品产品成本表

编制单位：　　　　　　　　　　　20××年12月　　　　　　　　　　　　　　单位：元

项　目	本年计划数	本月实际数	本年累计实际数
生产费用			
直接材料	98 680	9 050	105 810
直接人工	71 500	6 154	71 950
制造费用	80 750	6 526	76 200
生产费用合计	250 930	21 730	253 960
加：在产品、自制半成品期初余额	229 250	20 835	229 180
减：在产品、自制半成品期末余额	153 750	13 315	146 460
商品产品成本合计	326 430	29 250	336 680

三、全部商品产品成本表的编制方法

（一）按产品种类反映的全部商品产品成本表的编制方法

1. "产品名称"项目

"产品名称"项目，应填列"可比产品"和"不可比产品"的名称，具体可根据企业生产通知单或产品成本明细账等资料填列。

2. "实际产量"项目

"实际产量"项目，反映本月和从年初起至本月月末止各种主要商品产品的实际产量。

（1）"本月"数，根据产品成本计算单或基本生产成本明细账的记录计算填列。

（2）"本年累计"数，根据上期（上月）该表的本栏数加上本期（本月）本表的"本月"数计算填列。

3. "单位成本"项目

（1）"上年实际平均"数，反映各种主要可比产品的上年实际平均单位成本。应根据上年度12月该表所列各种可比产品的"本年累计实际平均"数分别进行填列。

（2）"本年计划"数，反映各种主要商品产品的本年计划单位成本。应根据年度成本计划的有关数字填列。

（3）"本月实际"数，反映本月生产的各种商品产品的实际单位成本。应根据有关产品成本计算单中的资料，按下列公式计算填列：

$$某产品本月实际单位成本 = \frac{某产品本月实际总成本}{某产品本月实际产量}$$

（4）"本年累计实际平均"数，反映从年初起至本月月末止企业生产的各种商品产品的实际单位成本。应根据本年度相关产品成本计算单有关资料，按下列公式分别进行计算填列：

$$某产品本年累计实际平均单位成本 = \frac{某产品本年累计实际总成本}{某产品本年累计实际产量}$$

4. "本月总成本"项目

（1）"按上年实际平均单位成本计算"数，用本表的本月实际产量乘以上年实际平均单位成本计算填列。

（2）"按本年计划单位成本计算"数，用本表的本月实际产量乘以本年计划单位成本数计算填列。

(3)"本月实际"数,根据本月产品生产成本计算单或基本生产成本明细账的有关资料计算填列。

5."本年累计总成本"项目

(1)"按上年实际平均单位成本计算"数,用本表的本年累计实际产量乘以上年实际平均单位成本数计算填列。

(2)"按本年计划单位成本计算"数,用本表的本年累计实际产量乘以本年计划单位成本数计算填列。

(3)"本年实际"数,根据本年的产品生产成本计算单或基本生产成本明细账的有关资料计算填列。

6.全部商品产品成本表中补充资料,该部分只填列本年累计实际数

(1)可比产品成本降低额。可比产品成本降低额是指可比产品本年累计实际总成本比按上年实际平均单位成本计算的累计总成本降低的数额,超支额用负数表示。其计算公式如下:

$$可比产品成本降低额 = 可比产品按上年实际平均单位成本计算的总成本 - 可比产品本年累计实际总成本$$

以表11-1资料为例计算如下:

可比产品成本降低额 = 318 600 - 314 100 = 4 500(元)

(2)可比产品成本降低率。可比产品成本降低率是指可比产品本年累计实际总成本比按上年实际平均单位成本计算的累计总成本降低的比率,即可比产品成本降低额占可比产品按上年实际平均单位成本计算的总成本的百分比,超支率用负数表示。其计算公式如下:

$$可比产品成本降低率 = \frac{可比产品成本降低额}{可比产品按上年实际平均单位成本计算的总成本} \times 100\%$$

以表11-1资料为例计算如下:

$$可比产品成本降低率 = \frac{4\ 500}{318\ 600} \times 100\% = 1.412\ 4\%$$

本年可比产品成本计划降低额6 200元,计划降低率2.158 0%,根据可比产品成本降低计划填列。

(二)按成本项目反映的全部商品产品成本表的编制方法

按成本项目反映的全部商品产品成本表中各项目的填列方法如下:

(1)"本年计划数",应根据本年度成本计划有关资料填列。

(2)生产费用总额和各成本项目金额的"本月实际数",应根据本月各种产品成本明细账的合计数,按成本项目分别汇总填列。

(3)"本年累计实际数",应根据本月实际数与上月本表的本年累计实际数之和计算填列。

(4)上年实际数,应根据上年12月本表的本年累计实际数填列。

(5)在产品、自制半成品期初余额,应根据各种产品成本明细账的期初余额与各种自制半成品明细账的期初余额汇总之和计算填列。

(6)在产品、自制半成品期末余额,应根据各种产品成本明细账的期末余额与各种自制半成品明细账的期末余额汇总之和计算填列。

按成本项目反映的全部商品产品成本表中的产品生产成本的本月实际数合计与本年累计实际数合计,应分别与按产品种类反映的全部商品产品成本表中的产品生产成本的本月实际数合计与本年累计实际数合计核对相符。

第三节　主要产品单位成本表

一、主要产品单位成本表的概念和作用

（一）主要产品单位成本表的概念

主要产品单位成本表是反映企业在报告期内生产的各种主要产品单位成本水平及其构成情况和各项主要技术经济指标执行情况的报表。该表一般按主要产品分别编制，是对全部商品产品成本表所列各种主要产品成本资料所作的进一步补充说明的报表。

（二）主要产品单位成本表的作用

利用主要产品单位成本表所提供的资料，可以考核主要产品单位成本计划的执行情况；可以按照成本项目将本月实际和本年累计实际平均单位成本，与上年和历史先进水平进行对比，了解单位成本的变动趋势；可以分析和考核各种主要产品的成本项目和消耗定额等主要技术经济指标的执行情况，有助于在生产同种产品的企业之间进行成本对比，以利于找出差距，挖掘潜力，降低产品成本。总之，利用该表有助于分析主要产品单位成本变动的内在原因，挖掘降低成本的潜力。

二、主要产品单位成本表的结构和内容

（一）主要产品单位成本表的结构

主要产品单位成本表由表头、表体构成。表头部分由报表名称、编制单位名称、报表所属时期三个部分构成。表体部分分为上半部和下半部。主要产品单位成本表的具体结构见表11-3。

表11-3　主要产品单位成本表

编制单位：蓉兴公司　　　　　　　　　　20××年12月

产品名称		A产品		本月计划产量		1 850
规格				本月实际产量		2 000
计量单位		台		本年累计计划产量		21 500
销售单价		160元/台		本年累计实际产量		22 000

成本项目	行次	历史先进水平 20××年	上年实际平均	本年计划	本月实际	本年累计实际平均
		1	2	3	4	5
直接材料	1	78.80	74.91	71.19	66.80	67.09
直接人工	2	32.40	42.48	42.48	45.00	45.89
制造费用	3	11.80	12.61	12.33	11.20	12.02
合计	4	123	130	126	123	125
主要技术经济指标	5	用量	用量	用量	用量	用量
①材料	6	69	73	70	69.6	68.8
②工时	7	10	12	12	12.5	13

（二）主要产品单位成本表的内容

主要产品单位成本表的上半部分是反映单位产品的成本项目，并分别列出历史先进水平、上年实际平均、本年计划、本月实际和本年累计实际平均的单位成本。主要产品单位成本表的下半部分是反映单位产品的主要技术经济指标，这些指标也分别列出了历史先进水平、上年实际平均、本年计划、本月实际和本年累计实际平均的单位用量。主要产品单位成本表的具体内容见表11-3。

三、主要产品单位成本表的编制方法

主要产品单位成本表应按每种主要产品分别编制。

（1）"本月计划产量"和"本年累计计划产量"项目。根据本月和本年产品产量计划资料填列。

（2）"本月实际产量"和"本年累计实际产量"项目。根据统计提供的产品产量资料或产品入库单填列。

（3）"成本项目"项目。按规定进行填列。

（4）"主要技术经济指标"项目。该项目反映主要产品每一单位产量所消耗的主要原材料、燃料、工时等的数量。

（5）"历史先进水平"项目。该项目是指本企业历史上该种产品的实际平均单位成本和实际单位用量最低年度的实际消耗水平。该项目应根据历史成本资料填列。

（6）"上年实际平均"项目。该项目是指该种产品上年实际的平均单位成本和单位用量。该项目应根据上年度本表的本年累计实际平均单位成本和单位用量的资料填列。

（7）"本年计划"项目。该项目是指本年计划单位成本和单位用量。该项目应根据年度成本计划中的资料填列。

（8）"本月实际"项目。该项目是指本月实际单位成本和单位用量。该项目应根据本月完工的该种产品成本资料填列。

（9）"本年累计实际平均"项目。该项目是指本年年初至本月月末该种产品的实际单位成本和单位用量。该项目应根据年初至本月月末的已完工产品成本计算单等有关资料，采用加权平均法计算后填列。其计算公式如下：

$$某产品的实际平均单位成本 = \frac{该产品累计总成本}{该产品累计产量}$$

$$某产品的实际平均单位用量 = \frac{该产品累计总用量}{该产品累计产量}$$

对于不可比产品，本表不填列"历史先进水平"和"上年实际平均"的单位成本和单位用量。

由于本表是全部商品产品成本表的补充，所以该表中按成本项目反映的"上年实际平均""本年计划""本月实际"和"本年累计实际平均"的单位成本合计，应与全部商品产品成本表中的各该单位成本的数字分别相等。

第四节　制造费用明细表

一、制造费用明细表的概念和作用

制造费用明细表是反映企业基本生产部门在报告期内发生的制造费用及其构成情况的报表。

利用制造费用明细表所提供的资料,可以分析制造费用的构成和各项费用的增减变动情况,考核制造费用计划完成情况与预算执行结果,以便进一步采取措施,挖掘潜力,节约开支,降低制造费用耗费水平,从而降低产品的制造成本。

二、制造费用明细表的结构和内容

制造费用明细表由表头、表体构成。表头部分出报表名称、编制单位名称、报表所属时期及金额单位四部分构成。表体部分按规定的制造费用项目,分别反映"本年计划数""上年同期实际数""本月计划数""本月实际数"和"本年累计实际数"。制造费用明细表的结构和内容设计,有助于分别对本期(年、月)计划数和上年同期实际数、本期(年、月)实际数或累计实际数进行比较,加强对制造费用的计划与预算管理及制造费用开支的控制。制造费用明细表的结构和内容见表11-4。

表11-4 制造费用明细表

编制单位:蓉兴公司　　　　　　　　　　20××年12月　　　　　　　　　　金额单位:元

项 目	本年计划数	上年同期实际数	本月计划数	本月实际数	本年累计实际数
职工薪酬					
折旧费					
修理费					
办公费					
水电费					
机物料消耗					
低值易耗品摊销					
劳动保护费					
……					
制造费用合计					

三、制造费用明细表的编制方法

制造费用明细表的编制方法如下:

1. "本年计划数"项目

该项目各栏所属明细项目的数字应根据制造费用的年度计划数填列。

2. "上年同期实际数"项目

该项目各栏所属明细项目的数字应根据上年同期本表的本月实际数填列。如果表内所列项目和上年度的费用项目在名称或内容上不一致,应对上年度的相关项目及其数字按照表内规定的项目进行调整后填列。

3. "本月计划数"项目

该项目各栏所属明细项目的数字应根据成本计划中的本月制造费用计划填列。

4. "本月实际数"项目

该项目各栏所属明细项目的数字应根据"制造费用"总账账户所属各基本生产车间制造费用明细账的本月合计数计算填列。

5. "本年累计实际数"项目

该项目各栏所属明细项目的数字应根据自年初起至编报当月月末止的累计实际数填列或根据本月实际数与上月本表的本年累计实际数计算填列。

第五节 期间费用明细表

一、期间费用明细表的概念和作用

期间费用明细表是反映企业在报告期内发生的管理费用、财务费用和销售费用及其构成情况的报表。

利用期间费用明细表所提供的资料,可以分析期间费用的构成和各项费用的增减变动情况,考核期间费用计划完成或预算执行情况,以便进一步采取措施,不断降低或控制各项费用的耗费水平,提高资金使用绩效。

二、期间费用明细表的结构和内容

期间费用明细表由表头、表体构成。表头部分由报表名称、编制单位名称、报表所属时期、金额单位四部分构成。表体部分按规定的期间费用的具体项目,分别反映"本年计划数""上年同期实际数""本月计划数""本月实际数"和"本年累计实际数"。期间费用明细表的结构和内容设计,有助于分别对本期(年、月)计划数和上年同期实际数、本期(年、月)实际数或累计实际数进行比较,以便加强对期间费用及各具体费用项目的计划与预算管理及各项费用开支的控制。有关期间费用明细表的结构和内容见表11-5、表11-6、表11-7。

表 11-5　管理费用明细表

编制单位:蓉兴公司　　　　　　　　　20××年12月　　　　　　　　　金额单位:元

项　目	本年计划数	上年同期实际数	本月计划数	本月实际数	本年累计实际数
职工薪酬					
折旧费					
修理费					
办公费					
差旅费					
物料消耗					
劳动保护费					
……					
管理费用合计					

表 11-6　销售费用明细表

编制单位:蓉兴公司　　　　　　　　　20××年12月　　　　　　　　　金额单位:元

项　目	本年计划数	上年同期实际数	本月计划数	本月实际数	本年累计实际数
职工薪酬					
折旧费					
差旅费					
物料消耗					
办公费					
修理费					
周转材料摊销					

续表

项　　目	本年计划数	上年同期实际数	本月计划数	本月实际数	本年累计实际数
劳动保护费					
……					
销售费用合计					

表 11-7　财务费用明细表

编制单位：蓉兴公司　　　　　　　　　20××年12月　　　　　　　　　金额单位：元

项　　目	本年计划数	上年同期实际数	本月计划数	本月实际数	本年累计实际数
利息支出（减利息收入）					
金融机构手续费					
汇兑损失（减汇兑收益）					
其他筹资费用					
财务费用合计					

三、期间费用明细表的编制方法

管理费用明细表、销售费用明细表和财务费用明细表的编制方法如下：

1. "本年计划数"项目

该项目各栏所属明细项目的数字应根据年度各项费用预算数填列。

2. "上年同期实际数"项目

该项目各栏所属明细项目的数字应根据上年同期各费用明细表的本月实际数填列。

3. "本月计划数"项目

该项目各栏所属明细项目的数字应根据本月各项费用预算数填列。

4. "本月实际数"项目

该项目各栏所属明细项目的数字应根据各项费用明细账的本月合计数计算填列。

5. "本年累计实际数"项目

该项目各栏所属明细项目的数字应根据自年初起至编报当月月末止的各费用明细账的累计实际数汇总计算填列或根据各费用本月实际数与上月该表的本年累计实际数计算填列。

第六节　其他成本报表

一、其他成本报表的特点

企业除了根据成本信息编报相关制度和企业管理要求定期或不定期编报前述各种成本报表外，还可能会根据企业成本管理与责任成本会计要求，编报一些反映企业生产经营情况，且具有特殊目的的其他成本报表，如责任成本报告表、材料耗用量月报表、人工成本考核表、生产损失报告表、质量成本报表、环境成本报表等。这些成本报表具有以下几个特点：

（一）形式上更具有灵活性

其他成本报表提供的信息多种多样，既有报告期末实际数据，又有期中成本预测数据；既列示实际与计划对比数据，又有进行差异分析的资料；既有以货币单位为主报告的成本、费用信息，又有以工时、实物量报告的消耗资料；表中栏目、行次的设置更是因时、因地、因内容而异。此外，其他成本报表既注重与责任会计的配合，又强调对其他技术经济资料的使用。

（二）内容上更注重针对性

其他成本报表为企业成本控制需求提供具体的成本费用和用量信息。因此，这些报表注重比较，包括实际与预算或标准的比较、不同时期的比较等，尤其侧重对例外成本差异的比较与分析。如成本与产量情况表，专门报告某种产品某一特定时期的成本内容及产量资料；材料成本及用量考核表，可按产品类别就各项产品对材料的耗用情况，报告实际用量、标准用量及差量；废料回收情况表、废料销售情况表，则针对废料的控制与管理提供有关实际数据。为了提供更具针对性的成本信息，其他成本报表的内容和格式应尽可能做到简明扼要、突出重点，反映的数字合理，符合事实，但这并不意味着数字上要求绝对准确。

（三）时间上更强调及时性

为了向企业成本管理部门提供更为直接、相关的成本信息，并方便其随时了解发生的各种消耗情况，掌握成本控制的主动权，其他成本报表的编制更强调时效性。除了按照正常会计报告期定期编报有关成本信息报表外，部分企业还针对不同时期、不同部门、不同的成本费用及消耗情况，要求及时编报半月报、旬报、周报乃至日报、班报。为了满足企业成本控制等管理工作的需要，企业有时甚至会要求财会部门不定期地及时提供有关产品成本、期间费用等成本报表。

（四）编报主体更具有多样性

全部商品产品成本表等主要成本报表，由企业财会部门负责编报，其他成本报表的编制则不局限于财会部门。一方面，其他成本报表与责任会计组织相配合，反映的成本资料往往是与责任者（或责任单位）直接有关的或责任者能控制的，以便于考核责任单位（或责任者）的业绩；另一方面，其他成本报表主要服务于内部成本控制，因而往往需要提供具体车间、班组，甚至岗位的具体成本信息。所以，其他成本报表既可以由企业财会部门编制，如厂部责任成本报告、厂部质量成本报告，也可以由车间、科室等归口分级管理单位编制，如车间（科室）责任成本报告、车间质量成本报告、按班组编报的工人工作效率月报等。

二、其他几种常见的成本报表

其他成本报表是企业财会部门或责任单位根据企业成本管理的某些特殊需要而编报的，因而形式灵活、种类繁多，这里不逐一罗列。现仅介绍几种常用的其他成本报表格式。

（一）责任成本报告

责任成本报告的格式和内容见表11-8。

表11-8　第一基本生产车间责任成本报告

编制单位：蓉兴公司　　　　　　　　20××年12月　　　　　　　　　　单位：元

项目	预算 ①	调整预算 ②	实际 ③	业务量差异 ④	耗费、效率差异 ⑤
直接材料：甲材料					
材料耗用量差异					
直接人工					
效率差异					

续表

项 目	预算 ①	调整预算 ②	实际 ③	业务量差异 ④	耗费、效率差异 ⑤
费用率差异					
变动制造费用					
效率差异					
费用率差异					
变动成本合计					
可控固定成本					
管理人员工资					
折旧					
合计					
车间成本合计					
实物数据					
A产品/件					
甲材料/千克					
直接工时/小时					

（二）材料考核表

企业对主要材料的耗用量和成本进行考核的材料考核表，可以分别由仓库保管人员和财会部门材料核算人员编制。前者主要从耗用量角度报告一定时期（月、半月、旬）内某种材料的耗用情况；后者主要从成本比较的角度报告一定时期（月、半月、旬）内某种材料的成本情况。月报格式参考表11-9、表11-10、表11-11。

表11-9 材料耗用量月报

仓库：
材料名称： 　　　　　　　　　20××年12月　　　　　　　　　　　单位：千克

日期	本月数				本月累计数				本年累计数			
	实际用量	定额用量	差异额	差异率/%	实际用量	定额用量	差异额	差异率/%	实际用量	定额用量	差异额	差异率/%
合计												

表11-10 材料耗用成本月报

20××年12月　　　　　　　　　　　单位：元

部门	计划价格成本 （实际用量×计划单价）	定额（或标准）成本 （定额用量×计划单价）	差异额	差异率/%
一车间 二车间				
合计				

表 11-11　材料成本差异分析月报

20××年12月

凭证编号	供货单位名称	材料名称	计量单位	采购数量	实际成本		计划成本		差异		差异率/%
					单位成本	总成本	单位成本	总成本	单位成本	总成本	

（三）人工成本考核表

人工成本考核表主要用来反映人工成本的执行情况，可以按照工号或工人姓名列示实际人工费用与定额人工费用及其差异以揭示人工费用节约或超支原因，具体格式见表 11-12。

表 11-12　人工成本考核表

20××年12月

工号或工人姓名	实际人工费用			定额人工费用			差异		
	实际工时	实际小时工资	实际人工费用	定额工时	定额小时工资	定额人工费用	工时差异	工资率差异	人工费用差异

（四）损失报告表

为了分析各项生产损失的金额及其产生原因，有时需要有关车间、部门编报"生产损失报告表"。该表可以根据"停工损失"和"废品损失"等账户记录或其他原始凭证编制，格式见表 11-13。

表 11-13　生产损失报告表

20××年12月

项目		原因	数量	工时	修复费用				报废净损失						备注
					材料	人工	制造费用	小计	生产成本				回收残料	净损失	
									料费	工费	制造费用	小计			
废品损失	可修复														
	不可修复														
	合计														
停工损失		职工薪酬			办公费			折旧费		水电费		其他		合计	

（五）质量成本报表

质量成本报表是根据企业质量管理的特殊需要，按照企业实际发生的各种质量成本项目进行分类汇总和归集，以综合反映企业在一定时期内关于质量成本执行和控制情况的报表。质量成本报表通常由财会部门会同质量管理部门共同编制。质量成本报表包括两类：第一类汇总反映全厂质量成本的实际发生数；第二类分别反映各部门的质量成本发生数及其与计划数的差额。格式见表11-14、表11-15。

表11-14 质量成本汇总表

20××年12月　　　　　　　　　　　　　　　　　　　　　　　　单位：元

成本项目	明细项目	质量成本						合计
		一车间	二车间	质量科	检验科	销售科	其他	
预防成本	1. 设计工程费 2. 流程改进费 3. 培训费 4. 审计费 5. 评估费 6. 维修费 7. 其他							
	小计							
鉴定成本	1. 验收费 2. 包装检验费 3. 设备检测费 4. 外部鉴定费 5. 其他							
	小计							
内部失败成本	1. 废品损失 2. 返工费用 3. 停工检验费 4. 重新测试费 5. 设备变更费 6. 其他							
	小计							
外部失败成本	1. 退货损失 2. 折价损失 3. 保修损失 4. 赔偿损失 5. 其他							
	小计							
质量成本合计								
本期产品生产总成本								
质量成本率/%								

表 11-15　部门质量成本报表

编报单位：××部门　　　　　　　　　　20××年12月　　　　　　　　　　　　　单位：元

成本项目	明细项目	计划数		实际数		差异数		差异原因
		金额	占比/%	金额	占比/%	金额	占比/%	
预防成本	1. 设计工程费 2. 流程改进费 3. 培训费 4. 审计费 5. 评估费 6. 维修费 7. 其他							
	小计							
鉴定成本	1. 验收费 2. 包装检验费 3. 设备检测费 4. 外部鉴定费 5. 其他							
	小计							
内部失败成本	1. 废品损失 2. 返工费用 3. 停工检验费 4. 重新测试费 5. 设备变更费 6. 其他							
	小计							
外部失败成本	1. 退货损失 2. 折价损失 3. 保修损失 4. 赔偿损失 5. 其他							
	小计							
合计								

表 11-14 按部门分别反映各项质量成本的实际发生数。该表数据根据质量成本明细账进行归类汇总。质量管理各网点的核算人员应负责收集原始资料，进行登记、汇总，最后提供给财会部门编制凭证、登记账簿并编制质量成本汇总表。通过将预防成本、鉴定成本、内部失败成本和外部失败成本等四类成本项目进行汇总，便得到质量成本合计数。表中的本期产品生产总成本来源于生产成本明细账。质量成本率 = 质量成本合计/本期超生产总成本。质量成本率越高，表明企业的质量成本管理与控制水平越差。

表 11-15 用于反映各部门的质量成本计划数、实际发生数、计划数与实际发生数之差，以及差异产生原因等情况。表中质量成本的计划数应根据计划年度企业制订的质量成本计划数逐项填列，实际数根据质量成本明细账进行归类填列，差异数应根据质量成本实际数与计划数逐项

计算填列。差异栏中用金额表示的差异等于实际数减去计划数，负数表示节约，正数表示超支。占比数为各类成本项目占总质量成本之比。

（六）环境成本报表

环境成本报表是根据企业环境成本管理的特殊需要，按照企业实际发生的各种环境成本项目进行分类汇总和归集，以综合反映企业在一定时期内关于环境成本管理和控制情况的报表。

环境成本报表一般可以按照环境成本项目进行编制，用以分类反映各种环境成本项目的发生数，便于企业据此进行环境成本分析和管理。环境成本报表的格式见表11-16。

表11-16 环境成本汇总表

20××年12月　　　　　　　　　　　　　　　　　　　　　单位：元

成本项目	明细项目	环境成本
环境保护成本	1. 培训费 2. 产品设计费 3. 设备挑选费 4. 环境评估费 5. 其他	
	小计	
环境检测成本	1. 检查费 2. 指标制定费 3. 污染程度检测费 4. 其他	
	小计	
内部失败成本	1. 污染控制设备操作费 2. 污染控制设备维护费 3. 废料回收费 4. 其他	
	小计	
外部失败成本	1. 湖泊清理费 2. 土地恢复治理费 3. 赔偿损失费 4. 其他	
	小计	
环境成本合计		
本期产品生产总成本		
环境成本率/%		

表11-16按各项环境成本项目归集实际发生数。环境成本的实际发生数一般来源于原始记录和原始凭证，如环境培训费用支出单、环境污染赔偿支付单及各种台账的统计数据。通过将环境保护成本、环境检测成本、内部失败成本和外部失败成本等四类成本项目进行汇总，便得到环境成本合计数。表中的本期产品生产总成本来源于生产成本明细账。环境成本率＝环境成本合计/本期超生产总成本。环境成本率越高，表明企业的环境成本管理与控制水平越差。同时，此表还提供了环境成本结构的信息，企业可以根据各类环境成本的相对比重，进行有针对性的环境成本管理。

第十二章

成本信息分析

★ 学习目标

1. 了解成本信息分析的含义与任务、影响产品成本的因素及各项费用报表的分析方法、成本分析报告的内容和要求。

2. 理解成本信息分析的作用、原则与评价标准及成本效益分析、技术经济指标变动对产品成本影响的分析内容与方法。

3. 掌握成本信息分析的基本程序与基本方法,熟悉并掌握全部商品产品成本和主要产品单位成本报表的分析内容和方法,重点掌握可比产品成本降低计划完成情况的分析内容和方法。

★ 章前导读

刘萍萍在提交成本报表后,又接到了公司财务经理张萌萌安排的另一项艰巨任务:根据公司成本报表及相关资料,五天之内向财务经理提供公司成本信息分析报告。公司的基本情况:生产A、B、C三种产品,企业实行定额成本制度,成本核算采用品种法,基本生产成本设有"直接材料""直接人工""燃料及动力""制造费用"四个成本项目;企业管理层非常重视产品成本控制工作,要求财会部门每月定期报送三种产品的成本资料及分析报告;企业管理层还定期召开由财会部门、生产部门、计划部门、销售部门参加的成本控制专项研讨会,成本报表和分析报告是会议的主要材料之一。

刘萍萍虽然在大学期间学过成本会计,也在实习单位实习过会计业务,但从未结合企业生产经营实际开展过成本信息分析工作。面对陌生的工作环境和陌生的工作内容,刘萍萍该如何完成财务经理交办的任务呢?

如果你是刘萍萍,你知道如何对A、B、C三种产品进行成本信息分析吗?成本信息分析的基本程序和基本方法有哪些?开展成本信息分析有意义吗?

第十二章 成本信息分析

第一节 成本信息分析概述

一、成本信息分析的内涵、任务与作用

(一) 成本信息分析的内涵

成本信息分析,也称成本分析,其含义有广义和狭义两种。

从广义上讲,成本信息分析根据其与成本、费用发生的时间关系可以分为事前、事中和事后分析。事前分析,也称为成本预测分析,是指在成本形成(费用发生)之前,为选择降低成本的最佳方案,确定目标成本,编制成本计划等所进行的分析。事中分析,也称为成本控制分析,是指在成本形成(费用发生)过程中,为随时检查各项定额和成本计划(费用预算)的执行情况,控制各种消耗、费用支出,保证目标成本的实现等所进行的分析。事后分析,也称为成本考核分析,是指在成本形成(费用发生)之后,将成本核算数据与其他资料结合起来,为评价成本计划(费用预算)的执行结果,发现存在的问题,总结经验教训,指导未来的成本管理工作所进行的分析。由此可见,成本信息分析贯穿成本会计的全过程,对充分发挥成本会计的积极作用具有重要意义。

从狭义上讲,成本信息分析主要是指事后的成本考核分析。成本信息分析是以成本报表提供的成本信息资料为主,结合有关的计划、定额、统计、技术和其他相关资料,运用一系列专门方法,来揭示企业成本计划与费用预算的完成情况及成本费用使用效益情况,查明影响成本计划和费用预算完成的原因、成本和成本效益变动的原因,以帮助企业充分挖掘企业内部降低成本和提高成本效益的潜力。本章所指的成本信息分析的内涵主要指从狭义上讲的成本信息分析。

从降低本期成本的目标而言,事前成本信息分析与事中成本信息分析的作用大于事后成本信息分析。但是,事后成本信息分析对于检查成本计划与费用预算的执行情况,评价成本管理工作业绩,以及指导下期成本管理工作等都有明显的积极意义。因此,事后成本信息分析,无论是在过去、现在,还是将来,都必然是成本信息分析中一项不可或缺的内容。

(二) 成本信息分析的任务

从成本信息分析的内涵来看,企业成本信息分析主要有以下四个方面的任务:

1. 为选择最优方案和正确编制成本计划提供依据

成本决策和成本计划离不开成本信息分析,通过成本信息分析,对各方案有关成本的各种因素及其变化趋势做出科学的估计,从而选择一个最佳方案。同时成本计划的编制既要分析和查明成本变动的原因,又要预测计划年度可能出现影响成本变动的各种因素。所以,只有在成本信息分析的基础上制订出的成本计划,才是高质量的计划,才能保证企业经济活动按既定的成本目标前进。

2. 揭示成本差异原因,实施成本控制分析

成本计划在执行过程中受到多方面因素的影响,企业必须进行有效的过程控制分析,及时掌握实际脱离计划的偏差,从而逐步认识和掌握成本变动的规律,明确责任,制定措施,促进成本计划的实现。

3. 合理评价成本计划及其完成情况,正确考核成本责任单位的工作业绩

成本信息分析可以对成本计划及其执行情况进行合理的评价,总结本期实施成本计划的经验教训,以便今后更好地完成计划任务。同时,通过分析,还可以有根据地评价成本责任单位的

成绩或不足，分析其优劣的原因，正确考核成本责任单位的工作业绩，从而调动各责任单位和职工提高成本效益的积极性和主动性。

4. 挖掘降低成本的潜力，不断提高企业经济效益

成本信息分析的根本任务是挖掘降低成本的潜力，促使企业以较少的劳动消耗生产出更多更好的产品，实现更快的价值增值。因而，成本信息分析的核心就是充分认识未被利用的劳动和物资资源，发现进一步提高成本效益的可能性，以便从各方面揭露问题，寻找差距及其原因，制定措施，使企业经济效益越来越好。

（三）成本信息分析的作用

成本信息分析是利用成本核算及其他相关资料，对成本水平及其构成的变动情况进行分析与评价，以提示影响成本升降的各种因素变动的原因，寻找降低成本的潜力。成本信息分析是成本会计的重要组成部分，是成本管理工作的重要环节。因此，企业应该采用专门的方法进行成本信息分析。成本信息分析具有以下重要作用：

1. 揭示成本变动的影响因素，掌握成本变动的规律

通过成本信息分析，企业可以揭示和测定成本变动的影响因素及其程度，帮助企业正确认识和掌握成本变动的规律性，有利于企业降低成本。

2. 检查成本计划执行情况，提高成本管理水平

通过成本信息分析，企业可以对成本计划的执行情况进行检查，发现、纠正、消除成本形成中的偏差，以提高成本管理水平。

3. 指导后期成本计划的编制，为未来成本管理指明方向

通过成本信息分析，企业还可以充分了解成本信息，并据此编制成本计划和制定经营决策，指出未来成本管理工作努力的方向。

二、影响产品成本的因素

企业产品成本耗费水平的升降，是多种因素共同影响的结果。概括地讲，影响产品成本的因素可以分为固有因素、宏观因素和微观因素三大类。

（一）固有因素

固有因素是指企业设立时的先天条件，如企业设置的地理位置和资源条件、生产规模和技术装备水平、企业的专业化协作水平等。因成本锁入效应，固有因素在很大程度上决定了企业产品成本的高低，并且固有因素对企业的影响往往是无法改变的，或至少在短期内是不能改变的。

（二）宏观因素

宏观因素是就整个国民经济活动而言的宏观方面的因素。如受宏观经济政策调整影响的企业资金成本的变动，燃料、动力、原材料价格的变动，物资供应体系布局的改变，宏观经济景气程度的变化，成本管理体制的改革等。宏观因素是企业经营活动的外部因素、客观因素，但都会对企业产品成本产生直接的影响。

（三）微观因素

微观因素是就企业本身而言的微观方面的因素。微观因素主要包括劳动生产率水平的高低，原材料、燃料、动力利用的节约或浪费，生产设备的利用效果，产品质量的好坏，资金使用的合理程度，企业成本管理水平的高低以及企业文化建设的层次等，这些都是企业的内部因素、主观因素。微观因素直接影响产品成本。

固有因素和宏观因素虽然在不同程度上对产品成本产生影响，但是一般来说，这些因素是

企业本身不能控制和改变的,而微观因素是与企业各项管理工作紧密相连的,可以通过提高企业的经营管理水平而得到控制。

需要说明的是,以上三类因素的划分及其对企业产品成本的影响只是相对的,企业对于某些固有因素或宏观因素也并非完全无能为力。从长期来看,属于固有因素的某些先天条件并不是一成不变的,而是随着各种影响因素的变化而有所变化;有些宏观因素对成本的不利影响,通过企业的主观努力,也能全部内部消化或部分消化。因此,在进行成本信息分析时,应做到一切从实际出发,具体情况具体分析,辩证地看待问题。

三、成本信息分析的原则与评价标准

(一)成本信息分析的原则

成本信息分析的原则是组织开展成本信息分析工作的规范,也是发挥成本分析职能作用、完成成本分析任务和使用分析方法的准绳。为确保成本信息分析工作的顺利有序开展,在组织开展成本信息分析工作时应遵循以下六个原则:

1. 全面分析与重点分析相结合的原则

全面分析是指成本信息分析的内容具有全局性、广泛性,更指成本信息分析要着眼于整体,要有大局观念,必须将企业成本效益与社会效益结合起来进行分析。只有运用辩证的观点和方法对企业成本管理中的成绩与不足、经验与教训、有利因素与不利因素、主流与支流进行全面客观的分析与评价,才能得出正确的结论。要以产品成本形成的全过程为对象,结合生产经营各阶段的不同性质和特点进行成本信息分析。然而,全面分析并不意味着事无巨细、面面俱到,而应该抓住重点矛盾,分析关键性问题。对那些差异较大、持续时间较长、影响了企业长期盈利能力的信息要进行重点剖析,并将评价结果及时反馈,以便迅速采取措施扩大有利差异,消除不利差异。

2. 定性分析与定量分析相结合的原则

定性分析是对成本变动性质的分析,其目的在于揭示影响成本费用各种因素的性质、内部联系及其变动趋势。对成本变动数量的分析,称为定量分析,其目的在于确定成本指标变动幅度及其各因素影响程度。两者有密切联系:定性分析是定量分析的基础,定量分析是定性分析的深入。仅有定性分析说明而无定量分析资料做依据,或仅有定量分析结果而无定性分析说明,都不可能发挥成本信息分析应有的作用。

3. 纵向分析与横向分析相结合的原则

成本信息分析中的纵向分析是指企业内部范围内的纵向对比分析,包括本期实际指标同上期指标、历史先进水平、有典型意义的时期的指标相比较等。通过纵向比较,可以清晰地观察到企业成本的变化趋势。在市场经济条件下,企业作为独立的经济实体和市场竞争主体,为了增强自身的竞争实力,必须搜集和掌握国内外同类企业成本的先进水平资料,广泛开展企业间的对比分析,尤其是与竞争对手之间的对比分析,以便企业在更大范围内找到自身同先进水平与主要竞争者之间的差距,激发企业赶超先进的潜力,形成相对竞争优势。

4. 事后分析与事前、事中分析相结合的原则

如前文所述,现代成本信息分析中事前、事中和事后分析是相互联系的,各有其特定作用。只有在成本发生之前就开展预测分析,在成本发生过程中实行控制分析,在成本形成之后搞好考核分析,把它们结合起来,建立起完整的分析体系,才能将成本信息分析贯穿再生产全过程,从而做到事前发现并预防问题,事中及时揭示差异并纠正不利差异,事后正确评价业绩。唯有如此,才有利于企业提前采取相应的措施,把影响成本升高的因素消灭在发生之前或萌芽状态,才

有利于企业总结经验教训，指导下期成本工作。

5. 经济分析与技术分析相结合的原则

成本的高低既受经济因素的影响，又受技术因素的影响，在某种程度上技术因素是关键。因此，成本信息分析如果只停留在对经济指标的分析上，而不深入技术领域结合技术指标进行分析，就无法实现分析的最终目的。只有这样，才能防止片面性，以便全面改进成本管理工作，提高经济效益。

6. 专业分析与群众分析相结合的原则

成本涉及企业所有部门及全体员工的工作业绩，为了使成本信息分析能够做到经常有效，真正达到目的，就必须发动群众自觉参加。这就要求成本信息分析上下结合、专群结合，充分发挥每个部门和广大职工群众分析成本、挖掘降低成本潜力的积极性，把专业分析建立在群众分析的基础上。唯有如此，才能充分揭示成本管理中的不足，深挖提高成本效益的潜力，把成本信息分析搞得生机勃勃，充分发挥其应有的作用。

（二）成本信息分析的评价标准

衡量和评价企业成本工作及其业绩，需要有一个客观的评价标准。确立成本信息分析的评价标准是成本信息分析的一个基本步骤，更是一项最为关键的基础工作。不同的评价标准，会对同一分析对象得出不同的分析结论。因此，正确选择和确定成本信息分析的评价标准，对于发现问题、找出差距、正确评价分析对象、得出正确的结论有十分重要的意义和作用。成本信息分析的评价标准主要有历史标准、行业标准、预算标准等。

1. 历史标准

以历史标准进行成本信息分析就是以企业过去某一时间的实际业绩为标准，查明分析对象的相关指标与历史标准相比所取得的成绩或存在的不足。如果现在比过去情况有所改变，则应根据已发生的变化来调整历史标准，以便正确进行比较。历史标准具有较高的可比性，也较为可靠，不足之处在于它只能说明企业自身的发展变化，不能全面评价企业在同行业中的地位与竞争力。尤其是对于外部分析，仅用历史标准是不能做出全面评价的。

2. 行业标准

行业标准是指由企业主管部门根据所属行业的实际情况所制定的同行业的成本指标水平。行业标准体现了全行业平均水平的成本指标，因大多数企业经过努力一般都能达到，所以在企业成本信息分析中被广泛采用。有些行业为了能正确进行比较，按企业规模和经营条件制定出不同类型企业的标准作为评价依据。虽然各企业的情况不完全相同，但借助这些标准，对评价企业在同行业中的地位和水平还是有一定的参考价值。

3. 预算标准

预算标准，也称为计划标准或目标标准，是指企业根据自身经营条件或经营状况和经营目标而制定的评价标准。根据预算标准，企业可以分析其实际生产消耗水平与预算（目标）之间的差异，并通过分析差异原因，帮助其在后期的经营管理中，不断降低成本消耗水平，提高企业经济效益。预算标准主要用于内部分析，对于外部分析所起的作用不是很明显。企业内部分析利用预算标准可以考核评价企业各级、各部门的成本管理工作业绩，但是，在成本信息分析时，应检查预算标准的质量，对那些脱离实际的标准在分析过程中要及时加以调整。

在成本信息分析时，企业可以综合利用各种标准从不同角度对成本业绩进行考核，以保证对企业成本业绩做出准确可信的评价。

第二节 成本信息分析的基本程序与方法

一、成本信息分析的基本程序

企业成本信息分析,通常要经历准备、实施和报告三个阶段,进行明确成本信息分析目的、成本指标分析和编写成本分析报告等九个步骤的具体工作。

(一) 准备阶段

在成本信息分析的准备阶段,主要应做好以下三个方面的工作:

1. 明确成本信息分析目的

进行成本信息分析,首先必须明确成本信息分析目的。成本信息分析主要目的是全面分析企业成本水平与构成的变动情况,研究影响成本升降的各种因素及其变动原因,以便挖掘降低成本的潜力,控制成本,提高经济效益。只有明确了成本信息分析的目的,才能正确地制订成本信息分析计划,搜集、整理资料,选择正确的分析方法和评价标准,进而得出正确的结论。

2. 确立成本信息分析标准

明确了分析目的,还必须确立正确的分析标准。不同的分析目的,其分析标准是不同的。只有确立了正确的分析标准,才能得出正确的分析结论。

3. 搜集整理成本信息分析资料

占有大量完备、内容真实、数据正确的成本管理与成本核算的资料是顺利进行成本信息分析的基础。资料搜集整理的及时性、完整性、准确性,对分析的正确性有直接的影响。搜集资料要注意日积月累,才能帮助企业对成本信息分析工作逐步形成概念。整理搜集到的各类分析资料,必须实事求是、去粗取精、去伪存真,才能筛选出真实反映企业生产经营状况的各种信息资料,才能根据不同的分析目的及时提供所需资料。

(二) 实施阶段

在成本信息分析的实施阶段,主要应做好以下三个方面的工作:

1. 报表整体分析

进行成本信息分析时,首先要对成本信息报表进行整体分析。报表整体分析主要指运用水平分析法、垂直分析法及趋势分析法等对各主要成本信息报表进行全面分析,以全面揭示企业的成本状况。工业企业编制的成本报表主要有全部商品产品成本表、主要产品单位成本表和制造费用明细表等。如通过对成本报表的垂直分析,可以反映各成本项目的构成变动情况,说明成本升降的原因等。

2. 成本指标分析

成本指标分析,也称为成本指标对比,是指在核实已搜集、整理的成本信息分析资料的基础上,对成本的各项指标进行各种形式、各个方面的比较。成本指标分析是成本信息分析的主要内容。经过比较,可以确定差异,揭示问题或不足。成本指标分析可分为绝对指标分析和相对指标分析两种。进行成本指标分析,首先应根据分析的目的和要求选择正确的分析指标,这是正确判断与评价企业成本状况的关键。

3. 基本因素分析

通过成本指标分析,揭示存在的问题或不足,只能从数量、现象上形成直观印象,不能反映差异的根源。成本信息分析不仅要解释现象,而且应分析产生差异的原因。基本因素分析就是要在报表整体分析和成本指标分析的基础上,对一些主要指标的完成情况,从其影响因素角度,深入进行定量分析，确定各因素对其的影响方向和程度，为企业正确进行成本信息分析提供最基本的依据。

（三）报告阶段

在成本信息分析的报告阶段，主要应做好以下三个方面的工作：

1. 得出成本信息分析结论

成本信息分析结论是在应用各种成本信息分析方法进行分析的基础上，将定量分析结果、定性分析判断及实际调查情况结合起来而得出的。成本信息分析结论是成本信息分析的关键步骤，结论的正确与否是判断成本信息分析质量的唯一标准。一个正确的分析结论，往往需要经过几次反复判断才能得出。

2. 提出可行性的措施和建议

分析问题是为了解决问题，因此成本信息分析不能仅满足于分析原因、得出结论，必须结合企业生产经营和成本管理实际，针对问题提出切实可行的措施，为解决问题、挖掘潜力、改进工作提供决策依据。

3. 编写成本分析报告

成本分析报告是成本信息分析的最后步骤。它将成本信息分析的基本问题、基本结论，以及针对问题提出的措施和建议，以书面的形式表示出来，为成本信息分析主体及其他受益者提供决策依据。成本分析报告作为对成本信息分析工作的总结，还可作为历史资料，供后期分析参考，以保证成本信息分析的连续性。

二、成本信息分析的基本方法

成本信息分析采用的技术方法多种多样，既有会计的方法、统计的方法，又有数学的方法。在成本信息分析实践工作中，具体采用哪种方法，需要根据成本信息分析的目的、分析对象的特点、所掌握分析资料的性质和内容来决定。在众多的成本信息分析方法中，被广泛使用的方法主要有比较分析法、比率分析法和因素分析法等。有关成本报表整体分析的水平分析法、垂直分析法和趋势分析法将在后续的财务分析课程中详细介绍，本书限于篇幅不做介绍。

（一）比较分析法

比较分析法，也称为指标对比分析法、对比分析法或比较法，是指通过相互关联的经济指标的对比来确定数量差异的一种分析方法。比较分析法是一种在实务中使用最多、最广的分析方法。该方法的作用在于评价业绩，揭示存在的问题或不足，挖掘降低成本的潜力。经济指标之间的比较分析主要有以下几种形式：

1. 考察达到预期目标程度的比较

这是最主要的比较形式。该形式的比较主要是在本期实际指标与长远规划指标、本期计划指标、定额数及其他有关预期目标之间进行对比。现代企业普遍实行目标成本管理制度，其中衡量企业成本工作质量优劣的重要标志是企业各成本目标的实现情况。这就决定了分析企业成本，首先要将企业实际指标与有关预期目标进行对比，为进一步开展分析工作指明方向。在分析比较时，必须检查计划目标本身的质量。如果目标缺乏合理性和先进性，就失去了可比的客观依据。

2. 考察发展变化情况的比较

这种比较形式主要是在本期实际指标与上期实际指标、上年同期实际指标、历史最高水平、有典型意义的时期的指标之间进行对比。这种比较可以观察企业成本的发展和变化趋势以及改善企业管理的情况等。另外，有的技术经济指标未规定目标数，则可将其实际数与前期实际数进行对比，以便发现差距。

3. 考察现有水平与标杆差距的比较

这种比较形式主要是在本企业实际与国内各类企业先进水平、国内同类企业平均水平、当地同类企业先进水平、当地同类企业平均水平、国际同类企业先进水平之间进行对比。有时还可在企业内部与先进车间、班组和个人的指标进行比较。运用这种对比方法可以在更大范围内发现先进与落后的差距，促使企业提高经营管理水平，尤其是企业成本管理水平，提高经济效益。

必须指出，开展成本指标之间的比较分析，应考虑指标内容、计价标准、时间长度和计算方法的可比性。在同类型企业进行成本指标对比时，要注意客观条件是否接近，在技术上、经济上是否具有可比性。这是正确运用比较分析法的必要条件，否则就不能正确地说明问题，甚至还会得出错误的结论。但也要防止将指标的可比性绝对化，要尽量扩大对比范围，否则就将陷入唯条件论，不利于充分发挥人的主观能动作用，不利于挖掘潜力、推行先进经验。指标之间的对比，可以用绝对数对比，也可以用相对数对比。

（二）比率分析法

比率分析法是将反映成本状况或与成本水平相关的两个因素联系起来，通过计算比率，反映它们之间的关系，并借以评价企业成本状况和经营情况的一种成本信息分析方法。根据分析的内容和要求之间的差别，比率分析又细分为相关比率分析、趋势比率分析和构成比率分析等。

1. 相关比率分析

相关比率分析是以某个项目和其他有关但又不同的项目加以对比，求出比率，以便更深入地认识某方面的生产经营情况。如将利润项目同销售成本项目对比，求出成本利润率，从而可以观察、比较企业成本效益水平的高低。

2. 趋势比率分析

趋势比率分析是将几个时期同类指标的数据进行对比，求出比率，分析该项指标增减速度和发展趋势，以判断企业某方面业务的变化趋势，并从其变化中发现企业在经营方面所取得的成果或存在的不足。由于对比的标准不同，趋势比率可以分为基期指数和环比指数，前者以某一固定时期为基期来计算，后者以上期为基期来计算。

【例12-1】 蓉兴公司在2012—2016年，连续五年生产甲产品。甲产品各年实际平均单位成本分别为30、32、35、39、42。要求运用趋势比率分析法分析甲产品各年实际平均单位成本的变化趋势。

可以通过分别计算各年基期指数、环比指数来反映各年实际平均单位成本的变化趋势。

通过表12-1可以看出，蓉兴公司甲产品各年实际单位成本呈逐年上升趋势，但各年上升的幅度各不相同。这就说明公司在生产和管理上存在较大问题，须及时采取措施，加强成本管理，降低产品单位成本，扭转这一不良趋势。

表12-1 甲产品各年实际单位成本趋势比率分析表

年度 指标	2012	2013	2014	2015	2016
单位成本/（元·件$^{-1}$）	30	32	35	39	42
基期指数/%	100	106.67	116.67	130.00	140.00
环比指数/%	—	106.67	109.38	111.43	107.69

3. 构成比率分析

构成比率分析是确定某一经济指标各个组成部分占总体的比重，观察它的构成内容及其变化,以掌握该项经济活动的特点和变化趋势的一种分析方法。一般地,成本比重越高的项目,其重要性越强,对总成本的影响越大。例如,计算各成本项目在成本总额中所占的比重,并同其他各种标准进行比较,可据以了解成本构成的变化,明确进一步降低成本的重点。

比率分析法计算简便,对其结果也比较容易判断,可以使某些指标在不同规模的企业之间进行比较,甚至能在一定程度上超越行业间的差别进行比较。比率分析法也存在一些不足:一是该法所利用的都是历史资料,不能作为判断未来经济状况的可靠依据;二是当企业一些会计事项采用不同的会计处理方法时,企业之间比率的可比性就会受到影响;三是该方法仅能发现指标的实际数与标准数的差异,无法查明指标变动的具体原因及其对指标的影响程度。这一局限性只有因素分析法才能解决。

(三) 因素分析法

因素分析法是依据分析指标与其影响因素之间的关系,按照一定的程序和方法,确定各因素对分析指标差异影响程度的一种分析方法。企业产品成本是一个综合性的价值指标,各方面工作都会影响产品成本水平。产品成本升降是由许多因素造成的,概括起来有两类,即外部因素和内部因素。外部因素来自社会及外部经济环境和条件影响,内部因素则是企业本身的经营管理。这样分类有利于评价企业的各方面工作质量。

因素分析法的一般做法是:第一,确定分析指标由几个因素组成;第二,确定各个因素与指标的关系,如加减关系、乘除关系等;第三,采用适当方法,把指标分解成各个因素;第四,确定每个因素对指标变动的影响方向与程度。

在实际应用中,根据分析特点,因素分析法可以分为连环替代法和差额计算法两种。

1. 连环替代法

连环替代法是从数值上测定各个相互联系的因素对有关经济指标的差异影响程度的一种分析方法。通过这种方法进行分析计算,可以衡量各项因素影响程度的大小,有利于分清原因和责任,使评价工作更有说服力,并可供企业制定措施、挖掘潜力参考。连环替代法的分析计算程序如下:

(1) 根据影响某项经济指标完成情况的因素,按其依存关系将经济指标的基数(计划数或上期数等)和实际数分解为两个指标体系。

(2) 以基数指标体系作为计算的基础,用实际指标体系中的每项因素的实际数逐步顺利地替代其基数;每次替代后,实际数就被保留下来,有几个因素就替换几次;每次替代后计算出由于该因素变动所得到的新结果。

(3) 将每次替代所得的结果,与这一因素被替代前的结果进行比较,两者的差额就是这一因素变化对经济指标差异的影响程度。

(4) 将各个因素的影响数值相加,其代数和应同该经济指标的实际数与基数之间的总差数相符。

下面举例说明指标与因素的关系。

设成本指标 N 为 A、B、C 三个因素乘积,其计划成本指标与实际成本指标分别列示如下:

$$计划成本指标\ N_1 = A_1 \times B_1 \times C_1$$
$$实际成本指标\ N_2 = A_2 \times B_2 \times C_2$$
$$差异额\ G = N_2 - N_1$$

计算程序是:计划成本指标 $A_1 \times B_1 \times C_1 = N_1$

第一次替代:$A_2 \times B_1 \times C_1 = N_3$

$N_3 - N_1 = a$，"a"是 A 因素由 A_1 变动为 A_2 对成本指标值差异额 G 的影响程度；

第二次替代：$A_2 \times B_2 \times C_1 = N_4$

$N_4 - N_3 = b$，"b"是 B 因素由 B_1 变动为 B_2 对成本指标值差异额 G 的影响程度；

第三次替代：$A_2 \times B_2 \times C_2 = N_2$

$N_2 - N_4 = c$，"c"是 C 因素由 C_1 变动为 C_2 对成本指标值差异额 G 的影响程度。

以上三个因素变动影响的总和为：

$$a + b + c = (N_3 - N_1) + (N_4 - N_3) + (N_2 - N_4) = N_2 - N_1 = G$$

上式三个因素变动的差异之和与实际成本脱离计划成本的总差异相符，这就决定了各因素对成本升降的影响程度，并能确定各个因素所占差异的比重，为制定成本降低的方案提出了可靠的依据。从以上计算可以看出，因素分析法是在比较分析法的基础上发展而来的，是比较分析法的补充。

【例 12-2】 以某企业甲产品的材料费用为例，说明连环替代法的运用。相关资料如下：该企业计划生产甲产品 200 件，每件消耗材料 100 千克，计划单价为 5 元；实际生产量为 250 件，每件消耗材料 105 千克，实际单价为 8 元。

影响材料费用的因素有产量、单耗和材料单价三个因素。

甲产品的材料费用 = 产量 × 单耗 × 材料单价

甲产品的计划材料费用 = 200 × 100 × 5 = 100 000（元）

甲产品的实际材料费用 = 250 × 105 × 8 = 210 000（元）

甲产品的材料费用超支 110 000 元。这是产量、单耗和材料单价三个因素共同影响的结果。利用连环替代法计算各因素的影响程度如下：

计划材料费用 = 200 × 100 × 5 = 100 000（元）

第一次替代：250 × 100 × 5 = 125 000（元）

产量增长对材料费用的影响 = 125 000 - 100 000 = 25 000（元）

第二次替代：250 × 105 × 5 = 131 250（元）

单耗变动对材料费用的影响 = 131 250 - 125 000 = 6 250（元）

第三次替代：250 × 105 × 8 = 210 000（元）

单价变动对材料费用的影响 = 210 000 - 131 250 = 78 750（元）

三个因素影响数值之和 = 25 000 + 6 250 + 78 750 = 110 000（元）

从以上分析可以看出，甲产品材料费用超支 110 000 元，主要是由于材料单价提高，材料总成本增加 78 750 元；产品产量增加，材料总成本增加 25 000 元；材料单耗增加，材料总成本增加 6 250 元。

连环替代法各步骤紧密相连、缺一不可，任何一步出现错误，都会导致错误的分析结果。因此，在应用连环替代法时应注意以下四点：

（1）因素分解的相关性。因素分解的相关性是指分析指标与其影响因素之间必须真正相关，各影响因素的变动确实能说明分析指标差异产生的原因，即有实际经济意义。也就是说，经济意义上的因素分解与数学上的因素分解不同，不是在数学算式上相等就行，而要看有无经济意义。

（2）分析前提的假定性。分析前提的假定性是指在分析某一因素对经济指标差异的影响时，必须假定其他因素不变，否则就不能分清各单一因素对分析对象的影响程度。实际上，有些因素对经济指标的影响是共同作用的结果，共同影响的因素越多，那么这种假定的可信性就越差，分析结果的准确性也就会降低。因此，在因素分解时，并非分解的因素越多越好，而应根据实际情况,具体问题具体分析,尽量减少对相互影响较大的因素再分解,使之与分析前提的假设基本相符。否则,因素分解过细从表面看有利于分清原因和责任,但是在共同影响因素越多时,反而影响了分析结果的正确性。

(3) 因素替代的顺序性。因素分解不仅因素确定要准确,而且因素排列顺序也不能变换,这里特别要强调的是不存在乘法交换率问题。因为有分析前提假定性的原因,按不同顺序计算的结果是不同的。那么,如何确定正确的替代顺序呢?传统的方法是依据数量指标在前质量指标在后的原则进行排列。现在也有人提出依据重要性原则排列,即主要的影响因素排在前面,次要的影响因素排在后面。但是无论何种排列方法,都缺少坚实的理论基础。正因为如此,许多人对连环替代法提出异议,并试图加以改善,但至今仍无公认的解决方法。

(4) 顺序替代的连环性。连环性是指在确定各因素变动对分析对象影响时,都是将某因素替代后的结果与该因素替代前的结果进行对比,一环套一环,这样既能保证各因素对分析对象影响结果的可分性,又便于检验分析结果的准确性。因为只有连环替代并确定各因素影响,才能保证各因素经济指标的影响之和与分析对象相等。

2. 差额计算法

差额计算法是因素分析法的一种简化形式,它的运用原理与连环替代法是相同的。区别在于分析程序上的简化,即它可直接利用各影响因素的实际数与基期数的差额,在假定其他因素不变的条件下,计算该因素对分析指标的影响程度。差额计算法是将连环替代法的第三和第四步骤合并为一个步骤进行。

这个步骤的基本点是:确定各因素实际数与基期数之间的差额,并在此基础上乘以排列在该因素前面各因素的实际数和排列在该因素后面各因素的基期数,所得出的结果就是该因素变动对分析指标的影响数。

【例 12-3】 仍用前例的资料,采用差额计算分析法计算各因素变动对材料成本的影响程度。

$$总差异 = 210\ 000 - 100\ 000 = 110\ 000\ (元)$$
$$计划材料总费用 = 200 \times 100 \times 5 = 100\ 000\ (元)$$
$$由于产量增加导致的材料总费用增加 = (250 - 200) \times 100 \times 5 = 25\ 000\ (元)$$
$$由于单耗增加导致的材料总费用增加 = 250 \times (105 - 100) \times 5 = 6\ 250\ (元)$$
$$由于单价增加导致的材料总费用增加 = 250 \times 105 \times (8 - 5) = 78\ 750\ (元)$$

以上结果表明,差额计算法与连环替代法计算的结果完全相同,但简化了计算步骤。因此,此法在实际工作中应用广泛。

应当指出,应用连环替代法应注意的问题,在应用差额计算法时同样要注意。还应注意的是,并非所有连环替代法都可按上述差额计算法的方式进行简化。特别是在各影响因素之间不是连乘的情况下,运用差额计算法必须慎重。

三、成本分析报告

成本信息分析所形成的结果,需要采用一定的形式向企业管理层反馈,帮助其及时了解企业的成本状况及成本管理工作取得的成绩或存在的问题,为其改进企业经营管理,尤其是成本管理,挖掘成本降低潜力,提升企业经济效益和科学决策提供依据。同时,企业还应采用多种形式及时地向群众宣传成本信息分析结果,并以此为主要依据奖优罚劣,以促使职工增强成本观念,进一步调动群众关心成本,努力降低成本耗费水平,不断提升经济效益的积极性和主动性。在成本信息分析工作实践中,成本信息分析结果一般以成本分析报告的形式反映。成本分析报告是企业财会部门在各部门、各级成本分析的基础上撰写的文字报告。

（一）成本分析报告的内容

成本分析报告是企业成本信息分析结果的反映，它是作为向企业管理层和广大群众说明成本状况的书面汇报材料。其主要内容如下：

1. 情况反映

通过用与成本相关的主要技术经济指标的本期实际数及其与计划数相比较所揭示的差异，概括地说明企业成本状况与成本计划的完成情况，并做出分析评价。

2. 成绩说明

实事求是地把职工在降低产品成本、控制费用、提高成本效益活动中所取得的成果反映出来，帮助职工知悉并积累成本管理的经验。

3. 问题分析

客观地将成本计划、费用预算执行过程中存在的问题揭示出来，并分析原因，划清责任。

4. 提出建议

针对企业成本管理工作中取得的成绩和存在的问题，提出改进成本管理工作、降低耗费水平、提高成本效益的建议和措施，以及后续期间企业成本管理工作的要求和目标等。

（二）成本分析报告的要求

成本分析报告的基本要求主要有以下四个方面：

（1）观点要明确。成本分析报告的观点应当明确，即企业成本工作中取得的成绩、存在问题等，都要明确、客观地在成本分析报告中予以说明。

（2）原因要分析清楚。成本分析报告对成本管理工作取得的成绩或存在问题的原因分析，要准确具体，责任明确，以便为改进工作提供依据。

（3）建议要切实可行。成本分析报告提出的改进建议要具体可行，便于检查，促进责任部门认真贯彻执行；对于某些重要问题，还要经过可行性研究，以保证建议能够取得实效。

（4）报告要简练。撰写成本分析报告，应做到抓住关键，中心突出，重点突出，文字简洁，图表形象鲜明，让人一目了然。

第三节　全部商品产品成本分析

工业企业的全部商品产品可以分为可比产品与不可比产品两大类。它们在核算和分析方法上是不同的。对于可比产品，其实际成本不仅要与计划成本比较，来考核成本计划的完成程度，同时还要与上年的实际平均成本来比较，以衡量报告期实际成本较上年成本降低的幅度和数额，从而检查该企业在报告期内生产技术和生产组织以及经营管理工作改进的情况。对于不可比产品，因为在以前年度没有正式生产过，因而其实际成本就只能与计划成本相比较。由于在全部商品产品成本中，包括不可比产品，这样，它只能以实际总成本与计划总成本相比较，以确定其实际成本比计划成本的降低额和降低率，评价全部商品产品成本水平的升降情况。

全部商品产品成本信息分析，可以借助全部商品产品成本表和成本计划等相关资料进行分析，具体分析内容包括按产品类别和按成本项目来进行分析。

一、按产品类别分析全部商品产品成本计划的完成情况

如前文所述,因全部商品产品包括可比产品,也包括不可比产品,所以按照产品类别分析全部商品产品成本,只能将本年实际总成本与计划总成本进行比较,从而确定全部商品产品成本的降低额和降低率。

【例 12-4】 蓉兴公司生产甲、乙、丙三种产品,其中,甲、乙产品为可比产品,丙产品为不可比产品。相关资料见表 12-2。

表 12-2 商品产品成本表

产品名称		本年实际产量/件	单位成本/元			总成本/元		
			上年实际平均	本年计划	本年实际	按上年实际平均单位成本计算	按本年计划单位成本计算	本年实际
可比产品	甲	50	800	700	740	40 000	35 000	37 000
	乙	60	1 000	820	780	60 000	49 200	46 800
	小计	—	—	—	—	100 000	84 200	83 800
不可比产品	丙	10	—	400	410	—	4 000	4 100
全部商品产品成本		—	—	—	—		88 200	87 900

根据上述资料可以编制分析表(见表 12-3)来考核全部商品产品以及各种产品成本计划的完成程度。

表 12-3 按产品类别商品产品成本信息分析表

产品名称		实际产量		与计划的差异	
		计划成本/元	实际成本/元	升降额/元	升降率/%
可比产品	甲	35 000	37 000	+2 000	+5.71
	乙	49 200	46 800	−2 400	−4.88
	小计	84 200	83 800	−400	−0.48
不可比产品	丙	4 000	4 100	+100	+2.5
全部商品产品		88 200	87 900	−300	−0.34

从表 12-3 的分析结果来看,该企业全部商品产品实际成本较计划有了降低,但分别从可比产品、不可比产品及其各种产品来看,虽然可比产品总的成本计划完成了,但甲产品及不可比产品丙的实际成本出现了超支。这说明该企业并未全面完成成本计划,应进一步分析甲、丙产品成本超支的原因。

分析可比产品成本,还必须将其计划单位成本同上年第四季度实际单位成本进行对比,如发现前者高于后者,则说明计划比较保守,落后于实际已经达到的成本水平,这样的计划成本就起不到控制成本的作用。

分析不可比产品成本发现超支时,就应进一步查明是不是因本年初次生产这种产品,消耗定额和计划成本定额偏低,或者因为初次生产这种产品,工艺过程掌握不好,技术不熟练,从而引起消耗超过定额,废品发生过多等。特别要注意,企业在分配共同费用时,是否对可比产品少

分配,而对不可比产品多分配一些,以便超额完成可比产品成本降低任务。

二、按成本项目分析全部商品产品成本计划的完成情况

在工业企业里,为生产产品所支出的费用是多种多样的,这些费用支出的节约或超支,最终势必影响到商品产品成本水平。因此,为了了解成本变动的原因,挖掘成本降低的潜力,还要进一步比较和分析构成产品成本的各个项目支出的变动情况及其对总成本的影响程度。这样就能抓住关键,为今后进行深入分析指出主攻方向。

假定根据上述企业的成本计划和成本核算资料编制分析表,见表12-4。

表12-4　全部商品产品成本项目费用水平变动分析表

成本项目	全部商品产品成本/元		节约或超支		各项目的差异数占总份额/%
	计划	实际	绝对数/元	百分比/%	
	(1)	(2)	(3)	(4)	(5)
直接材料	63 500	62 830	-670	-1.06	-0.76
直接人工	12 390	13 290	+900	+7.26	+1.02
制造费用	12 310	11 780	-530	-4.31	-0.60
合计	88 200	87 900	-300	-0.34	-0.34

注:表中各栏填列方法:

(1)栏 = $\sum$(各种商品产品各成本项目的计划单位成本×各种商品产品的计划产量)

(2)栏 = $\sum$(各种商品产品各成本项目的实际单位成本×各种商品产品的实际产量)

(3)栏 = (2)栏 - (1)栏

(4)栏 = (3)栏/(1)栏×100%

(5)栏 = (3)栏/(1)栏合计×100%

从表12-4可知:该企业商品产品实际成本比计划有了降低,其中主要是由于直接材料、制造费用的降低而造成的。但是,该企业直接人工存在超支的现象,如果企业直接人工不超支,则商品产品成本将比计划至少降低1 200元,降低率将提高到1.36%。因此,还必须深入实际做进一步调查研究,从而找出影响各个成本项目费用水平变动的具体原因,以便及时采取有效的措施,来迅速提高企业的工作水平。

三、全部商品产品成本计划完成情况分析应注意的影响因素

全部商品产品成本计划完成情况分析应注意的影响因素有主观因素,也有客观因素。主观因素是指企业工作本身的质量对成本的影响因素。例如,各项消耗定额的变动、劳动生产率水平的高低、费用开支的节约与否等。客观因素是指客观条件的变化,而并非企业工作本身所能支配的因素,例如,由于原材料市场价格的变动而引起的成本的变动,外购商品、外购电力等价格的变动及费用划分范围的变动等。因此,要做出进一步的分析就需要根据有关会计核算资料,找出影响成本升降的各种客观因素,并在实际成本中予以适当的调整,然后与计划成本相比较,从而求得剔除客观因素后的产品成本升降情况,以便在评价企业工作质量时做必要的补充。

假定根据该企业的有关资料,查明本年度因材料价格的变动,全部产品实际成本降低了521元,其中可比产品成本降低了421元,据此编制分析表,见表12-5。

表 12-5　全部商品产品成本计划完成情况影响因素分析表

项目		影响成本的客观因素				扣除客观因素影响后			
		材料价格变动/元	外购半成品价格变动/元	其他	合计/元	实际成本/元	计划成本/元	差异	
								升降额/元	升降率/%
全部商品产品成本		-521			-521	88 421	88 200	+221	+0.25
其中	可比产品成本	-421			-421	84 221	84 200	+21	+0.02
	不可比产品成本	-100			-100	4 200	4 000	+200	+5

由表 12-5 可见，企业如果剔除材料价格降低这一客观因素的影响，则商品产品的实际成本不仅没有比计划降低，而且提高了 221 元，升降率为 +0.25%。其中可比产品成本提高了 21 元，升降率为 +0.02%；不可比产品成本提高了 200 元，升降率为 +5%。这一分析结果，可进一步补充上述对全部商品产品成本计划完成情况进行分析时所做出的结论。

此外，要区分影响成本升降的产量因素和费用本身的因素。全部商品产品成本中的固定制造费用，以及在计时工资制度下的工资项目等，同产量变动没有直接联系，基本上属于相对固定费用。但是，在前面费用水平变动分析表中的计划数，是根据实际产量进行调整，即按各种产品计划单位成本中各该项目乘以实际产量汇总计算求得的。这样，计划数和实际数相比所发生的差异，除了受费用本身，即各该项目的实际数脱离成本计划中的计划数影响之外，还受到产量变动因素的影响。例如，假定上例企业实行计时工资制度，成本计划中直接工资为 12 000 元，该项目本来属于固定费用，但分析表中的计划数 12 390 元是按实际产量增加数调整计算的，因而产量增加使直接工资相对降低了 390 元（12 000 - 12 390），工资本身超支使该项目提高了 1 290 元（13 290 - 12 000）。

第四节　可比产品成本分析

前文已述及，可比产品是指本企业以前已经正式生产过的、有历史成本资料的产品。在正常情况下，可比产品在企业全部产品中占有重要地位。企业在编制成本计划时，应该制定可比产品应达到的降低任务，即可比产品的计划降低额和计划降低率。因此，对可比产品成本绩效分析时，不仅要将其实际总成本与计划总成本进行对比，还要将其实际总成本同实际产量按上年实际单位成本计算的总成本进行比较，从而确定可比产品实际总成本的降低额和降低率，并与企业成本计划制定的计划降低额和降低率进行比较，以考核分析可比产品成本降低任务的完成情况。

长期以来，我国以可比产品成本降低率作为企业成本考核的主要指标。但是，由于各企业上年度单位成本水平不同，求得的可比产品成本降低率就不能在同行业间进行比较，成本降低率大的企业并不意味着它的成本水平比其他企业先进。因此，以可比产品成本降低率作为成本考核的主要指标有一定的局限性。理论界和实务工作中的很多人都认为应该对这一成本考核指标进行改革。然而，从企业角度来看，在多数企业里，可比产品成本都占企业全部产品成本的半数以上，这样一来，测定和衡量可比产品成本降低幅度，对控制产品成本、了解成本变动趋势，仍然具有一定的作用。同时，控制可比产品成本，完成可比产品成本降低任务，对企业全部产品成本计划的完成和成本水平的降低都能够起到至关重要的作用。所以，在编制成本计划和进行成本分析时，预测可比产品成本降低任务并分析其完成情况，仍然具有现实意义。

一、可比产品成本降低任务及其完成情况的计算

可比产品成本降低任务是在编制成本计划时制定的成本降低水平，而可比产品成本降低任务完成情况的计算，是将可比产品的实际成本与按实际产量和上年实际单位成本计算的上年实际成本进行比较，确定可比产品实际成本的降低额和降低率，并同计划规定的成本降低任务相比，以评价企业可比产品成本降低任务的完成情况。

【例12-5】 蓉兴公司2016年可比产品成本降低任务和实际完成企业的有关资料见表12-6和表12-7。

表12-6 可比产品成本计划降低任务

产品名称	计划产量/件	单位成本/元		总成本/元		计划降低任务	
		上年实际	本年计划	上年实际	本年计划	降低额/元	降低率/%
甲	60	800	700	48 000	42 000	6 000	12.5
乙	32	1 000	820	32 000	26 240	5 760	18
合计				80 000	68 240	11 760	14.7

表12-7 可比产品成本实际降低情况

产品名称	实际产量/件	实际单位成本/元	总成本/元			实际降低情况	
			上年实际	本年计划	本年实际	降低额/元	降低率/%
甲	45	740	36 000	31 500	33 300	2 700	7.5
乙	60	780	60 000	49 200	46 800	13 200	22
合计			96 000	80 700	80 100	15 900	16.56

根据表12-6和表12-7，蓉兴公司可比产品成本降低任务的完成情况如下：

成本降低额 = 实际降低额 − 计划降低额 = 15 900 − 11 760 = 4 140（元）

成本降低率 = 实际降低率 − 计划降低率 = 16.56% − 14.7% = 1.86%

这一计算结果说明，蓉兴公司可比产品实际成本降低额比计划降低额多降了4 140元，实际成本降低率比计划降低额多降了1.86%。由此可见，蓉兴公司超额完成了可比产品成本降低任务。在此基础上，应进一步分析影响可比产品成本降低任务完成情况的各种因素，确定各因素的影响程度，为进一步挖掘降低成本的潜力指明方向。

二、影响可比产品成本降低任务完成情况的因素

影响可比产品成本降低任务完成情况的因素主要有三个，即产品产量、产品品种构成和产品单位成本。

（一）产品产量

可比产品成本计划降低任务是根据各种产品计划产量制定的，而实际成本降低额和降低率是根据各种产品的实际产量计算的。因此，在产品品种结构和单位成本不变时，产品产量的增减，只会引起成本降低额发生同比例的增减，而不会影响成本降低率的变化。

【例12-6】 蓉兴公司各种可比产品产量都比计划产量增长20%，实际单位成本均等于计划单位成本，则可比产品成本降低任务完成情况的计算见表12-8。

表12-8 单纯产量变动后可比产品成本降低任务完成情况

产品名称	计划产量/件	单位成本/元			总成本/元			计划降低任务	
		上年实际	本年计划	本年实际	上年实际	本年计划	本年实际	降低额/元	降低率/%
甲	72	800	700	700	57 600	50 400	50 400	7 200	12.5
乙	38.4	1 000	820	820	38 400	31 488	31 488	6 912	18
合计					96 000	81 888	81 888	14 112	14.7

在表12-8中，甲、乙两种产品的产量比原来的计划产量分别增长了20%，从而使成本降低额相应地从计划的11 760元增加到14 112元，增长了20%（2 352/11 760×100%），但成本降低率仍然是14.7%。由此可见，在产品品种构成和单位成本因素保持不变的条件下，产品产量的变动只影响产品成本降低额，而不影响成本降低率。

（二）产品品种构成

产品品种构成，也称品种结构，是指各种产品数量在全部产品数量总和中所占的比重。由于各种产品的实物量不能简单相加，而可比产品成本降低任务是以上年单位成本为基础计算的，所以在进行成本分析时，一般是以上年单位成本为基础来计算可比产品的品种结构，某种产品的品种构成可表示如下：

$$某种产品的品种构成 = \frac{某种产品实物量 \times 该种产品上年单位成本}{\sum(某种产品实物量 \times 该种产品上年单位成本)} \times 100\%$$

根据这一计算公式，蓉兴公司甲、乙产品的品种构成计算见表12-9。

表12-9 蓉兴公司甲、乙产品的品种构成计算表

产品名称	品种构成	
	计划	实际
甲	48 000÷80 000×100%=60%	36 000÷96 000×100%=37.5%
乙	32 000÷80 000×100%=40%	60 000÷96 000×100%=62.5%
合计	100%	100%

由于各种可比产品成本降低率是不相同的，有的高些，有的低些，如果成本降低率较高的产品在全部可比产品产量中所占的比重提高，全部可比产品成本降低率就会提高，降低额也会相应地增加；反之，成本降低率则会下降，降低额会减少。

根据表12-6的资料，全部可比产品成本计划降低率为14.7%，它是以各种产品计划降低率为基础（甲产品计划成本降低率为12.5%、乙产品计划成本降低率为18%），以各种产品计划比重为权数计算出来的。其计算公式如下：

$$可比产品计划成本降低率 = \frac{\sum 某种产品按上年实际单位成本计算的总成本 \times 该种产品计划降低率}{可比产品按上年实际单位成本计算的总成本} \times 100\%$$

根据表12-6和表12-9的资料，可以计算出全部可比产品成本计划降低率：

$$\frac{48\ 000 \times 12.5\% + 32\ 000 \times 18\%}{80\ 000} = 60\% \times 12.5\% + 40\% \times 18\% = 14.7\%$$

上式中的60%和40%分别是甲、乙产品的上年实际成本占可比产品上年总成本的比重，即

代表甲、乙产品的品种构成。根据这一计算公式可以看出,即使某种产品的成本降低率没有发生变化,但只要产品品种构成发生变动,全部可比产品成本降低率也会发生变化。在实务中可能会出现以下两种特殊情况:

第一种情况:虽然各种产品的成本降低率都完成了计划,但由于品种构成的影响,全部可比产品成本降低率并没有完成计划。

假设蓉兴公司甲、乙产品成本降低率都完成了计划,但由于降低率较大的乙产品的比重由40%降低到10%,而降低率较小的甲产品的比重由60%上升到90%,结果使得全部产品成本降低率没有完成计划,其具体的计算过程如下:

甲产品比重90% × 甲产品降低率12.5% + 乙产品比重10% × 乙产品降低率18% = 13.05%

根据这一计算结果说明,全部可比产品的成本降低率为13.05%,比计划成本降低率14.7%少降低了1.65%。

第二种情况:虽然各种产品的成本降低率都没有完成计划,但由于品种构成的影响,全部可比产品成本降低率完成了计划。

假设蓉兴公司甲、乙产品成本降低率都没有完成计划,甲产品成本降低率为12%,乙产品成本降低率为16%,但于降低率较大的乙产品的比重由40%提高到80%,而降低率较小的甲产品的比重由60%下降到20%,结果使得全部产品成本降低率完成了计划,其具体的计算过程如下:

甲产品比重20% × 甲产品降低率12% + 乙产品比重80% × 乙产品降低率16% = 15.2%

这一计算结果说明,全部可比产品的成本降低率为15.2%,比计划成本降低率14.7%多降低了0.5%。

由此可见,可比产品成本降低率的变动除了受到各种产品成本降低率变动的影响,还受到产品品种构成的影响,只要产品品种构成发生变动,可比产品成本的降低率就会发生变化,从而会引起可比产品成本降低额发生变化。

产品品种构成的变动有两种情况:一是由于改变了品种计划而引起的;二是由于各种产品都完成了计划,但对市场特别需要的产品多完成了计划造成的。显然,后一种情况值得提倡,说明企业生产管理适应了市场需要。但对前一种情况,也不能妄加评论,如果企业是根据市场的变化情况对产品品种计划进行了调整,那就是必要的。所以,在对产品品种构成进行分析时,应注意各种特殊情况的变化。

(三) 产品单位成本

可比产品成本的计划降低额,是以本年计划单位成本和上年实际单位成本相比较来确定的;可比产品成本实际降低额,是以本年实际单位成本和上年实际单位成本相比较来确定的,而且可比产品成本计划降低率和实际降低率也是以上年单位成本为基础来确定的。如果乙产品上年单位成本为1 000元,计划单位成本为820元,则每件产品计划成本降低额为180元(1 000 - 820),降低率为18%(180÷1 000×100%);如果该产品实际单位成本为780元,则每件产品实际降低额为220元(1 000 - 780),降低率为22%(220÷1 000×100%)。乙产品实际降低额比计划降低额多降了40元,降低率多了4%,这是该产品实际单位成本比计划单位成本降低了40元(820 - 780)带来的,它相当于上年单位成本的4%(40÷1 000×100%)。所以,产品单位成本的实际降低数比计划数低,可比产品成本降低额和降低率的实际数也会相应地比计划数降低得多一些,反之,则会降低得少一些。可见,在产品单位成本发生变动的情况下,可比产品成本降低额和降低率都会发生变化。

在上述影响可比产品成本降低任务完成情况的三个因素中,产品单位成本降低是主要因素,企业应该在完成产品品种计划的条件下,根据市场需要增加产量,努力降低单位成本,这才是完成成本降低计划的正确途径。

三、可比产品成本降低任务完成情况的分析方法

(一) 连环替代法

根据表 12-6 和表 12-7 中的资料,采用连环替代法分别计算产品产量、产品品种构成、产品单位成本三个因素变动对可比产品成本降低任务完成情况的影响如下:

1. 确定分析对象

根据表 12-6 和表 12-7 中的资料,计算如下:

可比产品成本计划降低额 = $\sum$(某种产品计划产量×该种产品上年单位成本) - $\sum$(某种产品计划产量×该种产品计划单位成本)
= 80 000 - 68 240
= 11 760(元)

可比产品成本计划降低率 = 成本计划降低额 ÷ $\sum$(某种产品计划产量×该种产品上年单位成本) × 100%
= 11 760 ÷ 80 000 × 100%
= 14.7%

可比产品成本实际降低额 = $\sum$(某种产品实际产量×该种产品上年单位成本) - $\sum$(某种产品实际产量×该种产品实际单位成本)
= 96 000 - 80 100
= 15 900(元)

可比产品成本实际降低率 = 成本实际降低额 ÷ $\sum$(某种产品实际产量×该种产品上年单位成本) × 100%
= 15 900 ÷ 96 000 × 100%
= 16.56%

由此可以确定分析对象:

可比产品成本降低额 = 15 900 - 11 760 = 4 140(元)

可比产品成本降低率 = 16.56% - 14.7% = 1.86%

2. 分析计算各因素变动对可比产品成本降低任务完成情况的影响

首先,对可比产品成本计划降低额和降低率指标进行第一次替代,即按实际产量、计划品种构成、计划单位成本计算可比产品成本降低额和降低率。其计算结果如下:

成本降低额 = $\sum$(某种产品实际产量×该种产品上年单位成本) × 计划降低率
= 96 000 × 14.7%
= 14 112(元)

成本降低率 = 14 112 ÷ 96 000 × 100% = 14.7%(= 计划降低率)

将第一次替代后计算的结果与替代前的结果进行比较,可以确定产量因素变动对可比产品成本降低额和降低率完成情况的影响分别如下:

对降低额的影响 = 14 112 - 11 760 = 2 352(元)

对降低率的影响 = 14.7% - 14.7% = 0

其次，将可比产品成本降低额和降低率指标在前一次替代的基础上进行第二次替代，即按实际产量、实际品种构成、计划单位成本计算可比产品成本降低额和降低率。其计算结果如下：

成本降低额 = $\sum$（某种产品实际产量×该种产品上年单位成本）- $\sum$（某种产品实际产量×该种产品计划单位成本）

= 96 000 - 80 700

= 15 300（元）

成本降低率 = 成本降低额 ÷ $\sum$（某种产品实际产量×该种产品上年单位成本）×100%

= 15 300 ÷ 96 000 × 100%

= 15.94%

将第二次替代后计算的结果与替代前的结果进行比较，可以确定品种构成因素变动对可比产品成本降低额和降低率完成情况的影响分别如下：

对降低额的影响 = 15 300 - 14 112

= 1 188（元）

对降低率的影响 = 15.94% - 14.7%

= 1.24%

最后，将可比产品成本降低额和降低率指标在第二次替代的基础上进行第三次替代，即按实际产量、实际品种构成和实际单位成本计算可比产品成本降低额与降低率，即可比产品成本实际降低额和降低率指标：

可比产品成本实际降低额 = $\sum$（某种产品实际产量×该种产品上年单位成本）- $\sum$（某种产品实际产量×该种产品实际单位成本）

= 96 000 - 80 100

= 15 900（元）

可比产品成本实际降低率 = 成本实际降低额 ÷ $\sum$（某种产品实际产量×该种产品上年单位成本）×100%

= 15 900 ÷ 96 000 × 100%

= 16.56%

将第三次替代后计算的结果（即实际指标）与替代前的结果进行比较，可以确定产品单位成本因素变动对可比产品成本降低额和降低率完成情况的影响分别如下：

对降低额的影响 = 15 900 - 15 300 = 600（元）

对降低率的影响 = 16.56% - 15.94% = 0.62%

3. 确定各因素影响值与总差异相符

以上三个因素变动对可比产品成本降低任务完成情况影响的代数和分别为：降低额 4 140（元）（2 352 + 1 188 + 600），降低率 1.86%（0 + 1.24% + 0.62%），这一结果与可比产品成本降低额（15 900 - 11 760 = 4 140）和降低率（16.56% - 14.7% = 1.86%）的总差异相符，即与确定的成本分析对象相符。

（二）余额推算法

可比产品成本降低任务完成情况，也可以采用余额推算法来计算、分析。其具体计算过程如下：

1. 产品单位成本变动的影响

根据表 12-6 和表 12-7 中的资料，可先计算产品单位成本变动对可比产品成本降低任务完成情况的影响。实际生产的可比产品按计划单位成本计算的总成本是 80 700 元，按实际单位成本计算的总成本是 80 100，二者之差即由于产品单位成本的降低而使成本降低额多降低的数额。其具体计算如下：

$$80\ 700 - 80\ 100 = 600（元）$$

确定了单位成本因素变动对降低额影响的数额后，就可以推算出其对降低率的影响如下：

$$600 \div 96\ 000 \times 100\% = 0.62\%$$

2. 产品品种构成变动的影响

前文已述及，可比产品成本降低率发生变化，只受产品品种构成和产品单位成本两个因素的影响。在本例中，可比产品成本降低率多降低了 1.86%，而且已经计算出由于产品单位成本变动使低率多降低了 0.62%，因此，只要将成本降低率变动的总数减去单位成本变动对降低率的影响，即可求得由于产品品种构成的变动对降低率的影响。其具体计算如下：

$$1.86\% - 0.62\% = 1.24\%$$

求得品种构成因素变动对降低率影响的数据后，用该数据乘以可比产品实际产量的上年总成本，就可以推算出由于产品品种构成变动对降低额的影响如下：

$$96\ 000 \times 1.24\% = 1\ 190（元）$$

3. 产品产量变动的影响

在本例中，因产品的产量、单位成本、品种构成三个因素的变动，使降低额多降低了 4 140 元。前面已经确定了由于产品单位成本和产品品种构成两个因素变动对降低额的影响，所以可以利用余额推算法计算由于产品产量因素变动使得降低额多降低的数额。其具体计算如下：

$$4\ 140 - (600 + 1\ 190) = 2\ 350（元）$$

以上采用连环替代法和余额推算法进行可比产品成本分析时，计算分析的结果应该一致。在本例中由于计算过程保留小数的原因，两种方法下的计算结果有微小的差异。

第五节　产品单位成本分析

一、产品单位成本分析的意义

产品单位成本分析的意义主要表现在两个方面：一是揭示各种产品单位成本及其各个成本项目的变动情况，尤其是各项消耗定额的执行情况（超支或节约）；二是确定产品结构、工艺和操作方法的改变，以及有关技术经济指标变动对产品单位成本的影响，查明产品单位成本升降的具体原因，为寻找降低成本的具体途径指明方向。

工业企业生产的产品种类较多，如果对各种产品单位成本不加选择地进行详细深入的分析，既是一种浪费，也会使分析缺乏重点。因此，产品单位成本分析应抓住重点，着重对一些企业经常生产、在全部产品中所占比重较大、能代表企业生产经营基本情况的主要产品或成本发生异常变动的产品进行分析。具体的分析包括两个方面的内容：一是产品单位成本计划完成情况分析，即总括分析产品单位成本及各成本项目的升降情况；二是产品单位成本各主要项目分析，即按照直接材料、直接人工和制造费用等主要成本项目对产品单位成本进行分析，查明造成产品单位成本升降的原因。

二、产品单位成本计划完成情况分析

产品单位成本计划完成情况分析是指对产品单位成本及其各成本项目本期实际数与计划数、上期数和历史先进水平相比的升降情况进行的分析。进行分析时可依据主要产品单位成本表等成本报表信息与核算资料。下面举例说明产品单位成本计划完成情况的分析方法。

【例 12-7】 蓉兴公司 2016 年年度甲产品单位成本表见表 12-10。

表 12-10 甲产品单位成本表

编制单位：蓉兴公司　　　　　　　　　　　2016 年年度　　　　　　　　　　　金额单位：元

产品名称		甲产品			计划产量			60		
计量单位		件			实际产量			45		
成本项目		上年实际平均单位成本			本年计划单位成本			本年实际平均单位成本		
	直接材料	350			340			345		
	直接人工	220			210			250		
	制造费用	210			150			145		
	合计	780			700			740		
明细项目		上年数			计划数			实际数		
		单耗	单价	金额	单耗	单价	金额	单耗	单价	金额
	材料 A/千克	30	9.5	285	27.5	10.4	286	30	9.4	282
	材料 B/千克	10	6.5	65	9	6	54	9	7	63
	工时	26			20			25		

根据表 12-10，可以编制甲产品单位成本计划完成情况分析表（见表 12-11），可进一步了解甲产品单位成本的升降情况和原因。

表 12-11 甲产品单位成本计划完成情况分析表　　　　金额单位：元

成本项目	计划成本	实际成本	降低（-）或超支（+）		各项目升降对单位成本的影响/%
			金额	百分比/%	
直接材料	340	345	+5	+1.5	+0.7
直接人工	210	250	+40	+19	+5.7
制造费用	150	145	-5	-3.3	-0.7
合计	700	740	+40	+5.7	+5.7

从表 12-11 可以看出，甲产品的实际单位成本比计划超支 40 元，超支率为 5.7%，成本超支的主要原因是直接材料和直接人工项目成本上升。因此，需要进一步分析直接材料和直接人工提高的原因，以便做出正确的分析评价。

三、产品单位成本各主要项目分析

下面具体介绍产品单位成本各主要项目的分析方法。

（一）直接材料项目的分析

直接材料在产品成本中通常占有较大比重，其耗费水平及其升降对产品单位成本的高低有重要的影响，所以直接材料项目的分析是产品单位成本分析的重点。同时，节约使用材料、提高材料利用率是降低直接材料费用消耗、产品单位成本的重要途径。对直接材料成本变动情况的分析方法与步骤如下：

（1）将各种主要材料的本期实际成本与计划成本进行比较，查明材料成本发生较大变动（升降）的主要材料。

（2）分析直接材料成本变动（升降）的原因。

直接材料成本差异受单位产品耗用量和材料单价两大因素的影响。这两个因素变动对直接材料成本影响的计算公式如下：

材料耗用量差异的影响 =（实际单位耗用量 – 计划单位耗用量）×材料计划单价

材料价格差异的影响 = 实际单位耗用量 ×（材料实际单价 – 材料计划单价）

根据表 12-11 的资料，甲产品直接材料单位成本实际比计划超支 5 元，根据成本计划和甲产品单位成本核算资料，可以编制直接材料成本分析表（见表 12-12）。

表 12-12　直接材料成本分析表　　　　　　　　　　金额单位：元

材料名称	计量单位	材料耗用量		材料单价		材料成本		差异	
		计划	实际	计划	实际	计划	实际	数量	价格
A	千克	27.5	30	10.4	9.4	286	282	+26	-30
B	千克	9	9	6	7	54	63	0	+9
合计						340	345	+26	-21

根据表 12-12 中的资料，可以分别计算单位产品材料消耗量和材料单价两个因素对甲产品直接材料成本变动的影响：

$$材料耗用量差异的影响 =（30-27.5）\times 10.4 = 26（元）$$

$$材料价格差异的影响 = 30 \times（9.4-10.4）+ 9 \times（7-6）= -21（元）$$

由此可见，材料消耗数量的上升导致甲产品直接材料成本升高了 26 元，而材料单价的下降，带来甲产品直接材料成本降低了 21 元，两个因素共同影响的结果是使甲产品直接材料成本升高了 5 元。

需要说明的是，上述材料价格差异对直接材料成本影响的计算方法，主要适用于材料按实际成本计价的企业。而材料按计划成本计价的企业，其价格差异通过"材料成本差异"项目反映。但是，如果企业材料成本差异率是按材料类别计算的，则需要进一步进行分析，以明确各种材料的价格差异及其对直接材料成本的影响。

分析单位产品直接材料成本变动，在单位产品材料消耗量和材料单价两个因素分析的基础上，还要进一步分析影响材料消耗数量和材料单价变动的具体原因，以寻求降低直接材料成本的有效途径。影响材料消耗数量和材料单价变动的原因可归纳如下：

①影响材料消耗数量的原因。影响材料消耗数量的原因主要有产品设计的变化，材料质量的变化，下料和生产工艺方法的改变，材料利用程度的改变，边角余料、废料回收利用情况的变化，废品数量的变化，生产工人技术水平和操作能力的高低，机器设备性能的好坏等。

②影响材料单价变动的原因。影响材料单价变动的原因主要有材料买价的变动、材料运费的变动、运输途中合理损耗的变化、材料整理加工费及检验费的变化等。

分析这些因素对材料成本的影响时，要深入生产实践，结合生产技术、生产组织及各种技术经济指标的变动情况进行调查研究，把专业分析与群众分析结合起来，要注意抓住企业的主观原因，以便采取措施。对于客观原因，也要充分发挥主观能动性，积极创造条件，为降低直接材料成本而努力。

（二）直接工资项目的分析

对直接工资项目的分析，需要结合企业的工资制度和工资费用的分配方法来进行。

1. 计时工资制度

在采用计时工资制度的条件下，影响产品工资成本的两个主要因素是产品的工时消耗（生产工时）和小时工资率。单位产品的生产工时（简称效率）和小时工资率两个因素变动对单位产品直接人工成本的影响，可通过下列计算公式表示：

工时消耗差异的影响 =（单位产品实际生产工时 − 单位产品计划生产工时）× 计划小时工资率

小时工资率差异的影响 = 单位产品实际生产工时 ×（实际小时工资率 − 计划小时工资率）

在表 12-10 中，甲产品直接人工实际单位成本比计划成本增加了 40 元，根据成本计划和甲产品单位成本核算资料，可对甲产品直接人工项目进行分析，编制直接人工成本分析表（见表 12-13）。

表 12-13 甲产品直接人工成本分析表

项 目	单 位	计划数	实际数	差 异
单位产品的生产工时	小时/件	20	25	+5
小时工资率	元/小时	10.5	10	−0.5
单位产品的直接人工	元/件	210	250	+40

根据表 12-13 的资料，甲产品直接人工成本增加了 40 元，各因素变动的影响分析如下：

单位产品的生产工时差异的影响 =（25 − 20）× 10.5 = 52.5（元）

小时工资率差异的影响 = 25 ×（10 − 10.5）= −12.5（元）

由此可见，单位产品的生产工时增加导致甲产品直接人工成本升高了 52.5 元，而小时工资率的降低，带来了甲产品直接人工成本下降了 12.5 元，两个因素共同作用的结果是使甲产品直接人工成本升高了 40 元。

分析单位产品直接人工成本变动，在对单位产品的生产工时和小时工资率两因素进行分析的基础上，还要进一步分析影响单位产品的生产工时和小时工资率变动的原因，以寻求降低直接人工成本的有效途径。

2. 计件工资制度

一般来说，在采用计件工资制度的企业中，单位产品直接人工成本的高低，取决于计件单价。如果计件单价不变，生产工人劳动效率的变动，并不会影响单位产品直接人工成本，但会通过产量影响那些计入产品成本中的非工作时间的工资、奖金和其他工资，从而引起单位产品直接人工成本的变动。在这种情况下，可以根据生产工人工资构成明细资料进行分析。

（三）制造费用项目的分析

制造费用项目的分析与单位产品直接人工项目的分析比较类似。在制造费用按照生产工时消耗分配计入产品成本的企业，单位产品制造费用水平取决于单位产品的生产工时和小时费用率两个影响因素。两个影响因素对制造费用成本的影响，可以用如下计算公式表示：

效率差异影响 =（单位产品实际生产工时 − 单位产品计划生产工时）× 计划小时费用率

小时工资率差异的影响 = 单位产品实际生产工时 ×（实际小时费用率 − 计划小时费用率）

在表 12-10 中，甲产品单位成本的制造费用实际成本比计划成本减少了 5 元，根据成本计划和甲产品单位成本核算资料，对制造费用项目进行分析，可以编制制造费用分析表（见表 12-14）。

表 12-14　甲产品制造费用分析表

项　目	单　位	计划数	实际数	差　异
单位产品的生产工时	小时/件	20	25	+5
小时费用率	元/小时	7.5	5.8	-1.7
单位产品的制造费用	元/件	150	145	-5

根据表 12-14 的资料，甲产品制造费用成本降低了 50 元，各因素变动的影响分析如下：

$$效率差异的影响 = (25 - 20) \times 7.5 = 37.5（元）$$

$$小时费用率差异的影响 = 25 \times (5.8 - 7.5) = -42.5（元）$$

由此可见，单位产品的生产工时上升导致甲产品制造费用升高了 37.5 元，而小时费用率的降低，带来了甲产品制造费用下降了 42.5 元，两个因素共同作用的结果是使甲产品制造费用下降了 5 元。

分析单位产品制造费用的变动，在对单位产品的生产工时和小时费用率两个因素进行分析的基础上，还要进一步分别分析各明细项目变动的原因。如果企业将制造费用划分为变动制造费用和固定制造费用，那么对于变动制造费用，应将其预算数按照本期实际产量加以调整后，再与本期实际数进行比较，以确定其相对升降数；对于固定制造费用，可将本期实际支出数与预算数进行比较，以确定其相对升降数。在此基础上，结合各个生产环节的具体情况，查明制造费用明细项目的升降原因，寻求降低制造费用的有效途径。需要注意的是，对于设备维护费、劳动保护费等属于制造费用项目的支出，不能简单地认为降低就是业绩，而要深入了解支出与所得之间的关系，才能得出正确的结论。

第六节　各项费用报表的分析

制造费用、管理费用、销售费用和财务费用，都是由许多具有不同经济性质和经济用途的费用组成的。这些费用支出的节约或浪费，通常与企业行政管理、生产管理工作的质量和有关责任制度、节约制度的贯彻执行情况密切相关。因此，向各有关部门、车间编报上述报表，分析这些费用的升降变动情况，不仅是促进企业加强成本管理和费用支出控制、降低成本和增加盈利的重要途径，同时也是推动企业改善生产经营管理、提高经济效益的重要措施。

一、各项费用报表分析程序与评价标准

（一）各项费用报表分析程序

对各项费用报表（信息）的分析，应遵循以下程序：

1. 根据各项费用报表资料，编制费用分析表，揭示各项费用实际脱离计划的差异

在成本信息分析的实务工作中，企业对制造费用、管理费用、销售费用和财务费用等费用信息的分析，常常是通过编制费用分析表的方式来对比分析其费用总额及各组成部分（明细费用项目）本年实际发生数与本年计划数之间的差异，以揭示其实际脱离计划差异的绝对值（差异金额）和相对数（差异率）。

2. 分析差异产生的原因

进行各项费用报表分析的目的不仅是揭示实际脱离计划的差异，而且是分析差异产生的原因，并以此为导向，找到控制费用支出、提高费用使用效益的有效途径，降低各项费用的开支水平，提高企业经济效益。因此分析各项费用实际脱离计划差异的原因是各项费用报表分析的核心和关键。

（二）各项费用报表分析评价标准

由于各种费用所包括的项目具有不同的经济性质和经济用途，各项费用的变动又分别受不同因素变动的影响，因此在确定费用实际支出脱离计划差异时，应按各组成项目分别进行，而不能只坚持各种费用总额计划的完成情况，不能用其中一些费用项目的节约来抵补其他费用项目的超支。同时，要注意不同费用项目支出的特点，不能简单地把任何超支都看作不合理；同样，对某些费用项目支出的减少也要具体分析：有的可能是工作成绩，有的则可能是问题。不能孤立地看待是费用超支还是节约，而应结合其他有关情况，结合各项技术组织措施效果来分析，结合各项费用支出的经济效益进行评价。

二、各项费用报表的分析方法

（一）重点分析法

由于企业的制造费用、管理费用、销售费用和财务费用等各项费用都是由多项具体的费用项目组成的，因而具有费用项目多、组成复杂等特点。因此，每次分析需抓住重点，对占总支出比较大，或与计划相比发生较大偏差的项目进行重点分析。特别是那些与非生产性的损失项目，如材料等存货的盘亏和毁损，这些费用的发生与企业管理不善有直接关系。通过重点分析各项费用实际脱离计划的重大差异，能为发现问题、分析原因、找寻控制费用支出的途径指明方向，提高费用分析工作成效。

（二）动态分析法

在进行各项费用分析时，除了要以本年实际与本年计划相比较，检查计划完成情况外，为了从动态上观察、比较各项费用的变动情况和变动趋势，还应将本月实际与上年同期实际进行对比，以了解企业工作的改进情况。同时，将动态分析与推行经济责任制相结合，与检查各项管理制度的执行情况相结合，以推动企业改进经营管理，提高工作效率，降低各项费用支出。

（三）分类分析法

为了深入研究制造费用、管理费用、销售费用和财务费用的变动原因，评价费用支出的合理性，寻求降低各种费用支出的途径和方法，需要按费用的用途及影响费用变动的因素，将各种费用项目按生产性费用、管理性费用、发展性费用、防护性费用和非生产性费用等类别归类分析研究。通过对不同类别费用实际脱离计划的差异分析，能更有针对性地分析其差异产生的原因，找到降低费用支出的有效途径。

第七节 成本效益分析

在工业企业的生产经营中，产品生产成本与各项期间费用的发生（资源投入）与企业商品产品的生产与销售等（产出）有密切、直接的联系。节约原材料、人工等劳动耗费，降低产品成本与期间费用耗费水平是提高企业经济效益的重要途径。因此,要全面评价企业的成本管理工作,就不能仅局限于成本费用指标的变动分析,还应将成本费用指标与反映企业经济效益(产出)方面的指标联系起来,从而全面地分析评价企业劳动耗费的经济效益,即要进行成本效益分析。

反映企业成本效益的指标较多,其中较为常用的指标主要有产值成本率、主营业务成本费用率和成本费用利润率等。部分企业还可能因特殊需要,对特殊成本项目进行分析,如质量成本效益分析和环境成本效益分析等。现就成本效益分析主要指标及其分析方法介绍如下。

一、产值成本率分析

产值成本率是企业全部商品产品生产成本与商品产值的比率,它也可以用百元商品产值所消耗的生产成本来表示。其计算公式如下:

$$产值成本率 = \frac{全部商品产品生产成本}{商品产值} \times 100\%$$

或

$$产值成本率(元/百元) = \frac{全部商品产品生产成本}{商品产值} \times 100\%$$

产值成本率可以反映产品的劳动耗费与生产成本之间的关系;产值成本率越低,表明产品劳动耗费的经济效益越高,反之经济效益越低。

分析产值成本率,一般是运用比较法,将本期实际数与计划数、上期实际数、上年实际平均数或同类企业实际数对比,检查其计划的完成程度,分析其发展变化趋势及其与同类企业的差距,并在此基础上进一步分析,研究影响产值成本率变动的各因素,确定各因素的影响程度。

影响产值成本率指标变动的因素,归纳起来主要有产品品种构成的变动、产品单位成本的变动和价格变动(商品产值按现行价格计算时)三个。

各因素影响程度的计算方法如下:

(1) 以计划(或上年实际)产值成本率指标为基础。

$$产值成本率 = \frac{按计划产量、计划单位成本计算的总成本}{按计划产量、计划出厂价格计算的商品价值} \times 100\% \qquad (12-1)$$

(2) 按实际产品品种构成、计划单位成本、计划出厂价格计算的每百元商品产值的产值成本率。

$$产值成本率 = \frac{按实际产量、实际单位成本计算的总成本}{按实际产量、计划出厂价格计算的商品价值} \times 100\% \qquad (12-2)$$

将式(12-2)与式(12-1)相比较,就可以求得由于产品品种构成变动影响的数额。

(3) 按实际产品品种构成、实际单位成本、计划出厂价格计算的每百元商品产值的产值成本率。

$$产值成本率 = \frac{按实际产量、实际单位成本计算的总成本}{按实际产量、计划出厂价格计算的商品价值} \times 100\% \qquad (12-3)$$

将式(12-3)与式(12-2)相比较,就可以求得由于产品单位成本变动影响的数额。

(4) 按实际产品品种构成、实际单位成本、实际出厂价格计算的每百元商品产值的产值成本率。

$$产值成本率 = \frac{按实际产量、实际单位成本计算的总成本}{按实际产量、实际出厂价格计算的商品价值} \times 100\% \qquad (12-4)$$

将式(12-4)与式(12-3)相比较,就可以求得由于出厂价格变动影响的数额。

在上述各影响因素中,出厂价格的变动一般属于客观因素,而且如果采用不变价格,可以消除这个因素的影响。产品品种构成的变动,情况比较复杂,特别是在不同年度的动态分析中,应结合生产分析进行,以便准确评价这一因素变动的影响。在单位成本变动影响中,也要注意区分哪些是由于企业工作质量造成的,哪些是属于客观原因,如材料价格的变动等。

除了分析商品产品全部成本的产值成本率指标外,还可以根据实际需要分别计算和比较某一成本项目的产值成本率指标,如每百元商品产值直接材料费用,每百元商品产值人工费用等。

【例 12-8】 蓉兴公司 2016 年年度生产和销售甲、乙两种产品。该年度这两种产品的产量、成本、价格及每百元产值成本的资料见表 12-15。

表 12-15 产品产值成本率分析表

产品	产量/件		单价/元		单位成本/元		产值/元		总成本/元		产值成本率/%	
	计划	实际	计划	实际	计划	实际	计划	实际	计划	实际	计划	实际
甲	100	120	300	320	200	190	30 000	38 400	20 000	22 800	66.67	59.375
乙	200	190	400	390	300	280	80 000	74 100	60 000	53 200	75	71.8
合计	—	—	—	—	—	—	110 000	112 500	80 000	76 000	72.73	67.56

根据表 12-15 的资料可见,蓉兴公司 2016 年度的产值成本率计划完成较好,产值成本率差异为 -5.17%,且甲、乙两种产品均完成了计划。在总体分析的基础上,可进一步进行因素分析如下:

(1) 计划产值成本率 $= \dfrac{80\ 000}{110\ 000} \times 100\% = 72.73\%$ \hfill (12-5)

(2) 按实际产品品种构成、计划单位成本、计划出厂价格计算的产值成本率

$$产值成本率 = \dfrac{200 \times 120 + 300 \times 190}{300 \times 120 + 400 \times 190} \times 100\% = 72.32\% \quad (12-6)$$

将式 (12-6) 与式 (12-5) 相比较,求得产品品种构成变动的影响:72.32% - 72.73% = -0.41%。

(3) 按实际单位成本、计划出厂价格计算的产值成本率

$$产值成本率 = \dfrac{190 \times 120 + 280 \times 190}{300 \times 120 + 400 \times 190} \times 100\% = 67.86\% \quad (12-7)$$

将式 (12-7) 与式 (12-6) 相比较,求得产品单位成本变动的影响:67.86% - 72.32% = -4.47%。

(4) 按实际单位成本、实际出厂价格计算的产值成本率

$$产值成本率 = \dfrac{190 \times 120 + 280 \times 190}{320 \times 120 + 390 \times 190} \times 100\% = 67.56\% \quad (12-8)$$

将式 (12-8) 与式 (12-7) 相比较,求得出厂价格变动的影响:67.56% - 67.86% = -0.3%。

二、主营业务成本费用率分析

(一) 主营业务成本费用率含义与分析

主营业务成本费用率是本期的主营业务成本及期间费用等与主营业务收入的比率。它也可以用每百元主营业务收入所耗用的成本费用来表示。其计算公式如下:

$$主营业务成本费用率 = \dfrac{主营业务成本 + 期间费用}{主营业务收入} \times 100\%$$

或

$$\text{主营业务成本费用率（元/百元）} = \frac{\text{主营业务成本} + \text{期间费用}}{\text{主营业务收入}} \times 100\%$$

主营业务成本费用率指标反映主营业务收入耗用成本费用的水平，可以较为全面地反映企业生产经营过程中各种劳动耗费的经济效益。该指标越低，说明企业的经济效益越好。

【例12-9】 蓉兴公司生产和销售甲、乙两种产品，期初无库存商品，本期生产的产品全部售出。本期计划的期间费用为43 750元，实际期间费用为58 080元。本期的其他有关资料见表12-16。

表12-16 产品产值成本率资料汇总表

产品	销售量/件		单价/元		单位成本/元		成本/元		收入/元	
	计划	实际	计划	实际	计划	实际	计划	实际	计划	实际
甲	1 500	1 200	150	160	100	110	150 000	132 000	225 000	192 000
乙	1 000	1 200	300	310	200	180	200 000	216 000	300 000	372 000
合计	—						350 000	348 000	525 000	564 000

根据表12-16资料，可计算出本期计划和实际的主营业务成本费用率分别如下：

$$\text{计划主营业务成本费用率} = \frac{350\ 000 + 43\ 750}{525\ 000} \times 100\% = 75\%$$

$$\text{实际主营业务成本费用率} = \frac{348\ 000 + 58\ 080}{564\ 000} \times 100\% = 72\%$$

由以上计算结果可以看出，该企业本期实际的主营业务成本费用率比计划规定的低，完成了计划任务，差异为 -3%（72% -75%）。

为了进一步对主营业务成本费用率进行分析，可以将上述主营业务成本费用率的计算公式进行分解：

$$\begin{aligned}\text{主营业务成本费用率} &= \frac{\text{主营业务成本} + \text{期间费用}}{\text{主营业务收入}} \times 100\% \\ &= \left(\frac{\text{主营业务成本}}{\text{主营业务收入}} + \frac{\text{期间费用}}{\text{主营业务收入}}\right) \times 100\% \\ &= \frac{\text{主营业务成本}}{\text{主营业务收入}} \times 100\% + \frac{\text{期间费用}}{\text{主营业务收入}} \times 100\% \\ &= \text{主营业务成本率} + \text{主营业务费用率}\end{aligned}$$

【例12-10】 根据上述公式和例12-9的相关资料，可以对主营业务成本费用率指标分解计算，见表12-17。

表12-17 主营业务成本费用率指标计算分析表

指标	计划	实际	差异/%
主营业务成本率	$\frac{350\ 000}{525\ 000} \times 100\% = 66.67\%$	$\frac{348\ 000}{564\ 000} \times 100\% = 61.7\%$	-4.97
主营业务费用率	$\frac{43\ 750}{525\ 000} \times 100\% = 8.33\%$	$\frac{58\ 080}{564\ 000} \times 100\% = 10.3\%$	+1.97
主营业务成本费用率	$\frac{35\ 000 + 43\ 750}{525\ 000} \times 100\% = 75\%$	$\frac{348\ 000 + 58\ 080}{564\ 000} \times 100\% = 72\%$	-3

在对主营业务成本费用率指标进行分解分析的基础上，可以对主营业务成本率指标和主营业务费用率指标分别进行进一步的分析。

（二）主营业务成本率分析

影响主营业务成本率变动的因素与影响产值成本率指标的因素是类似的，主要有销售产品的品种构成、产品单位成本以及销售单价。其分析方法与产值成本率的因素分析法相同。

各因素对主营业务成本率影响程度的计算方法如下：

（1）以计划（或上年实际）主营业务成本率指标为基础：

$$主营业务成本率 = \frac{按计划销售量、计划单位成本计算的总成本}{按计划销售量、计划价格计算的主营业务收入} \times 100\% \quad (12\text{-}9)$$

（2）按实际产品品种构成、计划单位成本、计划价格计算的主营业务成本率：

$$主营业务成本率 = \frac{按实际销售量、实际单位成本计算的总成本}{按实际销售量、计划价格计算的主营业务收入} \times 100\% \quad (12\text{-}10)$$

将式（12-10）与式（12-9）相比较，就可以求得由于产品品种构成变动影响的数额。

（3）按实际产品品种构成、实际单位成本、计划价格计算的主营业务成本率：

$$主营业务成本率 = \frac{按实际销售量、实际单位成本计算的总成本}{按实际销售量、计划价格计算的主营业务收入} \times 100\% \quad (12\text{-}11)$$

将式（12-11）与式（12-10）相比较，就可以求得产品单位成本变动影响的数额。

（4）按实际产品品种构成、实际单位成本、实际价格计算的主营业务成本率：

$$主营业务成本率 = \frac{按实际销售量、实际单位成本计算的总成本}{按实际销售量、实际价格计算的主营业务收入} \times 100\% \quad (12\text{-}12)$$

将式（12-12）与式（12-11）相比较，就可以求得价格变动影响的数额。

【例 12-11】 沿用例 12-8 和例 12-9 的资料，可对蓉兴公司本期主营业务成本率变动进行因素分析。

其分析过程如下：

（1）计划主营业务成本率 $= \dfrac{100 \times 1\,500 + 200 \times 1\,000}{150 \times 1\,500 + 300 \times 1\,000} \times 100\% = 66.67\%$ （a）

（2）按实际产品品种构成、计划单位成本、计划价格计算的主营业务成本率：

$$主营业务成本率 = \frac{100 \times 1\,200 + 200 \times 1\,200}{150 \times 1\,200 + 300 \times 1\,200} \times 100\% = 66.67\% \quad (b)$$

将式（b）与式（a）相比较，求得产品品种构成变动的影响：$66.67\% - 66.67\% = 0$。

（3）按实际产品品种构成、实际单位成本、计划价格计算的主营业务成本率：

$$主营业务成本率 = \frac{110 \times 1\,200 + 180 \times 1\,200}{150 \times 1\,200 + 300 \times 1\,200} \times 100\% = 64.44\% \quad (c)$$

将式（c）与式（b）相比较，求得产品单位成本变动的影响：$64.44\% - 66.67\% = -2.23\%$。

（4）按实际产品品种构成、实际单位成本、实际价格计算的主营业务成本率：

$$主营业务成本率 = \frac{110 \times 1\,200 + 180 \times 1\,200}{160 \times 1\,200 + 310 \times 1\,200} \times 100\% = 61.7\% \quad (d)$$

将式（d）与式（c）相比较，求得价格变动的影响：$61.7\% - 64.44\% = -2.74\%$。

需要指出的是，在本期的已销售产品中，可能包括部分期初存货，其成本水平与本期生产并在本期销售产品的成本水平很可能不相同，对此，在分析评价时应予以关注。另外，在上述举例中，产品品种构成变动对主营业务成本率实际脱离计划的影响数额为 0（即没有影响），是由于甲、乙两种产品计划的主营业务成本率是相同的（均为 66.67%）。由此可见，各种产品计划的主营业务成本率的差别,是形成品种构成变动对主营业务成本率产生影响的原因。

(三) 主营业务费用率分析

影响主营业务费用率变动的因素主要有销售量、期间费用以及价格。对主营业务费用率变动进行因素分析时,可采用以下方法:

(1) 销售量变动的影响 $= \left(\dfrac{\text{计划的期间费用}}{\sum \text{产品计划价格} \times \text{该产品实际销售量}} - \dfrac{\text{计划期间费用}}{\text{计划销售收入}} \right) \times 100\%$

(2) 期间费用变动的影响 $= \dfrac{\text{实际期间费用} - \text{计划期间费用}}{\sum \text{产品计划价格} \times \text{该产品实际销售量}} \times 100\%$

(3) 价格变动的影响 $= \left(\dfrac{\text{实际期间费用}}{\text{实际销售收入}} - \dfrac{\text{实际期间费用}}{\sum \text{产品计划价格} \times \text{该产品实际销售量}} \right) \times 100\%$

【例12-12】 沿用例12-8和例12-9的资料,可对蓉兴公司本期主营业务费用率的变动进行因素分析。

分析过程如下:

(1) 销售量变动的影响 $= \left(\dfrac{43\,750}{150 \times 1\,200 + 300 \times 1\,200} - \dfrac{43\,750}{525\,000} \right) \times 100\%$
$= -0.23\%$

(2) 期间费用变动的影响 $= \dfrac{58\,080 - 43\,750}{150 \times 1\,200 + 300 \times 1\,200} \times 100\%$
$= 2.654\%$

(3) 价格变动的影响 $= \left(\dfrac{58\,080}{564\,000} - \dfrac{58\,080}{150 \times 1\,200 + 300 \times 1\,200} \right) \times 100\%$
$= -0.457\%$

三、成本费用利润率分析

成本费用利润率是企业一定期间的利润总额与成本、费用总额的比率。其计算公式如下:

$$\text{成本费用利润率} = \dfrac{\text{利润总额}}{\text{成本费用总额}} \times 100\%$$

成本费用利润率指标反映每1元成本费用可获得的利润,体现企业生产经营耗费与财务成本之间的关系,因此,是一个综合反映企业成本效益优劣的重要指标。该指标越高,说明企业经济效益越好;越低,说明企业经济效益越差。

分析成本费用利润率一般是运用比较法,通过该项指标的本年实际数与本年计划数对比,或与上年实际数对比,按指标形成的各项因素,查明其变动原因及其对指标升降的影响,为加强成本管理,制定控制成本费用的措施提供有用的信息。

因企业的利润指标有多种形式,如营业利润、利润总额、净利润等,成本费用也分为主营业务成本和各项期间费用等,不同利润值与相应的成本费用指标之间的比率,能说明不同的问题。因此,成本费用利润率的分析,应根据企业的实际情况和成本管理的实际需要来进行;在分析时,必须确保计算这类指标时所采用的有关"利润"与"成本费用"之间的相关性,以保证分析结果更具有说服力和有用性。

例如,由于利润总额中包括投资收益、营业外收入和营业外支出,而这三个项目与成本费用没有内在联系,对比结果不利于深入分析。因此,在分析时应扣除这三个项目,将营业利润与成本费用对比,计算成本费用营业利润率指标。其计算公式如下:

$$成本费用营业利润率 = \frac{营业利润额}{成本费用总额} \times 100\%$$

同理,企业的主营业务是企业利润主要的经常性来源,其成本投入的经济效益,对企业经济效益的优劣有决定性影响。因此,在进行成本效益分析时,应予以重点关注。为此,可以计算和分析主营业务成本毛利率指标。其计算公式如下:

$$主营业务成本毛利率 = \frac{主营业务收入 - 主营业务成本}{主营业务成本} \times 100\% = \frac{主营业务毛利}{主营业务成本} \times 100\%$$

【例12-13】 蓉兴公司2016年度和2017年度的有关资料见表12-18。

表12-18 蓉兴公司有关资料　　　　　　　　　单位:元

项　目	2016年度	2017年度
主营业务成本	150 000	200 000
期间费用	30 000	42 000
主营业务毛利	31 500	40 000
营业利润	37 800	48 400
利润总额	34 200	50 820

根据表12-18的资料,可以计算出蓉兴公司2016年度和2017年度有关利润率指标,见表12-19。

表12-19 成本费用利润率分析表

指　标	2016年年度	2017年年度	差异/%
成本费用利润率	$\frac{34\ 200}{150\ 000 + 30\ 000} \times 100\% = 19\%$	$\frac{50\ 820}{200\ 000 + 42\ 000} \times 100\% = 21\%$	+2
主营业务成本毛利率	$\frac{31\ 500}{150\ 000} \times 100\% = 21\%$	$\frac{40\ 000}{200\ 000} \times 100\% = 20\%$	-1
成本费用营业利润率	$\frac{37\ 800}{150\ 000 + 30\ 000} \times 100\% = 21\%$	$\frac{48\ 400}{200\ 000 + 42\ 000} \times 100\% = 20\%$	-1

从表12-19的计算分析资料中可以发现,尽管2017年度比2016年度成本费用利润率有所提高,但主营业务成本毛利率和成本费用营业利润率均有所降低。因此,应结合企业生产经营的其他有关资料和部分情况进行深入分析。

四、质量成本效益与环境成本效益分析

除了对前述三个方面的一般性成本效益分析外,部分企业还可能因特殊目的需要而对特殊项目进行成本效益分析。为帮助这部分有特殊目的需要的企业开展质量成本报表分析和环境成本报表分析,在第十一章介绍质量成本报表和环境成本报表的基础上,本章进一步介绍企业质量成本效益分析和环境成本效益分析的方法。

企业进行质量成本和环境成本管理的目的是通过提高产品质量和环境管理水平,提高企业的收入水平和收入质量。因此,可以通过比较质量成本管理和环境成本管理的所得与所费之间的比例关系,来分析质量成本效益和环境成本效益。

质量成本效益的公式如下:

$$质量成本效益 = \frac{质量收入}{质量成本}$$

公式中的质量收入是指因提高产品质量而增加的销售收入,它等于因提高产品质量而带来的产品价格的提高与销量的增加之积。

在实务中,需要根据有关原始资料对质量收入进行归集和测算。质量成本是指企业为了提高产品质量而发生的全部成本。质量成本效益指标的值越大,表明单位质量成本取得的质量收入越多,质量成本管理的效益越好。

相类似,环境成本效益的公式如下:

$$环境成本效益 = \frac{环境收入}{环境成本}$$

公式中的环境收入是指因提高环境管理水平而增加的销售收入。

在实务中,需要根据有关原始资料对环境收入进行归集和测算。环境成本是指企业进行环境管理所耗费的全部成本。环境成本效益指标的值越大,表明单位环境成本取得的环境收入越多,环境成本管理的效益越好。但是,需要特别指出的是,在环境成本中,有些成本是不具有增值性的,在计算环境成本效益时,可以根据需要将这部分成本剔除。

在实务中,可以将企业的上述指标和行业平均值进行比较,从而分析企业在质量成本管理和环境成本管理方面所处的水平。

【例12-14】 蓉兴公司2016年度的质量成本效益和环境成本效益分析见表12-20。

表12-20 质量成本效益与环境成本效益分析

	质量收入/元	质量成本/元	质量成本效益	行业均值	与行业均值之差	差异产生的原因
质量成本效益分析	250 000	100 000	2.5	1.5	1	
	环境收入/元	环境成本/元	环境成本效益	行业均值	与行业均值之差	差异产生的原因
环境成本效益分析	300 000	400 000	0.75	1	-0.25	

通过上述分析可以发现,蓉兴公司2016年度的质量成本效益水平高于行业平均水平,表明质量管理水平较高;环境成本效益低于行业平均水平,表明环境成本管理水平较低。通过质量成本效益与环境成本效益分析,企业可以找到改进的突破口,有针对性地提高质量成本管理水平和环境成本管理水平。

第八节 技术经济指标变动对产品成本影响的意义和分析

一、技术经济指标变动对产品成本影响分析的意义

技术经济指标是指那些与企业生产技术特点具有内在联系的经济指标。由于各类工业企业生产技术特点不同,因而用来考核企业经济活动的技术经济指标也不尽相同。企业的技术经济指标从不同的角度反映企业生产经营活动的效果,其完成得好坏必然会直接或间接地影响产品成本水平。因此,分别向主管各项技术经济指标的部门编报主要技术经济指标变动对产品成本

影响的分析表具有十分重要的意义。其具体表现在以下几个方面：

（1）可以使成本信息分析深入生产技术领域，使经济分析与技术分析相结合，查明成本升降的原因。

（2）可以将企业降低产品成本的目标与车间生产工人技术操作质量和效果联系起来，从而促使广大职工关心成本，变少数人算账为多数人算账，并从提高经济效益的角度促进各项技术经济指标的完成。

（3）可以把成本信息分析工作与日常的生产技术和经营管理工作结合起来，变定期分析为经常分析，从而更好地发挥成本信息分析及时指导和调节生产实践的能动作用。

二、技术经济指标变动对产品成本影响的分析

技术经济指标变动对产品成本的影响主要表现在对产品单位成本的影响上。需要指出的是，产品产量、产品质量、原材料利用率和劳动生产率等各项技术经济指标变动对产品单位成本影响的途径是不同的，因而分析其变动影响的方法也不一样。分别介绍如下：

（一）产品产量变动的影响分析

根据成本习性，产品成本可以分为固定成本和变动成本两部分。变动成本总额会随着产量的变动而成正比例变动（或变动成本总额与产量呈线性关系），而固定成本则会在一定时间和产量范围内保持不变，即就变动成本与固定成本之总额与产品产量之间的关系而言，变动成本是变动的，固定成本是固定的。但对单位产品承担的变动成本和固定成本而言，变动成本是固定的，固定成本是变动的，即单位产品的变动成本不随产量的变化而变化，单位产品承担的固定成本则会随产量的增加而减少，反之则增加。因此，在企业现有生产能力范围内且市场不饱和的情况下，适当增加产品产量是降低产品单位成本的有效途径。

【例12-15】　蓉兴公司甲产品产量对单位成本的影响资料见表12-21，根据表中的数据分析甲产品产量变动对其单位成本的影响。

表12-21　产品产量变动对单位成本影响分析表

产品名称：甲产品　　　　　　　　　　2016年12月

项目	本年计划			本年实际			降低额/元	
	产量/件	总成本/元	单位成本/元	产量/件	总成本/元	单位成本/元	总成本	单位成本
变动成本	800	80 000	100	850	85 000	100	-5 000	0
固定成本	800	16 000	20	850	16 000	18.82	0	1.18
合计	800	96 000	20	850	101 000	118.82	-5 000	1.18

从表12-21可以发现，在其他条件保持不变的前提下，产量由800件增加到850件，单位变动成本保持不变，单位固定成本降低1.18元，由此单位产品成本降低1.18元。在其他条件保持不变的情况下，产量变动对单位成本的降低幅度可以用以下公式计算：

$$单位成本降低额 = \left(1 - \frac{1}{1+产量增长率}\right) \times 计划单位固定成本$$

$$单位成本降低率 = \left(1 - \frac{1}{1+产量增长率}\right) \times 计划单位固定成本比重$$

根据例12-15，相关计算如下：

$$产量增长率 = \frac{1}{1+产量增长率} \times 100\% = \frac{850-800}{800} \times 100\% = 6.25\%$$

$$计划单位固定成本比重 = \frac{20}{120} \times 100\% = 16.67\%$$

$$单位成本降低额 = \left(1 - \frac{1}{1+6.25\%}\right) \times 20 = 1.18$$

$$单位成本降低率 = \left(1 - \frac{1}{1+6.25\%}\right) \times 16.67\% = 0.98\%$$

需要说明的是,在实际工作中,常常会遇到一些技术经济指标通过影响产品产量而间接影响产品单位成本。以下将以设备利用率为例对此类技术经济指标的影响进行分析。

设备利用率在不同的行业企业里有着不同的表现形式,其中一种是以单位设备在单位作业时间的产量来表示,即

$$设备利用率 = \frac{产品产量}{作业时间}$$

当作业时间和其他条件保持不变时,设备利用率指标的增减变动会引起产品产量发生同比例的增减变动。沿用例12-15的成本资料,假设设备利用率比计划提高了10%,作业时间以及其他条件不变的情况下,产品产量也相应增加10%。因此,相关计算如下:

$$单位成本降低额 = \left(1 - \frac{1}{1+10\%}\right) \times 20 = 1.82$$

$$单位成本降低率 = \left(1 - \frac{1}{1+10\%}\right) \times 16.67\% = 1.52\%$$

可见,当设备利用率提高10%时,甲产品成本降低了1.52%。

(二)产品质量变动的影响分析

在生产耗费水平不变的前提下,提高产品质量是降低产品单位成本的又一途径。其原因在于产品质量的提高,能减少废品和返修品,从而减少合格品所负担的废品损失。衡量产品质量的指标一般包括合格品率、废品率、返修率以及产品等级系数等,分析产品质量对产品单位成本的影响,主要是分析以上经济指标的影响。下面以废品率为例来分析产品质量对产品单位成本的影响,其他指标分析与其类似。

废品率是指废品数量占全部产品总产量的比重。废品率越低,废品损失越低且同样数量的原材料生产出合格品越多,由于废品损失是由合格品负担的,因此单位合格品所负担的废品损失越低,从而使产品单位成本得到降低。

【例12-16】 蓉兴公司甲产品废品率变动引起的产品单位成本变动情况见表12-22。

表12-22 产品废品率变动对单位成本影响分析表

产品名称:甲产品　　　　　　　　　　　　　2016年12月

项目	计划	实际	降低
产量/件	1 000	1 000	0
废品率/%	2	1	1
废品件数/件	20	10	10
合格品件数/件	980	990	-10
单位成本(不含废品损失)/元	500	500	0
废品残值回收率/%	10	10	0

续表

项 目	计 划	实 际	降 低
单位废品残值/元	50	50	0
合格品单位成本/元	$\frac{1\,000 \times 500 - 20 \times 50}{980} = 509.18$	$\frac{1\,000 \times 500 - 10 \times 50}{990} = 504.55$	4.63

可见，当产品的废品率降低1%时，产品单位成本降低了4.63元，产品单位成本降低率为 $4.63/509.18 \times 100\% \approx 1\%$。

（三）原材料利用率变动的影响分析

在一般的工业企业中，原材料费用一般在产品成本中占有很大比重，减少原材料的耗用量，对降低产品成本有重要影响。降低单位产品材料消耗的措施很多，包括提高材料质量，改进产品设计和工艺加工过程，合理下料，边角余料综合利用等。无论采用哪种措施，都是为了提高材料的利用率以降低单位产品的成本。原材料利用率是指实际利用材料的质量与投入材料的质量的比例，用公式表示如下：

$$原材料利用率 = \frac{实际利用原材料的质量}{投入原材料的质量} \times 100\%$$

【例12-17】 蓉兴公司甲产品原材料利用率变动对产品单位成本的影响情况见表12-23。

根据以上分析可以发现，当原材料利用率提高6%时，产品单位成本降低了1.25元，产品单位成本降低率为 $1.25/25 \times 100\% = 5\%$。

事实上，当其他条件不变时，原材料利用率的变动对产品单位成本的影响可以用以下公式计算：

$$产品单位成本降低率 = \frac{计划单位原材料成本 - 实际单位原材料成本}{计划单位原材料成本} \times 计划原材料成本比重$$

$$= \left(1 - \frac{计划单位原材料利用率}{实际单位原材料利用率}\right) \times 计划原材料成本比重$$

$$甲产品单位成本降低率 = \left(1 - \frac{90}{96}\right) \times 80\% = 5\%$$

表12-23 原材料利用率变动对产品单位成本影响分析表

产品名称：甲产品　　　　　　　　　2016年12月

项 目	计 划	实 际	降 低
实际需要原材料质量/千克	450	450	0
原材料利用率/%	90	96	-6
投入原材料质量/千克	500	468.75	31.25
原材料单价/元	20	20	0
原材料总成本/元	10 000	9 375	625
产品产量/件	500	500	0
单位原材料成本/元	20	18.75	1.25
原材料成本比重/%	80		
单位其他成本/元	20÷80% - 20 = 5	5	0
产品单位成本/元	25	23.75	1.25

(四) 劳动生产变动的影响分析

劳动生产率反映劳动者的劳动成果与劳动消耗量之间的关系。不同企业对劳动生产率的表示方法不同,这里用工人的平均产量来表示。劳动生产率的提高表示劳动时间的节约和劳动效率的提高。在其他条件不变的情况下,劳动生产率提高,意味着生产单位产品所耗用的工时减少,然而在实务中,为了提高工人的积极性,劳动生产率提高还往往伴随着工人工资的增长,只有当工人的平均工资增长速度不超过工人平均产量(即劳动生产率)的增长速度时,才能使产品的单位成本降下来。

【例12-18】 蓉兴公司甲产品成本资料见表12-24,分析劳动生产率变动对产品单位成本的影响。

表12-24 劳动生产率变动对产品单位成本影响分析表

产品名称:甲产品　　　　　　　　2016年12月

项 目	计 划	实 际	增长额	增长率/%
人均工资/元	1 500	1 800	300	20
人均产量/件	100	150	50	50
单位直接人工费用/元	15	12	-3	-20
直接人工费用比重/%	30			
单位其他费用/元	15÷30% - 15 = 35	35	0	0
产品单位成本/元	50	47	-3	-6

根据以上分析可以发现,当人均工资增长20%时,劳动生产率增长50%时,产品单位成本降低率为 $3/50 \times 100\% = 6\%$。

该结论可以通过以下公式计算:

$$单位产品成本降低率 = \left(1 - \frac{1+人均工资增长率}{1+劳动生产率增长率}\right) \times 计划直接人工费用比重$$

$$甲产品单位成本降低率 = \left(1 - \frac{1+20\%}{1+50\%}\right) \times 30\% = 6\%$$

第五篇　成本前沿篇

第十三章　成本会计前沿

★学习目标

1. 了解资本成本的产生、自然资源成本的内涵与核算及其信息报告和考核、互联网环境下企业成本管理的变化与发展趋势及其面临的风险、质量成本的分类。
2. 理解资本成本、环境成本与人力资源成本的概念，构建资本成本会计的意义与资本成本的内容、环境成本的分类。
3. 掌握资本成本、质量成本、环境成本的核算与质量成本的控制与考核方法。

★章前导读

陈澄大学毕业后应聘到蓉兴电器制造有限公司从事成本会计工作。陈澄入职后，根据工作需要，对企业生产经营情况进行了调研。在调研过程中，陈澄发现公司生产的每一种产品质量都参差不齐，既有质量优良的一等品，也有质量稍差的二等品和三等品。他从公司财务部负责销售业务核算的会计处了解到，因产品质量等级的差异，公司每年损失上千万元。

该如何帮助公司提高产品质量，减少因产品质量而发生的损失呢？作为成本会计人员能为公司做点什么呢？……陈澄很着急。

请你思考：成本会计能为企业提高产品质量和经济效益发挥什么作用？

第一节　资本成本会计

一、资本成本会计的理论基础

会计主体和成本是财务会计的两个基本概念，是建立资本成本会计的理论基础。资本成本会计是以现代金融市场和企业制度为依托，以企业资本成本为对象，将企业成本概念及计量引入产权领域，全面确认、计量和报告企业资本成本信息的一个新的会计领域。会计主体是现代会计学赖以存在和发展的前提条件，现代企业制度是现代会计主体概念发展的经济学基础。在19世纪，所有权观念主宰着财务会计。当时，大部分企业组织都是独资或合伙形式，由其所有者直接管理，公开持股的公司十分罕见。根据所有权观念，企业的全部资产归所有者所有，企业的全部负债也由所有者承担，构成所有者义务。在这种情况下，单独确认和计量股权资本成本没有多大的意义，相反更重要的是要确认和计量债务资本成本。因为从所有者角度来看，债权人才是唯一的、真正的"外部人"，在满足这些"外部人"的权益之后，剩下的就是业主的利润。因此，在金融市场不发达和企业组织形式以独资或合伙形式为主体时，重要的是如何确认和计量债务资本成本而不是股权资本成本。

随着金融市场和企业组织形式的变革，公司这种企业组织形式后来居上。这时财务会计的基本观念发生了相应的变革，从原来的所有权观念转变为主体观念，公司被认为是一个与其所有者独立的个体，甚至具有自身的"法律人"地位，与发达的金融市场相联系的公司通过两个渠道来筹集其所需的资本，即从债权人那里筹集债务资本和从投资者那里筹集股权资本。这时，从公司作为一个独立的法律主体的角度来看，是公司而不是其所有者拥有资产，是公司而不是其所有者结欠债务，无论是债权人还是股东相对于公司这个独立的"法律人"主体而言都是"外部人"，至于债务资本与股权资本如何组合，这是公司理财的一个重要课题。

根据主体观念，所有原始资本都是由公司这一法律主体的"外部人"提供的，无论从哪个渠道取得的资本，对于独立的公司这一"法律人"主体而言都是有代价的。根据主体观念，无论是债务资本成本还是股权资本成本都应作为成本处理。因为就公司作为独立主体而言，它们都是公司使用资本的代价。然而遗憾的是现代财务会计一方面倾向于接受主体观念，而另一方面却在会计实务中某些领域继续采用所有权观念，股权资本成本处理就是其中一例。

二、资本成本会计的产生

（一）资本成本的概念

成本是指在成本客体上耗费的全部资源的数额。众所周知，在现行财务会计实务中，仅仅确认了债务资本成本即通常所说的利息费用，而没有确认股权资本成本。资本成本原本是经济学和财务学的一个重要范畴。股权资本成本与债务资本成本，以及直接材料成本、直接人工成本、间接费用等成本项目在性质上并没有本质区别，因为债权人不会为需要资本的公司提供资本，除非这样做它们可以得到回报，这个回报在会计上称为"利息"，就是公司使用债务资本的成本；而股东也不会为需要资本的公司提供资本，除非这样做它们可以得到回报，这个回报就是公司使用股权资本的成本。然而，现行财务会计的核算体系采用历史成本原则作为计量基础，企业在筹资、用资过程中实际发生的支出，在财务报表上都有体现，但权益资本的成本，即股东所要求的最低回报，在财务报表上没有体现出来（是否发放股利及具体的发放数额在企业的损益表中虽有体现，但考虑到股东的收益并非只有股利，资本利得部分可能更为重要，所以企业发放股利的具体数额与股东要求的机会成本没有必然的联系）。但是，根据主体观念，应用股权资本的成本与应用债务资本的成本没有什么区别，只不过是表现形式不同而已。从形式上看，股权资本成本属于隐含成本，而债务资本成本属于显现成本。

当前理论界对资本成本的概念表述大体有四种：①资本成本是企业为取得资金的使用权而实际支付的代价或实际发生的资金使用费，如借入资金所支付的利息；②资本成本是企业取得和应用全部资金而付出的代价或发生的使用费，包括实际发生的使用费和应该发生的使用费，如借入资金的利息和自有资金（权益资金）、优先股与普通股的股利和投资者分配的利润；③资本成本是企业在某一投资项目上,为补偿其经营这个投资所使用资金(资本)的成本,如评价投资方案是否可行所采用的利率;④资本成本是指公司投资者所要求获得的平均报酬率,即公司进行投资时可以接受的最低报酬率。

资本成本概念是不断丰富和完善的。早期的资本成本概念仅指取得借入资本实际所支付的利息或使用费。随着股份制企业的出现,企业应用资金的来源发生了新的变化,它除了借入资金外,还包括股东投入的资本,即优先股和普通股的股本(权益资金)。

综上所述,将资本成本概念表述为:资本成本是企业为取得和占用经营资本所承担的借入资本所需支付的利息与股权资本所需发放的股利等费用。

资本成本可用作衡量企业经营业绩的尺度,即企业经营利润率应高于资本成本,否则表明经营业绩欠佳。

(二)资本成本会计的产生

20世纪70年代初,西方学者开始从财务会计的角度发展"资本成本"概念,并以此作为构建"资本成本会计"模式的理论依据。美国会计学家R·N·安东尼(R. N. Anthony)教授1973年在《哈佛商业评论》发表题为《权益资本成本会计》的论文,提出了为权益资本计量其成本的思想;后来,安东尼教授进一步发表了一系列相关论著。这在会计学界引起了轩然大波,资本成本会计继而成为关注和争论的焦点。尽管1979年美国FASB(财务会计准则委员会)发布的第34号公告《利息成本资本化》否定了安东尼教授的权益资本成本会计架构中的利息费用资本化的提议,但中外会计学界仍将资本成本会计视为未来会计的发展趋势之一。

综上所述,安东尼教授提出的资本成本会计理论构想,明确了主体权益,进一步强化了会计主体的概念,拓展了会计学研究的视野,突破了传统会计学只计量债务资本成本而不计量股权资本成本的局限,从而将会计学成本概念及其计量引入产权领域,全面计量产权成本。

资本成本信息的揭示和公告。实施资本成本会计核算,要求企业会计人员在编制财务报表时在表内披露资本成本的情况,对外揭示和报告有关资本成本的信息。

三、资本成本的会计核算

(一)资本成本的会计核算程序

如前所述,企业资本成本包括债权资本成本和股权资本成本两部分。为了使债权人、投资者和经营者的权益在会计上得到充分的反映,需要将传统的会计恒等式变为:资产=负债+股东权益+主体权益,并以此作为资本成本会计进行会计核算的理论依据。股权资本成本的会计核算程序如下:

(1)设置资本成本核算相关的会计账户,用以归集、分配资本成本。企业开展资本成本核算应设立"资本成本""应付债权利息""股权股利""股权盈余"和"经营风险准备"及"主体公积"等账户。其中,"资本成本"账户是资本成本(费用)归集分配账户,下设"股权成本"与"债权成本"两个二级账户,"应付债权利息"是负债类账户,"股权股利"和"股权盈余"是股东权益类账户,"经营风险准备"和"主体公积"是主体权益类账户。"主体公积"包括接受捐赠的资产和资产重估增值。因为接受捐赠的资产,从捐赠者来看,是为公司或经营者而捐赠,而并非投资者;资产重估增值,是经营者对资产投资、保管和使用得当而带来的,并非投资者带来的,所以这两项应作为主体权益,单独设置一个"主体公积"账户来反映。股东权益包括实收资本(或股本)、资本公积及股权股利。主体权益包括经营风险准备、主体公积、公益金和未分配利润。

（2）计算企业的全部资本成本。企业的全部资本成本包括债务资本成本和股权资本成本两部分。由于债务资本成本一般是明确的，即债务利息，所以计算企业资本成本的关键是计算股权资本成本。

（3）遵循配比原则，分配资本成本。

①根据企业资本使用对生产产品过程中所耗用的资本成本，可比照制造费用分配方法，分配计入所生产的产品成本中。

②对企业自建厂房等固定资产上占用的资本成本（包括在建造过程中使用资产占用的资本成本和在建造过程中发生的其他资本成本），计入所建固定资产成本中。

③对于长期库存存货占用的资本的成本，计入该存货成本中。

④对于按以上程序未分配完的资本成本，作为期间费用处理。

资本成本核算的账务处理程序如图13-1所示。

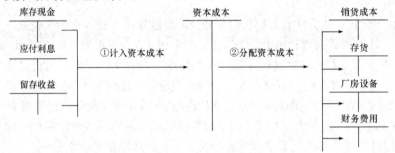

图13-1 资本成本核算的账务处理程序

（4）根据资本成本分配结果，编制相应的会计分录。在记录时，将股权资本成本记入有关成本费用账户的借方和利润分配等账户的贷方。

（二）资本成本的计算

由于债务资本成本一般是明确的，即利息费用，现行财务会计已有成文的计算规则（如《企业会计准则第17号——借款费用》）且在财务会计学中作为重要内容介绍，此处不再赘述。所以，计算公司资本成本的关键是计算股权资本成本，这是会计理论界的一个难点和核心问题。鉴于此，本章主要介绍股权资本成本的计算。股权资本成本的计算，通常先计算股权资本成本率，再计算股权资本成本。

股权资本成本由风险报酬与无风险报酬两部分构成，股权资本成本率也由风险报酬率和无风险报酬率两部分构成。股权资本成本的确认与计算程序如下：

（1）先由民间组建权威的风险评估机构，再由权威机构评估确定各行业的平均风险系数，并在此基础上根据企业生产规模进行调整，确定行业中大型企业风险系数、中型企业风险系数和小型企业风险系数，以及新进入该行业的风险系数等基本风险系数值。这些风险系数指标，由权威机构定期公布，用以指导各行业的发展，也有利于引导企业进行风险投资。

（2）以权威评估机构定期公布的基本风险系数值为标准，对于多元化经营的公司，则以各行业所占资产的比重为权数，计算出综合风险系数值作为标准。至于经营者的经营理念、个性等所带来的风险，由公司委托人（即股东代表，下同）与经营者进行谈判，通过不断博弈，确定公司的风险系数。在博弈过程中，债权人（指主要债权人）也应列席，避免出现有损债权人利益的行为发生，保护债权人的权利，另外其风险报酬率也应得到债权人的认可。

(3) 无风险报酬率则以当期国债利率作为标准确定，这样投资者的投资报酬率也就确定了，这就是资产投资者所要求的必要报酬率。投资报酬率的确立过程，符合公司经营者与委托人之间"契约关系"的确立过程。契约中应明确规定各方的权利与义务，更重要的是其所传递的信息，能反映出公司经营者对其职责履行情况与公司的实际运行状态，以便委托人及时监督、约束公司经营者的行为。另外，在契约执行过程中，随着权威评估机构所公布的风险系数值的变化而进行不断博弈，以达到动态的均衡。

(4) 根据上述方法确定的投资报酬率，再乘以股东权益总额就是投资者的报酬，即股权资本成本。由于明确了股权资本成本，因此股东将不再拥有剩余控制权和剩余索取权，因为"在契约中明确指出的那部分对财产的控制权是特定的控制权"，"凡在契约中未经指定的权利都是剩余控制权"（钱颖一，1994），从而使经营者拥有了公司剩余索取权利，能充分体现公司人力资源的价值，与当今重视人力资源的趋势相吻合；另外也能充分调动经营者的积极性、主动性和创造性，充分发挥其聪明才智。

该方法所确定的投资者报酬率比较客观，受主观因素影响较少，但受客观经济环境变化的影响，从而使投资者的收益与风险联系起来，经营者不再承担由于外部环境变化所造成的利润波动的风险，有利于增强经营者的公平效用；该方法所确定的投资报酬率是可行的，也符合成本效益原则；该方法体现了公平、公正的原则，也充分体现了经营者、股东、债权人三者之间的利益关系；所确定的经营契约也更完善、更合理和公平。

(5) 将股权资本成本加债务资本成本就计算出资本成本总额。

（三）资本成本的会计处理

(1) 每期根据计算出的资本成本总额，计提资本成本时，借记"资本成本"账户，贷记"应付债权利息"（债务资本成本）和"股权股利"（股权资本成本）账户。

(2) 期末先将资本成本总额除以使用中的资本总额，得到资本成本率。再将计算出来的资本成本率乘以各个成本目标所应用的资本数额，便得到各该成本目标所应分配的资本成本数额，借记有关资产、成本（费用）类账户，贷记"资本成本"账户。

(3) 当支付利息时，借记"应付债权利息"账户，贷记"银行存款"账户。当公司权力机构与经营者协商达成一致意见并经股东大会表决通过股利政策时，根据决定拟发放股利时，借记"股权股利"账户，贷记"应付股利"账户。

(4) 当经营者加入本公司时，可根据董事会的要求，或通过双方协商确定，由经营者先期注入一定的风险准备金，借记"银行存款"账户，贷记"经营风险准备"账户；或从经营者各期应获得酬金中提取风险准备金，借记"应付职工薪酬"账户，贷记"经营风险准备"账户；当公司实现净利润，按规定计提风险准备金时，借记"利润分配"账户，贷记"经营风险准备"账户，当经营风险准备金达到股东权益的50%，且其与"主体公积"的合计金额达到或超过"股权股利"账户余额时，可不再要求经营者从各期应得薪酬中提取；当公司发生亏损时，用风险准备金弥补亏损时，借记"经营风险准备"账户，贷记"利润分配"账户，补亏后的风险准备金不得低于股东权益的25%，且其与"主体公积"账户的合计金额不得低于"股权股利"账户贷方余额；当经营者退出公司时，可根据协议规定返还或延后返还其所缴纳的全部或部分风险准备金时，借记"经营风险准备"账户，贷记"银行存款"账户；当公司破产时，以其破产的财产先偿还债务，有剩余的可在股东之间分配清偿股东权益，如还有剩余的，才可在经营者之间分配。另外，计提的风险准备金率，也应由经营者与委托人（股东）之间通过不断的博弈来确认。

(5) 当公司接受捐赠或资产评估增值时，借记有关资产账户，贷记"主体公积""递延税款"账户；当资产评估减值时，借记"营业外支出"账户，贷记有关资产账户。当公司发生亏损时，也可用"主体公积"账户弥补亏损。

四、构建资本成本会计的意义

(一) 资本成本会计与现行财务会计的区别

资本成本会计与现行财务会计的明显不同是：现行财务会计只确认、计量和报告债务资本成本而忽略权益资本成本（权益资本成本只是作为税后利润分配）；而资本成本会计则认为，企业使用的各种资本成本都应像生产成本一样计算，从企业收入中扣除，以确定企业的利润。也就是说，利息费用中既有属于债务资本成本的部分，也有属于权益资本成本的部分。权益资本成本属于隐含成本，而债务资本成本则和直接材料成本、直接人工成本、间接费用等一样属于显现成本。资本成本会计的理论构想，从实质上说，就是将会计信息领域加以扩展，使财务报告反映企业在生产经营过程中所发生的一切成本，既包括显现成本，也应包括隐含成本。

(二) 构建资本成本会计的意义

综上所述，构建资本成本会计具有重要的理论和实践意义，主要表现在以下几个方面：

（1）可以帮助企业经营者破除长期存在的免费使用企业资本的思想，客观衡量企业经营业绩。如前文所述，权益资本成本属于隐含成本，部分企业经营者误以为股权资本是免费资本（无须实际支付任何代价）。现行财务会计也没有将企业股权资本成本列为成本、费用项目，而成为企业利润，间接成为企业经营管理者的经营业绩。若建立资本成本会计，经营者使用企业股权资本就得付出代价，负担成本，并直接从利润中反映出来。这对于扭转当前企业经营者忽略股权资本成本，免费使用企业资本的思想，以及揭示企业经营管理者真实的经营业绩将发挥积极的作用。

（2）资本成本会计使自建资产与外购资产的价值评估具有可比性。在现行财务会计里，租赁资产的租金含有出租人的收益，购置资产的成本也包括制造企业的利润，而自建资产的成本中缺乏这一部分内容，从而使自建资产成本与外购资产成本缺乏统一的比较基础。资本成本会计的实施可以弥补这一不足，从而提高会计信息的可比性。

第二节 质量成本会计

一、质量成本会计概述

(一) 质量成本会计的形成与发展

质量成本会计是以质量成本为核算内容的会计核算与管理体系。其基本内容是：通过事前的最佳质量成本决策、日常的质量成本控制以及事后的质量成本核算与分析三个环节来加强质量成本管理，使会计工作更好地为全面质量管理服务，达到改进产品质量、降低产品寿命周期成本、提高企业经济效益和社会效益的目的。

质量成本的形成与质量管理的发展密切相关。质量管理发展的过程包含质量成本的萌芽和形成过程。在国外，质量管理经历了近百年的发展历史，这段历史大体上可分为三个发展阶段，即标准化质量管理、统计质量管理和全面质量管理。

标准化质量管理主要指 1924 年以前的泰勒质量管理，其特点是依靠质量检验的专业化队伍，按照既定的质量技术标准进行事后检查和质量把关，以减少废品、次品。标准化质量管理是在传统经验管理的基础上向科学管理迈出的可喜一步。这一阶段虽未形成对质量经济性的要求，但由于质量检验费用大幅上升，引起了管理者的关注，他们开始搜集有关质量检验费用的资料，从而为质量成本的形成打下了基础。

第二次世界大战期间，由于军工生产规模扩大，军品膨胀，军方对军品质量的要求越来越高，在这种情况下，采用标准化质量管理，对产品质量进行全数检验的方法，既费工又费时，而且效果不佳。以美国电话公司工程师休哈特为代表，采用数理统计和概率的方法，对产品质量进行"抽样检查"和对废品、次品进行"防护性"的事前控制，既省时又省工，而且效果明显。"抽样检查"成为当时质量管理的大突破。以道奇和罗米格为首，采用数理统计方法，解决了破坏性实验下，控制质量现状、减少损失的难题。这成为质量管理的又一重大突破。两大突破促进了统计质量管理的形成。

在统计质量管理阶段，企业经营者的质量经济性观念增强，质量成本的范围不断扩大，内容不断完善，质量成本基本成型。

20 世纪 50 年代初，美国质量管理专家 A·V·菲根堡姆在担任通用电气公司制造和质量经理期间提出一种报告体系，把质量预防和鉴定活动的费用与产品质量不合格所引起的损失一并考虑，向公司最高领导层提供一种质量成本报告。该报告为公司各管理层提供了在质量经济性方面的信息，使领导层了解质量问题和其对企业经济效益的影响；该报告所提出的质量建议、质量改进方案具有重要经济意义，引起了领导层对质量工作的重视，便于领导进行质量决策。注重把质量与成本、质量与经济效益联系起来考虑的质量成本新概念为公司各方所接受，并迅速推广到其他公司，使质量成本在实践中逐步形成。

20 世纪 50 年代初，质量管理进入全面质量管理阶段，随着"量本利"分析的应用，质量成本概念在全面质量管理阶段得到广泛运用和发展。此时，成本管理处于一个重要的发展阶段，一方面体现为成本控制核心观念的加强，控制技术、方法的不断完善，另一方面体现为成本管理在更多的领域延伸和应用，包括向质量领域的延伸和应用。成本管理向质量领域渗透，促进了质量与成本的结合，推动了质量成本的形成。

20 世纪 60 年代初，A·V·菲根堡姆在《全面质量管理》一书中明确提出"工作质量成本"的概念，认为"工作质量成本"是指目前已能准确测算的企业内部的那部分质量成本，它包括控制成本和控制失效成本两部分，前者指预防成本和鉴定成本，后者指内部损失成本和外部损失成本。A·V·菲根堡姆还进一步提出质量成本范围应扩展到整个产品寿命周期，并列举了间接质量成本与卖主质量成本、无形（信誉）质量成本与"责任暴露"成本、质量设备成本、寿命周期质量成本和用户质量成本五种其他的质量成本。随后，J·M·朱兰博士进一步发展了质量成本概念，把质量成本表述为两个截然不同的含义：一是"由于质量低劣而引起的成本"；二是"为获取质量而发生的成本"，其主体则归因于劣等质量的成本。

20 世纪 70 年代初，西欧各国的企业质量体系中也广泛应用了质量成本。英国制定了《质量保证名词术语汇编》，对质量成本做出了定义；法国的让·马丽·戈格在《工业社会中质量的挑战》一书中，提出质量成本是"企业施加开支和不存在价值消耗时的假定开支的差额"观点，把质量成本的支出范围扩大了。

1987 年，国际标准化组织第 176 技术委员会（负责制定质量管理和质量保证领域标准的 ISO 技术委员会）制定的《ISO 9004－2 质量管理和质量体系要素——第二部分：服务指南》，把质量成本分为工作质量成本和外部保证质量成本。与此同时，英国质量管理协会主席 J·哈林顿在

《不良质量成本》一书中认为,为了避免产生"质量成本就是高质量产品需要高成本"的误解,应将质量成本改名为"不良质量成本",并把它划分为直接不良质量成本和间接不良质量成本。前者指一般意义上的质量成本;后者包括用户损失成本、用户不满成本和信誉损失成本。因此,质量成本的范围就进一步扩大了。

20 世纪 80 年代初,我国在借鉴全面质量管理的过程中,引进了质量成本并在试点企业加以应用。在中国质量管理协会和中国成本研究会的积极推动下,原机械工业部率先在系统内的汽车、机床、电子三个行业六个典型企业组成"质量成本课题研究组",对质量成本及其应用展开研究,并在研究组成员厂进行试点,取得明显效果,接着在行业内和跨行业企业中进行推广应用。中国质量管理协会质量经济分析研究委员会从 1984 年开始,连年召开研讨会对质量成本及其在我国的应用展开研究,取得多项研究成果。

1986 年颁布的国家标准 GB 6583.1—1986《质量管理与质量保证术语》第一部分明确规定:"质量成本是将产品保持在规定质量水平上所需要的费用,它包括预防成本、鉴定成本、内部损失和外部损失成本。"

1988 年 12 月颁布的国家标准 GB/T 10300.5—1988《质量管理和质量体系要素指南》提出:"质量成本是指生产方、使用方在确保和保证满意质量时所发生的费用,以及在不能获得满意质量时所遭受的损失。"

1991 年 1 月颁布的国家标准 GB/T 13339—1991《质量成本管理导则》把质量成本定义为"将产品质量保持在规定水平上所需的费用,它包括预防成本、鉴定成本、内部损失成本、外部损失成本,在特殊情况下,还需增加外部质量保证成本"。

综上可见,质量成本在我国的应用,虽然基础较差,起步较晚,应用的时间不长,但推广应用的发展速度还是较快的。在不到 20 年的时间,质量成本在我国的不少企业中,尤其是在机电、纺织、冶金、电子、航天和一些高新科技领域得到广泛推广和应用,其效果也较为明显。

财政部 1986 年在《关于印发〈国营工业企业成本核算办法〉的通知》中指出,企业在做好产品成本核算的前提下,有条件的企业,应当根据生产管理的需要,核算各种专项成本,如材料采购成本、产品质量成本等。此后,国有大中型企业开始试行质量成本核算。

(二)质量成本与质量成本会计

当前国内外会计专家,虽然对质量成本概念见仁见智,但一般具有以下共识:

(1) 质量成本的本质特征是质量成本概念的基本要素。从本质上看,质量成本也是一种劳动消耗。作为成本的一种,它和一般成本的本质并无多大区别,只不过这种劳动耗费仅仅是与产品的质量活动有关的劳动耗费,而不是一般的劳动耗费。这是它区别于其他劳动耗费的基本特征。因质量引发的劳动耗费,按其构成内容的有效性划分,可分为有效质量劳动耗费和无效质量劳动耗费。前者表现为必要投入的费用支出,包括预防费用和检验费用;后者表现为发生的损失性支出,包括内部损失和外部损失。在不同时期、不同条件的情况下,质量费用与质量损失的计算范围可以不同,但其本质特征是不会改变的。

(2) 明确质量成本的限定条件是表述质量成本概念的基本前提。质量成本的限定条件是指限定质量成本构成内容的条件(前提)。质量成本是与产品质量活动有关的成本,没有质量活动便没有质量成本,质量活动是限定质量成本构成内容的基本条件。

(3) 质量成本概念在发展中不断完善。从质量成本形成和发展过程中可以看出,质量成本概念一直处于不断完善和发展中。

(4) 明确质量成本与产品成本的联系与区别。质量成本与产品成本的联系主要表现在:①质量成本中的显见成本(即账面成本)包括在产品成本中,是产品成本的一个组成部分;②质量成本与产品成本都是一种劳动耗费，二者不存在耗费的本质差别。质量成本与产品成本的区别主要表现在：①构成内容不同。质量成本是指与产品质量活动有关的成本，包括预防费用、检验费用、内部损失和外部损失等，涉及产品研制、生产、销售和服务过程；产品成本是指与产品生产制造有关的成本，包括直接材料、直接人工和制造费用等，只涉及生产制造过程。②补偿的方式不同。产品成本是通过计入成本，并从实现的销售收入中获得补偿的；质量成本中的隐含成本则不需计入产品成本以实现补偿，它相似于机会成本。③核算的目的与方法不同。产品成本核算的目的是计算各种产品的实际成本，为企业损益计算提供依据；质量成本核算的目的是计算实际质量成本，为质量决策提供依据。产品成本核算只能采用会计方法，而质量成本核算既可采用会计方法也可采用统计方法。

二、质量成本的内容

质量成本性质特殊，构成复杂，品名繁多，用途各异。根据管理需要，质量成本从不同的角度可分为不同的类型，其中最基本的就是按照质量成本的经济用途分类，将质量成本分为预防成本、鉴定成本、内部损失成本和外部损失成本四项。

质量成本按照经济用途分类具有两个特点：其一，具有经济用途的同一性，即每一个质量成本项目由同一经济用途的质量成本所构成，凡是经济用途相同的质量成本全部包括在同一个质量成本项目中；其二，具有多种经济性质的属性，即一个质量成本项目，可由多个不同经济性质的质量费用所构成，呈现出多样性和综合性的特点。

对质量成本按照经济用途分类，是进行质量成本核算的前提。它有利于分类组织质量成本核算，有利于分析质量成本升降的原因，便于采取措施，实施有效的质量成本控制。

（一）预防成本

预防成本主要指用于保证和提高产品质量，防止产生废品、次品的各种预防性费用，如质量管理部门或质量检验部门为提高员工素质发生的培训费、宣传费和其他预防性日常管理费，以及设计、工艺和生产部门发生的质量改进措施费和质量预防专职人员的工资性费用等。

（二）鉴定成本

鉴定成本也称检验成本，主要指用于质量检验活动的各种不同性质的质量费用，如检验部门对原材料、零部件、半成品和产成品进行质量检验、试验、测试和鉴定所发生的料、工、费等各项费用。

（三）内部损失成本

内部损失成本也称厂内损失成本或内部故障损失成本，主要指产品出厂前，因质量未达到规定标准而发生的损失，以及因质量原因造成的其他损失，如废品损失、返修损失、停工损失、减产损失、降级损失、质量事故分析处理费用等。

（四）外部损失成本

外部损失成本主要指产品出厂后，因质量未达到规定的质量标准而发生的损失，以及因未能满足规定的质量要求所发生的费用和损失，如索赔费用、诉讼费用、保修费用、退货损失、降价损失，以及其他发生于厂外的质量损失，如应承担的质量处置费用等。

除上述四项质量成本项目外，企业还可设置外部质量保证成本，用于归集、核算为满足用户的需要而提供客观质量保证证据所发生的有关费用，如生产者为了向用户提供可证明产品可靠性和安全性的客观证据，而将产品送交权威质量检测机构进行试验、测试、评审所支付的费用。随着用户对产品质量要求的提高，此种质量成本将有增大的趋势。

三、质量成本核算与控制

(一) 质量成本的核算

质量成本会计核算是将质量成本纳入会计核算体系，按照质量成本开支范围的规定，采用会计方法，对生产经营过程中发生的质量成本进行归集、分配与计算。

1. 质量成本的会计核算形式

在我国，目前各行业、各企业的质量成本核算水平不一，会计核算的形式也多种多样，概括起来，主要有以下几种形式：

(1) 二级科目会计核算形式。质量成本二级科目会计核算形式是指在不打乱传统的会计核算体系的基础上，通过在有关一级科目下设置质量费用二级科目来组织质量成本核算的形式。企业通常会在"生产成本"一级账户下增设"质量管理费""质量损失费"和"停工损失"三个二级账户，在"制造费用"和"管理费用"一级账户下增设"质量管理费"二级账户。这样，在相关一级账户下设置的二级账户共有三个，即质量管理费、质量损失费、停工损失。质量管理费又由三部分组成，即预防成本、鉴定成本和外部损失成本。质量损失费由内部损失（除停工损失外）成本组成。所以，在质量管理费二级科目下还应设置相应的明细科目，即预防成本、鉴定成本和外部损失成本。

(2) 一级科目不完全会计核算形式。这是一种通过单独设置"质量费用"一级会计科目，并在此一级科目下设置"预防成本""鉴定成本""内部损失成本"和"外部损失成本"四个二级科目，在二级科目下再设置若干三级明细科目来组织质量成本核算的形式。

(3) 一级科目完全会计核算形式。这是一种通过单独设置"质量费用"一级会计科目，并在此一级科目下设置"预防成本""鉴定成本""内部损失成本""外部损失成本"和"隐含成本调整"五个二级科目，在二级科目下再设置若干明细科目来组织质量成本核算的形式。

一般认为，一级科目完全会计核算形式是较为理想的一种核算形式。

2. 质量成本完全会计核算的基本程序

质量成本完全会计核算的基本程序分为以下五步：

(1) 审查质量费用。会计人员应根据质量成本开支范围的规定划清质量费用与非质量费用，将符合质量费用定义，在质量成本开支范围内的费用计入质量成本。对质量费用进行认真清查是确保质量成本真实性与准确性的必要手段，是组织质量成本核算的首要步骤。

(2) 归集质量费用。对于经过审核无误的质量费用，会计人员应根据质量费用形成的特点和管理要求，将各类质量费用的原始凭证或记录，如"质量培训费用计算表""废品通知单""返修通知单"和"工资结算表"等按照质量成本项目进行归集，计算出预防成本、鉴定成本、内部损失成本和外部损失成本。

(3) 分配质量费用。会计人员应将已按质量成本项目归集的各项质量费用，分别在各产品之间进行分配，以确定各产品的质量费用，为质量成本的决策提供有价值的资料。对于已归集的质量费用，凡能分清产品的直接质量费用，应直接计入产品；凡不能分清产品的间接质量费用，应按照一定的标准，在各种产品之间进行分配，以计算各种产品的质量总成本和单位成本。

(4) 在完工产品和在产品之间分配质量费用。期末时，如果企业本期生产的产品只有一部分完工，另一部分却没有完工，这时便需要将质量费用在本期完工产品和期末在产品之间进行分配。

(5) 质量费用的还原。由于质量成本一级科目完全会计核算增设了一级科目而影响了正常产品生产成本的计算，影响了各种产品有关成本项目的结构，为了消除这些影响，最后应将各项质量费用还原到正常财务会计核算的成本项目和科目中,以保证成本资料的完整性和可比性。

(二) 质量成本的控制

1. 质量成本控制的含义

质量成本控制是指通过各种措施和手段达到质量成本目标的一系列管理活动。它是企业成本控制的一个组成部分,也是企业质量成本管理的一个重要内容。

质量成本控制具有三层含义:

(1) 对质量成本目标本身的控制。质量成本控制首先应表现为对质量成本目标本身的控制。质量成本目标的制定,应符合效益性原则,即应以最少的投入取得最大收益。一旦质量成本目标与此原则有悖,质量成本控制则具有重新审定和修正质量成本目标的积极作用,使其始终保持先进水平。

(2) 对质量成本目标完成过程的控制。目标一经制定,重要的就是执行。质量成本目标完成的过程,也就是质量成本的形成过程。在此过程中,企业应采取一系列措施和手段,对生产经营活动中发生的各种质量费用实施有效控制,一旦发现偏差便及时采取纠正措施,从而保证质量成本目标的实现。

(3) 着眼于未来工作的改进和质量成本的降低。质量成本控制不仅局限于对当前质量成本的控制,还着眼于未来,为改进以后的工作,不断降低质量成本,促进和提高产品质量,寻找更加切实有效的措施。

2. 质量成本控制的内容

质量成本控制是全过程的控制,即对质量成本发生和形成的全过程进行的控制。具体地说,质量成本控制一般包括以下几方面的内容:

(1) 新产品开发设计阶段的质量成本控制。其主要目的就是要以最低的成本设计出质量最佳的产品。该阶段的质量成本控制包括:①将产品质量控制在适宜水平;②加强设计的论证和评审,以保证产品的设计质量,实现预期的质量目标;③加强样品的试制和试验,保证产品设计质量的完善;④加强技术文件的管理,控制技术管理成本。

(2) 生产过程的质量成本控制。这一阶段的质量成本控制包括:①生产技术准备的质量控制;②工序的质量控制;③技术检验工作控制;④加强不合格品管理,降低厂内、厂外损失。

(3) 销售过程的质量成本控制。这一阶段的质量成本控制包括:①产品包装、储运的质量管理;②产品售后服务的质量管理;③索赔处理的质量管理等。

(4) 质量成本的日常控制。这一阶段的质量成本控制包括:①建立质量成本管理系统,确定质量成本控制网点;②建立质量成本分级归口控制的责任制度;③建立高效灵敏的质量成本信息反馈系统。

第三节 环境成本会计

随着全球环境污染与生态恶化不断蔓延、生态环境保护运动不断发展、可持续发展呼声的不断高涨和"绿水青山就是金山银山"的观念不断深入,将企业环境活动及其后果纳入会计系统进行核算并予以公告的期盼日趋强烈。为顺应时代潮流,回应社会需求,国内外会计学者将企业环境活动纳入会计领域并进行了卓有成效的研究,为促进企业正确核算环境成本并予以恰当披露提供了理论依据和实务指导。

一、环境成本的概念与内容

(一) 环境成本的概念

目前,理论界关于环境成本的概念尚未取得一致认识。其中,获得普遍认可的有两种,一是联合国国际会计和报告标准政府间专家工作组第15次会议文件《环境会计和财务报告的立场公告》中提出的:环境成本是"本着对环境负责的原则,为管理企业活动对环境造成的影响而被要求采取的措施的成本,以及因企业执行环境目标和要求所付出的其他成本"。然而,这一概念所确认的主要是企业环境活动所产生环境污染的预防成本和治理成本,是为了遵循公认会计准则的要求,从财务报告的角度对环境成本进行的定义。二是联合国国际会计和报告标准政府间专家工作组在《环境管理会计——政策与联系》中所做的定义:环境成本是"与破坏环境和环境保护有关的全部成本,包括外部成本和内部成本"。但在目前,外部成本的确认与计量及其内部化还是一个亟待解决的难题。因此,在环境管理会计中,环境成本的传统定义为"为保护环境而发生的成本"。这一定义简单明确,概括了环境成本的本质,但其局限性在于定义范围较为狭窄,因为环境保护在增加环境成本的同时也可能产生了环保收益和节约成本。由于传统环境成本定义的局限性与提高公司经济生态效益的管理目标有一定的抵触,因此国外一些学者将环境成本定义为"具有环境影响的材料和能源流引起的所有成本"。环境导致的成本包括材料和能源流没有减少而产生的所有成本,如费用、罚款、材料采购,或因环境监管而发生的管理成本。以材料和能源流为基础的环境成本会计符合伍珀塔尔(Wuppertal)能源与环境协会的要求,有利于减少对环境的不良影响,促使公司管理当局在控制环境污染方面由尾端技术控制向预防控制转变,促进了公司生态效益的提高。

美国会计界认为环境成本应包括按照法律要求开展持续的环境保护活动,对已污染项目进行清理和清除,其他个人或组织因人身健康、安全、财产受到企业排放污染物的损失而索赔,以及违反环境法律受到惩罚导致的成本。日本环境厅则着眼于"环境保全成本",包括企业生产过程、销售以及回收过程发生的环境成本、环境研发成本和支援地域的环境保全成本。关于环境成本的概念可谓是仁者见仁、智者见智,但相较而言,联合国国际会计和报告标准政府间专家工作组在《环境管理会计——政策与联系》中提出的全部成本概念更加概括,且内涵与外延更为丰富,并将随着人们认识的深入和技术的进步获得扩展,更有利于客观全面地反映环境成本为企业因生产经营活动产生对生态环境的影响而应付出代价这一本质,也是本书所采纳的概念。

(二) 环境成本的内容

根据本书采纳的概念,一般认为,环境成本的内容如下:

1. 用于弥补已发生的环境损失所导致的环境性支出

会计期间发生的环境性支出是为了清理以前时期或本期的环境污染或补偿已经造成的环境破坏后果而产生的费用。当具有追溯力的环境法规或会计法规生效时,这类支出可能会很多,如排污费、环境破坏罚金和赔偿金。

2. 用于维护环境现状的环境性支出

这类环境性支出包括环境保护设施和环境治理设备的购置费、环境保护人员的薪酬支出。

3. 用于预防未来可能出现的不良环境后果的环境性支出

这类环境性支出包括购置有助于改进产品环境属性的设备的支出、考虑到某经济事项对环境造成潜在损害的可能而提取的准备金。此外,这类支出也包括一部分企业对外界环境所产生的、各种尚未由企业自身加以报告并为之负责的影响,即外部成本内部化。

（三）环境成本的分类

从不同的视角对环境成本有不同的分类：

1. 根据当期成本是否应由本企业承担分类

根据当期成本是否应由本企业承担，环境成本可分为内部环境成本和外部环境成本两类。内部环境成本包括企业为实现环境管理目标及对生产经营活动所产生或可能产生的环境污染所采取预防措施而发生的成本、对已产生的环境污染进行治理所发生的成本；外部环境成本包括企业对已造成的外部环境污染进行治理所发生的成本，以及因对外界产生环境污染而承担或应当承担责任且预计很可能支付的赔偿等成本。

2. 根据企业所发生环境成本的不同功能分类

根据企业所发生环境成本的不同功能，环境成本可分为弥补已发生的环境损失的环境成本、维护环境现状的环境成本和预防将来可能出现的不利环境影响的环境成本三类。

3. 根据环境成本发生的时间分类

根据环境成本发生的时间，环境成本可分为当前成本和未来成本两类。

4. 根据环境资源流转平衡理论分类

根据环境资源流转平衡理论，环境成本可分为事后的环境保全成本、事前的环境保全预防成本、残余物发生成本以及不含环境成本费用的产品成本四类。

5. 根据企业的经营活动与环境影响的关系分类

根据企业的经营活动与环境影响的关系，环境成本可分为环境保护运行成本、环境管理成本、环境研发成本、环境采购和销售环节成本以及其他环保成本五类。

6. 根据企业环境成本的用途及保护生态环境的需求分类

根据企业环境成本的用途及保护生态环境的需求，环境成本可分为环境污染预防成本、环境治理成本、环境损失成本、环境保护发展成本等。其中，环境污染预防成本是指企业为预防生产经营活动发生生态环境污染而进行环境质量监测及环境管理机构日常运行所发生的成本；环境治理成本是指企业为治理已产生的环境污染而发生的成本；环境损失成本是指企业对生态环境的污染或破坏造成的损失，以及由于环境保护需要而停产或减产所造成的损失；环境保护发展成本是指为进一步发展环境保护产业而开展各项环保技术研发等所发生的成本。

二、环境成本会计的特殊核算原则

企业环境成本会计核算除要遵循一般会计核算原则外，由于环境成本的特殊性质，还需要遵循以下几项特殊原则：

（一）可持续性原则

可持续性原则是指环境成本的会计核算要站在企业可持续发展的角度，反映企业对生态环境的保护、开发、利用、破坏与治理，以及企业为这些行为所付出的代价和所做的补偿。企业要注重生态环境的保护与合理利用相结合，注重污染预防与污染治理相结合，注重短期投入与长期效益相结合，注重经济效益与生态效益相结合，降低环境污染，减少环境风险及其对生产经营活动与企业可持续发展的影响，促进企业可持续发展。

（二）合法性原则

合法性原则是指企业环境成本的会计核算必须符合国家的方针、政策、法律和法规的要求。在环境成本的核算过程中，必须严格执行国家颁布的有关环境保护政策和法规，以及相关的会计制度和规定,尤其要遵循企业会计准则、企业会计制度等对环境保护与环境成本核算的相关规定。

(三) 灵活性原则

灵活性原则是指企业环境成本的会计核算既要符合一般成本核算的要求,又要遵循其特殊的核算要求;既要遵循一般处理程序方法,又要在现有处理程序方法基础上有所突破、有所创新,做到借鉴与创新相结合,尤其是在环境成本的确认与计量方面,要保持一定的灵活性,以便尽可能客观、公允地反映环境成本的发生或形成情况。如在计量方法方面,由于部分环境成本核算内容难以量化,尤其难以货币计量,因此企业环境成本核算除了按货币计量外,还要采用实物指标。甚至有的环境成本只能用文字来说明,如企业生产经营活动超标排放的污水、废气对生态环境所造成的损害等。由此可见,对环境成本的会计核算需要根据实际情况遵循灵活性原则,由单一货币计量转变为多样化计量等。

三、环境成本的会计核算方法

(一) 环境成本的确认

在实务中,环境成本的发生有多种情况。因此,对于将哪些支出列为环境成本需要会计人员仔细判断。在环境成本的确认流程中,会计人员应充分考虑不同空间、不同时间、不同功能的环境成本支出,并采用权责发生制和历史成本原则及前述特殊核算原则进行确认。

根据环境成本的定义,环境成本的确认应符合以下标准:

1. 可靠性

环境成本确认的可靠性标准是指所确认的环境成本项目与企业环境活动及其环境成本的发生或形成是合理的、中立的和真实的,即应公允地反映环境活动的发生与环境成本形成的实际情况,不带有任何偏见。可靠性是会计信息的第一特征,因此环境成本的确认也应符合可靠性标准。

2. 相关性

环境成本确认的相关性标准是指环境成本的确认要与企业环境活动及其对企业环境成本的发生或形成密切相关。相关性是会计信息的核心质量特征,因此环境成本的确认应符合相关性标准。

3. 谨慎性

环境成本确认的谨慎性标准是指对企业环境活动相关会计事项的确认和计量应当谨慎,只有其发生具有相当的确定性或带来的效用具有相当的可能性才予以确认。这也是所有会计信息进入会计信息系统应遵循的标准。

4. 权责发生制

环境成本确认的权责发生制标准是指对环境支出的确认应以权利已经形成或责任(义务)的实际履行为基础将其确认为费用或是资本化。

5. 配比性

环境成本确认的配比性标准是指将实际发生的环境收益和实际发生的环境成本相配比,即应将环境成本分配计入其真正应承担的期间或产品,以准确核算不同期间企业环境活动的相关损益。

6. 划分收益性支出和资本性支出

环境成本确认的划分收益性支出和资本性支出标准是指环境支出的发生与取得本期及以后

各毗邻会计期间的收益都有关,则先确认为资产,再分摊计入各受益会计期间,即资本化,否则应作为当期收益性支出,计入当期损益。

(二)环境成本的计量

会计计量有两个最关键的计量因素,即计量尺度和计量属性。计量尺度是对计量对象量化时采用的具体标准。从前文叙述对环境成本的定义和对环境成本的分类可以看出,目前所能辨别的环境成本主要以货币为计量手段,表现为企业资产的减少。对于一些发生时可以用货币合理计量或直接以货币支付的支出,如企业承担环境责任时发生的各类支出,在其资本化或费用化时以"名义货币"作为计量尺度。例如,对治理污染的设备投资,各类环境管理费、环境维护费、排污费、罚金以及对周围居民的赔偿款项等都以货币计量。计量属性是指被计量对象的特性或外在表现形式。在会计上就是资产、负债、收入、费用等要素中的各类或各个项目予以货币量化的具体表现形式。目前主要有五种计量属性,即历史成本、现行成本、现行售价、可变现净值和未来现金流量现值。对于环境成本的计量除了传统会计中的历史成本、现行成本等成本以外,还需借助机会成本、替代成本和调查评价等方法加以计量。对于企业因经营过程对环境造成的影响而采取治污措施或被要求采取措施的成本,如一些环境管理费、排污费、罚金等,应按政府认定的、向有关部门缴纳的实际金额进行计量;对于为达到企业环境目标而发生的成本,如销售产品采用的环保包装和回收顾客使用后的、与环境污染有关的废品或包装物等,可以按发生的实际金额进行计量;在对外部成本内部化或对一些环境投资和研究开发项目资本化时,因环境影响而为将来或有支出计提的准备金等,不应简单地以历史成本计量。例如,某种自然资源被损坏后,所丧失的能创造或转化的价值,就要用机会成本来核算;如果环境破坏造成资源市价上涨,则无形中增加了企业的成本。企业对于隐性成本可以用替代成本计量,而对某些更复杂的环境成本的计量需要借助一些特殊的计量方法和模糊数学模型。

(三)环境成本的会计处理

根据环境成本费用的性质,环境成本可按不同的方法进行会计处理。

1. 资本化处理

如果企业发生的环境成本能够提高企业所拥有资产的能力,改进其安全性或提高其效率,能减少或防止今后经营活动造成的环境污染或潜在污染,有助于加强生态环境保护,那么应将其作为资产并将其进行资本化处理。如将企业等经济组织为实施环境预防和治理而购置或建造固定资产的支出作为资本性支出,借记"固定资产——环境资产"账户,贷记"在建工程""银行存款"等账户;计提折旧时,借记"管理费用——环境预防费用"和"制造费用——环境治理费用"账户,贷记"累计折旧"账户;将其他环境预防和治理费用作为递延资产,分期摊销时,借记"管理费用——环境预防费用"和"制造费用——环境治理费用"账户,贷记"待摊费用"账户;为进行清洁生产和申请绿色标志而发生的支出,借记"无形资产——环境资产"账户,贷记"银行存款"等账户。

2. 计入当期损益

多数环境成本并不会在未来给企业等经济组织带来经济利益,因而不能将其资本化,而应作为费用计入当期损益。这些成本包括为降低环境污染和改善环境的研究与开发支出、环境管理机构和人员的经费支出、开展环境审计及其他环境管理活动发生的费用、与本期经营活动有关的废弃物的处理费用(清理费用)、清除前期环境活动引起的损害所发生的支出以及政府对企业排污征收的排污费、对生产或使用可能对生态环境造成损害的产品或劳务征收的专项治理费用等。当这些应予以费用化的环境成本发生时，应借记"管理费用——环境预防费用"和"制造费用——环境治理费用"等账户，贷记"银行存款"账户。

3. 作为环境负债（或有负债）

当与环境有关的、将来可能支付的费用能够被合理而可靠地计量时，应作为负债进行处理。如可以预计并可靠计量的超标排放或污染事故罚款及对污染造成他人人身和经济损害的赔款等，应借记"制造费用——环境损害费用"账户，贷记"其他应付款——应付环境费用"账户。计提预计将要发生的污染清理支出时，借记"制造费用——环境清理费用"账户，贷记"预提费用——预提环境清理费用"账户。

4. 作为环境损失

当企业被罚款或被勒令停产、减产而发生损失时，应记入相关损失账户。如为了保护环境使用新型机器设备造成现有机器设备价值减损、因污染严重被限期治理所发生的停工损失，应借记"营业外支出——环境损失"账户，贷记"银行存款"账户。

四、环境成本信息的披露

目前，国内外对企业环境成本信息的披露尚处于探索阶段，尤其是我国在环境信息披露方面的法律制度还不够完善。我国现行的环境信息披露法律法规主要有《中华人民共和国环境保护法》《企业事业单位环境信息公开办法》《公开发行证券的公司信息披露内容与格式准则第 1 号——招股说明书》和《企业环境报告书编制导则》等。这些环境信息披露法律法规为企业环境成本信息披露提供了规范和指导。目前，企业环境成本信息的披露模式主要有两种。一种是独立报告模式。即在现有财务报告体系之外，编报专门的环境资产负债表、环境损益表等环境信息披露报表。这种模式能为信息使用者提供集中反映企业环境信息的报表，但限于环境会计研究，尤其是环境会计要素确认、计量的瓶颈制约，至今尚无实质性进展。另一种是兼容模式，即在现有财务报告体系基础上，将反映企业环境信息的内容融入报表系统。这种模式不能为信息使用者提供集中的环境会计信息，但具有现实可操作性。至今，我国没有对企业披露环境会计信息做出强制性规定。在会计理论界致力于研究环境会计信息披露体系的同时，我国会计实务界开展了环境会计信息披露的创新探索，取得了比较理想的效果。目前，我国企业常用的环境成本信息披露方式主要有环境成本信息包含在年度报告、内部各种会议记录、单独报告、会计报表附注和董事长报告中五种，为企业投资者、债权人、企业经营管理者和政府环保监管部门等信息使用者提供了反映企业履行生态环境保护责任的情况和有助于其进行经济决策的环境会计信息。

如前文所述，企业环境成本信息披露的内容可以放在财务报告内，也可以列入财务报表附注中，在某些情况下，还可以作为其他报告的组成部分，甚至可以编制专门的环境报告。其中，依据上述对环境成本确认、计量的结果，企业应将与环境成本有关的会计账户及其余额列示在资产负债表及损益表的相应位置；对那些可能使企业的环境受到直接或间接的影响、对信息使用者的决策可能有重大影响、无法进行合理计量的环境成本，就需要用非货币指标和文字表述在企业财务报告的附注部分进一步说明。例如，对企业环保准备金的计提政策、企业向周围环境排放废弃物的情况、环境标准指标和实际指标、废弃物、污染排放、再循环使用、企业因环境问题涉及的诉讼事件等信息，均应在财务报告附注中进一步说明。同时，为全面反映企业环境活动对生态环境产生的影响与加强生态环境保护及其采取的措施所取得的成效，企业往往同时采用实物计量与文字描述等方式披露排放废水、废气和固体废物等污染物的情况，企业采取环保措施对固体废物、废气、废液的处理及环保技术研发与清洁生产情况等。

第四节 资源消耗成本会计

一、资源消耗成本会计的概念

对企业来说,自然资源属于一项资源性资产,而资源是由人们发现的有用途和有价值的物质,由于资源具有量、质、时间和空间等多种属性,因而它应当是一个动态的概念。

(一) 资源消耗成本的内涵

资源消耗成本,又称自然资源耗减成本,是指自然资源在经济活动中被利用消耗的价值,即资源消耗成本可以理解为自然资源的生成、开发、储存、使用、保护、恢复、替代、服务、更新和综合利用等环节所消耗的需要补偿的价值。根据自然资源的特征,有些自然资源具有一次消耗性质,如不可再生的矿产资源、部分可再生的森林资源(用材林)和北方及西部的水资源,这些资源的使用为耗减成本,具有中间消耗的性质。有些自然资源具有多次消耗性,如土地资源、部分可再生的森林资源(特用林、防护林等)和南方的水资源,这些资源多次消耗的使用类似于固定资产使用的性质,其资源耗减具有"固定资产折旧"的性质。当从资源会计角度来认识必要劳动消耗补偿时,消耗的补偿具有五个方面的内涵要求:一是消耗的合理性。合理的消耗必须是为生产某一产品所必需的投入,多了不行,少了也不行。这就需要会计控制作用的全面加强。二是消耗的合法性。这是指生产某一产品必须符合有关法规所限定的要求。因此,企业管理者必须将成本、质量和数量三者联系起来,并加以综合考虑和控制。三是消耗的节约性。消耗的节约性就是尽可能地以最低的资源消耗获取最大的经济效益。但是,消耗的节约又必须以不降低产品质量和性能为前提。四是消耗的效用性。消耗的效用性是指所生产的某一种产品必须充分考虑是否为人类所必需,是否会造成环境污染。五是资源消耗与环境保护的一致性。这是指将矿山的开采、森林的采伐与可能造成的资源流失、生态失衡结合起来,将在何地办何种工厂与投入和付出的环境代价结合起来。

由此可见,相对于其他成本概念来说,资源消耗成本应当是一种比一般成本概念的内涵更为丰富、所涉及范围更加广泛的成本概念。

(二) 资源消耗成本会计的概念

资源消耗会计(Resource Consumption Accounting, RCA)是 2002 年开始在美国推出的一种成本会计核算方法,它是美国作业成本法(ABC)与德国弹性边际成本法(GPK)的有机融合。资源消耗成本会计就是资源消耗会计运用成本核算方法对自然资源的投资进行确认、计量和核算的一种新兴的成本会计。

资源消耗成本会计将成本(资源)要素分配于成本(资源)中心,成本(资源)中心定义的标准如下:

(1) 有可识别的、可计量的产出以及相应的可识别的、可区分的成本。
(2) 产出必须是重复的,且是依计划而定的。
(3) 中心的成本、技术、资源类型和工作是相似的。
(4) 成本中心的规模是有限的,且在地理上是紧凑的。
(5) 至少有一个管理者对成本中心负责。

资源可以包括在一个集合中作为初级成本,通过直接法追踪,或者作为次级成本,通过动因进行分配。在成本中心,成本要素被分为固定和变动两部分。这种划分有助于成本依具体情况进行分配。固定资源的剩余能力是不分配的。

资源消耗成本会计的灵活性反映在其成本模型会根据经营环境的变化及时做出调整。同时，它可以与企业其他相关管理系统有机集成。资源消耗成本会计的全面性反映在其关注的是资源，但也包括了 ABC、ABM、变动成本法、完全成本法、实际成本法、标准成本、完整的分行业损益表、作业集成资源计划、主要成本、次要成本等。通常资源消耗成本会计应用于企业 ERP 系统，以便更好地与成本管理原理融合。

二、资源消耗成本会计的核算

（一）资源消耗成本的内容

关于资源消耗成本的内容，目前西方会计界的看法是，应当包括取得成本、勘探成本、开发成本和生产成本四个部分。20 世纪 90 年代初，我国就有学者从大循环成本理论的角度，对资源消耗成本的构成问题进行了研究，将其划分为生成成本、再生成本、恢复成本（或称环境成本）、替代成本、服务成本五个部分。后来，又有学者从可持续发展要求的角度出发，将资源消耗成本划分为以下十个部分：

1. 生成成本

资源的生成成本是指自然资源在形成的过程中所发生的需要计量的补偿价值。

2. 勘探成本

资源的勘探成本是指与地质和地理作业相联系的费用和支出。构成勘探成本的重要组成部分是人力成本和技术的耗费，随着科学技术的发展，科技开发费用将构成勘探费用的一个重要组成部分。

3. 开发成本

资源的开发成本是指在一切资源开采过程中所发生的耗费。开发成本由三类成本构成，即有形设备投资成本、无形开发成本、生产成本。

4. 配置使用成本

资源的配置使用成本是指将一种资源安排某种用途而不安排另一种或几种用途，或者放弃其他用途所造成的损失和付出的代价。它是一种资源在不同使用方式和途径下的比较成本或者比较利益的货币计量，因而它也是一种机会成本。

5. 储存再生成本

资源的储存再生成本主要是指当所探明的资源处于未开发状态，或者虽然处于开发状态但导致其储存量发生变化时的耗费。

6. 保护成本

资源的保护成本是指为保护资源不受损害所发生的耗费。

7. 恢复成本

资源的恢复成本是指人们在开发利用某项资源的同时，污染、破坏或者消耗了另一种资源，为了恢复该种资源本来的用途而发生的投资与耗费。

8. 替代成本

资源的替代成本就是开发利用新的资源所发生的耗费和投资。

9. 服务成本

资源的服务成本是指由于开采自然资源而必须支付的资源对于人类服务功能丧失的价值补偿。

10. 综合利用成本

资源的综合利用成本是指通过采取各种有效措施以充分发挥资源利用效益而发生的耗费。

比较流行的观点认为，所谓资源消耗成本也可以称为自然资产成本，它是指国家或企业为获得、拥有、利用或使用自然资源而发生的成本。从企业成本会计核算角度看，其内容大体应该包括三个部分：①取得成本，即为取得自然资源所有权而发生的支出，包括购买价格及产权登记的手续费等；②勘探成本，即在取得自然资源所有权后在勘探自然资源的过程中所发生的支出；③开发成本，即增设附属设施及开发自然资源所发生的支出。

（二）资源消耗成本会计的核算

资源的透析、量化方法的使用及其成本属性构成了资源消耗会计理论的基础。其中：

第一，资源消耗成本会计关注的基础是资源。资源归集组在资源消耗会计理论中指的是所有的资源。资源消耗成本会计认为，一些资源的存在就是为了服务其他资源，所以它们的成本需要由耗用它们的资源来承担。按照这种要求，资源消耗成本会计中资源会全部成本化，并由资源归集组等消耗主体之间产生的消耗关系所形成的成本动因来参与分配。这就要求资源消耗成本会计能对这种缘于因果关系的成本分配予以正确反映。

以资源为主导的资源消耗会计理论对能力的计量也有一些要求：①定义和管理能力所处的位置；②通过完全揭示使能力过剩、闲置能力更加可视、透明，但不能轻率地将其分配到产品和其他成本对象上；③同时保持在分配公式中作为分母的产量所使用的产能供应概念的一贯性。同时，资源消耗成本会计也允许制定特殊的程序来实现作业成本法或以作业成本法为主导。该程序要保证 ABC 成本管理理念在使用中的一致性，以避免现在因存在多种不同的 ABC 版本及其实施方法所导致核算结果迥然不同的现象。在赞同资源消耗是成本发生的基础这一事实的同时，资源消耗成本会计也认识到 ABC 系统的正确应用所带来的益处。

第二，资源消耗成本会计使用产出量化方法来建立资源组。它通过定义资源消耗的关系来减弱与成本价值的关系。资源消耗成本会计衡量资源产出的计量单位而不是货币单位。这样量化后的资源可以进行成本分配。资源消耗成本会计的量化方法对资源的消耗和成本的分配做出了明确的区分。对两者的区分有助于消耗量和价值之间的差异分析。

第三，资源消耗成本具有双重属性。一是成本在资源消耗中是固定或变动的自然属性；二是变动成本属性在资源消耗时点上的可变性。资源按比例来供给时，它也可能会以固定成本的方式被消耗。所以，在成本分配过程中，对变动成本的处理应该按照消耗模式来判断，在产能一定的情况下，单位产品的资源变动消耗成本是固定的，单位产品所分配的资源消耗固定成本则是变动的，但其总额固定的自然属性不会因产量变动而改变。

资源消耗会计的量化结构不仅提供产品/服务的成本方法，而且有助于预算和计划。资源消耗会计中的预算和计划功能被称为以作业为基础的资源计划，它包括四个步骤：①为资源建立资源归集组层次和单位标准；②为消耗主体建立资源产出消耗单位标准；③制订资源产出消耗需求计划；④将产出消耗需求计划转换为相应的货币价值。

加强对资源消耗成本的会计核算，是将自然资源的计划配置转换为市场配置的必要手段。我国目前会计理论界和实务界将自然资源作为递耗资产（如矿产、油田、气田、森林等）进行核算，对另外一些自然资源则没有进行会计核算。为了改革自然资源的开发利用和管理现状，保证自然资源的可持续利用，应将所有可耗竭自然资源和其可持续性受人类利用方式影响的可再生资源纳入自然资源会计体系。

会计人员在对自然资源消耗成本进行会计核算时，应该设置"自然资产成本"账户，以核算自然资产的资本性支出，如使用权费用等；设置"自然资产费用"账户，以核算自然资产的收益性支出，如交通设施费、人工费等，以及应与本期收益相配比而摊销的资本性支出；设置"自然资产摊销、损益及耗费"账户，以核算自然资产的收益、损失和耗费等。摊销自然资产时，可按产量或产值等指标摊销，也可以分期或一次摊销。

资源消耗成本按实际支出的成本入账。在取得成本、勘探成本和开发成本三部分成本中，取得成本包括购买价格及产权登记的手续费等。勘探成本在会计上有三种处理方法：一是全部费用法，即将勘探成本全部作为当期费用处理；二是有效资本法，即将勘探成本中属于成功项目的直接支出作为资本性支出转入递耗资产；三是全部资本法，即勘探成功和不成功的全部支出都作为资本性支出转为递耗资产成本。西方企业通常采用有效资本法，将勘探不成功的项目支出列入期间费用或损失处理。在开发成本中，开发自然资源发生的支出，如掘进或钻探等支出，应当作为递耗资产成本的一部分；附属设施支出，如道路、运输系统、钻井、抽水装置和其他有关设备等支出，则不作为递耗资产成本，而是单独设账，单独计提折旧。递耗资产的成本以取得所有权为标志区分，可分为购买成本和发展成本两部分。需要说明的是，广义的开发成本除了包括勘探成本、经营开始前的狭义开发成本外，还包括经营开始后的开发成本。对经营开始后的开发成本也有三种处理方法：一是在递耗资产中开设递延账户，平时按估计的新增开发成本的一定比率分配计入产品成本，当实际发生这些成本时，再借记为递延支出；二是这类成本在发生时为资本性支出计入递延资产；三是这类成本在发生时作为当期销售费用处理。还必须指出，企业取得递耗资产所有权后，又勘探发现了新的蕴藏量，产生了新发现价值，或者发生了自然增值（如林场边砍伐边造林补植），应按估定价值调增递耗资产价值。

三、资源消耗成本信息的报告与考核

在市场经济条件下，资源经营者要取得一项资源的使用权，不仅要支付取得成本，而且要支付资源的所有权权益价值。这样，一方面由于递耗资产价值的数额较大，往往占据了经营企业资产总额的较大比重，另一方面为了加强对递耗资产的开发和利用，促使各经营企业有效地、可持续地利用自然资源，有必要将其单独列示在资产负债表上。递耗资产项目应列在固定资产项目下，其列示方法与固定资产基本相同。递耗资产的折耗费用，最终要进入产品销售成本或存货成本中，所以不用单独在报表中列示。

此外，为了充分揭示生产企业的财务状况，凡具有重要的、与自然资源有关的生产活动的上市公司，在公布年度财务报表时，除了公布正式的财务报表，还应特别披露以下资料：

（一）自然资源资本化资产的计量模式

资产计价的原则虽然是历史成本原则，但一项资产的资本化成本还能够反映出该项资产的价值，即资本化成本较高的资产，其价值也比较大。但对于"矿区财产"而言，其资本化成本和其价值的不统一性大于统一性；越是埋层浅、难开采、价值小的油气储量，其勘探成本反而越高。也就是说，"矿区财产"资本化成本的金额并不反映油气储量的实际价值。美国证券交易委员会也曾经试图用"现值法"取代"历史成本法"，但由于"现值法"中存在许多主观判断的因素，所以并没有被学术界和企业所接受。

（二）有关自然资源资本化的补充资料

需要特别披露的有关自然资源资本化的补充资料是指与自然资源有关的总的资本化成本和有关的累计折耗、折旧、摊销、被低估价等相关的资料。

（三）与自然资源有关的生产活动的取得成本、勘探成本、开发成本和生产成本

该项补充资料应揭示在年度内发生的取得成本、勘探成本、开发成本和生产成本。如果某些

"探区"发生大量的取得成本、勘探成本、开发成本,应单独揭示。

四、资源消耗成本会计的评价

资源消耗成本会计可以满足企业对复杂经营环境的成本管理要求,并对其他成本管理系统做出重大改进。正如许多公司在实施 ERP 系统来整合数据一样,资源消耗成本会计也在为成本管理提供一套可整合的解决方案。

资源消耗成本会计具有以下八个方面的优点:

(1) 适当地分配成本于特定的生产过程和产品中,从而实现更精确的成本分配,达到对资源消耗类型有更好的了解。

(2) 通过对成本进行更精确的分配,有助于管理者获得包括利用相关成本进行资源规划的能力。

(3) 重置成本折旧的使用消除了对消耗类似资源和支持活动的类似产品的不平等分配。

(4) 产品成本仅包括所耗用资源的费用。

(5) 对管理层而言,对建立在未耗用的理论产能基础上的生产能力来讲,过量或闲置的产能的数量变得可得。

(6) 建立在因果关系基础上的成本分配,消除了分配到其他产品中的建立在非相关变化基础上的成本。

(7) 非战略地降价以主观地把成本分配给特定产品的动机被消除。

(8) 建立在特定成本内在本质基础上的资源消耗成本,增强了管理层理解资源内在关系以及使用现有信息进行决策的能力。

第五节　人力资源成本会计

当今社会,人力资源已成为企业、社会、国家的重要资源。人力资源的取得、开发、使用等问题,已成为企业等经济组织和世界各国的重大战略性问题。如何核算和披露企业人力资源的取得、开发、使用情况及其对企业经营业绩和可持续发展的影响,为企业利益相关方进行有效经济决策提供相关信息是会计理论与会计实践所面临的新课题,更是会计学科与会计职业获得新成长的重要机遇。

一、人力资源成本会计的概念

(一) 人力资源成本的含义

"人力资源成本"这一概念是从一般的成本概念中推演出来的。与一般的成本概念一样,对人力资源成本概念的表述无论是在国内还是在国外,见仁见智,莫衷一是。例如,有人认为:"人力资源成本是指取得或重置人员而发生的费用支出,包括人力资源的取得成本(历史成本)和人力资源的重置成本。"也有人认为:"人力资源成本是为了获得企业的人力资源,而发生的招聘、录用、教育、培训、医疗、保险、福利、使用、管理等的费用或支出。"

人力资源成本与一般商品成本有很大区别。一般商品成本由两部分组成,即已耗费的生产资料转移的价值 (C) 和劳动者为自己创造的价值 (V)。因此,一般商品成本的经济实质可以概括为:"生产经营过程中所耗费生产资料转移的价值和劳动者为自己创造的价值的货币表现,即企业在生产经营过程中所耗费资金总和。"但人力资源与之不同，它在使用过程中为商品创造了价值，也为自身创造了价值，但其本身不仅不会发生耗费，而且会增值。

因此，人力资源成本是企业等组织为了获得、开发、使用、管理、保障必要的人力资源而发生的各项费用的总和。明确人力资源成本的概念，是进行人力资源成本分类、核算以及提供人力资源财务报告的基础。

（二）人力资源成本会计的含义

对于人力资源成本会计，主要有以下三种定义：

1. 美国会计学者弗兰霍尔茨（Flamholtz）的定义

弗兰霍尔茨将人力资源成本会计定义为："为取得开发和重置作为组织的资源的人所引起的成本的计量和报告。"他认为人力资源成本会计主要研究两个相互联系的成本类型：一是与取得和开发人力资源使用价值有关的人事管理的职能成本，如进行招募、选拔、雇用、安排和培训人力资源等人事管理活动的成本。这些活动的成本是取得和开发人力资源的成本的要素。人事管理活动职能的成本会计可称为"人事管理成本会计"，它是人力资源成本会计的必要前提。二是人力资源本身的成本，包含不同等级人员的取得和开发成本，可称为"人力资产会计"。上述两方面构成人力资源成本会计。

2. 日本学者若杉明的定义

若杉明将人力资源成本会计定义为："人力资源会计是这样一种会计，它通过会计方法和跨学科领域的方法，测定和报告有关人力资源的会计信息，以提供给企业的经营者及其利害关系者利用。"

3. 美国会计学会的定义

美国会计学会将人力资源成本会计定义为："辨认和衡量有关人力资源的信息，并沟通这种信息给有利害关系的当事人的程序。"

归纳上述观点，人力资源成本会计可以定义为："将人作为有价值的资源，运用一系列的会计理论、程序和方法及跨学科领域的方法，对其价值进行确认、计量、记录和报告，并提供给企业的经营者及其利害关系者利用的一个新兴的成本会计学科分支。"

二、人力资源成本的分类

与一般商品或劳务的成本相似，根据不同的目的和标准，可以对人力资源成本从不同角度进行分类。通常人力资源成本包括五个方面，即取得成本、开发成本、使用成本、保障成本和损失闲置成本。这五个方面成本的总和构成人力资源成本总额。

（一）取得成本

人力资源的取得成本是指企业为取得适用的人力资源（人才）而付出的必要支出，它包括招募、选拔、录用和安置成本。

（二）开发成本

人力资源的开发成本是指企业为提高职工的生产技术能力，为增加职工人力资产的价值而发生的成本，包括上岗前教育成本、岗位培训成本、脱产培训成本等。

（三）使用成本

人力资源的使用成本是指企业在雇用职工的过程中发生的成本，包括维持成本、奖励成本和调剂成本等。

（四）保障成本

人力资源的保障成本是指企业为保障人力资源在暂时或长期丧失使用价值时的生存权而必须支付的费用，包括劳动事故保障、健康保障、退休养老保障、失业保障等费用。

（五）损失闲置成本

人力资源的损失闲置成本是指企业由于职工离职而产生的成本，包括离职补偿成本、离职低效成本、空职成本等。

三、人力资源成本会计的形成和发展

人力资源成本会计是人力资源会计的组成部分，而人力资源会计是以会计方法为主，对企业人力资源成本和价值进行计量和报告，为利害关系者和当事人提供信息的一个会计学科分支。因而人力资源会计包括人力资源成本会计和人力资源价值会计两个组成部分。人力资源成本会计主要反映人力资源的占用或耗费，表现为人力资源的投入价值，即投资支出，也称人力资源投资会计。人力资源价值会计主要反映企业人力资源在其整个效益期间所做出的贡献价值，即人力资源产出值，也称为人力资源产出会计。

人力资源会计形成于 20 世纪 60 年代，发展于 70 年代。最早进行人力资源会计研究的，首推美国密歇根州立大学（Michigan State University）企管研究所的霍曼逊（Roger H. Hermanson）。20 世纪 60 年代初，他在自己的博士论文中首先提出了人力资源价值的计量和会计问题，并且于 1964 年在《人力资产会计》（Accounting for Human Assets）一书中提出了人力资源会计的主要观点，即人力资源是企业最有效的经营资产，会计报表中应当包括人力资源。

1966 年 10 月，美国密歇根州立大学利克特（Lihert）教授领导的"人力资源会计联合开发小组"在巴里公司（R. G. Barry Corporation）率先开展人力资源会计的应用研究。1967 年，利克特出版了《人力组织：它的管理和价值》（The Human Organization: Its Management and Value），并设专章论述了人力资源会计。他认为在企业资产负债表中不包括人力资源项目，就像资产账面价值与实际市场价值之间存在巨大差异一样，会导致企业管理人员做出错误的经营决策。

1968 年以后，美国会计学术团体开始介入人力资源会计的研究。1971—1973 年，美国会计学会（AAA）人力资源委员会在《会计评论》增刊上陆续发表了有关人力资源会计的研究报告，对人力资源会计的发展做了积极的评价，并提出对未来研究的建议。1974 年，弗兰霍尔茨出版了《人力资源会计》；同年，卡普兰（Caplan）和兰德基（Landekich）合作出版了《人力资源会计：过去、现在和将来》。这两本著作全面介绍了人力资源会计的理论、方法及其应用。与此同时，英国、澳大利亚、日本等国家也对人力资源会计展开了研究，并提出多种会计程序和方法，使人力资源会计得到迅速发展。进入 20 世纪 80 年代，人力资源会计的应用研究和具体实施进入了一个崭新的阶段。1985 年，弗兰霍尔茨的《人力资源会计》第二版问世，进一步推动了人力资源会计的应用。随着知识经济时代的到来，人力资源会计将进入广泛应用和迅速发展的阶段。

弗兰霍尔茨在他的《人力资源会计》第二版中将人力资源会计产生的过程分为五个阶段，即基本概念的产生阶段、人力资源成本和价值计量模型的学术研究阶段、人力资源会计迅速发展阶段、理论与实务界对人力资源会计兴趣下降阶段、人力资源会计恢复活力阶段。

在我国，人力资源成本会计的研究始于 20 世纪 80 年代初期。1980 年，上海《文汇报》发表了著名会计学家潘序伦先生的文章，提出我国必须开展人力资源会计研究。潘序伦先生建议，我国的人力资源会计研究既要计量人才成本，又要讲求效益。

四、人力资源成本会计账户体系及核算内容

(一) 人力资源成本会计账户体系

自人力资源成本会计产生以来,会计界许多学者对人力资源成本会计账户体系的设置进行了探讨,初步确立了人力资源成本会计账户体系。

会计人员在设置人力资源成本会计账户时,首先,应分别设置"人力资产""人力资源取得成本""人力资源开发成本"和"人力资源使用成本"四个账户,以分别核算人力资源的取得、开发等资本支出,以及人力资源使用等收益性支出;其次,为了单独分项目考核本期的人力资产费用,可以设多栏式的"人力资产费用"账户,按照不同类别的人员分项核算各种人力资产的收益性支出(如工资、福利费等),以及由本期生产经营成本负担的应摊销的资本性支出;再次,应设置"人力资产摊销"账户,核算人力资产的累计摊销额;最后,应设置"人力资产损益"账户,核算人力资产因变动和消失而产生的损益。

(二) 人力资源成本会计账户的核算内容

人力资源成本会计账户的核算内容如下:

1. "人力资产"账户

"人力资产"账户反映企业对人力资源的取得、开发、使用方面的投资所引起的人力资产原值的增加、减少及其余额。该账户一般使用多栏式账簿,按照人力资源的取得成本、开发成本、使用成本设置专栏。其借方发生额反映企业对人力资源取得、开发、使用等活动进行投资所引起的人力资产的增加额。平时该账户贷方无发生额,当人力资源从企业退出或消失时,贷记该账户以冲减企业人力资源原值。期末借方余额为企业人力资源投资所形成的人力资产总额。该账户按照各类人力资源设置明细账户。

2. "人力资源取得成本"账户

"人力资源取得成本"账户核算企业在人力资源的取得方面投资支出总额的增加、减少及其余额。该账户的借方发生额反映企业在取得人力资源时,对其人力资源投资的增加额;贷方发生额反映转入"人力资产"账户的人力资源取得成本;期末该账户借方余额反映还未转入"人力资产"账户的人力资源取得成本。"人力资源取得成本"账户一般使用多栏式账簿,按人力资源招聘成本、选拔成本、录用成本和安置成本,设置明细专栏。该账户可按人力资源的类别设置明细账户。因为人力资源取得成本业务大多在借方,所以设置的专栏只反映借方金额,结转所登记的人力资源取得成本的贷方金额时,可用红字在借方栏内登记。

3. "人力资源开发成本"账户

"人力资源开发成本"账户核算企业在人力资源的开发方面投资支出总额的增加、减少及其余额。该账户的借方发生额反映企业在开发人力资源时,其人力资源开发投资的增加额;贷方发生额反映转入"人力资产"账户的人力资源开发成本;期末该账户的借方余额反映还未转入"人力资产"账户的人力资源开发利用成本。"人力资源开发成本"账户也采用多栏式账簿,分设上岗教育成本、岗位培训成本、脱产培训成本三个明细专栏。该账户按人力资源的类别设置明细账户。因为人力资源开发成本业务大多在借方,所以设置的专栏只反映借方金额,结转所登记的人力资源开发成本的贷方金额时,可用红字在借方栏内登记。

4. "人力资源使用成本"账户

"人力资源使用成本"账户核算企业人力资源使用成本的增加、减少及其金额。该账户的借方登记企业人力资源使用成本的增加额;贷方登记作为费用计入当期损益而转出的人力资源使

用成本；期末结转后该账户无余额。该账户按人员或部门类别设置明细账进行明细核算。明细账采用多栏式的格式，在借方栏目下设置"维持成本""奖励成本"和"调剂成本"专栏进行明细核算。因为人力资源使用成本业务大多在借方，所以设置的专栏只反映借方金额，期末结转所登记的贷方金额时，可用红字在借方栏内登记。

5. "人力资产费用"账户

"人力资产费用"账户的借方发生额反映企业当期应该计入生产经营成本的人力资产费用；期末该账户无余额。该账户按照各类人力资产设置明细专栏，如开设总经理、副总经理、部门经理、高级技术人员、中级技术人员、初级技术人员、徒工等明细栏。

6. "人力资产摊销"账户

"人力资产摊销"账户核算摊销的人力资源取得成本、开发成本，还包括计入当期生产经营成本的人力资产使用成本的累计数额。该账户贷方发生额反映企业当期应计入生产经营成本的人力资产费用。平时该账户借方无发生额。当人力资源从企业退出或消失时，才借记该账户，冲减企业已经摊销的人力资产费用。该账户的期末贷方余额为企业人力资产成本的累计摊销额。该账户应该与"人力资产"账户设置相同的明细账户。

7. "人力资产损益"账户

"人力资产损益"账户的借方发生额反映当人力资产退出企业或消失时，转销的人力资产成本的未摊销额；贷方发生额反映当人力资产退出企业或消失时，转销的人力资产成本的多摊销额。如果期末该账户的借方发生额大于贷方发生额，将其差额从该账户贷方转入"本年利润"账户的借方，冲减本年利润；如果期末该账户的贷方发生额大于借方发生额，将其差额从该账户借方转入"本年利润"账户贷方，增加本年利润，结转之后该账户期末无余额。

五、人力资源成本会计信息的报告

人力资源成本会计是传统财务会计与成本会计的一个组成部分。人力资源成本信息有助于企业会计信息的使用者了解企业的人力资源投资情况，了解企业经营管理当局对人力资源开发、利用和管理的重视程度以及企业人力资源的优劣情况，评估企业发展的后劲，预测未来的发展前景。因此，人力资源成本信息应该在对外公布的财务报表中揭示和报告。

人力资源成本会计报告至今并无统一的设计。在原来意义上的人力资源成本会计模式下，会计报告应根据组织的情况具体设计，并且是管理用报表。在修正后的人力资源成本会计模式下，企业已经对人力资源的实际成本按财务会计程序处理，因而有关的项目增设在传统的财务报表中。人力资源成本会计报告通常由货币性报表和非货币性报告组成。

第六节 互联网环境下的成本管理

随着电子计算机技术、信息技术、量子通信技术和互联网在企业生产经营活动及人们社会生活中的广泛应用，人类已进入"互联网＋"时代，研究互联网及其对企业生产经营管理等方面的影响已成为必须面对的现实问题。互联网（Internet），即把所有计算机、计算机网络相互连接而成的单一的、通用的、覆盖全球的国际互联通信网络。互联网的运用为企业之间以及不同技术之间的相互融合奠定了物质和技术基础，如"灵捷制造""精益工程"和"并行工程"等新型生产模式应运而生。同时，随着互联网的出现和大规模商业应用，极大地改变了企业的生产经营模式,对企业经营管理产生了巨大的影响。互联网的兴起正促使企业在战略选择、运营机制、交易模式、成本管理等方面发生巨大的变革。

一、互联网对成本管理的影响

互联网技术被广泛应用于企业所有生产经营活动,企业凭借信息技术支持,可实时掌握产品生产、销售等各环节及其相互之间的相关信息,并对这些信息进行分类处理。通过生产流程再造,低价采购,销售联结以及规模化生产,企业生产成本得到了有效控制和快速降低。以下主要从企业价值链、管理成本、交易成本、网络成本等方面分别介绍互联网对企业成本管理的影响。

(一)互联网与企业价值链

随着全球经济一体化发展的不断深入,企业间的激烈竞争正逐渐演变为国内外企业之间价值链网络的竞争。在互联网环境下,价值链成为一个网链结构模型。以制造业为例,制造业企业价值链的四个基本链条,即由采购、生产和销售等业务活动构成的业务流,由实物流转构成的实物流,由各种相关信息构成的信息流,由企业资金流转构成的资金流,在互联网作用下实现了集成控制。换句话说,依托互联网,企业的原材料采购、产品制造、销售与分配、供应商、制造商和客户被集成到了一个网络系统中。由此产生了一个新的概念——网络价值链。它是一个从最终的客户到最初的供应商之间的所有业务流程的集合体,它为价值链中的其他利益相关者增加价值提供产品、服务和信息。

企业边界的弱化是网络价值链的一个突出特点。在互联网条件下,企业得以更加全面、及时地掌握有关原材料的成本和质量、产品或服务的客户需求及其变化等各种信息。信息的有效传递使核心企业建立跨越企业边界的综合成本管理信息系统成为可能,通过对来自上游供应链和下游客户的成本信息进行归类和处理,企业得以应用这些信息协调相关的协同管理活动,最终实现跨越企业边界来实施产品生产成本管理的目的。

(二)互联网与管理成本

互联网为实现信息的快速传递与资源共享提供了条件,它对企业的生产经营管理产生了显著的影响。这些影响主要表现在以下几个方面:

1. 降低了通信成本

通过互联网可实现企业信息的协调、传递和加工,企业内部的信息流变得更为顺畅。例如,通过互联网,企业可以实现远距离内部会议和培训等工作,从而有效地降低了非必要的差旅费等成本费用,同时降低了信息传递失真与延迟的风险。

2. 降低了人工成本

利用现代信息技术,尤其是互联网技术和财务共享管理模式的应用,企业经营管理成本快速地获得大幅度降低。例如,在一些大型的集团企业中,分公司的财务信息通过内部网络直接传回总公司,由总公司建立的财务共享中心统一完成会计核算、资金收付和财务报告的编报,而不再需要每个子公司配备专职财务人员,从而大大降低了企业的人工成本。

3. 降低了库存成本

通过互联网,企业可以最大限度地实现计算机资源和信息共享,同时还可以通过远程的信息交流和沟通即时了解订货、生产、销售和库存情况,实现按需生产和按需订货,有效地降低了库存成本。

(三)互联网与交易成本

交易成本是指交易双方为达成一笔交易所要花费的成本,包括贸易伙伴的搜寻成本、交易对象信息的取得与交换成本、议价成本、决策与鉴定成本及监督交易进行的成本等。互联网技术的应用极大地降低了企业的交易成本。互联网技术及其应用对企业交易成本的影响主要体现在三个方面：①企业可以在互联网帮助下突破时空阻碍，扩大供应商及其产品、价格、品质等方面的选择范围。通过网络分享有关信息，大大降低了信息搜寻成本，并且互联网交易还能够实现企业信用信息披露的快捷和公正，降低交易的履约成本；②企业可以在互联网帮助下更便捷地收集和处理交易信息。通过互联网，企业不仅能够迅速完成订单处理，还可以立刻得到顾客的意见反馈，从而降低了企业与顾客之间的协调成本；③企业可以通过互联网与资产所有者、使用者及其潜在的未来使用者共享资产的用途、使用情况等信息，从而有助于降低资产的专用性和使用成本，提高资产的使用效益。

（四）网络成本

企业在利用互联网进行生产经营活动的过程中，需要承担网络成本。企业需要承担的网络成本主要包括三个方面：①使用成本。互联网的使用成本主要是指企业使用互联网而发生的计算机设备的购置及网络系统的设计、调试、运营及维护等费用。②交易成本。互联网交易成本主要是指企业采用互联网交易带来的成本，与传统的面对面、一手交钱一手交货的交易方式不同，网络交易双方不直接见面，这可能导致交易主体的机会主义倾向和信用的缺失。再加之网上支付系统可能存在的风险，使用后续履约的成本增加。③安全成本。互联网自身的安全成本主要是指企业在使用互联网时因网络技术自身的安全问题带来的成本，如网络病毒的危害、网络黑客的入侵导致的损失等。

二、互联网条件下的成本管理新趋势

自 20 世纪 90 年代以来，电子商务、网上银行等高速数据通信技术已经被普遍应用于包括成本管理在内的企业日常经营管理领域。电子信息技术的发展不仅便捷了信息的交流与传递，而且为企业之间搭建了更为紧密的跨组织合作平台，帮助企业之间更加频繁和高效地合作，逐渐弱化了传统意义上的企业边界，价值链体系的重要性正受到人们越来越多的关注。

传统的企业战略成本管理关注的重心主要集中于企业内部，成本管理方法的选择以配合企业战略为主，通过分析成本动因找出降低成本的战略方法来匹配特定企业的特定竞争战略。之后，由哈佛大学教授卡普兰创立的平衡记分卡战略体系，将成本管理推广到财务、客户、内部业务流程、学习与成长这四个维度进行考虑。平衡记分卡战略体系更加注重企业层面战略与业务层面战略的联系，通过整体绩效管理过程进行绩效评价，进而达到成本控制的目的。进入 21 世纪，随着平衡记分卡战略体系的不断完善，成本管理的范围被再次扩展，更广意义上的利益相关者（如雇员、供应商、联盟伙伴、客户、股东、政府和社会公众等）被纳入战略成本管理体系。平衡记分卡战略体系的发展体现了组织机构通过充分实施纵向和横向的协同管理，从而确保达到预期目标的理念。

虽然战略成本管理理论的应用范围不断扩大，但现有管理方法仍局限于企业内部管理。随着网络价值链的兴起，许多有利于优化企业成本结构的机会不再局限于企业内部，由互联网所带来的变革给人们提供了跨越企业边界进行成本管理控制的计划，新形势下的战略成本管理正把企业的现行成本管理扩展到更远的将来时期，并且超越企业边界来进行成本规划。

（一）互联网条件下成本管理新方法：网络价值链协调机制

如前所述，网络价值链是一个从最终的客户到最初的供应商之间的所有业务流程的集合体，它为价值链中其他利益相关者增加价值提供产品、服务和信息。网络价值链协调机制是指在传统价值链管理体系的基础上将网络价值链（主要是以信息流为代表的虚拟价值链体系）纳入成本管理系统，跨越企业边界实现战略成本管理的一种新型战略协调机制。它主要通过给决策制定者提供包括非财务信息、传统财务信息和外部信息在内的各种信息的过程，帮助企业实现战略目标，获得对核心企业以及各节点企业的竞争优势。

众所周知，信息是一种非常重要的资源，它可以被重复利用、释放、处理和共享，而且信息不会贬值，有时甚至会升值。在互联网新环境下，谁掌握了更多的信息，谁就获得了竞争优势。网络价值链协调机制的一个突出特点就是在传统价值链体系中加入虚拟价值链（Virtual Value Chain）分析，虚拟价值链一般包括信息的检索、收集、组织、选择、处理、公布、交流和应用，它清楚地描述了信息作为一个独立流动的资源存在于电子市场活动中。虚拟价值链不只是一个新的价值创造过程，它还与真实价值链有关，使得传统价值链中的一些环节自动化，这样就产生了更有效、灵活的活动和流程。

网络价值链协调机制框架模型是由主要活动子系统（设计、采购、设计和制造、销售和物流、售后服务）和支撑活动子系统（财务管理、会计、信息系统、技术支持和人力资源管理等）有机集合而成的一个综合系统。它把战略目标和财务目标视为系统的基本目标，把战略目标视为战略成本管理的行为指导，将虚拟价值链和实体价值链集成为一个一体化系统——网络价值链成本管理子系统，这个子系统通过有效地利用网络价值链中的所有资源（有形资源、智力资产、信息等）为特定的企业创造价值。

这个系统强调企业内部成本协同管理和战略成本管理必须与企业的战略地位相匹配，它不仅关注一个独立企业的成本动因，还关注网络价值链中其他节点企业的成本动因及宏观经济政策，从而弥补了早期的战略成本管理模型只考虑单个企业因素的不足。这个系统强调要在战略目标（如产品低成本战略和差异化战略）和供应商、企业采购、设计、制造、销售和物流间建立一个系统化的联系，还尽可能把财务管理、会计、风险管理、信息系统和人力资源管理集成到网络价值链战略成本管理系统中。此外，传统的标准成本、全面预算、定价和成本分析成为集成系统（包括实时控制及物流和资金管理、财务报告和其他决策信息报告、绩效评价和激励、战略管理决策支持子系统等）的基本部分。

（二）网络价值链协调机制的主要特征

网络价值链协调机制是对原有价值链体系的集成控制，实现了上下游企业与客户的紧密联系，如此一来，网络价值链的每一个环节都被纳入成本管理的协调范畴，从而实现跨越企业边界进行战略成本管理的目的。其主要特征如下：

1. 满足对客户需求快速响应的成本管理要求

在电子商务环境下，一方面，客户对产品的反馈信息得以及时传递到企业，还可以在线参与个性化产品的定制。对于企业而言，这种快速响应有助于企业产品的开发设计及时顺应市场需求变化，由此获得竞争优势。另一方面，通过计算机网络，企业得以掌握有关用户浏览偏好、消费特征等数据，企业借助大数据更有针对性地对产品进行升级与设计成为可能，从而实现价值链上下游之间的双赢。

2. 将战略成本管理的控制范围扩大到全价值链

通过虚拟价值链与实体价值链的有机集成，全价值链企业间的合作与信息交流变得更加密切。首先，计算机网络使得企业能够从供应商处获取有关原材料价格和质量信息，丰富了企业对采购决策信息的分析和处理，变相地提高了企业与供应商的谈判能力，从而实现采购成本的节约。其次，网络价值链协调机制的引入密切了上下游企业的合作关系，制造商和供应商共同分析产品成本，共同设计产品，共同为客户的个性化需求承担市场风险，这样它们就能从产品的差异化优势中共同获利。

3. 更高的集成度

从网络价值链协调机制框架模型不难发现，成本管理不再局限于生产制造环节，而是与其他系统有机联结的一个整体性控制过程，这有助于提高战略成本管理效率与效果。再者，对网络价值链的集成能有效促进组织的各优势资源（包括智力资本、信息资源）的整合与共享，从而降低全价值链的生产成本。

4. 跨越企业边界进行实时协调控制

网络价值链协调机制中的战略控制和监督可以被推广到价值链的上下游企业中，其战略实施过程实现了与企业的战略地位相互匹配。协调控制不再只关注于微观层面（企业内部）的成本控制，它更加注重平衡中观层面（包括网络价值链的上下游企业）的成本动因。与传统管理会计的成本控制相比，实时协同控制更侧重于控制企业外部（中观层面）成本及降低网络价值链中每一个环节的成本。

三、互联网条件下成本管理的风险分析

风险是指事物未来变化的不确定性，可能使决策者得到的收益低于期望收益甚至遭受损失。在互联网条件下，企业间合作变得更为密切，通过结成一体参与竞争，节点企业所获得的收益往往要大于各自"独立"或"对立"行动所得到的收益。但是，无论是由互联网所形成的跨组织的合作，还是互联网本身，都存在潜在的不稳定性，在这里将由这种不稳定性带来的潜在风险划分为网络安全风险、关系风险和绩效风险。

（一）网络安全风险

网络安全风险是指计算机网络上传输的信息遭受人为破坏或出现非人为故障的风险。网络安全风险最主要的表现形式即企业专有资源的扩散。企业的专有资源是企业取得同业竞争优势的关键所在，一般很难被模仿与掌握。随着互联网的广泛运用，信息的传递与共享变得日益频繁与便捷。但相对地，网络安全问题也变得日益严峻，企业的专业资源极有可能被传递到其竞争对手手中，或直接在互联网中被公开，从而对企业造成重大的损失。例如，2011年4月，索尼旗下全球最大的互联网娱乐社区之一PSN遭到了黑客的入侵，事件起始于黑客侵入索尼公司位于美国圣迭戈市的数据服务器，窃取了索尼PS3和音乐、动画云服务网络Qriocity用户登录的个人信息，包括姓名、住址、生日、登录名和密码等，受影响的用户多达7 770万人，涉及57个国家和地区。据测算，此次PSN网络泄密事件最高可能为索尼公司带来240亿美元的经济损失，而对其品牌形象的损害则难以估量。

（二）关系风险

一般而言，关系风险是指合作企业没有完全按照共同目标行动而造成的风险，它是节点企业进行合作时才会发生的风险。产生这种风险的因素主要有以下几个方面：

1. 不公平的利润分配

在网络价值链中，各企业对价值链整体利润的贡献程度很难进行清楚界定和定量分析。根据公平理论，当节点企业认为付出与回报比例不公平时，就会采取一些措施，从而危害到整体利益。网络价值链上各企业利益的协调与分配不同于企业内部各部门之间的利益协调，各企业在合作过程中，会极力维护自身利益，追求自身利益的增长而不惜牺牲整体利益。一旦某些企业的获利过低，就极易出现合作过程中的消极行为，不利于供应链的高效运行。

2. 互不信任的风险

网络价值链的企业合作是以双方一定程度的信任为前提的，企业间信任程度的高低直接影

响到合作风险的高低,尤其是互联网交易往往全部在网上完成,合作双方的诚信较难保障。常见的不信任行为如下:

(1) 网络安全引起的商业机密泄露。
(2) 利用实力在谈判中要挟对方。
(3) 同时保留几个相同产品的供应商,迫使它们相互竞争。
(4) 利用合作企业的信任,把该企业的机密信息泄露给它的竞争对手,以谋取短期利益。
(5) 不遵守合同,如不按时按量交货,不遵守质量标准或约定,不按时付款,或以物质冲抵货款等。

(三) 绩效风险

绩效风险是指利用互联网实现跨组织合作、经营效率提升后,由于未来环境不确定性导致企业绩效目标依然无法实现的风险。即使现代信息技术的应用能促进实现企业的高效运行、企业绩效的提升,但由于企业始终处于纷繁复杂的外部环境之中,其收益的产生受诸多因素的制约,如外部市场竞争的激烈程度、外部需求的波动、革命性替代产品的出现、管理政策的变动等,都有可能影响企业绩效的实现。在这种情况下,由互联网形成的新型商业模式就有可能出现新的绩效风险,其中互联网条件下新产生的成本就是一种重要的绩效风险来源。例如,电子商务在给企业带来销售便利、成本节约的同时,也带来了一项新的成本——物流成本。这些电子商务带来的额外运输成本、装卸搬运成本、仓储成本、包装成本、流通加工成本、物流信息成本和物流管理成本等,都额外增加了其退出成本,提高了绩效风险。

(四) 互联网条件下成本管理的风险防范

1. 建立高效的信息传递渠道

利用现代化的通信和信息手段管理并优化整个价值链体系,通过互联网对价值链企业进行互联,实现信息共享,各企业分享有关业务计划、预测信息、库存信息、进货情况以及有关协调货流的信息,从而使价值链上的客户、零售商、分销商、生产厂、各级原材料供应商、物流公司和各个相关业务合作伙伴在信息共享的基础上能够进行协同工作。信息传递的高效运行,一方面提高了价值链运作的协同性和运作效率,另一方面也能为规避风险、及早采取补救措施赢得宝贵的时间,降低绩效风险。同时,信息传递的透明化也能提高企业之间的信任程度,从而降低关系风险。

2. 剥离冗余环节,简化价值链

价值链的复杂性是造成其不确定性的重要来源,价值链整体的协调难度随节点的多少呈非线性增长,中间环节越多,造成的资源消耗就越多,相应地,关系风险和绩效风险也随之上升。简化价值链意味着节点企业应按照价值链流程需要进行组织流程重组,如对采购、制造、营销和物流等过程采取跨职能部门的平行管理,采取组织扁平化和组建跨职能的合作团队来消除垂直管理的决策速度慢、对外界变化反应不敏感的弊病,从而降低不确定性和延误;采用第三方物流,将包装和运输服务外包给专业物流公司,安排充足的提前期和时间裕度,加强运输过程实时跟踪控制和及时信息反馈,通过这些方式保证物流的安全和高效运行。

3. 建立合理的利益分配机制

价值链节点企业追求的个体利益最大化目标往往与价值链整体的系统最优目标不一致,因此为保持价值链整体运行,就有必要建立一种利益协调机制,对为了实现系统目标而使个体利润受损的企业给予一定的补偿,这种补偿来自从网络价值链系统优化中获益较大的那些节点企业。核心节点企业对于网络价值链整体运行起着强大的推动力,合理的利润分配机制应使合作

伙伴能得到比败德行为更大的利益，从而消除道德风险，提高网络价值链抵抗风险的能力。世界上大的汽车制造商如福特、通用、丰田等公司普遍应用这一机制，公司从加快产品上市速度而获取的超额利润中适当让利给供应商，来补偿其准时供货而增加的成本。

4. 做好网络安全建设

索尼 PSN 网络泄密事件的起因在于索尼使用了过时的 Apache Web 服务器软件，同时也没有安装防火墙。在当今互联网时代，特别是云计算的大量应用，大量数据聚集在云计算服务端，其背后所蕴藏的安全问题极为惊人，网络管理、安全管理缺一不可。虽然云计算平台的网络管理已经被深入实施，而要想对云计算服务端的数据进行有效的防护，至少应做到以下三点：

（1）对数据的储存容器数据库做好严密防护。

（2）对数据自身进行加密保护。

（3）设置严谨的操作权限，使得恶意攻击者找不到数据、看不到数据、拿不到数据。

随着我国量子计算机和量子通信技术的成熟和普及，将来采用量子通信技术将更好地解决当前面临的网络安全问题。

第六篇 成本实训篇

第十四章

成本核算实训

★实训业务资料

一、公司简介

成都光华沙发有限责任公司是一家专业的沙发家具制造公司。该公司设有三个基本生产车间和两个辅助生产车间,大量生产布艺沙发和实木沙发两种产品。三个基本生产车间的职能分别为:毛坯车间负责生产沙发的毛坯配件;油漆车间负责对毛坯配件进行烤漆处理;装配车间负责将经烤漆处理后的毛坯配件组装成完整的沙发。两个辅助生产车间的职能分别为:供水车间负责为其他部门供水;供电车间负责为其他部门供电。

该公司为了加强成本管理,采用综合结转分步法按生产步骤计算产品成本。毛坯车间和油漆车间的半成品通过半成品库进行收发。该公司的所有存货均采用实际成本进行计价,发出存货的计价方法均按全月一次加权平均法进行核算。产品各步骤的完工产品与在产品的分配采用约当产量法,材料和半成品都是在投产时一次性投入,各步骤的在产品完工程度均按50%进行计算。制造费用按定额工时在布艺沙发和实木沙发之间进行分配。辅助生产成本的费用分配方法采用直接分配法,辅助生产车间的制造费用通过"制造费用"科目核算。

二、初始业务资料

成都光华沙发有限责任公司2014年11月的初始业务有关资料如下:

(一) 各步骤产品的产量资料

各步骤产品的产量资料见表14-1。

表 14-1 各步骤产品的产量资料
单位：件

产品	产品数量	毛坯车间	油漆车间	装配车间
布艺沙发	月初在产品数量	150	100	80
布艺沙发	本月投产数量	400	400	300
布艺沙发	完工产品数量	450	400	300
布艺沙发	月末在产品数量	100	100	80
实木沙发	月初在产品数量	150	150	50
实木沙发	本月投产数量	300	250	250
实木沙发	完工产品数量	350	300	200
实木沙发	月末在产品数量	100	100	100

（二）各产品的本月定额工时资料

各产品的本月定额工时资料见表 14-2。

表 14-2 各产品的本月定额工时资料
单位：小时

产品	毛坯车间	油漆车间	装配车间
布艺沙发	2 000	1 000	1 500
实木沙发	500	500	500
合计	2 500	1 500	2 000

（三）各产品的期初在产品成本资料

各产品的期初在产品成本资料见表 14-3。

表 14-3 各产品的期初在产品成本资料
单位：元

项目	毛坯车间		油漆车间		装配车间	
	布艺	实木	布艺	实木	布艺	实木
半成品	—	—	30 000	25 000	19 880	9 900
直接材料	7 000	18 500	17 800	17 200	2 240	1 500
直接人工	6 000	5 000	7 000	2 250	4 680	2 000
制造费用	6 560	1 640	1 550	4 900	780	350
合计	19 560	25 140	56 350	49 350	27 580	13 750

（四）材料期初存量与金额资料

材料期初存量与金额资料见表 14-4。

表 14-4 材料期初存量与金额资料

材料	数量	单价/元	金额/元
木材	600 立方米	2 000	1 200 000
钢材	65 吨	4 000	260 000
布料	5 000 米	50	250 000
油漆	100 桶	1 000	100 000
合计			18 100 000

（五）自制半成品期初存量与金额资料

自制半成品期初存量与金额资料见表14-5。

表14-5　自制半成品期初存量与金额资料

半成品	数量/件	单位成本/（元·件$^{-1}$）	金额/元
毛坯车间—布艺沙发半成品1	200	168	33 600
毛坯车间—实木沙发半成品1	150	175	26 250
油漆车间—布艺沙发半成品2	100	397	39 700
油漆车间—实木沙发半成品2	300	300	90 000

三、2014年12月业务资料

（1）1日，向成都天府木材贸易有限责任公司购入木料160立方米，单价2 000元，货款320 000元及税额54 400元，增值税专用发票已收到，木料已验收入库，货款尚未支付。

入库单见表14-6。取得的增值税专用发票如图14-1所示。

表14-6　入库单

交货部门：采购部			2014年12月1日			收料仓库：材料库	
货号	材料名称	规格	计量单位	数量		单价/元	金额/元
				应收	实收		
1001	木材		立方米	160	160		
用途		生产布艺沙发		备注			

图14-1　增值税专用发票（发票联）

(2) 6日,收到成都西河漆业有限责任公司发来的单价1 000元/桶的油漆50桶,以及增值税专用发票。油漆已经入库,货款尚未支付。

入库单见表14-7。取得的增值税专用发票如图14-2所示。

表14-7 入库单

交货部门:采购部　　　　　　　　2014年12月6日　　　　　　　　收料仓库:材料库

货号	材料名称	单位	数量		单价/元	金额/元
			应收	实收		
1002	油漆	桶	50	50		
用途	生产布艺沙发		备注			

图14-2 增值税专用发票(发票联)

(3) 7日,向眉山钢材销售有限责任公司购入钢材150吨,已经运到并验收入库;同时收到对方开具的增值税专用发票,单价4 000元,货款600 000元及税金102 000元未付。

入库单见表14-8。取得的增值税专用发票如图14-3所示。

表14-8 入库单

交货部门:采购部　　　　　　　　2014年12月7日　　　　　　　　收料仓库:材料库

货号	材料名称	单位	数量		单价/元	金额/元
			应收	实收		
1003	钢材	吨	150	150		
用途	生产布艺沙发		备注			

图 14-3 增值税专用发票（发票联）

（4）本月各部门领料单见表 14-9 ~ 表 14-22。

表 14-9　领料单

领料单位：毛坯车间　　　　　　　2014 年 12 月 5 日　　　　　　　发料仓库：材料库

货号	材料名称	规格	计量单位	数量		单价/元	金额/元
				请领	实发		
1001	木材		立方米	100	100		
用途		生产实木沙发		备注			

记账：　　　部门主管：　　　保管员：黄河　　　领料人：陈博言　　　审核人：王江

表 14-10　领料单

领料单位：油漆车间　　　　　　　2014 年 12 月 5 日　　　　　　　发料仓库：材料库

货号	材料名称	规格	计量单位	数量		单价/元	金额/元
				请领	实发		
1002	油漆		桶	20	20		
用途		生产实木沙发		备注			

记账：　　　部门主管：　　　保管员：黄河　　　领料人：章文　　　审核人：刘玲

表 14-11　领料单

领料单位：装配车间　　　　　　　2014 年 12 月 5 日　　　　　　　发料仓库：材料库

货号	材料名称	规格	计量单位	数量		单价/元	金额/元
				请领	实发		
1003	钢材		吨	10	10		
用途		车间耗用		备注			

记账：　　　部门主管：　　　保管员：黄河　　　领料人：白波　　　审核人：刘晓春

表 14-12 领料单

领料单位：毛坯车间　　　　　　2014 年 12 月 6 日　　　　　　发料仓库：材料库

货号	材料名称	规格	计量单位	数量		单价/元	金额/元
				请领	实发		
1001	布料		米	400	400		
用途		生产布艺沙发		备注			

记账：　　　部门主管：　　　保管员：黄河　　　领料人：常江　　　审核人：刘玲

表 14-13 领料单

领料单位：油漆车间　　　　　　2014 年 12 月 6 日　　　　　　发料仓库：材料库

货号	材料名称	规格	计量单位	数量		单价/元	金额/元
				请领	实发		
1002	油漆		桶	10	10		
用途		生产实木沙发		备注			

记账：　　　部门主管：　　　保管员：黄河　　　领料人：章文　　　审核人：刘玲

表 14-14 领料单

领料单位：装配车间　　　　　　2014 年 12 月 6 日　　　　　　发料仓库：材料库

货号	材料名称	规格	计量单位	数量		单价/元	金额/元
				请领	实发		
1003	木材		立方米	20	20		
用途		车间耗用		备注			

记账：　　　部门主管：　　　保管员：黄河　　　领料人：秦健　　　审核人：刘玲

表 14-15 领料单

领料单位：毛坯车间　　　　　　2014 年 12 月 6 日　　　　　　发料仓库：材料库

货号	材料名称	规格	计量单位	数量		单价/元	金额/元
				请领	实发		
1004	布料		米	400	400		
用途		生产布艺沙发		备注			

记账：　　　部门主管：　　　保管员：黄河　　　领料人：陈方　　　审核人：刘晓春

表 14-16 领料单

领料单位：毛坯车间　　　　　　2014 年 12 月 10 日　　　　　　发料仓库：材料库

货号	材料名称	规格	计量单位	数量		单价/元	金额/元
				请领	实发		
1004	布料		米	400	400		
用途		生产布艺沙发		备注			

记账：　　　部门主管：　　　保管员：黄河　　　领料人：陈方　　　审核人：刘晓春

表 14-17 领料单

领料单位：毛坯车间　　　　　　2014 年 12 月 15 日　　　　　　发料仓库：材料库

货号	材料名称	规格	计量单位	数量		单价/元	金额/元
				请领	实发		
1001	木材		立方米	100	100		
用途		生产布艺沙发		备注			

记账：　　　部门主管：　　　保管员：黄河　　　领料人：宋青　　　审核人：刘玲

表 14-18　领料单

领料单位：油漆车间　　　　　2014 年 12 月 15 日　　　　　发料仓库：材料库

货号	材料名称	规格	计量单位	数量		单价/元	金额/元
				请领	实发		
1002	油漆		桶	10	10		
用途		生产实木沙发		备注			

记账：　　　部门主管：　　　保管员：黄河　　　领料人：赵武　　　审核人：王江

表 14-19　领料单

领料单位：装配车间　　　　　2014 年 12 月 15 日　　　　　发料仓库：材料库

货号	材料名称	规格	计量单位	数量		单价/元	金额/元
				请领	实发		
1003	钢材		吨	5	5		
用途		生产布艺沙发		备注			

记账：　　　部门主管：　　　保管员：黄河　　　领料人：童新　　　审核人：刘晓春

表 14-20　领料单

领料单位：毛坯车间　　　　　2014 年 12 月 20 日　　　　　发料仓库：材料库

货号	材料名称	规格	计量单位	数量		单价/元	金额/元
				请领	实发		
1004	布料		米	400	400		
用途		生产布艺沙发		备注			

记账：　　　部门主管：　　　保管员：黄河　　　领料人：章申　　　审核人：胡丽

表 14-21　领料单

领料单位：油漆车间　　　　　2014 年 12 月 20 日　　　　　发料仓库：材料库

货号	材料名称	规格	计量单位	数量		单价/元	金额/元
				请领	实发		
1002	油漆		桶	10	10		
用途		生产实木沙发		备注			

记账：　　　部门主管：　　　保管员：黄河　　　领料人：潘盛富　　　审核人：邓华

表 14-22　领料单

领料单位：装配车间　　　　　2014 年 12 月 20 日　　　　　发料仓库：材料库

货号	材料名称	规格	计量单位	数量		单价/元	金额/元
				请领	实发		
1003	钢材		吨	5	5		
用途		生产实木沙发		备注			

记账：　　　部门主管：　　　保管员：黄河　　　领料人：陈玖　　　审核人：刘晓春

（5）本月固定资产增减变动情况见表 14-23，折旧率为 3%。

表 14-23 固定资产原值变动表

2014 年 12 月　　　　　　　　　　　　　　　单位：元

原　值	毛坯车间	油漆车间	装配车间	供水车间	供电车间	厂部
12 月初固定资产原值	2 000 000	1 000 000	2 500 000	500 000	200 000	1 500 000
12 月新增固定资产原值	500 000	100 000	600 000			200 000
12 月减少固定资产原值	100 000		300 000	50 000		

（6）本月各部门职工薪酬费用汇总表见表 14-24。

表 14-24　职工薪酬费用汇总表

2014 年 12 月　　　　　　　　　　　　　　　单位：元

部　门		应付职工薪酬
毛坯车间	生产工人	100 000
	管理人员	24 000
油漆车间	生产工人	120 000
	管理人员	20 000
装配车间	生产工人	200 000
	管理人员	400 000
供水车间		12 000
供电车间		20 000
厂部		32 000
合计		528 000

（7）本月各辅助生产车间提供的劳务量情况见表 14-25。采用交互分配法分配各辅助生产车间相互提供的劳务量。

表 14-25　本月各辅助生产车间提供的劳务量

2014 年 12 月

供应部门 受益部门	单位	供水车间	供电车间	毛坯车间	油漆车间	装配车间	厂部	合计
供水车间	吨		500	5 000	2 000	1 500	1 000	10 000
供电车间	度	3 000		4 000	6 000	2 000	3 000	18 000
合计		3 000	500	9 000	8 000	3 500	4 000	28 000

四、实训要求

除了计算成本还原分配率以外，其他所有数据均四舍五入后保留小数点后两位。如果记账凭证过多，可以只汇集填写会计分录簿。

（1）根据采购原始凭证，编制相关的记账凭证。

（2）根据领料原始凭证，编制存货平均单价计算表及领料凭证汇总表。

（3）根据固定资产折旧资料，编制固定资产折旧分配表，并编制记账凭证。

（4）根据职工薪酬费用汇总表，编制人工费用分配表，并编制记账凭证。

（5）根据上述各项分配表，登记辅助生产车间成本明细账、基本生产车间制造费用明细账、基本生产成本明细账。

（6）根据辅助生产车间的资料，编制辅助生产费用分配表，并编制记账凭证。

（7）根据基本生产车间制造费用明细账，编制基本生产车间制造费用分配表，并编制记账凭证。

（8）根据基本生产车间生产成本明细账，采用约当产量法计算各步骤的在产品与完工产品成本，结转完工产品成本，并编制相关的记账凭证（要求列出计算过程）。

（9）编制产品成本还原计算单，并据此编制产品成本汇总表。

实训业务单据

由于在实际开展成本核算实训业务时，通常都会选用实际的会计账簿作为实训会计账簿，因此，本书在涉及相关会计账簿时，仅提供样本示例，见表14-26～表14-51。

表14-26　存货平均单价计算单

2014 年 12 月

存货名称	月初余额			本月购入			平均单价/元
	数量	单价/元	金额/元	数量	单价/元	金额/元	
木材							
油漆							
轮胎							
润滑油							

表14-27　领料凭证汇总表

2014 年 12 月

领料部门			木材		布料		油漆		钢材		合计
			领用数量	实际成本/元	领用数量	实际成本/元	领用数量	实际成本/元	领用数量	实际成本/元	实际成本/元
生产成本	毛坯车间	布艺									
		实木									
	油漆车间	布艺									
		实木									
	装配车间	布艺									
		实木									
制造费用	毛坯车间										
	油漆车间										
	装配车间										
合计											

表14-28　直接人工费用分配表

2014 年 12 月

部　门		定额工时	直接人工费用	
			分配率/%	分配额/元
毛坯车间	布艺沙发			
	实木沙发			
	合计			

续表

部　门		定额工时	直接人工费用	
			分配率/%	分配额/元
油漆车间	布艺沙发			
	实木沙发			
	合计			
装配车间	布艺沙发			
	实木沙发			
	合计			

表 14-29　固定资产折旧费用分配表

2014 年 12 月　　　　　　　　　　　　　　　　　　　　　　　　　　　单位：元

部　门	折　旧	
	原值	折旧额
毛坯车间		
油漆车间		
装配车间		
供水车间		
供电车间		
厂部		
合计		

表 14-30　辅助生产成本明细账

车间：供水车间　　　　　　　　　　　　　　　　　　　　　　　　　　　单位：元

日　期		凭证编号	摘要	低值易耗品	职工薪酬费用	折旧费	合计	转出
月	日							

表 14-31　辅助生产成本明细账

车间：供电车间　　　　　　　　　　　　　　　　　　　　　　　　　　　单位：元

日　期		凭证编号	摘要	低值易耗品	职工薪酬费用	折旧费	合计	转出
月	日							

表 14-32　辅助生产费用分配表

2014 年 12 月

项　目	供水车间		供电车间		合计/元
	数量	金额/元	数量	金额/元	
待分配的辅助生产费用					
供应辅助生产以外的劳务量					

续表

项目		供水车间		供电车间		合计/元
		数量	金额/元	数量	金额/元	
分配率						
基本生产车间耗用	毛坯车间					
	油漆车间					
	装配车间					
厂部耗用						

表14-33 制造费用明细账

车间：毛坯车间　　　　　　　　　　　　　　　　　　　　　　　　　　　单位：元

日期		凭证编号	摘要	材料	职工薪酬费用	折旧费	水电费	合计	转出
月	日								

表14-34 制造费用明细账

车间：油漆车间　　　　　　　　　　　　　　　　　　　　　　　　　　　单位：元

日期		凭证编号	摘要	材料	职工薪酬费用	折旧费	水电费	合计	转出
月	日								

表14-35 制造费用明细账

车间：装配车间　　　　　　　　　　　　　　　　　　　　　　　　　　　单位：元

日期		凭证编号	摘要	材料	职工薪酬费用	折旧费	水电费	合计	转出
月	日								

表14-36 基本生产成本明细账

车间：毛坯车间　　　　　　　　　　　　　　　　　　　　　　　　　完工产品数量：
产品：实木沙发　　　　　　　　　　　　　　　　　　　　　　　　　月末在产品数量：

日期		凭证编号	摘要	成本项目				
月	日			自制半成品	直接材料	直接人工	制造费用	合计

表 14-37　制造费用分配表

2014 年 12 月

<table>
<tr><th colspan="3">应借科目</th><th rowspan="2">定额工时</th><th colspan="2">费　用</th></tr>
<tr><th>总账科目</th><th>一级明细</th><th>二级明细</th><th>分配率/%</th><th>分配额/元</th></tr>
<tr><td rowspan="9">基本生产成本</td><td rowspan="3">毛坯车间</td><td>布艺沙发</td><td></td><td></td><td></td></tr>
<tr><td>实木沙发</td><td></td><td></td><td></td></tr>
<tr><td>合计</td><td></td><td></td><td></td></tr>
<tr><td rowspan="3">油漆车间</td><td>布艺沙发</td><td></td><td></td><td></td></tr>
<tr><td>实木沙发</td><td></td><td></td><td></td></tr>
<tr><td>合计</td><td></td><td></td><td></td></tr>
<tr><td rowspan="3">装配车间</td><td>布艺沙发</td><td></td><td></td><td></td></tr>
<tr><td>实木沙发</td><td></td><td></td><td></td></tr>
<tr><td>合计</td><td></td><td></td><td></td></tr>
</table>

表 14-38　基本生产成本明细账

车间：毛坯车间　　　　　　　　　　　　　　　　　　　　　　　　完工产品数量：
产品：布艺沙发　　　　　　　　　　　　　　　　　　　　　　　　月末在产品数量：

<table>
<tr><th colspan="2">日期</th><th rowspan="2">凭证编号</th><th rowspan="2">摘要</th><th colspan="5">成本项目</th></tr>
<tr><th>月</th><th>日</th><th>自制半成品/元</th><th>直接材料/元</th><th>直接人工/元</th><th>制造费用/元</th><th>合计/元</th></tr>
<tr><td></td><td></td><td></td><td></td><td></td><td></td><td></td><td></td><td></td></tr>
</table>

表 14-39　基本生产成本明细账

车间：油漆车间　　　　　　　　　　　　　　　　　　　　　　　　完工产品数量：
产品：实木沙发　　　　　　　　　　　　　　　　　　　　　　　　月末在产品数量：

<table>
<tr><th colspan="2">日期</th><th rowspan="2">凭证编号</th><th rowspan="2">摘要</th><th colspan="5">成本项目</th></tr>
<tr><th>月</th><th>日</th><th>自制半成品/元</th><th>直接材料/元</th><th>直接人工/元</th><th>制造费用/元</th><th>合计/元</th></tr>
<tr><td></td><td></td><td></td><td></td><td></td><td></td><td></td><td></td><td></td></tr>
</table>

表 14-40　基本生产成本明细账

车间：油漆车间　　　　　　　　　　　　　　　　　　　　　　　　完工产品数量：
产品：布艺沙发　　　　　　　　　　　　　　　　　　　　　　　　月末在产品数量：

<table>
<tr><th colspan="2">日期</th><th rowspan="2">凭证编号</th><th rowspan="2">摘要</th><th colspan="5">成本项目</th></tr>
<tr><th>月</th><th>日</th><th>自制半成品/元</th><th>直接材料/元</th><th>直接人工/元</th><th>制造费用/元</th><th>合计/元</th></tr>
<tr><td></td><td></td><td></td><td></td><td></td><td></td><td></td><td></td><td></td></tr>
</table>

表 14-41　基本生产成本明细账

车间：装配车间　　　　　　　　　　　　　　　　　　　　　　　　完工产品数量：
产品：实木沙发　　　　　　　　　　　　　　　　　　　　　　　　月末在产品数量：

<table>
<tr><th colspan="2">日期</th><th rowspan="2">凭证编号</th><th rowspan="2">摘要</th><th colspan="5">成本项目</th></tr>
<tr><th>月</th><th>日</th><th>自制半成品/元</th><th>直接材料/元</th><th>直接人工/元</th><th>制造费用/元</th><th>合计/元</th></tr>
<tr><td></td><td></td><td></td><td></td><td></td><td></td><td></td><td></td><td></td></tr>
</table>

表 14-42　基本生产成本明细账

车间：装配车间　　　　　　　　　　　　　　　　　　　　　　　完工产品数量：
产品：布艺沙发　　　　　　　　　　　　　　　　　　　　　　　月末在产品数量：

日期		凭证编号	摘要	成本项目				
月	日			自制半成品/元	直接材料/元	直接人工/元	制造费用/元	合计/元

表 14-43　自制半成品明细账

毛坯车间：布艺沙发半成品 1

月份	月初余额		本月增加		合计			本月减少	
	数量/件	实际成本/元	数量/件	实际成本/元	数量/件	实际成本/元	单位成本/元	数量/件	实际成本/元

表 14-44　自制半成品明细账

毛坯车间：实木沙发半成品 1　　　　　　　　　　　　　　　　单位：元

月份	月初余额		本月增加		合计			本月减少	
	数量/件	实际成本/元	数量/件	实际成本/元	数量/件	实际成本/元	单位成本/元	数量/件	实际成本/元

表 14-45　自制半成品明细账

油漆车间：布艺沙发半成品 2

月份	月初余额		本月增加		合计			本月减少	
	数量/件	实际成本/元	数量/件	实际成本/元	数量/件	实际成本/元	单位成本/元	数量/件	实际成本/元

表 14-46　自制半成品明细账

油漆车间：实木沙发半成品 2

月份	月初余额		本月增加		合计			本月减少	
	数量/件	实际成本/元	数量/件	实际成本/元	数量/件	实际成本/元	单位成本/元	数量/件	实际成本/元

表 14-47　产成品成本还原计算表（第一次）

实木沙发
产量：

项　目	还原前产品成本/元	本月生产半成品成本/元	还原分配率/%	半成品成本还原/元	还原后成本/元	还原后单位成本/元
半成品						
直接材料						
直接人工						
制造费用						
成本合计						

表 14-48　产成品成本还原计算表（第一次）

布艺沙发
产量：

项目	还原前产品成本/元	本月生产半成品成本/元	还原分配率/%	半成品成本还原/元	还原后成本/元	还原后单位成本/元
半成品						
直接材料						
直接人工						
制造费用						
成本合计						

表 14-49　产成品成本还原计算表（第二次）

实木沙发
产量：

项目	还原前产品成本/元	本月生产半成品成本/元	还原分配率/%	半成品成本还原/元	还原后成本/元	还原后单位成本/元
半成品						
直接材料						
直接人工						
制造费用						
成本合计						

表 14-50　产成品成本还原计算表（第二次）

布艺沙发
产量：

项目	还原前产品成本/元	本月生产半成品成本/元	还原分配率/%	半成品成本还原/元	还原后成本/元	还原后单位成本/元
半成品						
直接材料						
直接人工						
制造费用						
成本合计						

表 14-51　产成品成本汇总表

2014 年 12 月　　　　　　　　　　　　　　　　　　　　　　单位：元

产品名称	直接材料	直接人工	制造费用	合　计
布艺沙发				
实木沙发				
合计				

参 考 文 献

［1］于富生，黎来芳，张敏．成本会计学［M］．7版．北京：中国人民大学出版社，2015．
［2］汪祥耀，杨忠智．成本会计学［M］．北京：高等教育出版社，2016．
［3］夏鑫，田志莹．成本会计学［M］．北京：清华大学出版社，2016．
［4］杨向阳，王蒙，谢万健，等．成本会计学［M］．北京：清华大学出版社，2016．
［5］陈云．成本会计学［M］．7版．上海：立信会计出版社，2016．
［6］张林，潘鹏杰．成本会计［M］．北京：人民邮电出版社，2015．
［7］万寿义，任月君．成本会计［M］．大连：东北财经大学出版社，2016．
［8］伍瑞斌．成本会计［M］．北京：高等教育出版社，2017．
［9］吴再芳．成本会计［M］．成都：西南财经大学出版社，2011．
［10］陈国民．成本会计学［M］．南京：南京大学出版社，2012．
［11］韩庆兰，骆从艳．成本会计学［M］．北京：机械工业出版社，2015．
［12］李来儿，许世英，符刚．成本会计［M］．成都：西南财经大学出版社，2009．
［13］孙立新，周洋，初征．成本会计［M］．北京：人民邮电出版社，2016．
［14］孙茂竹，文光伟，杨万贵．管理会计学［M］．7版．北京：中国人民大学出版社，2015．
［15］陈万江，李来儿．管理会计［M］．2版．成都：西南财经大学出版社，2016．
［16］吕孝侠．建筑施工企业会计［M］．北京：机械工业出版社，2015．
［17］张川，肖康元，金丽玉．物流企业会计与财务管理［M］．上海：复旦大学出版社，2010．
［18］李海波，蒋瑛．新编商业会计：商品流通企业会计［M］．8版．上海：立信会计出版社，2011．
［19］杨桂洁．农业会计实务［M］．北京：高等教育出版社，2004．
［20］孙晓静，刘晓红．成本会计［M］．北京：对外经济贸易大学出版社，2008．
［21］刘英．成本会计学［M］．成都：西南交通大学出版社，2004．
［22］于富生，黎来芳，张敏．成本会计学学习指导用书［M］．北京：中国人民大学出版社，2013．
［23］吴再芳．成本会计学习指导［M］．成都：西南财经大学出版社，2012．